中国高教研究名家论丛

韩延明 张茂聪 主编

U0641233

改革时代的高等教育发展

胡建华 著

山东教育出版社

·济南·

图书在版编目（CIP）数据

改革时代的高等教育发展 / 胡建华著. -- 济南：
山东教育出版社，2025．2．--（中国高教研究名家论丛 /
韩延明，张茂聪主编）. -- ISBN 978-7-5701-3321-5

Ⅰ. G649.21

中国国家版本馆 CIP 数据核字第 2024QA4659 号

ZHONGGUO GAOJIAO YANJIU MINGJIA LUN CONG

GAIGE SHIDAI DE GAODENG JIAOYU FAZHAN

中国高教研究名家论丛　　　　　　　　韩延明　张茂聪　主编

改革时代的高等教育发展　　　　　　　　胡建华　著

主管单位：山东出版传媒股份有限公司

出版发行：山东教育出版社

地址：济南市市中区二环南路 2066 号 4 区 1 号　邮编：250003

电话：（0531）82092660　　网址：www.sjs.com.cn

印　　刷：济南精致印务有限公司

版　　次：2025 年 2 月第 1 版

印　　次：2025 年 2 月第 1 次印刷

开　　本：787 mm × 1092 mm　1/16

印　　张：24.5

字　　数：333 千

定　　价：118.00 元

（如印装质量有问题，请与印刷厂联系调换）印厂电话：0531-88783898

《中国高教研究名家论丛》
编纂委员会

总　序

习近平总书记在党的二十大报告中强调，要"加快建设教育强国、科技强国、人才强国"，"加快建设高质量教育体系"，"加快建设中国特色、世界一流的大学和优势学科"。这些重要论述，为新时代高等教育高质量发展提供了根本遵循。在推进中国式现代化建设的当下，党和国家对高等教育高质量发展的期盼比以往任何时候都更为迫切。新形势下要实现高等教育高质量发展，需要有清醒的判断和正确的选择；需要进一步拓宽视野，守正创新；需要积极应对新技术和新方法给高等教育发展带来的新挑战；需要研究探索新时代高等教育服务治国理政和国家重大发展战略的新路径与新方法。

山东师范大学与山东教育出版社联袂推出的这套《中国高教研究名家论丛》（以下简称《论丛》），着眼于国家重大需求，探讨了高等教育发展的内在规律，回应了社会各界对高等教育发展的重大关切，是按照理论研究的科学范式和实践探索的应用要求编撰而成的一套高水平的高等教育书系。

《论丛》不拘一格，尊重每位学者的兴趣和专长，初定学术专著20本，分2辑出版，共600余万字。《论丛》站在高等教育的学科前沿，紧紧围绕"高等教育发展与前瞻"的主旨，遵循理论研究与实践应用相结合、应然建构与实然建设相结合、国际借鉴与国内经验相结合、历史回眸与未来前瞻相结合的原则，采用多学科、多视域、多元化的研究方法，以专题探索与体系构建为根基，以传承、改革、发展为主线，以国内外高等教育理论研究和实践经验探索为主题，从高等教育大系统、大拓展、大革新、大跨越的角度，对高等教育发展战略与宏观政策、高等教育组织与治理、高等教育研究何为、高等教育学及其理论问题、中国高等教育的时代命题、高等教育的理论探究、改革时代的高等教育发展、学科与研究生教育高质量发展，以及大学转型、大学治理、大学创新、大学文化、大学的未来等诸多层面和视角进行了全景式理论研究和全方位实践探索。《论丛》站位高远、立意新颖，中外结合、古今贯通，设计前卫、异彩纷呈，以国际视野打造中国高等教育的实践案例，彰显教育创新精神，凸显扎根中国大地办教育的理念，是新时代具有高等教育舆论导向、决策参考、理论指导和实践应用价值的精品力作。

本《论丛》的作者包括中国高等教育学科创始人、厦门大学资深教授潘懋元先生在内的20多位高等教育学界专家，分别来自厦门大学、北京大学、中国人民大学、浙江大学、中国教育科学研究院等全国知名高校和科研院所。这些作者绝大部分我都比较熟悉，有的已经认识、交往多年，也经常读到他们的论文或著作，他们在高等教育理论领域躬耕多年，贡献了许多真知灼见。他们扛起了高等教育学科理论大旗，创榛辟莽、研精覃思，坚守学术责任，攘袂引领国家教育改革决策，为中国高等教育改革和发展作出了重要贡献。

据韩延明教授介绍，潘懋元先生生前对这套《论丛》很支持、很关心，曾一度答应为丛书作序，这彰显了这位国内外著名教育家对我国高等教育研究的高度重视和对后辈学人的鼎力扶持。我和潘先生是多年的学界挚友，我一直视他为我的先辈，40多年来，我们的交往最多、最频繁、最亲密。现在他走了，但他的精神永存，我们永远怀念他！

"最是书香能致远"，欣闻《中国高教研究名家论丛》即将出版，甚为高兴，聊抒所感，是为序。

2023年5月25日于北京

编撰说明

党的十八大以来，习近平总书记站在中华民族伟大复兴战略全局的高度，对新时代教育强国、高等教育高质量发展、建设世界一流大学等，作出了一系列重要指示批示，深情似海，厚望如山。《中国高教研究名家论丛》（以下简称《论丛》）正是在这一宏阔发展愿景和踔厉奋进背景下由山东师范大学和山东教育出版社联袂策划、组织、编撰、出版的一套接续性大型理论研究丛书。

（一）《论丛》基于新时代教育强国建设的使命担当

习近平总书记在党的二十大报告中强调，要"加快建设教育强国、科技强国、人才强国"。2023年5月29日，他在主持中共中央政治局第五次集体学习时又明确指出："建设教育强国，是全面建成社会主义现代化强国的战略先导，是实现高水平科技自立自强的重要支撑，是促进全体人民共同富裕的有效途径，是以中国式现代化全面推进中华民族伟大复兴的基础工程。"而"建设教育强国，龙头是高等教育"。这些重要论述，指明了新时代教育强国和高等教育高质量发展的方向，开启了高等教育强国建设的新征程。我国高等教育要立足实现中华民族伟大复兴，心怀"国之大者"，勇攀世界高峰，提升高等教育服务强国建设的能力和水平，强化高质量高等教育支撑中国式现代化建设的责任意识和使命担当。

（二）《论丛》致力于打造高水平的高教研究智库

本丛书整合集聚了国内高等教育学界领航专家和全国知名高校教授有影响力、有代表性的创新学术成果，倾力打造高等教育高水平研究与高质量发展的理论智库、决策智库与实践智库，致力于为新时代高等教育发展编撰一套具有学术价值、实践指导、高水平决策咨询作用的精品书系。

作者队伍由来自北京大学、中国人民大学、北京师范大学、大连理工大学、华东师范大学、上海师范大学、苏州大学、南京师范大学、浙江大学、厦门大学、中国石油大学（华东）、山东师范大学、华南师范大学、云南大学、西北工业大学、兰州大学、中国教育科学研究院等全国知名高校（以教育部官网公布的《全国高等学校名单》排列）和科研院所的高等教育专家学者构成。这些作者扛起高等教育学科理论大旗，为高等教育研究、改革、发展作出重要贡献。特别是著名教育家、中国高等教育学科创始人、中国高等教育学会高等教育学专业委员会首任理事长、厦门大学原副校长、资深教授潘懋元先生，更是殚精竭虑、建言献策、著作等身，构建了中国高等教育的学科体系、学术体系、话语体系，开创了中国特色、中国风格、中国气派的高等教育理论。

在遴选内容上，《论丛》着眼于国家重大发展战略，聚焦于高等教育发展规律，旨在与国家发展大局同向同行、与社会发展布局同频共振、与教育发展格局相辅相成。书稿均是经作者反复斟酌、精心选择的具有较高学术价值的代表性学术成果。有的成果虽已公开发表，但作者也进行了适当的修改和完善，还有一些是首次正式发表的具有学术含量的论文、报告、演讲、随笔、访谈、政论等，凝练了高等教育的中国智慧、中国方案和中国实践。有的著作还研究、解析、借鉴了国外高等教育发展的经验和创见。

（三）《论丛》科学建构高等教育的理论研究体系

《论丛》站在高等教育研究与发展的前沿，以多学科、多视域、多元化研究路径，按照理论研究的科学范式和实践探索的应用要求，遵循高等教育科学方法论，深入探讨创新人才培养、科研成果转化、教学质量提升、大学文化传承以及人文精神培育等高等教育实践中的热点、难点和焦点问题，为高等教育理论研究"描全貌"，为高等教育实践探索"留档案"，为高等教育发展"绘蓝图"。

《论丛》由潘懋元先生担任编委会主任，教育部原副部长、教育部普通高等学校本科教育教学评估专家委员会主任、中国高等教育学会副会长（主持工作）林蕙青任编委会副主任，临沂大学原校长、山东师范大学特聘教授韩延明与山东师范大学副校长张茂聪教授任丛书主编，计划分2辑出版（共20册），倾力打造国内高等教育理论研究丛书中的标志性、创新性书系。

《论丛》在编撰出版过程中，得到了教育部领导、全国相关专家学者、山东省委宣传部、山东师范大学、山东教育出版社的大力支持。潘懋元先生生前多次电话催问和指导《论丛》的编撰工作；著名教育家、教育部教师教育专家委员会主任、中国教育学会名誉会长、北京师范大学原副校长、资深教授顾明远先生不仅多次悉心指导，还在百忙中为《论丛》撰写"总序"；林蕙青同志欣然担任《论丛》编委会副主任，为圆满完成潘先生的遗愿而尽心竭力；各位作者认真梳理、修改、完善文稿，精益求精，付出了艰辛劳动；厦门大学教育研究院副教授陈斌博士，为搜集、整理、校对潘懋元先生《教育的未来》一书的文稿精辑细核、倾情奉献；山东教育出版社杨大卫社长、孟旭虹总编辑积极筹划、悉心组织；李红主任、郑伟副教授协助丛书主编做了大量相关工作。在此，我们一并表示诚挚的感谢！

由于编撰出版时间紧迫，加之面广量大，难免有疏漏，不妥之处，恳请同人和读者批评指正。

韩延明　张茂聪　谨识

2023年11月10日于济南

目录

引言

在欧洲中世纪大学诞生以来大学发展的900余年历史上，有过两次规模比较大、影响范围比较广泛的重要改革时期。第一次发生在19世纪。19世纪初期，以柏林大学的成立为契机而启动的德国大学改革具有划时代的意义。"柏林大学的创办像一个燃烧点发出耀眼的光芒，一切光线全部从这里发出。"[①]德国大学改革一扫17—18世纪欧洲大学的陈腐之气，将研究引入大学的教育过程，重塑大学的理智生活，开了大学近代化之先河。在由此开始的大学的"德国世纪"（或许我们可以这样认为）中，德国大学吸引了来自许多国家的学生，德国模式成为一些国家大学改革与发展的效仿样板，德国大学的学术氛围为后来德国成为世界科学的中心奠定了基础。

影响19世纪初期德国大学改革的原因主要有两个。第一，18世纪的理想主义哲学家们阐发的"文化国家"思想在19世纪初期的德国主导着人们对大学、学术及大学与国家关系的认识。在

---

① ［英］C. W. 克劳利编，中国社会科学院世界历史研究所译：《新编剑桥世界近代史（第九卷）》，中国社会科学出版社1992年版，第169页。

理想主义哲学家们看来，"'文化国家'中的国家与学术均以统一的理性原理为出发点，且两者不可分地结合在一起，'文化国家'以实现理性原理为目的"。在"文化国家"的框架内，"制度化的大学是以实践理性为目的的国家活动的构成要素，国家则必须严格按照学术的原理去运作"。①依据"文化国家"思想，国家创办大学主要不是为了让大学培养政府所需人员，而是主要依靠大学的理性活动为国家发展提供一个理智的氛围与基础。特别是在1806年10月的耶拿战役中，普鲁士大败于法国之后，人们更加意识到理智对于振兴民族精神、恢复国家元气的重要作用，诚如普鲁士国王弗里德里希·威廉三世所说："我们国家在物质方面的损失必须用智力来补偿。"②第二，"在德国，从1760年到1820年的数十年是有关大学的功能与结构的理论论述丰富多彩的时代"。③这些理论论述构成了19世纪初期德国大学改革与发展的重要思想基础。不仅如此，在近代世界高等教育思想史上，如此集中地阐述大学理念恐怕还是第一次。在18世纪下半叶至19世纪初的德国，出现有关大学理论论述之热潮的原因，一是哈雷大学、哥廷根大学的改革和其他许多中世纪产生的大学落后于时代的现状，促使人们思考学术、教育与国家、社会的关系；二是18世纪中期，德国哲学的发展超越了英国与法国，在思想界扮演了"第一提琴"的角色④，哲学

---

① ［德］Hans W. Prahl著，［日］山本尤译：《大学制度の社会史》，法政大学出版局1988年版，第176页。

② ［德］J. G. Fichte等著，［日］梅根悟译：《大学の理念と構想》，明治图书出版株式会社1970年版，第246页。

③ ［德］Hans W. Prahl著，［日］山本尤译：《大学制度の社会史》，法政大学出版局1988年版，第180页。

④ 中共中央马克思 恩格斯 列宁 斯大林著作编译编：《恩格斯致康·施密特》，见《马克思恩格斯选集（第四卷）》，人民出版社1972年版，第485页。

家们将他们的理论触角伸进了大学领域，在德国形成了不同以往的"高等教育的哲学基础"①。特别是在19世纪初期，"出现了为数不少的要求大学改革的论著，这些论著对大学的改革以及新大学的设立产生了强有力的影响。其中，施莱尔马赫、费希特、谢林、洪堡的大学构想成为19世纪初期以后大学改革的基础"。②

19世纪下半叶，英国开始了大学近代化进程。"由大学与学院组成的英国高等教育的形态，在19世纪特别是1850年到1914年间发生了根本性的变化，这一变化的规模是迄今为止（1970年为止——笔者注）所没有的。大学在受到各种社会势力影响的同时，也对国民生活的各个新领域产生了巨大的影响。"③英国的大学制度在19世纪70年代进入了实质性的改革与扩张时期。"1870年至1885年是19世纪英国大学发展最具活力的时期。在这短短的15年间，牛津与剑桥两所大学经历了重要的改革过程，所形成的若干具有现代意义的特征延续至今。不过，这一时期最重要的发展或许是在英格兰的地方城市陆续成立了新的大学学院。"④牛津与剑桥两所大学的改革首先是淡化了宗教的色彩。1871年制定的大学宗教审查法不仅允许非国教徒入学并获取学位，而且大学教师的选任也排除了宗教信仰的前提条件。大学教师被允许结婚生子，结束了几百年大学教师为独

①［法］Stephen d'Irsay 著，［日］池端次郎译：《大学史（下）》，东洋馆出版社1988年版，第279页。

②［德］Hans W. Prahl著，［日］山本几译：《入学制度の社会史》，法政大学出版局1988年版，第180页。

③［英］M. Sanderson著，［日］安原义仁译：《イギリスの大学改革（1809—1914）》，玉川大学出版社2003年版，第5页。

④［英］M. Sanderson著，［日］安原义仁译：《イギリスの大学改革（1809—1914）》，玉川大学出版社2003年版，第115页。

身神职人员的历史。此外，随着研究所的成立和实验设施的建设，两所大学开始设置科学与专门知识课程，启动了由中世纪大学向现代大学的实质性转变。

比起牛津与剑桥两所大学的改革，地方城市大学的兴起（这些大学又被称作"市民大学""红砖大学"）对英国大学制度的发展具有更重要的意义，可以说这些市民大学是19世纪后半叶英国大学改革与扩张的主角。市民大学兴起的原因与条件可以归结为以下几个方面。一是社会的需求。这里所说的社会需求包括民众接受大学教育的需求和地方城市产业发展对人才的需求。这两种需求都是牛津与剑桥两所大学所不能满足的。二是财力的许可。1850年之后的经济持续增长使地方城市与企业具有了比较充足的实力，这成为兴办大学的财力基础。三是德国工业技术发展的刺激。1867年巴黎的万国博览会上展出的英国工业产品与德国的相比存在明显的技术上的差距，这使得英国人开始意识到为提高技术竞争力，兴办培养科学技术人员之大学的必要性和紧迫感。市民大学在19世纪中期首先作为学院出现，19世纪末、20世纪初一部分学院被正式认可为大学，其中包括曼彻斯特大学（1880）、伯明翰大学（1900）、利物浦大学（1903）、利兹大学（1904）、谢菲尔德大学（1905）、布里斯托大学（1909）。"新大学（指市民大学——笔者注）克服了众多困难，给许多人提供了在过去不可能有的接受大学教育的机会。新大学代表了高等教育的生机勃勃的一面，打破了牛津与剑桥两所大学持续数百年的垄断状况，同时也促进了旧大学自身的制度改革。"[1]

美国的大学也是在19世纪下半叶通过改革实现了近代化，

---

① [英] H. H. Green著，[日] 安原义仁等译：《イギリスの大学—その歴史と生態》，法政大学出版局1994年版，144页。

奠定了美国现代大学制度的基础。19世纪中叶的南北战争之后，美国大学发展进入重要的改革时期。影响这一时期大学发展的主要因素有两个：一是1862年由林肯总统签署实施的有关赠地办农业和机械工程学院的《莫里尔法案》，二是新型的德国大学模式。在《莫里尔法案》影响下的美国大学发展出为社会、经济直接服务的新大学职能，加强了大学与社会的联系；德国大学模式促使美国大学引入"学术自由"理念，重视科学研究，提升了大学的学术水平。德国大学模式对美国大学的影响主要表现在以下4个方面："1. 院系的体制就是根据德国讲座制度的概念而建立的，大学的学术工作是根据学科来划分的。2. 科学研究越来越被强调为大学不可缺少的一部分，博士学位被确定为大学教育的顶点。3. 大学与国家的关系越来越密切，政府对科学研究的投资更普遍了。4. 随着大学自主权的扩大和可得到的科学研究资金的增加，大学教授的声誉也提高了。"[①]1876年成立的约翰斯·霍布金斯大学更被看作德国大学的翻版，它被人们称为"巴尔的摩的哥廷根大学"。约翰斯·霍布金斯大学之后，斯坦福大学（1885年）、克拉克大学（1888年）、芝加哥大学（1892年）等新大学的相继成立，以及哈佛大学、哥伦比亚大学、耶鲁大学等旧大学的改造，把学习德国模式推向了高潮，以至于当时的美国大学被认为是"在德国以外比任何国家的大学都彻底地德国化了"。[②]德国大学模式对美国的影响主要通过如下人群：大批留学德国的美国学生、理解德国大学精神的大学校长和赴美任教的德国教师。他们好像一个庞大的载体，把德国大学的学术自由和通过研究进

---

①［美］菲利浦·G·阿特巴赫著，符娟明、陈树清译：《比较高等教育》，文化教育出版社1985年版，第29页。

②［日］高木英明：《大学の法的地位と自治機関に関する研究》，多贺出版株式会社1998年版，第160页。

行教学的现代大学思想传播到美国。据统计，在整个19世纪，大约有10000名美国学生到德国留学，他们其中的一部分人回国后成为大学教授乃至校长，这种横渡大西洋的学者迁徙被视为"高等教育史上文化相互影响的最不寻常的例子之一"。①约翰斯·霍布金斯大学1884年在任的53位教师基本上都留学过德国，其中13位教师在德国大学取得博士学位。②19世纪下半叶，一些在美国大学发展史上具有影响力的大学的校长大都有着在德国留学或考察的经验与背景。如密歇根大学校长塔潘、安吉尔，康奈尔大学校长怀特、亚当斯，约翰斯·霍布金斯大学校长吉尔曼，哈佛大学校长艾略特，明尼苏达大学校长福韦尔，克拉克大学校长霍尔，威斯康星大学校长亚当斯，哥伦比亚大学校长巴纳德等。③正是这些执美国大学改革之"牛耳"的校长们将他们所感悟与理解的德国大学精神融入改革的实践中，为美国大学后来的发展奠定了坚实的学术基础。"从19世纪后期开始，通过将殖民地时期建立的英国式传统学院逐渐改造为德国式的研究型大学，同时新建以研究生教育为重点的新型大学，注重开展学术研究和高级学位教育，美国高等教育完成了从传统学院向现代大学制度转变的'学术革命'。这场革命不仅迅速推动了美国学术职业化的进程，促进了大学学术组织和学术管理的现代化，而且标志着美国高等教育完成了从保存和传播知识向探索和创造知识的功能转换。"④

---

① 贺国庆：《德国和美国大学发达史》，人民教育出版社1998年版，第116页。

② ［日］高木英明：《大学の法的地位と自治機関に関する研究》，多贺出版株式会社1998年版，第160页。

③ 贺国庆：《德国和美国大学发达史》，人民教育出版社1998年版，第126-127页。

④ 张斌贤主编：《美国高等教育史（中）》，教育科学出版社2019年版，第1页。

大学发展史上的第二个重要改革时期是20世纪80年代以来的当代。二战结束之后，伴随着经济增长、社会安定，世界高等教育发展进入50年代和60年代的"黄金时期"。高等教育规模的迅速发展引起大学办学、教育等多方面的不适应，高等教育入学人口的大量增加使得社会对大学的教育期望以及学生的学习样态趋向多元、复杂，60年代遍及西方主要国家的学生运动给政府的高等教育政策、大学管理等提出了诸多课题。这些不仅引起大学和研究者们对高等教育发展的理论思考，而且引起社会对高等教育问题的广泛关注。在这样的背景下，20世纪80年代开始，大学发展步入了又一个重要改革时期。

我国是近代高等教育的后发国家，近代大学产生于19世纪末期。在近代大学产生至今的百余年间，大学制度虽有过几次比较大的改革与变迁，但是20世纪70年代末、80年代初在国家实施改革开放政策的大背景下，高等教育领域所进行的改革可以说是前所未有、影响深远的。这场改革与过去数次改革最大的不同是改革与发展相伴而行，改革为发展创造了条件，使得我国高等教育在短短的40余年间实现了数量与规模的迅速增长，发展成为世界上最大规模的高等教育体系，高等教育入学率由40年前的不足5%提升到现在的超过50%。

本人在改革开放政策实施的1978年考入南京师范学院学习教育学，1982年本科毕业后考上厦门大学，成为硕士研究生学习高等教育学，后于90年代留学日本名古屋大学并取得比较教育学专业的博士学位。我国高等教育40余年的改革与发展成为我学习、工作、研究的重要背景。因此，在多年的研究中，与许多研究者一样，高等教育改革与发展是我最为关注的研究领域。譬如，2003年以来我先后承担了国家社科基金重点课题"大学制度改革的理论研究"、国家社科基金一般课题"大学内部治理的理论与实践研究"和国家社科基金重大课题"'双一流'建设背景下高校学科调整与建设研究"等。多年的研究成果为本书的成形奠定了基础。本书以《改革时代的高等教育发展》为名，汇集了近20年来发表的有关论文，以高等教育改革与发展为主题，依次讨论了作为时代背景的高等教育改革特征，在改革背景下高等教育发展的阶段特点、矛盾关系、结构变化、大学行为、政策效应，以及日本高等教育的改革与发展，力图从一些侧面加深认识与理解处在重要改革时期的高等教育的发展和变化。

第一章

改革作为时代背景

　　1978年，改革开放成为国策之后，我国高等教育发展伴随着经济、社会的变化进入近代高等教育制度成立以来持续时间最长、影响最为深刻的改革时期。体制改革与教学改革轮番实施，大众化与普及化不断递进，改革推动着我国高等教育成为该领域世界最大规模体系的同时，也促使高等教育的质量与水平有了大幅度提升，使得高等教育在社会和经济发展中发挥着愈来愈重要的作用。研究改革的过程、分析改革的特征，有助于加深对改革时代以及改革与发展关系的认识。

第一节　改革的目的

如果从大学制度改革是人类在社会实践领域内的一项活动这一角度出发去考察的话，我们可以清楚地看到，大学制度改革所具有的人类社会实践活动的基本特征——目的性。诚如恩格斯所说："在社会历史领域内进行活动的，全是有意识的、经过思考或凭激情行动的、追求某种目的的人，任何事情的发生都不是没有自觉的意图、没有预期的目的的。"[①]如果从过程的角度去考察大学制度改革，我们还可以认为大学制度改革过程的开端必然是目的的确定，即改革所要达到的目标是什么，这在改革行动开始之前已经明确在改革发起者的思想里，或体现在改革的计划、方案中。因此，按照历史唯物主义的观点，"历史从哪里开始，思想进程也应当从哪里开始"，分析与探讨有关改革目的的问题就从逻辑上成为研究大学制度改革的出发点。

研究大学制度改革的目的可以有多条路径、多种方式、多个视角，分类是其中的主要方式之一。依据不同的标准与指标可以有多种关于大学制度改革目的的分类。例如，若以目的制定者作为划分的依据，大学制度改革的目的可以大致分为大学的目的和政府的目的两大类；若以目的的来源作为划分的依据，大学制度改革的目的又可以分为来自大学内部与来自大学外部的两大类；若以目的的性质作为划分的依据，大学制度改革的目的还可以分为学术性目的与社会性目的两大类。尽管现实中的大学制度改革

---

① 中共中央马克思 恩格斯 列宁 斯大林著作编译局编：《马克思恩格斯选集（第四卷）》，人民出版社1972年版，第243页。

目的是复杂而非简单、综合而非单一的，但是分类研究仍可以使我们从理论上加深对大学制度改革目的的认识。

一、大学的目的与政府的目的

目的作为人们思想的产物，必然受制约于思想着的人，即处在不同立场、具有不同认识基础的人所考虑、所确定的目的是不一样的。就大学制度改革的目的而言，大学与政府由于各自所处立场以及对大学制度改革认识的差异，可能存在不同的大学制度改革目的观，尤其是在以"大学自治"为基础的高等教育体制内。

所谓大学的目的主要是指作为大学主要成员的大学校长、管理者或教授的目的，他们在考虑大学制度改革时，往往首先从大学自身的需要出发，以建立起更加适合教师、学生进行教学、研究、学习活动的制度为改革的主要目的。美国大学终身教职制度的形成可以说是体现大学（教授）目的的制度改革的典型事例。

与欧洲国家相比，美国是高等教育的后发国家。在大学管理制度方面，以欧洲文化与大学传统为背景成长起来的美国大学，创造了一种不同于欧洲传统的大学自治模式，即"理事会（董事会）领导下的大学自治"。这种"理事会（董事会）领导下的大学自治"所包含的主要内容是：由大学以外的人员组成的理事会拥有管理大学的基本权限（如财产管理权，教职员任免权，办学方针、学校规则等的决定权等）；理事会选任的校长在理事会决定的学校办学方针之基础上负责学校的日常工作；教师与理事会是一种雇佣关系。历史上，在理事会管理方式下，教师是雇佣者，而雇佣权掌握在理事会手中。因此，当教师与学校管理者之间产生矛盾或意见不同时，常常发生教师被解雇的事件，如1900年斯坦福大学经济学教授罗斯和1910年拉斐特学院哲学教授约翰·梅克林因与校方意见不一而分别被解雇。教授们认为这种解雇行为损害了学术自由的原则。为了保护学术自由，1915年一些大学教授发起成立了有重要影响的大学教师组织——美国大学教授协会。该协会成立后不久就通过了《关于学术自由和终身教职的原则宣言》，这些原则先后经过1925年和1940年的两次修改，成为美国大学实施终身教职制度的基础。1970年，美国大学中拥有终身任职资格的教师开始超过半数；到20世纪90年代，拥有终身任职资格的教师比例，教授接近100%，副教授达到85%。[①]理事会的领导与终身教职制度的结合构成了美国大学自治模式的鲜明特色。如果我们把终身教职制度的建立看作20世纪上半叶美国大学制度的一次重要改革的话，那么这次改革体现了大学教授维护学术自由、保障自身权益之目的。

当近代大学在社会发展中逐步展现其作用之后，国家政府开始日益关注大学的发展，并制定法律、政策以使大学更好地推动以为国家经济发展服务、为实现政府目标服务为主要目的的制度改革。换句话说，我们可以从近代以来的一些大学制度改革中清楚地看到政府的目的。

在中国近代大学制度诞生之后的百余年发展变迁中，20世纪50年代初期的制度改革具有划时代的意义。那场改革以苏联模式为蓝本，在比较彻底地改造原有大学制度的基础上建立起社会主义的大学制度，其主要特征表现在："（1）单科大学与文理科综合大学构成的大学体制；（2）'大学—系'，系内设专业、教学研究组的大学内部组织结构；（3）以专业为中心、按照统一的教学计划开展教学活动的教学制度；（4）重视政治课教学，以培养专门人才为基本目标的课程体系。"[②]这一重要的制度改革完全由政府指导，体现了政府的意志与目的。诚如当时的教育部部长马叙伦所总结的："中央人民政府于1952年暑假进行了大规模的院系调整工作，依照苏联高等教育制度，从庞杂纷乱的旧大学中取消院的一级，调整出工、农、医、师范、政法、财经等系科独立建院或与原有同类学院合并集中，并根据培养国家建设

① ［日］高木英明：《大学の法的地位と自治机关に关する研究》，多贺出版株式会社1998年版，第206页。
② 胡建华：《现代中国大学制度的原点：50年代初期的大学改革》，南京师范大学出版社2001年版，第282－283页。

各项专门人才的需要，结合各校师资设备等条件，普遍设置各种专业，根本改变了旧的高等学校设置混乱、系科重叠、教学脱离实际的状况，使学校系科专业设置能更有成效地为国家经济建设服务……接着，1952年秋，就在各高等学校中，展开了学习苏联先进经验结合中国实际进行教学改革的工作。规定了从一年级开始采用苏联教学计划和教学大纲，组织各校教师翻译苏联教材，成立教学研究组，并学习苏联先进教学方法，这是教育制度、教育内容、教学方法的全面改革，是改变旧高等教育本质的根本改革。"[①]一句话，我国政府进行制度改革的最终目的是改变制度的性质，建立起适应社会主义计划经济体制、便于中央政府集中管理的大学制度。

　　澳大利亚于20世纪80年代末、90年代初发生的由"二元制"转为"一元制"的改革也是反映政府目的的一场大学制度变革。澳大利亚高等教育的历史以1850年悉尼大学的创立为起点，在悉尼大学创立之后至二战结束的约100年间，澳大利亚高等教育的发展速度非常缓慢，到二战结束时只有6所大学，实施的是英国式的精英教育。在被称作世界高等教育发展的"黄金时期"的20世纪60年代，澳大利亚也迎来了高等教育的扩张时期，政府为满足日益增长的高等教育需求和扩大高等教育机会，决定成立一批高等教育学院，从而形成由大学与高等教育学院这样两类性质有所不同的机构所构成的"二元"高等教育体制。在高等教育学院成立之初，其与大学的不同主要在于：大学以知识探求为目标，注重理论探讨、学术研究，实施的是学位教育；高等教育学院以知识应用为目标，注重联系实际、职业志向，实施的是非学位的证书教育。这种"二元"体制在澳大利亚高等教育的扩张过程中发挥了积极的作用。但是到了80年代中期，"二元"体制的一些弊端逐步暴露出来，特别是高等教育学院在教育层次上的拓展使其与大学之间的区别变得日益模糊起来，因此，在政府的主导下，80年代末又开始了变"二元制"为"一元制"的高等教育改革。

　　① 马叙伦：《五年来新中国的高等教育》，见上海市高等教育局研究室等编《中华人民共和国建国以来高等教育重要文献汇编（下）》，第293-294页。

1987年大选之后，澳大利亚政府机构改组，原教育部和雇用产业部、科学部合并成立就业、教育与培训部，约翰·道金斯出任部长。道金斯上任之后，立刻着手推行高等教育体制"一元化"的改革。1987年12月和1988年7月，就业、教育与培训部先后发表了有关高等教育问题的绿皮书与白皮书，在这两个文件中提出了废除"二元制"、导入"一元制"，在"一元"的体制下实施高等教育机构的合并与改组的政策方针。在政府政策的指导下，1989年高等教育体制"一元化"的改革正式启动，至1991年，原有的24所大学和47所高等教育学院合并、改组为38所大学。[①]这次改革被认为是澳大利亚历史上最为迅速的改革，改革的目的正如道金斯在联邦议会的陈述中所指出的，试图通过改革给高等教育领域带来三个变化：一是改变态度以积极适应国家的需要，二是改变过程使得有限的资源能够培养出高质量的毕业生，三是改变结构以克服影响革新的障碍。[②]

二、来自大学内部的目的与来自大学外部的目的

虽然近代以前的大学多被人们称为"象牙之塔"，似乎大学置身于社会之外，"与世隔绝"（确实，人类的一些重大的历史进步，如英国的工业革命、法国的资产阶级革命、美国的独立等似乎与大学毫无关联），但实际上自中世纪大学产生之日起，它的发展与改革过程就一直处在外部诸种因素的影响作用之下。因此，我们在讨论大学制度改革的目的时，经常可以看到来自大学外部的与来自大学内部的目的都在发挥着作用，在很多情况下来自大学外部的目的甚至主导着大学制度改革的进程。

在近代以来的大学制度改革中，来自大学外部的目的起主导作用的事例是经常可以看到的。

---

①［日］杉本和弘：《オーストラリア高等教育システムの転換過程——"二元制"から"一元制"へ》，载《名古屋大学教育学部纪要》第44卷（1997年）第1号。
②［日］杉本和弘：《戦後オーストラリアの高等教育改革研究》，东信堂2003年版，第198页。

　　例如，战后日本的大学制度经历了一次深刻、全面的改革，这场改革为社会变迁所迫，改革的目的完全来自大学之外。第二次世界大战结束之后日本经历了一个美军占领时期（1945年8月15日至1952年4月28日）。在这一时期，美国占领军通过日本政府对日本实行间接统治，因而美国的治国理念等对战后日本社会改革产生了直接、深远的影响。教育领域当然也不例外，美国对战后日本大学改革之影响主要通过民间情报教育局和美国教育使节团这两个组织机构及由它们提出的有关政策性建议与报告。其中《美国教育使节团报告书》是战后第一份关于日本教育改革的基本文件，内容全面，成为后来日本政府制定教育政策的重要依据和确定教育改革目的的出发点。报告书中关于教育目的有着这样的论述："在重建日本教育之前，必须明确民主政体下的教育哲学基础。我们在不断重复'民主主义'这一词语时，如果不弄清它的内容那将是毫无意义的。民主政治下的教育制度应以承认人的价值与尊严为基础。这意味着根据每个人的能力与适应性给予相应的教育机会，依据教育内容与方法之不同培养和训练自由研究与分析批判能力，在各发展阶段学生能力范围内开展广泛的实际知识的讨论。"[1]为构建民主政治下的教育制度，报告书提出了大学所应负有的三大任务："第一，继承学问自由的传统，鼓励思想自由，开展科学研究以提高知识水平，崇尚真理，实现不断为社会发展提供'光源'的作用；第二，培养能够促进家庭与社会生活水平提高，能够在企业经营与政治活动的有效运行及国际交流中发挥指导作用的人才；第三，培养能够适应不断变化的社会需要、具有一定技术的各种专业人才。"[2]为完成这样的任务，在构建民主政治下的教育制度的目的指引下，日本的大学制度以美国模式为蓝本，展开了日本近代大学制度建立以来最为全面、深刻的改革，其主要标志包括：改变战前等级鲜明、种类繁多、衔接复杂的结构状况，通过合

---

　　① ［日］细谷俊夫等主编：《新教育学大事典（7）》，第一法规出版株式会社1990年版，第130页。

　　② 胡建华：《战后日本大学史》，南京大学出版社2001年版，第33页。

并、调整、升格等方式，形成两种层次类型的高等教育机构，即四年制本科大学与两年制短期大学；改变战前大学课程设置上存在的知识面狭窄且过早专门化的状况，引入通识教育理念，设置实施通识教育的课程，建立起通识教育与专门教育相结合的大学课程体系。

上述战后日本大学制度改革的目的来自政府，带有比较明显的政治色彩，这是显而易见的。此外，还有一些源于经济界的大学制度改革目的，这些改革具有明确的经济倾向，譬如20世纪60年代日本高等专门学校制度的创立。

如上所述，短期大学是战后日本新大学制度的组成部分之一。短期大学从成立之初起就具有"重文轻理"的特征，即文科类学生占短期大学学生的绝大多数。如1960年短期大学在校学生有81528人，其中文科类（文学、法政经商、家政）学生61217人，占总数的75.1%，而工科类学生只有9200人，占总数的11.3%。[①]因此，从短期大学出现不久的50年代初期开始，日本的产业界就一直要求新建一种类似于战前的专门学校、适应工业发展需要的高等教育机构。进入60年代的高速经济成长期之后，这一要求变得更为强烈。1960年12月日本经营者团体联盟技术教育委员会在一份关于专科学校制度的意见书中提出："战前企业的技术人员中，初级技术人员由职业高中培养，中级技术人员由工业专门学校培养，高级技术人员由大学培养。战后由于专门学校升格为大学，出现了中级技术人员培养的空白状态。因此我们迫切要求政府早日建立高等专科学校制度。"[②]为了满足产业界的要求并适应经济高速增长对理工科人才的需求，日本政府的教育行政机构文部省（现为文部科学省）决定设立区别于短期大学的工业类高等专门学校。1961年日本国会通过的有关高等专门学校的《学校教育法修正

---

① ［日］全国教育调查研究协会编：《戦後30年学校教育统计总览》，行政株式会社1980年版，第60-61页。

② ［日］野村平尔等编：《大学政策·大学问题——资料と解说》，劳动旬报社1969年版，第671页。

案》对高等专门学校的教育目的作了明确的规定，即"高等专门学校以深入传授专门学艺，培养职业所必要的能力为目的"[1]。高等专门学校招收初中毕业生，实行五年一贯制，集中等教育与高等教育于一体。1962年，成立了19所高等专门学校，1970年增加到60所。这些高等专门学校的基本特征是以工业学校为主、国立为主（1970年的国立高等专门学校有49所，占总数的81.7%[2]）。

由来自大学外部的目的主导大学制度改革的情况在我国70余年来的高等教育发展中也是多有所见的。20世纪50年代初期，以"院系调整"和学习苏联、实施有计划的培养人才制度为主要内容的改革是以建立适应计划经济体制的社会主义大学制度为目的的。50年代末期的"教育革命"，其目的同样来自大学之外。这一点，可在《中共中央、国务院关于教育工作的指示》（1958年）中明确地看到："为了彻底完成社会主义革命，为了适应社会主义建设的需要，为了实现共产主义的远大目标，必须'在继续进行经济战线、政治战线和思想战线上的社会主义革命的同时，积极地进行技术革命和文化革命'（中国共产党第八届代表大会第二次会议的决议）。随着工农业生产的'大跃进'，'文化革命'已经进入高潮，这主要表现在全国扫盲运动、教育事业和各种文化事业的迅速发展。正确地领导教育工作，坚持党的教育工作方针，反对右倾思想和教条主义，调动一切积极因素，鼓足干劲、力争上游，多快好省地扫除文盲，普及教育，培养出一支数以千万计的又红又专的工人阶级知识分子队伍，是全党和全国人民的巨大的历史任务之一。"[3]

如果说从20世纪50年代至80年代初我国大学制度改革的目的基本上都是来自大学外部的话，那么自80年代中期以来的大学制度改革的目的则不

---

[1]［日］新井隆一等主编：《解说教育六法》，三省堂1992年版，第61页。

[2]［日］文部科学省：《文部科学统计要览》，大藏省印刷局2005年版，第78页。

[3]《中共中央、国务院关于教育工作的指示》，见袁振国编《中国当代教育思潮》，生活·读书·新知三联书店上海分店1991年版，第65页。

仅有来自大学外部的，也有来自大学内部的。80年代中期以来的改革使我国50年代初期改革后形成的大学制度发生了广泛而深刻的改变。例如，在高等教育管理体制上，随着政府行政机构的改革，大多数原隶属于中央各部委（教育部除外）的高等学校改由地方政府教育行政部门管理，长期以来"条块分割"的体制被打破，已经形成"以条为主、条块结合"的高等教育管理体制；在高等学校的类型上，50年代初期改革后形成以单科院校为主、加上少数文理科综合大学的类型结构，而近些年来通过各高等学校自身的学科发展与扩张，特别是90年代后期以来的大规模的学校合并，多科型综合大学已经成为我国高等学校的主要组成部分；在高等学校的所有制结构上，50年代初期改革以后形成的单一、公有的高等学校所有体制已经被打破，近年来民办高等学校的迅猛发展，使得接受民办高等学校高等教育的学生数量迅速增长，在一些省份民办高校的学生数已经接近公办高校的学生数；在高等教育经费的来源上，过去单一的基本上由国家财政拨款的状况已经一去不复返，财政支付、社会出资、受益者负担的多渠道经费来源结构已经形成；在高等学校的办学上，高等学校在"调节系科招生比例""设置和调整学科、专业""制订教学计划、选编教材、组织实施教学活动""开展科学研究、技术开发和社会服务""开展与境外高等学校之间的科学技术文化交流与合作""确定教学、科学研究、行政职能部门等内部组织机构的设置和人员配备"等方面的自主权在《高等教育法》中有明文规定，使高校行使这些自主权有了法律依据。这些制度改革的目的，有些来自大学的外部，例如为适应计划经济向社会主义市场经济的转轨以及政府职能的转变等；有些则来自大学内部，如为了利于学科交叉、知识进步、科学发展，为了符合大学办学的自身规律等。

三、学术性目的与社会性目的

大学在其历史上曾经仅仅作为学术机构而存在，它的主要作用在于知识的传递与探究。诚如德里克·博克所述："大学是被设计来完成特殊使命的。这就是发现知识和传递知识。在进行这一工作时，他们可能从社会上的很多地方接受帮助。大学里的人可能和各种公众的和私人的机构有广泛而复杂的联系。它们的教授们通过教学和研究影响了社会的很多领域。但是，不像其他的社会组织，如政党、环保组织或民权团体，大学组织的目标从来就不是通过特殊的方式来改变社会的。大学既没有资格，也没有能力来管理对外政策、处理社会经济等重要事务，或制定推行社会行为的标准，或发挥除教学和探索以外的社会功能。"[①]不过，当大学与社会的关系愈来愈密切，人们愈来愈感到大学可以为社会作出更多的贡献之后，社会、政府开始介入大学的发展，大学就不再仅仅是单纯的学术机构了。因此，我们在讨论大学制度改革的目的时，不仅可以看到学术性的目的，还可以看到社会性的目的，特别是在现代，社会性的目的往往成为大学制度改革的主导。

说到学术性目的，我们首先必须提起的是具有学术倾向性的19世纪初期的德国大学改革。19世纪初期德国大学改革突出的是它的思想性与哲学性，改革的主要目的是使大学成为真正意义上的"学问之府"，改革的主要结果之一是哲学院成为大学中居于主导地位的学院。这一学术性改革目的在康德、施莱尔马赫、费希特等哲学家的大学论说中多有阐述。康德在他的《学科之争》中分析了哲学院与神学院、医学院、法学院各自的特征及其相互关系，认为被称作上级学院的神学院、医学院、法学院的基本特征是受控于政府的非独立性，而独立于政府的意志与命令、教师根据自己的判断开展教学活动则是哲学院区别于其他三个学院的主要特征。因此，"大

---

① ［美］理查德·诺顿·史密斯著，程方平等译：《哈佛世纪——锻造一所国家大学》，贵州教育出版社2004年版，第366页。

学当然应该设立这样的哲学院。在与上级三个学院的关系中，哲学院应处于统领的地位。因为真理（学问的本质中的第一要义）是最重要的，上级学院之于政府的有用性则只能位居次要"①。施莱尔马赫认为，由于哲学院所具有的"学者的自由组合""学问的基础性"等特征，哲学院对于大学的重要性应在其他三个学院之上。他指出："如果由学者自由组合成立大学的话，当然哲学院必居首要的位置，而国家、教会所需要的专门学院则应次于哲学院。"②不仅如此，"大学的所有教师必须将其根扎在哲学院内。特别是法学院和神学院的教师，如果不同时在纯粹科学的领域获得评价、发挥作用，那么这两个学院的学问或许将逐渐沦为非科学的表面的东西"③。因此，专门学院的教师即使不同时在哲学院兼任，至少也应作为哲学院的编外人员从事哲学院某一领域的工作，承担纯粹科学的教学任务。"只有这样，才能维持专门学院的学问与真正的科学之间的联系，而没有这种联系那些学问将失去在大学内占有一席地位的资格。"④以这种方式所达到的"在各学院内被认可的最大限度的自由，这正是大学精神之所在"⑤。费希特从训练"学问的技法"是大学存在的理由，是大学的目的出发，演绎出哲学是大学最基本、最重要、最需要开设的学科，因为哲学是"从整体

---

① ［德］康德著，［日］胜田守一等译：《学部の争い》，见［德］康德著，［日］胜田守一等译：《教育学講義》，明治图书出版株式会社1971年版，第98页。

② ［德］施莱尔马赫著，［日］梅根悟等译：《ドイツ的意味での大学についての随想》，见［德］施莱尔马赫著，［日］梅根悟等译：《国家権力と教育》，明治图书出版株式会社1970年版，第56页。

③ ［德］施莱尔马赫著，［日］梅根悟等译：《ドイツ的意味での大学についての随想》，见［德］施莱尔马赫著，［日］梅根悟等译：《国家権力と教育》，明治图书出版株式会社1970年版，第58页。

④ ［德］施莱尔马赫著，［日］梅根悟等译：《ドイツ的意味での大学についての随想》，见［德］施莱尔马赫著，［日］梅根悟等译：《国家権力と教育》，明治图书出版株式会社1970年版，第58页。

⑤ ［德］施莱尔马赫著，［日］梅根悟等译：《ドイツ的意味での大学についての随想》，见［德］施莱尔马赫著，［日］梅根悟等译：《国家権力と教育》，明治图书出版株式会社1970年版，第60页。

上把握理智活动全貌的学问"。在学问的技法中，哲学的技法是根本，"其他学问的技法，只是关于学问整体的哲学技法的特例或具体应用而已"。因此，"所有高级学问的教育都应从哲学出发，大学的哲学课程必须面向全体学生，而且作为入学后的最初课程"①。既然哲学在大学教育中占有如此重要的地位，对于一所以训练学问技法为目的的大学来说，哲学院的主导地位是必须的。可以这样认为，这些思想家的论述对19世纪初期德国大学制度改革目的的形成起到了不可忽视的作用。

所谓大学制度改革的社会性目的，主要指大学制度改革以适应社会政治、经济、文化的变迁与发展为目的。纵观20世纪以来在许多国家发生的大学制度改革，应该说社会性目的的主导作用是比较引人注目的。第二次世界大战结束至今，世界范围内发生过三次较大规模的高等教育改革浪潮。第一次是二战结束之后的40年代末、50年代初，一些国家社会政治、经济制度的变化促使高等教育体制、内容等方面的全面改革；第二次是60年代高等教育人口的激增与现有高等教育制度的矛盾和60年代末波及范围广泛的学生运动的兴起引起人们对高等教育制度的反思，从而推动了高等教育的改革；第三次是20世纪末为迎接知识经济时代的挑战，适应经济、教育全球化的发展趋势，许多国家开始了新一轮的高等教育改革。在这三次高等教育改革浪潮中，制度改革是主要内容，而这些制度改革大多是为了适应社会政治、经济、文化的变迁与发展。换句话说，这些制度改革大多以社会性目的为主导。例如第一次改革浪潮中我国社会主义大学制度的确立，日本战后大学体制的发端；又如第二次改革浪潮中法国《高等教育方向指导法》的制定和随之而来的制度变革，"首先，解散了当时存在的23所大学及其学部。然后，建立了大约600个教学和科研单位"。"最大的改革是在巴黎进行的，像中心索邦分成了100多个教学和科研单位，这些

---

① ［德］费希特著，［日］梅根悟译：《ベルリン創立予定の、科学アカデミーと緊密に結びついた、高等教育施設の演繹的プラン》，见［德］费希特等著，［日］梅根悟译：《大学の理念と構想》，明治图书出版株式会社1970年版，第37页。

教学和科研单位最后组成了七所大学。有些大学只是原来较大学部的一部分。"①"这次改革十分重要，可以作为法国高等教育发展史上的一个里程碑，与巴黎大学的建立、'帝国大学'的设立、1896年把各学区的学院重新组成大学等重大事件相提并论。它促使法国大学很快由20多所增加到60多所，大学技术学院也发展到60多所"；②再如第三次改革浪潮中澳大利亚、英国由"二元制"到"一元制"的转轨，日本的"国立大学法人化"等。

四、三对目的之间的关系

上述三对目的的分类分别依据的是大学制度改革目的制定者、目的来源和目的内容性质，它们之间其实有着互相包含又互相区别的关系。首先，依据目的制定者所分类的大学的目的，与依据目的来源所分类的来自大学内部的目的是相互包含的，或者说两者的内涵是基本相同的；而依据目的制定者所分类的政府的目的，与依据目的来源所分类的来自大学外部的目的虽相互包含，但也存在差异，即来自大学外部的目的不仅包括政府的，同时还包括其他社会组织、团体的。其次，来自大学内部的目的不完全是学术性的，来自大学外部的目的也不完全是社会性的。

从上述对于三对目的的具体分析我们可以看到，在近代以来的大学制度改革中，就大学的目的与政府的目的而言，似乎政府的目的更多地起着主导作用；就来自大学内部的目的与来自大学外部的目的而言，似乎来自大学外部的更多一些；就学术性目的与社会性目的而言，似乎社会性目的所占比重更大一些。为什么？这与现代社会中大学的地位、作用的变化有着密切的关系。在近代以前，大学曾经是远离社会、专于古典的"象牙之塔"，社会既没有对大学的改革提出什么迫切的需求，大学也没有对社会发展作出什么重要的贡献，因此，即使像英国工业革命、法国资产阶级

---

①［加拿大］约翰·范德格拉夫等编著，王承绪、张维平、徐辉等译：《学术权力——七国高等教育管理体制比较》，浙江教育出版社1989年版，第57页。

②符娟明主编：《比较高等教育》，北京师范大学出版社1987年版，第60页。

革命、美国独立等这样重大的社会历史事件也没有引发什么具有重要影响意义的大学制度变革。在现代，情况则发生了根本性的变化。由于现代大学"已成为经济发展和国家生存绝对不可缺少的事物"①，因此任何重大的社会变化（变革）都必然要求大学作出相应的改变，以回应社会的需求。同时，"在今天世界上的大部分地区，高等教育都已成为国家政府中的一个重要组成部分，受到了立法、行政和司法三个部门性质的制约，并且受到了各国政府实施其政治权力的影响"②。因此，政府的目的、来自大学外部的目的、社会性目的成为近代特别是20世纪以来大学制度改革目的中的主要部分似乎就是一种必然了。

第二节　改革的秩序

在改革的时代，改革成为推动发展的主要动力，政府也因此不断制定新的改革政策，推出新的改革举措。不过，从改革的实施过程和改革的结果来看，不是所有的改革都会取得所希望的成效，也不是所有的改革都有助于发展。问题不仅在于改革政策能否得到真正的落实，还在于改革政策本身是否合适、合理。政府的政策由于其影响面广、影响程度深，必须有良好的决策机制，以防止决策草率而产生失误。换句话说，必须有正确的

---

① ［英］阿什比著，滕大春、滕大生译：《科技发达时代的大学教育》，人民教育出版社1983年版，第12页。

② ［加拿大］约翰·范德格拉夫等编著，王承绪、张维平、徐辉等译：《学术权力——七国高等教育管理体制比较》，浙江教育出版社1989年版，第183页。

决策机制以保证改革的秩序，使改革得以有序地展开，真正发挥推动发展的作用。

一、无序改革的表征

1985年《中共中央关于教育体制改革的决定》公布之后，我国的高等教育发展进入了一个新的改革时期。这次改革，无论在持续的时间、涉及的范围，还是在改革的广度、影响的深度上，都胜于20世纪50年代初期的那一次。如果说20世纪50年代初期的改革奠定了社会主义新中国高等教育制度的基础，那么自80年代中期以来的改革则为21世纪我国高等教育的发展提供了更加丰富的可能性。

我们在分析20世纪80年代中期以来的高等教育改革过程时，在看到改革使高等教育制度逐渐适应变化了的社会发展状况、高等学校所发挥的社会作用愈来愈大的同时，也应该注意到改革自身所存在的或是改革之不完善所带来的问题。在20世纪80年代中期以来的高等教育改革过程中，至少有这样一些问题现象是值得关注的。一是一些改革的政策变换速度太快，不利于教育工作的正常进行，甚至干扰了正常的教育工作秩序。高等学校入学考试与招生制度改革是近年来的热点之一，这一改革不仅对高等学校与中等学校的教育、教学具有重要影响，而且还因其牵涉面广会引起诸多社会反响。二是一些改革的措施不配套，因改革而产生出许多新的问题。90年代中期开始的高校收费"并轨"改革同样是影响广泛的。这一改革终结了免费接受高等教育的制度，"受益者负担"的原则开始落实在高等教育中，而且改革之后高校学费以较大的幅度增长起来（从1994年到2000年，各年普通高校平均学费依次为800元、1200元、2000元、2000元、3500元、3200元、4500元[①]）。教育部2002年下发的《关于调整普通高校学费标准

[①] 康宁：《论教育决策与制度创新——以'99高校扩招政策为案例的研究》，见袁振国主编《中国教育政策评论》，教育科学出版社2000年版，第19页。

的通知》表明，一般专业一般高校学生学费的上限为每年4200元；经教育主管部门批准的重点高校的上限为5000元；理工科专业一般学校的上限为4600元，重点学校的上限为5500元；外语、医科类专业一般学校的上限为5000元，重点学校的上限为6000元。而国家统计局公布的居民人均年收入数据为：2001年城镇居民平均收入为6860元，农村居民平均收入为2366元。①上述数据告诉我们，按照国家规定的学费标准，不少家庭将为交子女上大学的学费而花去全部的收入，甚至还不够。实际情况确实如此，时任教育部副部长张保庆在一次讲话中谈到，截至2001年底，在全国普通高校719万名在校生中，家庭经济有困难的学生占20%以上，特别困难的约占10%。②面对如此庞大的数字（2001年的"困难生"在144万人以上，"特困生"也有70万人左右），资助困难学生接受高等教育的制度却并没有完全建立起来，虽然近两三年来政府也出台了一些相关政策，但是在资助困难学生的一系列环节上（如助学贷款的申请、发放、返还等）仍然存在问题。收取学费与资助学生，这是完整的高校收费制度中必不可少且紧密相连的两个部分（在任何情况下，总有一部分学生会由于各种原因而没有能力提供接受高等教育所需的全部或部分费用），若缺少与收取学费相应的资助学生制度，就会出现一部分学生由于费用问题而不能上大学或是难以完成学业的现象，就会使接受高等教育的机会变得不均等。

以上所举仅是近年来高等教育改革中较为突出的问题，这些问题的存在说明我国高等教育改革从一定程度上讲尚处于一种"无序"的状态。改革的"无序"状态主要指这样两种情况：一是从改革的内容来讲，缺乏整体计划，因此在改革的实践过程中往往顾此失彼；二是从改革政策的制定来讲，缺乏科学、合理、民主的程序，使改革的成本增加，代价过大。

---

① 张凯华等：《救助贫困学生呼唤你和我》，载《扬子晚报》2002年8月26日。
② 张凯华等：《救助贫困学生呼唤你和我》，载《扬子晚报》2002年8月26日。

二、有序改革的法治基础

由于改革在现代高等教育的发展过程中出现的次数愈来愈频繁，对高等教育发展的影响愈来愈大，如何减少改革所产生的风险、降低改革的成本、使改革真正起到促进发展的作用，这成为改革政策的制定与研究中的重要课题。而克服改革的"无序"状态，将改革纳入"有序"的轨道，这是解决上述课题的一个值得重视的思路。所谓"有序"的改革，它不仅指改革必须遵循高等教育发展的自身规律，而且改革的进行特别是改革政策的制定必须有一个科学、公开、民主的程序。因为在科学、公开、民主的程序下制定的改革政策才能集思广益。什么是改革政策制定的科学、公开、民主的程序？根据许多国家的经验和教训，可以认为一是要以立法作为改革政策制定的主要形式，二是要让有关咨询机构成为改革政策制定的主要参与者。

法治是现代社会的本质特点之一，法律是调节现代社会中各种利益关系、规范各类社会组织和个人行为的基本依据。不仅如此，重大的社会改革以法律的制定或修改为先行，这也是现代法治社会的一个重要特征。因为在现代社会中，法律制定程序的公开性、民主性可以使以法律为基础而展开的政府政策避免人为的失误或是将此类失误减少到最低程度。基于这样一种认识，许多国家都将法律的制定与修改作为高等教育改革的先导，以法律来规范高等教育改革的有序进行。

例如，20世纪80年代末、90年代初英国高等教育体制由"二元制"向"一元制"的转变就是以法律的制定为前提的，规范那场改革的两部法律是《教育改革法》与《继续教育与高等教育法》。此次改革之前，英国的高等教育是一种"二元"体制，即大学与多科性技术学院是两种有着诸多区别的高等教育机构。依据1988年的《教育改革法》，1989年4月，多科性技术学院及其他50所学院开始脱离地方教育行政部门的管理，成为具有法人资格的机构。与此同时，英国政府成立了"多科性技术学院及其他学院基金会"，这是多科性技术学院迈向大学的第一步。1992年英国政府颁布了《继续教育与高等教育法》，规定多科性技术学院可以升格为大学并拥有授予学位的权力，据此38所多科性技术学院改名升格（如曼彻斯特多科技术学院改名为曼彻斯特城市大学，布里斯托尔多科技术学院改名为西英格兰大学，等等），从而在高等教育体制上完成了由"二元制"到"一元制"的转变。这场转变被称作"英国高等教育史上从未有过的结构改革"，是一场"静悄悄的革命"。[①]

又如，在20世纪60年代末、70年代初的日本大学改革中，我们同样可以看到法律的先导与规范作用。20世纪60年代世界许多国家高等教育规模的迅速扩大和60年代末波及范围广泛的学生运动从不同的角度引发或者暴露了高等教育制度的问题，促使战后世界高等教育的发展进入又一个改革时期。日本也是同样，60年代末、70年代初关于大学改革的议论是纷纷扬扬的，据统计，在这一时期提出的有关大学改革的方案多达533种，其中大学提出的有429种，政府、审议会、有关社会团体提出的为104种。[②]大学改革方案如此之多，在日本大学发展史上是前所未有的。在60年代末、70年代初的日本大学改革过程中，作为"新构想大学"的筑波大学的建立无疑是特别引人注目的。筑波大学的"新"主要体现在教育与研究组织和大学内部管理体制的改变上，这也是筑波大学与其他国立大学的根本区别所在。日本大学的教育与研究组织一般是"学部—学科—讲座"（如教育学部下设教育学科与教育心理学科；教育学科又下设教育原理讲座、教育史讲座、社会教育讲座、比较教育讲座等），这一结构自19世纪末、20世纪初形成以来就基本没有变过，即使是在战后影响范围广泛的第一次大学改革中，美国人的批判也没有动摇该结构作为大学之组织基础的地位。但是筑波大学的内部结构则完全突破了

---

① ［日］杉本和弘：《高等教育システム改革に関する豪英比較——「二元制」から「一元制」への転換過程》，載《比較教育学研究》第24期（1998年）。
② ［日］天城勲：《大学から高等教育へ——動きはじめた大学改革》，サイマル出版会1979年版，第7頁。

这一传统模式，代之以"学群"和"学系"这样的在日本大学史上从未有过的新的教育与研究组织。设立学群和学系遵照的是教育组织与研究组织分别设立、有利于教师协调开展教育活动与研究活动的新构想大学的基本原则，学群是教育组织，学系为研究组织。筑波大学的新设改革方案经过有关咨询委员会的多次调查研究与讨论，最后形成"筑波大学法案"提交国会审议。国会通过的"筑波大学法案"的主要内容包括对《学校教育法》和《国立学校设置法》的修正。如《学校教育法》第五十三条修正前为"大学一般下设若干学部。但是在特殊需要的情况下，也可只设一个学部"；修正后为"大学一般下设学部。但是在有利于达到大学的教育与研究的目的并且适当的情况下，也可设置学部以外的教育与研究组织"[1]。《国立学校设置法》的修正则是增加了"筑波大学的组织"一条（第二章第七条），对筑波大学的学系、学群以及内部管理机构的设置都作了明确的规定。这些法律的修正成为筑波大学改革的依据，换句话说，如果没有法律的如此修正，筑波大学的改革就不合法，也是不可能实现的。

除上述事例之外，还有法国1968年的《高等教育方向指导法》、德国1975年的《联邦大学大纲法》等都在各自国家的高等教育改革中发挥了先导与规范的作用。以立法作为改革政策的主要形式，对于高等教育改革的意义主要在于可以克服行政部门在制定改革政策时易出现的随意、不透明等弊病（这种随意、不透明往往是政策失误的原因之一），而且法律的严肃性也可以避免改革的"反复无常"。

三、有序改革的决策路径

让有关咨询机构成为改革政策制定的主要参与者，这是实施改革政策制定的科学、公开、民主程序的另一个重要方面。随着现代教育普及程度的不断提高和教育人口的不断增长，教育已经成为涉及面最广、影响最为

---

[1] ［日］新井隆一等主编：《解说教育六法》，三省堂1992年版，第58页。

深远的一项公共事业，因此现代教育的改革与发展愈来愈离不开政府的政策指导。这就对政府政策的制定提出了更高的要求，必须实现教育政策制定的科学性、公开性和民主性。所谓科学性、公开性和民主性不仅体现在政策的内容上，而且反映在政策制定的过程中。可以这么认为，只有通过科学、公开、民主的程序才能制定出具有科学性与民主性的政策，才能避免发生政策失误。咨询机构由于具有专业性与广泛的代表性，发挥咨询机构的作用是实现教育政策制定科学性、公开性和民主性之必需。

成立以专业人士为主的咨询委员会，并赋予咨询委员会在政府制定政策过程中的法律地位，充分发挥专业人士在政府制定政策过程中的作用。这已成为许多国家政府制定政策时必不可少的一环，一些国家还在有关法律中将听取咨询委员会的意见作为政府的义务规定下来。例如，德国的科学审议会和日本的大学审议会在各自国家政府制定高等教育改革与发展的政策过程中都发挥了重要的作用。

德国的科学审议会是联邦政府和各州政府在高等教育和科学领域的决策咨询机构，成立于1957年。科学审议会自成立之初就将高等教育作为其审议工作的重点。20世纪60年代以来，科学审议会提出的重要建议主要有：关于扩展学术机构的建议（1960年）、关于1970年之后高等教育结构及扩展的建议（1970年）、关于第三级教育的规模与结构的建议（1976年）、关于高等专科学校任务与地位的建议（1981年）、关于德国高等教育领域竞争问题的建议（1985年）、关于90年代高等学校前景的建议（1988年）、关于高等教育政策的10点意见（1993年）等。[①]这些建议成为德国政府制定高等教育改革与发展政策的基本依据。

日本的大学审议会在20世纪90年代初开始的日本战后第三次大学改革中所发挥的作用是咨询机构参与政策制定的另一个典型事例。大学审议会设立于1988年，根据修改后的《学校教育法》的规定，大学审议会的性质、权

---

① 陈学飞主编：《美国、德国、法国、日本当代高等教育思想研究》，上海教育出版社1998年版，第184页。

限及任务主要是：（1）大学审议会是文部省的常设咨询机构；（2）大学审议会拥有向文部大臣的建议权；（3）大学审议会的主要任务是调查审议大学问题；（4）大学审议会还具有收集并提供有关大学信息资料的功能；（5）大学审议会参与制定政府的大学发展计划。①大学审议会在成立之后至1998年的十年间，就高等教育改革的方方面面向文部省提交了22份咨询报告，这些咨询报告成为日本政府制定高等教育改革与发展政策的主要依据。例如，1991年大学审议会先后提出了《关于改善大学教育》《关于改善短期大学教育》《关于改善高等专门学校教育》《关于修订大学设置基准及学位规则》《关于修订高等专门学校设置基准》等5份咨询报告，就大学改革提出了一系列问题与建议。根据这些咨询报告的建议，日本政府的教育行政机构——文部省对以《大学设置基准》为主的有关法规作了大幅度的修改，正是这些法规的修改拉开了90年代大学改革之序幕。又如，大学审议会提出的《关于研究生教育制度的弹力化》《关于修订学位制度及研究生教育的评价问题》《关于研究生教育的调整充实》《关于研究生教育的数量调整问题》《关于实施夜间博士课程教育等问题》《关于提高研究生教育质量的审议结果》《关于函授研究生教育制度》等咨询报告从研究生教育的组织、形式、目的、内容、数量、学位制度等方面全面讨论了研究生教育问题，并指出了研究生教育改革与发展的基本方向。在这些咨询报告之基础上日本政府制定了研究生教育改革与发展的政策，使得日本的研究生教育制度及发展规模在20世纪90年代有了一个较大的变化与提高。再如，在大学审议会1996年的咨询报告《关于大学教师的任期制——以实现大学教育、研究的活性化为目的》之基础上，1997年国会通过了《关于大学教师等的任期的法律》，从而开始了带有一定历史性突破意义的大学教师人事制度改革。总结日本20世纪90年代初开始的战后第三次大学改革的进程，我们可以清楚地看到从改革政策的制定到实施的基本线路，即大学审议会在调查研究基础上形成咨询报告→政府根据咨询报告的

①［日］高等教育研究会：《大学審議会答申・報告総覧》，行政株式会社1998年版，第303页。

建议修改或制定法律与政策→实施改革。在这条基本线路中，作为咨询机构的大学审议会的作用是不言而喻的。

在高等教育改革的频发时代，对改革保有清醒的头脑是非常必要的，因为并不是所有的改革都会有利于高等教育的发展。我们如何才能避免或减少对发展不利的改革呢？改变改革的"无序"状态，建立"有序"实施改革的机制，这是我们可以并且应该选择的答案。

第三节　改革的特征

在20世纪下半叶的世界高等教育的发展过程中，改革似乎是许多国家经常面对的主题，有时甚至成为发展的主旋律。在50余年中，世界范围内发生过三次较大规模的高等教育改革浪潮。第一次是二战结束之后的40年代末至50年代初，一些国家社会政治、经济制度的变化促使高等教育体制、内容等方面的全面改革；第二次是60年代高等教育人口的激增与现有高等教育制度的矛盾和60年代末波及范围广泛的学生运动的兴起引起人们对高等教育制度的反思，从而推动了高等教育的改革；第三次是20世纪末为迎接知识经济时代的挑战，适应经济、教育全球化的发展趋势，许多国家开始了新一轮的高等教育改革。这50余年中发生在许多国家的高等教育改革有多少是成功的，有多少是不太成功或失败的，不同时期、不同国家的改革有没有一些共同的基本特征，我们能否从中总结出一些经验教训，这些问题是值得学术研究人员和政策制定者们认真分析研究的。本节试从改革的起因、过程、内容等方面对现代高等教育改革的基本特征作一些初步的分析和探讨。

一、改革的起因：社会（制度）变革是主导因素

从欧洲中世纪大学出现之后的世界高等教育的发展历程来看，影响高等教育改革的因素依据其性质与来源可以大致归纳为社会的、科学的、文化的、教育的四大类。所谓社会的，主要指社会政治、经济制度（体制）变革以及经济发展等；科学的，主要指科学技术进步及由此引起的学术革命、学科发展等；文化的，主要指社会文化变迁、外来文化影响，以及大学思想、大学观念的变革等；教育的，主要指作为高等教育之基础的初、中等教育的改革与发展和教育系统内部的结构变化等。虽然这四类因素通常是交织在一起对高等教育产生影响作用，但是就某一时期、某一国家的一次具体的高等教育改革而言，往往是一种因素起主导作用。以20世纪下半叶的现代高等教育改革为例，我们可以发现，在许多国家的高等教育改革中起主导作用的是社会因素。

例如，二战结束之后，一些国家的社会制度变革成为高等教育改革的直接和主要原因。其中，中国与日本的高等教育改革较为典型。众所周知，20世纪50年代初中国的高等教育改革是在中华人民共和国成立这一社会制度的巨大变革的背景下发生的。1949年中华人民共和国成立之后，我国的社会性质发生了根本的转变，教育的性质也随之发生了变化。要建设新中国的教育，就必须彻底否定旧教育的性质与基本精神，彻底改变旧教育的制度、内容与方法。此外，随着社会政治制度改变而来的经济体制的变化也是高等教育改革的原因之一。例如，当时的教育部副部长曾昭抡在谈到专业设置的改革时指出："中国的经济，即将走上计划化。计划化的经济，必须有计划性的教育与之相配合，使建设所需干部，在质与量上得到及时供应，方能及时完成。教育要有计划性，唯一的办法，是吸取苏联经验，彻底改革不合理的旧制度，建立新的制度；而在此种改革当中，确定

'专业'的设置，是非常重要的一个环节。"①经过七年的改革，确实建立起了一个与社会主义政治制度及计划经济体制基本适应的高等教育制度。

同样，20世纪40年代末日本大学改革的主要背景也是社会制度的变革，尽管日本社会制度的变革与中国相比在性质、内容和程度上都有很大的差异。第二次世界大战结束之后，作为战败国的日本如何清除军国主义影响，变战前的军国主义国家体制为战后的民主主义国家体制，这是战后日本政府面临的重要课题。因此，这种社会制度的转变就构成当时日本教育改革（包括高等教育改革）的主要影响因素。1945年9月15日，文部省发表的战后第一份关于教育改革的政策文件——《建设新日本的教育方针》在谈到战后日本教育改革与发展的基本方向时指出，必须"为废除基于服务战争需要的教育政策，实施以培养建设文化国家、道义国家之基础为目标的文教政策而努力"②。

又如，在60年代末至70年代初的战后第二次高等教育改革浪潮中，我们也可以看到社会因素所发挥的主导作用。60年代末，西方许多国家掀起了战后规模最大的学生运动及由学生运动所引起的社会风潮，其中法国1968年的"5月风暴"将这场席卷全球的社会风潮推向了顶峰。"由于学生的组织行动得法，且议题切中资本主义社会问题的症结，以至于事件迅速地蔓延。在极短的时间里，不仅席卷全国各大学，并且扩展至工人阶级，引发了全国性的大罢工，整个社会瘫痪与国家权力的暂时真空，最终导致内阁更迭、国会的全面改选与总理蓬皮杜的下台。"③学生运动及社会风潮不仅引发了"政治地震"，而且也直接导致了高等教育改革。1968年11月12日，法国教育部部长埃德加·富尔领导起草的高等教育改革方案在国会获

---

① 曾昭抡：《大学的专业设置问题》，载《人民教育》1952年第9期。
② ［日］海后宗臣：《戦後日本の教育改革1—教育改革》，东京大学出版会1975年版，第40页。
③ ［法］安琪楼·夸特罗其、［法］汤姆·奈仁著，赵刚译：《法国1968：终结的开始》，生活·读书·新知三联书店2001年版，第13页。

得通过，产生了《高等教育方向指导法》，该法的"自治、参与、多学科"三原则成为70年代初法国高等教育改革的基本指导思想。虽然60年代末西方国家的学生运动及由其引发的社会风潮不是一场社会制度的变革，但是它在社会文化、思想等方面的影响是深远的，就高等教育改革的影响因素分类而言，它仍然属于社会的一类。

为什么现代社会大规模高等教育改革的直接、主导起因是社会因素（在现代以前高等教育发展的历史上，科学因素、文化因素曾经是一些国家高等教育改革的主要原因），这与现代社会中高等教育地位、作用的变化有着密切的关系。在近代以前，大学曾经是远离社会、专于古典的"象牙之塔"。社会既没有对大学的改革提出什么迫切的需求，大学也没有对社会发展作出什么重要的贡献。因此，即使像英国工业革命、法国资产阶级革命、美国独立战争等这样重大的社会历史事件也没有引发具有重要影响意义的高等教育改革。在现代，情况则发生了根本性的变化。现代大学已成为经济发展和国家生存绝对不可缺少的事物，成为社会的"轴心机构"，因此任何重大的社会变化（变革）都必然要求高等教育作出相应的改变，以回应社会的需求。

我们在分析以社会因素作为主要起因的现代高等教育改革时，还可以看到这样一种现象，即改革往往以"突变"的方式进行。所谓改革的"突变"方式主要指改革的产生具有一定的突然性，或者说改革的产生不是高等教育内部逻辑发展的结果，而是源于某种外部的力量；同时这种"突变"方式的改革进程是比较迅速的。上面提到的50年代初期的中国高等教育改革，40年代末、50年代初日本的高等教育改革，70年代初法国的高等教育改革都是在较短的时间内完成了高等教育制度、大学内部组织等的重大调整与转变。以"突变"方式所进行的改革虽然具有迅速、时效等特点，但是由于改革的突然性、外部力量作用等原因，容易产生一些遗留问题乃至失误。例如，日本有学者在分析40年代末、50年代初的日本高等教育改革时，就指出了那场改革所留下的若干"负遗产"，并认为消除这些

"负遗产"是90年代以来新一轮高等教育改革的重要课题。[①]

二、改革的过程：自上而下、由政府到大学

我们在分析高等教育改革过程时，如若将政府与大学视作改革过程的两端，那么改革的过程就可能有两种情况：一是由大学至政府（自下而上），改革首先在若干大学兴起，逐渐推开，最终导致政府政策的改变；二是由政府至大学（自上而下），政府首先制定有关改革的政策、法令，然后组织实施，引导大学改革的进行。从20世纪下半叶发生在许多国家的几次高等教育改革的实际情况来看，可以说由政府至大学是高等教育改革过程的主要特征。

这里，我们首先依然以我国20世纪50年代初期实施的高等教育改革为例。50年代初期我国的高等教育改革是以自上而下、计划性为主要特点的。"新中国成立后政府首先着手接管、改造旧大学的工作，与此同时在中国人民大学、哈尔滨工业大学开展大学内部体制改革与教学改革的试点。接着在全国范围内展开院系调整和以专业设置为中心的教学制度改革，建立了以苏联模式为蓝本的社会主义大学制度。最后以《中华人民共和国高等学校章程草案》总结了大学改革的成果，将在改革基础上建立的新的大学制度以法规的形式规定了下来。"[②]这场影响20世纪下半叶中国高等教育发展的大规模改革中的每一项具体改革都是在中央政府的直接指导下进行的。例如，1952年的院系调整以1951年11月教育部制定全国工学院院系调整方案为起点，接着1952年5月教育部又制订了全国性的院系调整计划，在此基础上各大行政区制订了具体、详细的本区内院校的调整计划以及人员、设备、图书、校舍的调配等各项政策规定，8月，各有关院校按照计划

---

① ［日］马越彻著，胡建华译：《日本高等教育改革：回顾与展望》，载《高等教育研究》2002年第1期。

② 胡建华：《现代中国大学制度的原点：50年代初期的大学改革》，南京师范大学出版社2001年版，第281页。

开始实施调整。无论是某一具体的改革过程，还是整体的改革过程，50年代初期中国的高等教育改革都突出地体现了由政府至大学这一过程特征。

由政府至大学的这一现代高等教育改革过程特征，我们还可以在20世纪80年代末至90年代初澳大利亚的高等教育改革中看到。在改革之前，澳大利亚的高等教育体系由大学与高等教育学院两类性质有所不同的机构组成，即所谓的"二元"高等教育体制。1987年大选之后，澳大利亚政府机构改组，原教育部和雇用产业部、科学部合并成立就业、教育与培训部，约翰·道金斯出任部长。道金斯上任之后，立刻着手推行高等教育体制"一元化"的改革。1987年12月和1988年7月，就业、教育与培训部先后发布了有关高等教育问题的绿皮书与白皮书，在这两个文件中提出了废除"二元制"、导入"一元制"，在"一元"的体制下实施高等教育机构的合并与改组的政策方针。在政府政策的指导下，1989年高等教育体制"一元化"的改革正式启动，至1991年，原有的24所大学和47所高等教育学院合并、改组为38所大学。[1]这次改革被认为是澳大利亚历史上最为迅速的改革，而从人们称其为"道金斯改革"上我们不仅可以想象出政府在改革中所发挥的主导作用，而且也能体会到由政府至大学这一改革过程的基本特征。

在现代高等教育改革过程中，由政府至大学的基本特征反映了在现代社会中大学与政府关系的变化。政府愈来愈关心高等教育的发展在国家与社会发展中的作用，愈来愈要求高等教育与社会经济发展相适应，愈来愈倾向于通过立法、行政、经费资助等手段来引导高等教育改革与发展的方向。例如，在有着浓厚"大学自治"传统的英国，自20世纪60年代起，政府导引、干预高等教育改革与发展的努力始终没有间断过，其中包括著名的《罗宾斯报告》（1963年），"撒切尔时代"的高等教育紧缩政策，1988年制定的《教育改革法》，80年代末大学拨款委员会的改制，1991年发表的教育白皮书《高等教育：一个新的框架》，1992年制定的《继续教育与高等教

---

① ［日］杉本和弘：《オーストラリア高等教育システムの転換過程——"二元制"から"一元制"へ》，载《名古屋大学教育学部紀要》第44卷（1997年）第1号。

育法》，1997年国家高等教育调查委员会提出的长达1700页的关于高等教育改革及21世纪高等教育蓝图的《迪林报告》等。

现代高等教育改革过程中由政府至大学的基本特征告诉我们，在现代社会政府作为高等教育改革的发起者似乎已成为一种带有普遍意义的现象。这里不禁产生出这样一个问题：政府制定的改革政策、政府所发起的高等教育改革能否引导高等教育发展保持正确的方向，能否避免改革仅顾及政府的近期利益，而损害高等教育的长远目标之现象的出现？思考与解决这一问题的关键在于政府制定政策的程序和方式的公开、民主与科学。从许多国家的实际状况来看，以下两种方式有助于政策制定程序和方式的公开、民主与科学。（1）重大改革以立法为前提，法律作为政策之根本。法治是现代社会的本质特点之一，法治社会的一个显著标志是重大的社会改革必以法律的制定或修改为先行。在现代社会中法律制定程序的公开性、民主性可以使以法律为基础而展开的政府政策避免人为的主观失误或是将失误减少到最低程度。因此，许多国家都通过制定法律来保证高等教育改革与发展的正常进行。例如，日本在20世纪40年代末、50年代初的高等教育改革时期制定了《教育基本法》《学校教育法》等重要法律；法国70年代初的高等教育改革是在《高等教育方向指导法》的指导下实施的；德国1975年制定的《联邦大学大纲法》成为德国高等教育改革与发展的基本依据；英国1988年的《教育改革法》和1992年的《继续教育与高等教育法》指导英国高等教育体系完成了由"二元制"到"一元制"的转变。（2）成立以专业人士为主的咨询委员会，并赋予咨询委员会在政府制定政策过程中的法律地位。充分发挥专业人士在政府制定政策过程中的作用，已成为许多国家政府制定政策时的重要一环，一些国家还在有关法律中将听取咨询委员会的意见作为政府的义务规定卜来。例如，德国的科学审议会和日本的大学审议会在各自国家政府制定高等教育改革与发展的政策过程中都发挥了重要的作用。日本自80年代后期开始了战后第三次高等教育改革，而这次改革的所有政策在出台之前都经过大学审议会的调查、审议，政府正是根据大学审议会的咨询建议制定指导高等教育改革的政策的。由专业人士组成的咨询委员会参与政府政策的制定过程并且这种参与被赋予一定的法律地位，这毫无疑问是使政策制定的程序和方式实现公开、民主与科学的一项重要措施。

三、改革的内容：体制改革尤为引人注目

高等教育改革的内容，如若按照宏观与微观这两个层面加以区分的话，大致可分为高等教育体制（结构）改革与大学教育（教学）改革两大部分。这两部分的改革之间虽然有着一定的联系（有联系是必然的，因为它们都是高等教育改革整体的组成部分），但是在许多情况下，某一部分的改革会处于高等教育改革的突出位置，或者说受到更多的关注。我们在分析20世纪后半叶的高等教育改革时，可以发现就内容而言，高等教育体制改革比大学教育改革更加引人注目，或者说在许多国家的高等教育改革中体制改革更受重视。

在20世纪后半叶的第一次高等教育改革浪潮中，中国与日本的高等教育改革都是从体制改革入手的。50年代初期，按照苏联的高等教育模式，中国的高等教育首先在体制上实行了大规模的改革：减少综合大学的数量，并使改革后的综合大学只保留文理科，同时与国民经济生产部门对口成立了许多单科院校，形成了以单科院校为主的高等教育体制；大学内部的组织结构也由改革前的"大学——学院——系"三级改为"大学——系"两级；从所有制的角度来讲，在改革中私立高等学校通过调整、停办、改制等方式走向消亡，形成了单一、公有的高等教育体制。在体制改革基本完成、新体制基本确立之基础上，50年代初期中国的高等教育改革才进一步拓展到大学教育（教学）领域。40年代末至50年代初日本的高等教育改革则主要是按照美国的模式，建立起新制大学体系。二战之前日本的高等教育机构类型较为复杂，有大学、高等学校、专门学校、师范学校等，在学制、与中等教育的衔接、教育内容以及社会地位等方面都存在较大的差异。在战后的高等教育改

革过程中，战前多种类型的高等教育机构合并和调整为四年制的大学与二年制的短期大学，形成了带有美国式民主理念的高等教育体制，这一体制成为战后日本高等教育发展的基础。

在20世纪后半叶的第二次高等教育改革浪潮中，体制改革仍然在高等教育改革中处于较为突出的位置。例如，在1968年"5月风暴"之后的法国高等教育改革中，为了贯彻《高等教育方向指导法》中提出的"多学科"原则，法国大学的体制进行了较为彻底的变动。又如，德国70年代的高等教育改革产生了一种新的高等教育机构——高等专门学校。高等专门学校是在一些技师学校及经济、造型艺术、农业等专门学校的基础上成立的。高等专门学校与大学相比，"以面向实践、学制短（三年或四年）、课程编排更加细致等为主要特点。高等专门学校的重点在于明确的实践型教育，因此根据各州的法律，高等专门学校所进行的研究被限定在与教学相关的实用型研究领域"①。高等专门学校出现之后，数量得到迅速的增长，学校数量达到德国高等学校总数的一半，学生数达到总数的五分之一，由此形成了德国高等教育体制的"二元结构"。

在20世纪后半叶的第三次高等教育改革浪潮中，我们也可以看到体制改革的引人注目之处。前面提到，80年代末至90年代初澳大利亚高等教育在改革过程中，通过合并、改组"二元"体制下的高等教育学院、大学，实现了高等教育体制的"一元化"。与澳大利亚的这一改革同时进行的还有英国的高等教育体制改革，改革的方向两国基本相同，只是方式上有所区别。80年代末全90年代初的改革之前，英国的高等教育体制也具有"二元"性质，即大学与多科性技术学院是两种有着诸多区别的高等教育机构。依据1988年的《教育改革法》，1989年4月多科性技术学院及其他50所学院开始脱离地方教育部门的管理，成为具有法人资格的机构。与此同时，英国政府成立了"多科性技术学院及其他学院基金会"，这是多科性技

---

① ［德］Hansgert Peisert等著，［日］小松亲次郎等译：《ドイツの高等教育システム》，玉川大学出版部1997年版，第73页。

术学院迈向大学的第一步。1992年政府制定《继续教育与高等教育法》，规定多科性技术学院可以升格为大学并拥有授予学位的资格，据此38所多科性技术学院改名升格，高等教育体制完成了由"二元制"到"一元制"的转变。

为什么在20世纪下半叶的高等教育改革与发展过程中，体制改革常常成为许多国家改革的重点，或者说体制改革总是那么引人注目？原因是多方面的，其中既有个性因素，也有共性因素。在个性方面，如40年代末至50年代初，一些国家社会制度方面的变化要求高等教育体制作出相应的改变；又如60年代高等教育人口数量的迅速增长，导致一些国家的高等教育出现了"制度疲劳""结构失衡"的问题，从而推动高等教育体制的改革。在共性方面，由于现代高等教育与社会发展的联系愈来愈紧密，大学在社会进步中的作用愈来愈突出，因此许多国家的政府都加大了对高等教育特别是从宏观方面的控制力度。政府从宏观上控制或者影响高等教育系统，主要体现在数量与结构两个方面，换句话说，高等教育体制与高等教育数量同样容易受到政府政策的影响。

以上对现代高等教育改革内容特征的分析（体制改革尤为引人注目），并不意味着忽视大学教育改革作为现代高等教育改革内容的重要性。实际上，在20世纪下半叶的高等教育发展过程中，教育（教学）改革可以说从未间断过。而教育改革没有像体制改革那样引人注目（在多数情况下），主要因为教育改革往往是分散地由各个大学具体实施的，缺乏体制改革那样的"集中轰动效应"。此外，在西方许多国家，教育（教学）是由各个大学负责进行的，属于大学自治的范畴（这种大学自治受到法律的保护），因此政府不能像发起体制改革那样对大学的具体教育活动实施行政干预。

第四节　改革的深水区

党的十八届三中全会通过的《中共中央关于全面深化改革若干重大问题的决定》指出："当前，我国发展进入新阶段，改革进入攻坚期和深水区。"一段时间以来，"改革进入深水区"这一表述不断地出现在政府的文件、媒体的报道和学者的论述之中，已经成为社会的一种共识。高等教育领域也不例外，十八届三中全会的《决定》中有专节阐述"深化教育领域综合改革"。高等教育改革进入深水区不仅指改革面临着许多复杂的问题，探寻这些问题产生的原因及解决方法并非易事；同时还意味着改革面临着许多复杂的关系，如何处理这些关系考验着人们的智慧，涉及改革的走向。因为其中有不少关系构成了两难问题。本节试就高等教育改革中若干两难问题之间的关系作些粗浅的分析讨论。

一、高校招生考试制度改革

在当前的高等教育改革中，最能引起社会广泛关注的恐怕莫过于高校招生考试制度改革。"高考是普通民众乃至高层领导都非常关注的焦点。高考一有动静，人们就能够在门户网站的首页看到相关新闻。改革，是中国30多年来出现频率最高的词汇之一。高考改革，则是当今中国教育改革的关键词。"[①]确实，高考改革不仅贯穿改革开放以来我国高等教育发展与

[①] 刘海峰：《高考改革论》，浙江教育出版社2013年版，"自序"第1页。

改革的全过程，而且涉及中央政府、地方政府、高校、普通高中等诸多方面，在《中共中央关于全面深化改革若干重大问题的决定》的"深化教育领域综合改革"一节中，有关高考及考试改革的内容着墨最多。

如若梳理40多年来的高校招生考试制度改革历程，我们可以看到由统一到分化、由重内容到重方式这样一个发展变化的轨迹。1977年，作为教育领域"拨乱反正"的重要举措，恢复了高校统一招生考试制度。在之后的一段时间内，这种招考制度的"统一"表现为全面性、全方位性，即不仅考试时间全国统一，而且考试内容、考试形式、高校录取方式皆全国统一。从20世纪80年代末至90年代初开始，这种全方位的统一逐渐被打破，如从北京、上海等地开始的高考科目与内容的地方化，少数高中生不经统一考试而进入高校的保送生制度，近年来的高校自主招生更是在促使高校招生考试制度多样化的同时，进一步扩大了高考改革由统一到分化的趋势。由高考内容改革到招考方式改革是40多年来高校招生考试改革发展的又一趋势。一般来说，20世纪90年代高考改革引起人们广泛关注的主要是高考科目与内容的变化，所谓"3+1""3+2""3+X""3+大综合""3+小综合"，如此等等，令人眼花缭乱；而21世纪以来的高校自主招生改革虽然考试内容也不同于统一高考，但是它的变革主要是在高校招生的方式上，高校招生考试的（部分）权力由政府回归学校。

自1977年恢复高校统一招生考试制度以来，改革一直伴随着发展的步伐，而且改革涉及高校招生考试制度的方方面面。为什么？原因是多方面的。其一，高等教育规模的不断扩大、高等教育发展阶段的改变（由精英到大众化）使得高考的作用与功能发生了变化。据统计，1977年报名参加高考的人数为570万，高校录取27.3万，录取率为4.8%；1987年报考人数为227.5万，高校录取59.7万，录取率为26.2%；1997年报考人数为284.3万，高校录取108万，录取率为38%；2006年报考人数为886.5万，高校录取

546万，录取率为61.6%；[①]2013年报考人数为912万，高校录取684万，录取率为75%。[②]高校录取率由1977年的4.8%上升到2013年的75%，高等教育毛入学率从1977年的不足2%发展到2013年的34.5%，高等教育规模的如此变化必然要求高校招生考试制度作出相应的改变。其二，高校招生考试制度是连接中等教育与高等教育的"桥梁"，起着沟通中等教育与高等教育的作用，中等教育与高等教育的发展与改革也必然要体现在高校招生考试制度上。譬如，如何体现基础教育领域素质教育的思想与实践，如何适应大众化阶段的高等教育等。因此，高考改革措施的频繁出台，改革始终处于进行中，就成为40多年来高校招生考试的一种常态。

在推进高校招生考试制度改革的过程中，人们会陷入许多矛盾，经常处于两难境地，其中公平与效率之间的关系与矛盾毫无疑问是最受关注的。公平是现代教育制度构建与实施的基石之一，公平在不同的社会发展阶段、不同的教育阶段的含义有着些许的差异。譬如，对于义务教育阶段而言，实现公平是指每一个儿童都应享有平等地接受教育的机会；对于高等教育阶段而言，实现公平是指每一个具有接受高等教育能力的人都应享有平等的接受高等教育的机会。其中，如何判定一个人是否具有接受高等教育的能力就成为实现高等教育公平的关键所在。换句话说，具有接受高等教育的能力是人们享有平等的接受高等教育机会的唯一前提条件，其他因素（如性别、种族、社会地位、经济状况、居住区域等）都不应发挥影响作用。由于高校招生考试这一环节在人们能否进入大学、能否接受高等教育方面起着决定性的作用，因此高校招生考试制度的制定与实施就关乎高等教育机会公平的实现。纵观世界各国的高校招生考试制度，无论是采取单一的考试制、高中文凭

---

① 刘海峰等著：《高校招生考试制度改革研究》，经济科学出版社2009年9月版，第38页。

② 《全国历年参加高考人数和录取人数统计（1977年—2013年）》［2014-11-12］，http：//wenku.baidu.com/link?url=chf7WoBV24Z7z0Z5M2qh4L0p40pwi6BYHkHEIh8qG1ZQ_NcdIRdtCmg6PaZve4EW084apoZ-8TZrDwIJNw14untE-fyTe-_gG94lYrKZveO。

制，还是采取综合制，给予每个申请接受高等教育的考生平等的机会、公平录取是制度制定与实施所遵循的基本原则。

毫无疑问，公平也是我国制定高校招生考试制度、推进高考改革的基本原则之一。不过，公平从来就是一个历史的概念，高校招生考试中的公平是相对的、不断变化的。40多年来，我国的高校招生考试制度虽然一直处在改革的过程中，但是制度的本质特征似乎没有发生什么变化。我国的高校招生考试制度的特征可以概括为：政府主导、统一考试、分省招生。这样一种高校招生考试制度的形成既有历史的原因，体现出浓厚的计划色彩；又反映了我国的国情，基于地区间的差异。从公平与效率关系的角度来看，这种制度设计似乎贯彻了公平的理念，所谓"分数面前人人平等"，考试分数可以看作衡量一个人是否具有接受高等教育能力的尺度，成为高校招生的唯一依据。但同时，这一制度设计更体现了效率的思想，在我国这样一个参加高考人数八九百万、地域辽阔的国度里，统一考试与招生是比较经济且效率较高的方式。不过应该看到，现行高校招生考试制度中的公平是相对的，某些方面其实存在不公平。譬如，分省招生所带来的高校招生录取分数线的地区差异，产生了接受高等教育机会的不平等现象。又如，正是由于分省招生，一方面产生了"高考移民"的现象，另一方面大量进城务工人员子女不能享有与当地居民子女同等的接受高等教育的机会。因此，如何实现每一个具有接受高等教育能力的人都应享有平等地接受高等教育的目标，进一步在高校招生考试制度改革中提高公平的水平，还面临着许多困难与挑战。

二、高等教育管理体制改革

改革开放40多年来，高等教育管理体制改革始终是我国高等教育改革的主要方向之一。1985年颁布的《中共中央关于教育体制改革的决定》就明确指出："当前高等教育体制改革的关键，就是改变政府对高等学校统得过多的管理体制，在国家统一的教育方针和计划的指导下，扩大高等学校的办学自主权，加强高等学校同生产、科研和社会其他各方面的联系，使高等学校具有主动适应经济和社会发展需要的积极性和能力。"世纪之交，伴随着中央政府机构改革，大批原隶属中央部委的高校划规地方政府，由地方政府直接管理，这一改革使得高等教育管理重心下移，计划经济时期所形成的"条块分割"现象得到了比较彻底的改变。2010年颁布的《国家中长期教育改革和发展规划纲要（2010—2020年）》进一步指出："加强省级政府教育统筹。进一步加大省级政府对区域内各级各类教育的统筹力度。""落实和扩大学校办学自主权。政府及其他部门要树立服务意识，改进管理方式，完善管理制度，减少和规范对学校的行政审批事项，依法保障学校充分行使办学自主权。"正如《中共中央关于教育体制改革的决定》中所指出的，改变政府对高校的管理方式，扩大高校的办学自主权是我国高等教育管理体制改革的关键。同时，如何调整政府与大学的关系也是高等教育管理体制改革的难点。

政府与大学，是自中世纪大学产生以来人们在大学办学实践中经常遇到的一对矛盾关系。"从大约800年前的波隆那大学和巴黎大学起，欧洲的高等教育就面临着受国家和教会控制的问题。"①有学者在研究了1800—1945年间欧洲大学与政府等外部权力机构之间的关系后指出："在近一个半世纪中，大学与其权力监督机构之间的关系是冲突的，其冲突不仅局限于技术和专业事务上（课程、预算、考试和教职的任命），而且往往因为政治和意识形态的问题而加剧。它们提出了关于教学和科学研究中思想自由这一永恒的问题。无论多么民主的政权都不能真正接受大学的全部自治。尽管由于中世纪的传统——那是一个大学与西方基督教教会保持有机联系的时代，大学保留了一定的独立性，但在高压之下，大学也或多或少地被迫接受了对其物质和精神上的独立性的严格限制。"②进入现代以后，由于高等

---

① [加] 约翰·范德格拉夫等编著，王承绪、张维平、徐辉等译：《学术权力——七国高等教育管理体制比较》，浙江教育出版社1989年版，第183页。

② [瑞士] 瓦尔特·吕埃格主编，张斌贤、杨克瑞、林薇等译：《欧洲大学史 第三卷 19世纪和20世纪早期的大学》，河北大学出版社2014年版，第104页。

教育规模的日益扩大和大学在社会发展中的作用日益凸显，各国政府更加重视高等教育及其大学的发展，政府依靠立法、财政支持等方式更大力度地影响大学办学，政府与大学的关系在变得更加紧密的同时也日趋复杂。因此，如何调整大学与政府之间的关系就成为改革的重要课题。譬如，对日本高等教育发展具有重要影响的"国立大学法人化"改革就是一个很好的例证。在日本，国立大学法人化实施之前的"国立大学虽然政府对其有着各种各样依据大学特性的特别对待，但是本质上被定位于行政组织的一部分。因此，国立大学开展教育与研究活动的张力受到国家预算制度和公务员法律的约束"。"为了脱离这种国家组织的框架，使国立大学在更多的自主性、自律性与自我负责的基础上更有创意地开展高水平教育与研究活动、造就富有个性的大学，国立大学法人化十分必要。"[1]不难看出，改变国立大学与政府的关系是国立大学法人化改革的主要目的之一。这种关系的改变具体体现在政府指导、影响国立大学方式的变化上。"可以认为，政府的新方式就是，要求各国立大学法人根据各自学校的性质与特点以6年为一周期确定中期目标，制订中期计划，并征得文部科学省的认可。在一个周期结束之时，各大学有义务将中期目标与中期计划的实现及完成情况向文部科学省设置的国立大学法人评价委员会和设在总务省的独立行政法人评价委员会报告，接受评估。"[2]也就是说，国立大学法人化改革之后，日本政府指导、影响国立大学不再是过去的一些行政手段，而是用评估的方式。

与西方发达国家不同，我国高等教育管理体制中政府与大学的关系有着鲜明的特色，这种特色形成于历史与社会制度的影响之下。众所周知，1949年中华人民共和国成立之后，为适应当时计划经济体制下的社会发展

---

[1]［日］文部科学省：《文部科学白書：創造的活力に富んだ知識基盤社会を支える高等教育》，国立印刷局2004年版，第29页。

[2] 天野郁夫：《国立大学・法人化の行方：自立と格差のはざまで》，东信堂2008年版，第150页。

需要，建立了高度计划性、统一性的高等教育管理制度。如1953年中央人民政府政务院颁布的《关于修订高等学校领导关系的决定》规定："中央高等教育部根据国家的教育方针、政策和学制，遵照中央人民政府政务院关于全国高等教育的各项规定与指示，对全国高等学校（军事院校除外，以下同）实施统一的领导。凡中央高等教育部所颁布的有关全国高等教育的建设计划（包括高等学校的设立或停办、院系及专业设置、招生任务、基本建设任务）、财务计划、财务制度（包括预决算制度、经费开支标准、教师和学生待遇等）、人事制度（包括人员任免、师资调配等）、教学计划、教学大纲、生产实习规程，以及其他重要法规、指示或命令，全国高等学校均应执行。"①从这一规定中不难看出，在20世纪50年代初建立起来的高等教育管理制度中，政府与大学关系的实质是行政上的上下级，政府对大学的领导覆盖从人事、财务到教学的全部领域，大学没有办学自主权。

这种政府主导、高度集中的高等教育管理体制在20世纪80年代之后伴随着体制改革的实施，开始发生变化，扩大高校办学自主权成为高等教育管理体制改革的核心。1985年颁布的《中共中央关于教育体制改革的决定》将扩大高校办学自主权作为"高等教育体制改革的关键"；1998年通过的《中华人民共和国高等教育法》第三十二条到第三十八条明文规定了高等学校在7个方面的自主权；2010年颁布的《国家中长期教育改革和发展规划纲要（2010—2020年）》也继续提出："落实和扩大学校办学自主权。……高等学校按照国家法律法规和宏观政策，自主开展教学活动、科学研究、技术开发和社会服务，自主制订学校规划并组织实施，自主设置教学、科研、行政管理机构，自主确定内部收入分配，自主管理和使用人才，自主管理和使用学校财产和经费。"扩大高校办学自主权，究其实质就是调整高等教育管理体制中大学与政府的关系。为什么30余年来扩大高校办学自主权一而再，再而三地出现在重要的法规与政府文件中，这一方

---

① 上海市高等教育局研究室、华东师范大学高校干部进修班、华东师范大学教育科学研究所编：《中华人民共和国建国以来高等教育重要文献选编（上）》，第56页。

面体现了高校自主权问题对于我国高等教育改革与发展的重要性，另一方面说明扩大高校办学自主权改革的艰难性。长期形成的政府主导、高度集中的高等教育管理体制具有巨大的制度惯性，甚至产生了一种制度文化，在这种制度下形成的观念、行为模式仍然对现阶段政府部门处理大学与政府关系产生着影响。由此可以看出，在我国这样的体制环境、文化环境、社会环境下，如何进一步调整政府与大学的关系，以便落实和扩大高校办学自主权，使高校真正"具有主动适应经济和社会发展需要的积极性和能力"，将是一项长期而艰巨的任务。

三、高校内部治理改革

高校内部治理改革与高等教育管理体制改革有着密切的关系。在计划经济时期的政府主导、管理高度集中的高等教育管理体制内，政府机构对于高校的领导与管理渗透到教学、管理的各个领域，高校是政府的下属机构，其内部管理的主要职能在于执行政府的指令，高校内部的管理结构似乎对高校办学影响不大。改革开放之后，社会主义市场经济取代了计划经济，政府简政放权、扩大高校办学自主权、高校面向社会需要自主办学成为时代的要求，高校内部的治理结构与治理能力就成为一所高校能否办得有特色、有成效的关键影响因素。《国家中长期教育改革和发展规划纲要（2010—2020年）》也将"完善治理结构"作为"完善中国特色现代大学制度"的重要内容之一。高校内部治理改革涉及的要素很多，从我国现阶段高校内部治理的实际状况来看，平衡行政权力与学术权力之间的关系或许是完善高校内部治理结构的关键与难点所在。

学术权力是大学这一学术组织所特有的权力。早在中世纪大学产生之初，巴黎大学的教师与学生就为争取大学自治的基本权力与地方大法官和主教展开了斗争，最终获得了录用新教师、制定规范大学内部活动规则、在大学团体中推选与外部权力机构交涉及出庭诉讼这三项基本权力（这些权力正是学术权力的主要内容）。①在大学长期的发展与演进过程中，学术权力已经渗透进大学的日常生活，成为大学文化的主要组成部分。譬如，长期任教于英国剑桥大学国王学院的艾伦·麦克法兰在描述剑桥大学内部的权力状况时这样写道："剑桥几乎不存在正式的制度性权力，院长或系主任不但无权实施武力，就连聘任权和解雇权也极其有限。这个古老的体系只能靠几分个人魅力和内部成员的尊敬去绵延。""我学到的最重要的一课是，唱主角的玩家其实是在剑桥的最基层，那就是具有高度的独立性和主观能动性的广大学术人员。任何改革非取得他们的赞同不可。尽管近年来情况在急速变化，但是剑桥的权力体系基本上还是一种倒金字塔结构。"②

学术权力除构成大学文化之外，在许多情况下也成为制度体系的组成部分。大学的学术权力主要由教授组成的学术机构承担并使用。例如，日本广岛大学教育学研究生院教授会规则规定，教授会由研究生院院长、副院长、院长助理以及研究生院的全体教授组成。教授会的主要职责是审议并决定如下事项："（1）关于研究生院开展教育、研究与社会服务活动的长期目标、中期目标计划和年度计划；（2）关于教师人事；（3）关于学生录取；（4）关于学位授予；（5）关于课程安排；（6）关于学术研究；（7）关于社会服务；（8）关于各项规则的制定与修改；（9）研究生院院长认为必须审议的事项。"③该规则还指出，各事项的决定采用票决的方式，录用新教师、授予学位必须有三分之二以上的教授会成员参加会议，且获得三分之二以上的赞成票方为通过。不难看出，教授会作为日本大学中学院一级的教授组织，是学院的学术权力机构，决定着学院的各项学术事务。总之，在现代大学，学术权力的主要内容可以概括为："首先，是人事方面的权力，包括大学校长、

---

① ［法］Jacques Verger著，［日］大高顺雄译·《中世の大学》，みすず书房1979年版，第31-32页。

② ［英］艾伦·麦克法兰著，管可秾译：《启蒙之所　智识之源——一位剑桥教授看剑桥》，商务印书馆2011年版，第84-86页。

③ ［日］《広島大学大学院教育学研究科教授会内规》［2014-11-20］，http：//home.hiroshima-u.ac.jp/～houki/reiki/act/frame/frame110000248.htm。

学校内的院长（学部长）的选举权，即校长、院长由教授选举产生，以及教师的聘用权，教师的聘任、资格的审定等由教授组织决定；其次，是大学章程、规则的制定权，大学章程以及所有有关大学运行的规章制度由教授组织制定；第三，是有关大学发展与改革重大事项的决策权，即有关大学发展与改革的重大决策必须由教授组织通过决定；第四，是开展教育与研究活动的决定权。"①

与西方发达国家不同，我国高校现行的内部管理制度形成于计划经济时期。如1961年下发的《中华人民共和国教育部直属高等学校暂行工作条例（草案）》第九章"领导制度和行政组织"中规定："高等学校的领导制度，是党委领导下的以校长为首的校务委员会负责制。""高等学校的校长，是国家任命的学校行政负责人，对外代表学校，对内主持校务委员会和学校的常务工作。""高等学校设立校务委员会，作为学校行政工作的集体领导组织。学校工作中的重大问题，应该由校长提交校务委员会讨论，作出决定，由校长负责组织执行。"②这一条例明确了校长作为国家任命的行政负责人，校务委员会是学校的行政工作组织，学校中的重大事项由校务委员会讨论决定，校长负责组织执行。在政府的领导与管理下，高校内部形成了与政府机构类似的、由上至下的行政权力系统。

改革开放之后，随着高等教育改革的深入发展，高校办学自主权的不断扩大，人们逐渐意识到依据高校办学规律、在高校办学与管理中发挥学术人员作用的重要性。由此，学术权力的概念开始从研究者的论文著作进入大学管理的改革实践。在行政权力系统仍然健全的状态下，增加学术人员的学术权力成为完善高校内部治理结构的重要内容。2014年1月29日，教育部公布的《高等学校学术委员会规程》规定："为促进高等学校规范和加强学术委

---

① 胡建华：《关于彰显学术权力的若干问题》，载《高等教育研究》2007年第10期。

② 上海市高等教育局研究室、华东师范大学高校干部进修班、华东师范大学教育科学研究所合编：《中华人民共和国建国以来高等教育重要文献选编（上）》，第280页。

员会建设，完善内部治理结构，保障学术委员会在教学、科研等学术事务中有效发挥作用，根据《中华人民共和国高等教育法》及相关规定，制定本规程。""高等学校应当依法设立学术委员会，健全以学术委员会为核心的学术管理体系与组织架构，并以学术委员会作为校内最高学术机构，统筹行使学术事务的决策、审议、评定和咨询等职权。"①学术委员会毫无疑问是我国高校中体现学术权力的主要机构，教育部的这一《规程》强调了学术委员会是高校学术管理体系的核心机构和校内最高学术机构，具有学术事务的决策、审议、评定、咨询等职权，建立健全学术委员会对完善高校内部治理结构具有重要意义。为了保障学术委员会的学术性（而非行政性），《规程》还对学术委员会的组成、权责、运行等作了明确的规定。

虽然学术权力在高校内部治理结构中的地位、在高校办学中的作用正逐渐为人们所重视，一些高校的章程中也作了明确的表述，如北京大学章程的第六条写道："学校坚持学术自由、大学自主、师生治学、民主管理、社会参与、依法治校，实行现代大学制度"②（这些与过去相比无疑都是很大的进步），一方面，由于之前长期形成的制度具有巨大的惯性，坚实的行政权力系统仍然处于强势的主导地位，学术权力仍然从属于行政权力，许多学术事务仍然是由行政权力系统作出决定；另一方面，在强大的行政权力系统影响下产生的学术机构染上了科层组织的色彩，行政性成为学术机构的特征，即所谓学术机构的科层化。由此可见，在完善高校内部治理结构的过程中，如何健全学术机构的组织与功能，如何真正发挥学术权力在高校内部治理中的作用，如何平衡学术权力与行政权力之间的关系，是十分棘手的问题。解决这些问题，还有很长的路要走。

---

① 中华人民共和国教育部：《高等学校学术委员会规程》［2014-11-22］，http：//
www.moe.gov.cn/publicfiles/business/htmlfiles/moe/moe_621/201402/xxgk_163994.html。

②《北京大学章程》［2014-11-22］，http：//baike.baidu.com/link? url=32Q_ugJmsAt
OVPvg3eDYkKUNj3IhVj-j8lfOtiK8r5WezMjDYKfX6O8Iv06iihfGa_N-hL1VLNQRDNsom
D6AxyBSuxf-aN7Eaxzz4x5t8FAw8UuE9DLqXeWhAN9xObHzyHFc9jE8_0CF6u67s8Il8。

第二章

高等教育发展中的
阶段特点

　　20世纪80年代以来，我国高等教育发展的最突出表现之一是高等教育规模的迅速增长。以高等教育入学率为例，20世纪80年代初，我国高等教育入学率尚不足5%，21世纪初，高等教育入学率超过了15%，2021年，高等教育入学率已经达到57.8%。[①]按照马丁·特罗的高等教育发展阶段理论，40余年来，我国高等教育发展从精英阶段经过大众化阶段，进入普及化阶段。与作为特罗理论研究对象的发达国家相比，我国高等教育的阶段性发展有许多不同的特点，分析这些特点有助于加深对中国式的高等教育现代化的认识。

　　① 中华人民共和国教育部：《2021年全国教育事业发展统计公报》［2022−09−14］，http://www.moe.gov.cn/jyb_sjzl/sjzl_fztjgb/202209/t20220914_660850.html。

第一节 "后发国家"的高等教育大众化

在有关高等教育大众化的理论研究与政策分析中，发达国家的大众化进程及其经验、教训常常成为人们讨论的主要课题和政策制定的参照系。这是因为一些发达国家早在20世纪70年代或更早就已经完成了高等教育由精英阶段向大众阶段的转变，而且"大众化理论"也是在总结、分析这些国家高等教育发展过程的基础上提出来的。然而，当我国高等教育大众化进程启动之后，我们在分析发达国家的经验、教训的同时，还必须认真研究我国大众化过程的特点。实现高等教育大众化与现代化发展一样，存在"先发国家"与"后发国家"之别。"后发国家"与"先发国家"之间在时间（如我国的高等教育大众化进程与一些发达国家相隔30余年）、国情、高等教育制度与传统上的差异，决定了"后发国家"的高等教育大众化必然具有一些与"先发国家"不同的新特点。

一、"先发国家"高等教育大众化的发展特点

以实现高等教育大众化作为明确的发展目标，政府为达成这一目标制定具体的政策、措施，并引导大众化进程，这是"后发国家"高等教育大众化的基本特点。20世纪70年代之前，一些发达国家高等教育大众化的实现可以说是一个高等教育"自然"成长（这里所说的"自然"成长是指高等教育的发展主要受经济与人口等因素的影响，政府政策所发挥的作用不大）的过程；而"后发国家"政府的目标导向、政策促进使得高等教育大

众化过程带有浓厚的"主观能动"色彩。

我们说20世纪70年代之前一些发达国家高等教育大众化的实现是一个"自然"成长的过程,这一点可以从"大众化理论"的提出本身得到证明。众所周知,高等教育发展的"大众化理论"是由马丁·特罗在70年代初期发表的《高等教育的扩张与转变》(1971年)、《从精英向大众高等教育转变中的问题》(1973年)等论文中系统阐述的,而这一阐述是建立在对部分发达国家高等教育发展阶段转变的分析上,并以探寻对发展阶段转变过程中出现问题的新的解释方法为目的。诚如特罗教授在《从精英向大众高等教育转变中的问题》一文的结尾所说:"本论文与有关高等教育形态变化的统计报告、比较调查不同,不以深化知识、扩展知识为目的。本论文的目的在于表明一种关于发达国家高等教育发展的探讨思路,提供一个对发展过程中相互关联问题进行解释与分析的方法。"[1]在特罗教授提出"大众化理论"时,一些发达国家的高等教育正在跨向或已经跨入大众化阶段。如从高等教育入学率的角度来看,瑞典1971年达到24%,英国1973年达到13%,法国预测在70年代中期达到17%,[2]日本1970年达到23.6%。[3]进入大众化阶段之后,这些国家高等教育的发展与精英阶段相比不仅在数量而且在质的方面都发生了很大的变化。"大众化理论"正是为理解这种变化、解释变化过程中产生的问题而提出的。据此我们可以这样认为,由于"大众化理论"提出之时一些发达国家的高等教育正在跨向或已经跨入大众化阶段,因此在理论提出之前这些国家的高等教育当然不可能以"大众化"为其发展目标(尽管这些国家的高等教育发展也许因社会经济的变化状况有过这样那样的短期或长期目标)。

---

[1] [美]马丁·特罗著,[日]天野郁夫、喜多村和之译:《高学歴社会の大学——エリートからマスヘ——》,东京大学出版会1976年版,第121页。

[2] [美]马丁·特罗著,[日]天野郁夫、喜多村和之译:《高学歴社会の大学——エリートからマスヘ——》,东京大学出版会1976年版,第61页。

[3] [日]文部省:《文部统计要览》,大藏省印刷局2000年版,第38页。

二、"后发国家"高等教育大众化的实现路径

"后发国家"的高等教育大众化进程则不然。以我国为例，20世纪90年代初，高等教育大众化理论在我国学术界开始引起广泛的讨论与关注，政府则在1998年左右将实现大众化正式列为高等教育的近期发展目标。教育部在1998年12月24日发布的《面向21世纪教育振兴行动计划》中指出，到2010年，高等教育入学率要接近15%。1999年6月发表的《中共中央、国务院关于深化教育改革全面推进素质教育的决定》则有更加明确的表述："通过多种形式积极发展高等教育，到2010年，我国同龄人口的高等教育入学率从现在的9%提高到15%左右。"虽然在这两个文件中没有出现"高等教育大众化"一词，但是由于15%的高等教育入学率是高等教育进入大众化阶段的主要标志，因此达到15%的高等教育入学率与实现高等教育大众化通常被理解为具有同一含义。那么，将实现大众化作为明确的高等教育发展目标究竟会使"后发国家"的高等教育发展过程产生什么样的变化，这样的发展又与大众化理论出现之前的"先发国家"的大众化过程有什么重要的区别呢？

首先，政府以实现大众化作为明确的发展目标之后，将会采取必要的政策措施，促使这一目标的按期或提前实现。在现代社会，由于高等教育规模的日益庞大，高等教育社会功能的不断增强以及高等教育与社会各个领域的联系日益紧密，政府愈来愈重视对高等教育的宏观调控，因此政府的政策对高等教育发展的影响也就愈来愈大。1999年6月召开的第三次全国教育工作会议上，中央政府在提出积极发展高等教育、到2010年将高等教育入学率提高到15%的战略目标的同时，做出了1999年扩大高校招生的重要决定。这一决定的实际结果是：1999年全国各类高等教育机构招生共280万人，其中普通高校招生160万人，比上年增加51万人，增长47%，在校生人数比上年增加76万人，增长22%；成人高校招生116万人，比上年增长近16%。[1]1999年成为新中国成立以来普通高校发展速度较快的年份之一。同

---

[1] 杜萍：《对高校扩招的政策学分析》，见袁振国主编《中国教育政策评论》，教育科学出版社2000年版，第160页。

年12月在武汉召开的全国高等教育招生会议还决定，未来三年我国各类高等学校招生总量将继续增长。1999年的高校扩大招生所带来的高等教育规模的迅速扩大可以看作政府政策促进高等教育发展的一个典型事例。影响1999年高校扩大招生政策出台的因素中，人们谈论较多的是"宏观社会需求""解决经济困境"（"拉动内需"）等，其实向高等教育大众化迈进这一战略目标亦构成了扩招政策出台的强有力的背景。明确的政策目标使实现高等教育大众化成为一个积极、主动的过程。

其次，作为实现高等教育大众化的"后发国家"，明确的政策目标将有利于我们在发展过程中吸取"先发国家"的经验、教训，采取更加合适的发展路径与方式。潘懋元先生等著文提出了存在一个从精英到大众高等教育的"过渡阶段"的观点。[①]潘先生等在比照特罗关于高等教育发展三阶段的质的变化理论、分析现阶段我国高等教育发展的基本特点之基础上，认为我国高等教育从精英向大众阶段的转变不同于特罗归纳的"量变带动质变"，而具有"质变促进量变"的显著特征；这种"质变促进量变"的过程（"高等教育的'量'的积累尚未达到西方学者所说的大众教育的'度'，即毛入学率未达到15%，而'超前'出现的种种大众化高等教育性质的变化过程"）就是从精英教育向大众化教育转变的"过渡阶段"。潘先生等的这一观点为我们更加深入地理解我国高等教育大众化的发展过程及"大众化理论"提供了一种新的思路。假如我们换一个角度，可以认为"质变促进量变"实际上是"后发国家"实现高等教育大众化的一种新的发展方式。即"后发国家"以明确的政策目标导向，采取必要的改革措施，使高等教育提前出现一些"质"的变化，从而实现由精英阶段向大众化阶段转变的"超常规"发展。

不过，我们在看到政府的政策目标导向促进高等教育大众化过程发展的同时，也应注意到如果政策不合时宜、不切实际，可能会给高等教育的

---

① 潘懋元、谢作栩：《试论从精英到大众高等教育的"过渡阶段"》，载《高等教育研究》2001年第2期。

健康发展带来负面影响。例如，虽然1999年的高校扩大招生使我国高等教育规模上了一个新的台阶，但是却使高校办学条件不足的问题更加突出。"高校的学生宿舍拥挤、破旧、简陋；大多数高校基础设施老化，供电、供水、供气设施因资金缺乏，年久失修，存在很大的隐患。""高校教学用房、图书馆和仪器设备、食堂和浴室极为紧张，无法满足迅速增加的学生需要。""师资已经处于紧张状态，结构性的短缺十分明显。""据测算，1998年全国普通高等学校已经超负荷133万人，占全部在校生的31%（折合在校生，下同），1999年达到40%以上。"①如果这些问题不能得到迅速、有力的解决，我国高等教育发展就可能重蹈一些国家数量增长、质量下降的覆辙。

第二节　高等教育大众化的中国模式

20世纪结束之际，高等学校招生数量的超常规增长启动了中国高等教育大众化的进程，实现高等教育大众化已经由研究者们的讨论话题转变为政府的决策与千百所高校、千百万人的实践。大众化是高等教育的一个发展阶段，这一理论在20世纪70年代初由美国学者马丁·特罗提出，世界上一些发达国家也在70年代之前完成了高等教育从精英阶段到大众化阶段的转变。那么，时隔30年之后开始的中国高等教育大众化，它的进程与发展和特罗理论的阐述以及发达国家的实践相比，有没有一些新的特点？搞清

---

① 季平：《1999年中国高等教育发展分析》，见袁振国主编《中国教育政策评论》，教育科学出版社2000年版，第149-150页。

楚这一问题，无疑对我们制定正确的高等教育发展战略是非常必要的。

一、政府的政策目标导向使实现大众化成为一个积极、主动的过程

无论从时代的变迁、国情的差异还是高等教育的历史传统等角度来考虑，我国正在推进的高等教育大众化进程都必然具有一些与发达国家不同的新特点。在这些新特点中，首先值得一提的是，实现高等教育大众化明确地成为我国高等教育发展的近期目标，政府为达成这一目标制定了具体的政策、措施。20世纪70年代之前一些发达国家高等教育大众化的实现可以说是一个高等教育"自然"增长的过程；而我国政府的目标导向、政策促进使得高等教育大众化过程带有浓厚的"主观能动"色彩。

20世纪90年代初，高等教育大众化理论在我国学术界开始引起广泛的讨论与关注，政府则在1998年左右将实现大众化正式列为高等教育的近期发展目标。那么，将实现大众化作为明确的高等教育发展目标究竟会使高等教育的发展过程产生什么样的变化，这样的发展又与大众化理论出现之前的一些国家的大众化过程有什么重要的区别呢？政府将实现大众化作为明确的发展目标之后，将会采取必要的政策措施，促使这一目标的按期或提前实现。在现代社会，由于高等教育规模的日益庞大，高等教育社会功能的不断增强以及高等教育与社会各个领域的联系日益紧密，政府愈来愈重视对高等教育的宏观调控，因此政府的政策对高等教育发展的影响也就愈来愈大。1999年政府出台的有关积极发展高等教育的政策和扩大高校招生的举措成为推动我国高等教育大众化发展的重要因素。

二、调动民间财力投入高等教育是实现大众化的主要方式

人们在讨论发达国家高等教育大众化的实现方式时，一般归纳出公立高等教育机构主导和依靠私立高等教育的充分发展这两种模式。美国、英国、法国、德国等属于前者，日本则是后者的典型案例。美国高等教育由精英阶段跨入大众化阶段发生在20世纪50年代初期，1950年的高等教育入

学率为14.3%，1955年达到17.7%。在1950年至1971年的20余年间，美国的高等教育入学率从14.3%上升到35.3%（可以称之为大众化的前期与中期），同时高等院校学生中公立高等学校学生的比例也从51%提高到70%以上。[①]尽管私立高等教育机构在美国高等教育系统中占有不小的比重，但是上述数据可以说明在大众化的实现及其发展过程中美国采取的是大力发展公立高等教育的方式。德国、英国、法国高等教育大众化的实现晚于美国，发生在六七十年代（从高等教育入学率来看，英国1970年14.1%，1980年19.1%；法国1970年19.5%；德国1970年13.4%，1980年25.6%）。这三个国家的高等教育制度虽各有传统与特色，但在高等教育经费的来源构成这一点上是基本相同的，即来自政府的经费占高等教育总经费的绝大部分。例如，60年代中后期政府经费在高等教育总经费中的比例，法国95%（1968年），德国90.6%（1965年），英国71.8%（1968—1969年）。[②]这种经费构成说明法国、德国、英国也是采取"公立模式"实现高等教育大众化的。

与上述四个国家相比，日本走的是另一条道路。私立高等教育具有较大的发展空间，这是日本近代高等教育发展的主要特点之一。早在1940年，私立高等教育机构数就已占日本高等教育机构总数的55.1%。日本高等教育大众化的进程始于战后经济高速发展的60年代，高等教育入学率1960年为10.3%，1970年达到23.6%。[③]在1960—1970年的10年间，无论是学校数量还是学生数量，私立大学的增长幅度都远远高于国立、公立大学。在学校数量方面，与国立大学增长47.5%、公立大学增长11.1%相比，私立大学增长了近100%。学生数增长率方面的差异更大，国立、公立大学分别为64.8%和70%，私立大学则高达174.2%。1970年，私立大学的学校数与学生数均

① 国家教育发展研究中心：《2000年中国教育绿皮书》，教育科学出版社2000年版，第89页。
② 国家教育发展研究中心：《2000年中国教育绿皮书》，教育科学出版社2000年版，第91页。
③ ［日］文部省：《文部統計要覧》，大藏省印刷局2000年版，第38页。

已超过总数的3/4。[①]由此可以看出，私立高等教育机构在日本高等教育大众化进程中扮演了主要角色。

我国高等教育应采取何种方式实现大众化，这是人们讨论较多的问题之一。虽然我国的高等教育制度长期以来类似于德、法等国，政府的财政拨款是高等教育经费的主要甚至唯一来源，但是近年来的改革正在逐渐改变这种状况。我国的基本国情，即在经济相对落后的条件下办大教育决定了我们不可能完全采取"公立模式"来推进高等教育大众化，充分调动民间财力投入高等教育成为政府扩大高等教育规模的政策选择。

首先，民办高等教育经过多年的发展，已经初具规模，它对高等教育机会扩大、数量增长的贡献正日益显现。据相关统计，1997年各类民办高等教育机构的数量已达到1270所，超过当年公立普通高等学校的总数（1020所）。各类民办高等教育机构的在校生人数为130.8万人（其中教育部认可具有颁发学历文凭资格的高等学校在校生1.4万人，高等教育学历文凭试点学校在校生9.4万人，不具有颁发学历文凭资格的高等教育机构在校生120万人），这相当于1998年公立普通高等学校在校生数（340.8万）的38.4%。[②]1999年6月发布的《中共中央、国务院关于深化教育改革全面推进素质教育的决定》对发展民办高等教育又有更积极的认识与规定："进一步解放思想、转变观念，积极鼓励和支持社会力量以多种形式办学，满足人民群众日益增长的教育需求，形成以政府办学为主体、公办学校和民办学校共同发展的格局。凡符合国家有关法律法规的办学形式，均可大胆试验。在发展民办教育方面迈出更大的步伐。"毫无疑问，政府的这些政策促进了民办高等教育在质量与数量上的进一步发展。例如，具有颁发学历文凭资格的民办高等学校数量已由1997年的20所增加到43所，近两年来还出现了国有民办二级学院这种民办高等教育的新形式。

---

① 胡建华：《百年回顾：20世纪的日本高等教育》，载《南京大学学报》2001年第4期。

② 北京师范大学教育改革与发展研究中心：《2000年中国教育发展报告——教育体制的变革与创新》，北京师范大学出版社2000年版，第87页。

其次，调动民间财力投入高等教育还表现在公立普通高等学校普遍实施的"收费上学"制度上。自高校学费并轨改革以来，我国普通高校收取的学费呈逐年上涨的趋势。据估计，在普通高校生均经费中学费的比例已经达到25%～33%。我们知道，在许多发达国家，公立高等教育实行的是免学费或低收费制度。例如，在收费水平较高的日本，虽然国立大学学费的增长幅度要高于私立大学（1975年时私立大学学费是国立大学的5.1倍，1997年则缩小为1.6倍），但是1998年学费（包括新生的入学费）只占国立大学总经费的12.4%。从国际比较的角度来看，我国普通高校的学费占生均经常费的比例已经处在一个相当高的水平上。这从另一方面说明调动民间财力是我国扩大高等教育规模所采取的主要措施，同时它也是我国推进高等教育大众化的主要特点之一。

三、地区差异形成大众化过程发展的不平衡

合理布局、尽量缩小地区差异，这是长期以来我国高等教育发展过程中政府始终坚持的指导思想之一，而且经过多年的努力，不少条件较差的偏远省份的高等教育获得了长足发展。但是由于受历史的、地理的、经济的等多种因素的影响，高等教育发展水平的地区差异仍然存在。例如，就万人拥有的大学生数这一指标来看，20世纪90年代末期全国平均25.68人，超过30人的省、自治区、直辖市有北京、天津、上海、辽宁、吉林、黑龙江、江苏、湖北、陕西，低于20人的省、自治区、直辖市有内蒙古、安徽、河南、广西、海南、四川、贵州、云南、西藏、青海等；大学生数最多的地区达到158.13人（北京），最少的仅10.67人（贵州）。[1]再从普通高校生均教育经费支出（包括事业费、基建费等）来看，地区之间的差异也是较为突出的。1997年普通高校生均教育经费支出全国平均10665.99元，

---

① 中国科学院可持续发展研究组：《2000中国可持续发展战略报告》，科学出版社2000年版，第261页。

高于全国平均水平的省、自治区、直辖市有北京、天津、上海、福建、山东、广东、西藏，低于8000元的省、自治区有河北、山西、江西、河南、广西、贵州、宁夏、新疆等；最高的是北京达到18034.34元，最低的是贵州只有5092.04元。[①]而且自90年代初以来这种地区差异呈逐渐扩大的趋势。如北京与贵州之间普通高校生均教育经费支出的差异，1990年前者是后者的1.58倍，1993年和1997年分别扩大到1.91倍、3.54倍。

高等教育发展水平与高等教育经费支出的差异必然造成大众化过程发展的不平衡，不同地区的高等教育进入大众化阶段产生较大的时间上的差距。据统计，1999年高等学校的录取率分别为北京76%，上海69.7%，江苏67.1%，宁夏28.4%，甘肃27.3%；高等教育毛入学率分别为北京35%，上海34.56%，江苏13%。[②]尽管缺乏全国完整的数据，但有相当一部分省、自治区、直辖市的高等教育毛入学率在10%以下（1999年）是可以推断的。

大众化过程发展的不平衡给政府制定政策提出了一些新的课题。首先，政府在提出2010年实现高等教育大众化这一全国性目标时，是否还应根据不同地区高等教育发展水平制定相应的区域性指标；其次，政府还应制定相关政策协调不同地区的高等教育发展速度，提高落后地区的高等教育入学率，缩小地区差异。高等教育大众化的实现意味着高等教育机会的扩大，如何使更多的人能够公平地享受到高等教育机会，这是政府在制定政策发展高等教育时必须认真考虑的问题（从理论上讲，高等教育由精英阶段向大众化阶段的转变伴随着高等教育机会公平程度的提高）。因此，我们的目标应该是，在实现高等教育大众化的同时，缩小地区差异，使生活在不同地区的人们所享有的高等教育机会日益趋于平等。

[①] 北京师范大学教育改革与发展研究中心：《2000年中国教育发展报告——教育体制的变革与创新》，北京师范大学出版社2000年版，第136页。

[②] 康宁：《论教育决策与制度创新》，见袁振国主编《中国教育政策评论》，教育科学出版社2000年版，第17页。

第三节　高等教育普及化的中国实践

2019年，我国高等教育发展进入一个值得记载的历史新阶段。根据教育部的统计，2019年我国各类高等教育在学人数为4002万，高等教育毛入学率达到51.6%。[①]高等教育入学率跨过了美国学者马丁·特罗的高等教育发展三阶段论中大众化与普及化的分界线，标志着我国高等教育进入普及化阶段。随着近年来高等教育向普及化阶段逐步发展，学术界有关高等教育普及化的研究也日渐增多。不过，与高等教育大众化研究相比，高等教育普及化研究还在初期。中国知网的期刊论文检索显示，以"高等教育大众化"为"主题"的论文数量达到5043篇，而以"高等教育普及化"为"主题"的论文仅有181篇。[②]两者论文数量的巨大差距一方面是高等教育现实状况的反映，我国高等教育在21世纪初即进入大众化阶段，近年来大众化阶段的实践促进了相关研究的发展；另一方面也说明由于高等教育普及化阶段刚刚开始，与此有关的许多问题尚有待人们随着实践的发展不断加深对其的理解与认识。

一、高等教育普及化理论及其实践演进

众所周知，高等教育普及化是马丁·特罗的高等教育发展阶段论中的第三阶段。大约半个世纪前的20世纪70年代初，马丁·特罗在其著述的三

---

① 中华人民共和国教育部：《2019年全国教育事业发展统计公报》［2020－05－20］，http：//www.moe.gov.cn/jyb_sjzl/sjzl_fztjgb/202005/t20200520_456751.html。

② https：//kns.cnki.net/kns/brief/result.aspx？dbprefix=CJFQ，2021年1月31日检索。

篇论文（1971年的《高等教育的扩张与转变》，1973年的《从精英向大众高等教育转变中的问题》，1975年的《精英高等教育的危机》）中基于对部分发达国家高等教育发展演变的分析，系统阐述了高等教育发展三阶段理论。关于这一理论的特点，特罗在《从精英向大众高等教育转变中的问题》一文中认为：“本论文与有关高等教育形态变化的统计报告、比较调查不同，不以深化知识、扩展知识为目的，而是提出一种理解发达国家高等教育发展的思路，提供一种对发展过程中相互关联问题进行解释与分析的方法。”[1]特罗的高等教育发展阶段论的主要观点可以用下表加以概括。

表2-1　高等教育发展三阶段的主要特征

	精英阶段	大众化阶段	普及化阶段
规模（高等教育入学率）	15%以下	15%~50%	50%以上
处于该阶段的国家	英国、许多其他西欧国家	日本、加拿大、瑞典等	美国
高等教育机会	少数人的特权	多数人的权利	大众的义务
大学入学条件	限定的（出身、才能）	准限定的（制度化的资格）	开放的（个人选择）
高等教育目的观	人的成长与社会化	传授知识、技能	提供新的宽广的体验
高等教育主要功能	养成精英、统治阶层的精神、性格等	培养专业精英与社会领导者	培养适应产业社会需要的全体国民
高校课程	高度结构化（刚性结构）	结构化+弹性化（柔性结构）	非结构化（按阶段学习方式的消解）
主要教学方法与手段	重视个别指导、师徒关系的导师制、研讨班制	班级授课+研讨班制、非全日制、工读交替制	广播、电视、计算机、教育技术的广泛应用
学生入学模式	高中毕业直接升入大学，不间断学习获取学位，退学率低	高中毕业不直接升学，在大学学习期间中途辍学，退学率增加	入学时间推迟，成人学生、有工作经验的学生人数大量增加

---

[1]［美］马丁·特罗著，［日］天野郁夫、喜多村和之译：《高学歴社会の大学——エリートからマスへ——》，东京大学出版会1976年版，第121页。

	精英阶段	大众化阶段	普及化阶段
高等教育机构特点	同质性（拥有共同高水准的大学与专业学院）	多样性（多样化水准的高等学校，综合性高校的数量增加）	极度多样性（没有统一的标准）
高等教育机构的规模	学生2000～3000人（拥有共同价值观的学术共同体的成立）	学生、教职员30000～40000人（大学城市）	学生人数没有限制（拥有共同价值观的学术共同体意识消失）
社会与大学的界限	界限分明，封闭的大学	界限模糊，开放的大学	界限消失，大学与社会一体化
决定权所在与决策主体	小规模的精英集团	精英集团+利益集团+政治集团	一般大众
入学选拔原则	依据高中成绩或入学考试进行选拔（能力主义）	能力主义+个体的教育机会平等原则	为大众提供教育保障+集团的教育机会平等
大学管理者	非专业的大学人兼任	专业化大学人+庞大的官僚职员群体	专业管理人员
大学内部运营形态	资深教授的寡头统治	资深教授+年轻教师与学生参加的"民主"统治	大学内部共识消解由大学外部人员统治

资料来源：［美］马丁·特罗著，［日］天野郁夫、喜多村和之译：《高学歷社会の大学——エリートからマスへ——》，东京大学出版会1976年版，第195-196页。

从表2-1不难看出，特罗的高等教育发展阶段论不仅给出了区分不同发展阶段的数量标准，更是在体现高等教育内涵的诸多方面刻画出不同发展阶段的主要特征。在特罗提出高等教育发展阶段论的20世纪70年代初，许多发达国家的高等教育还处于精英阶段，少数发达国家的高等教育刚刚跨入大众化阶段，只有美国高等教育跨过了普及化的门槛。尽管如此，特罗的高等教育发展阶段论在高等教育的若干主要方面不仅分析了发达国家已经经历的精英阶段和部分国家所处的大众化阶段的特征，而且描述（或者说推论）了普及化阶段高等教育的诸多变化。

譬如，在高等教育接受者——学生方面，什么样的人可以接受高等教育，在不同的高等教育发展阶段有着明显的差异。精英阶段的高等教育机会面向少数人，一个人的家庭出身以及由此形成的若干才能是其能够接受高等教育的基本条件，大学依据高中成绩或者通过考试选拔新生，学生一旦进入大学，通常会不间断地在校园里学习，直到完成学业。大众化阶段的高等教育机会扩大了，引入了机会均等原则——所有具有一定能力的人都应平等地享有接受高等教育的机会，接受高等教育的能力仍然通过高中成绩或入学考试等方法来验证，进入大学的学生除应届高中毕业生之外，还包括一些高中毕业之后在社会上工作了几年的人，间断式的在校学习方式出现了。普及化阶段的高等教育机会进一步扩大至所有愿意接受高等教育的人，大学采取开放的入学方式，阶层、种族、性别、地域间的入学机会均等受到普遍重视，接受高等教育的人群在年龄、动机、学习样态等方面日趋多样化。

再如，在高等教育实施方面，高等教育机构如何开展教育活动，在不同的高等教育发展阶段也有着明显的区别。精英阶段的高等教育主要为社会培养精英阶层，实施高等教育的机构性质大体相同且规模不大，教师与学生的活动主要在封闭的校园内进行，课程安排具有高度的结构性，重视个别指导、师徒制的教学形式与方法。大众化阶段的高等教育为社会的各个领域培养专业人才，高等教育机构向着多样化、综合性的方向发展，与社会的联系愈来愈密切，课程结构趋于灵活并富有弹性，教学方法与手段日益多样化。普及化阶段的高等教育面向全体国民，培养适应社会需要的知识与能力，实施高等教育的机构层次、类型多种多样，与社会、社区融为一体，课程的结构性逐渐消失，各种教育技术手段广泛应运用于教学过程。

关于这三个阶段之间的关系及阶段转变问题，特罗明确指出："需要强调的是，从精英阶段到大众化阶段或者从大众化阶段到普及化阶段的转变并不意味着前一阶段的形态、模式的全部消失。""发展阶段的转变也不意味着前一阶段的制度要素以相同的速度发生变化，前一阶段的制度特征在新阶段中全部转型。实际上，阶段的发展与转变是十分不均衡的。数量增加、规模扩大往往首先导致学生多样化和课程多样化。课程多样化必然要求教职人员的培养发生改变，而这一改变时常跟不上。教职员多样化会影响到大学权力的再分配，而大学管理运行的改变同样也常常是滞后的。"①

　　特罗发表上述有关高等教育普及化论述的半个世纪前，普及化还不是高等教育发展的主流。20世纪90年代之后，众多发达国家的高等教育逐渐跨入普及化阶段。②根据2016年的统计（见图2-1），经济合作与发展组织（OECD）成员国的高等教育入学率平均为66%，高于60%的有11个国家，高等教育入学率最高的5个国家依次为新西兰（91%）、丹麦（86%）、瑞士（82%）、日本（80%）、波兰（76%）。那么，特罗在20世纪70年代初所论述的普及化阶段高等教育的诸多变化与特征是否在这些国家出现了呢？

2016年高等教育入学率

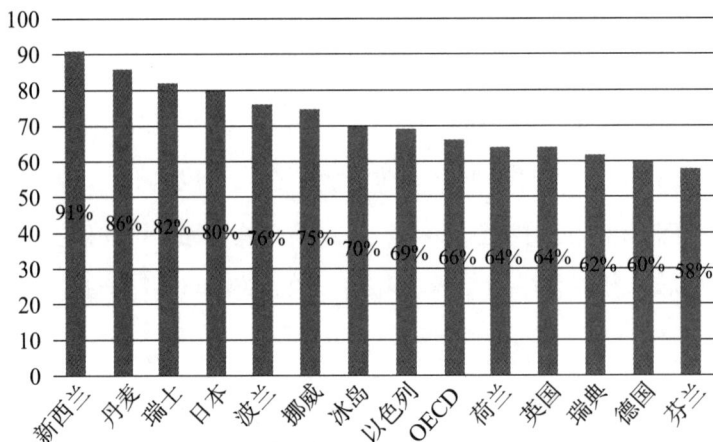

图2-1　部分OECD成员国2016年高等教育入学率

　　资料来源：［日］中央教育审议会：《2040年に向けた高等教育のグランドデザイン（答申）参考资料集・Ⅳ：18歳人口の減少を踏まえた高等教育機関の規模や地域配置関係資料》［2020-07-20］，https://www.mext.go.jp/component/b_menu/shingi/toushin/__icsFiles/afieldfile/2018/12/17/1411360_10_5_1.pdf。

---

　　①［美］马丁・特罗著，［日］天野郁夫、喜多村和之译：《高学歴社会の大学——エリートからマスへ——》，东京大学出版会1976年版，第82-83页。
　　②别敦荣、易梦春：《普及化趋势与世界高等教育发展格局——基于联合国教科文组织统计研究所相关数据的分析》，载《教育研究》2018年第4期。

毋庸赘言，半个世纪以来世界各国高等教育发展的外部环境、内部制度等都发生了很大的变化。因此，特罗在21世纪初对高等教育发展阶段理论进行了反思与修正，认为："我们正向所谓'学习型社会'迈进，其中人口的绝大部分连续或者不那么连续地接受某种正规教育。在那样的情况下，教育变得高度分散，在不同的地方采取各种不同的形式，提供各式各样的证书和学位。继续教育和远程教育不断发展，越来越模糊教育和社会其他领域的界限。我们今天在'高级''继续''成人''补偿''进修'教育之间所作的区分，将由于这些活动会成为没有明显特性的日常经济、政治、军事、休闲机构的活动的一部分，因而难以区分彼此。"①

如前所述，普及化阶段接受高等教育人数的增长首先带来的是学生的多样化，也可以说学生多样化是高等教育机构多样化、课程（教学内容）多样化、教学形式与方法多样化、高校管理多样化等的基本出发点。特罗所描述的普及化阶段学生年龄、学习动机、学习样态的多样化状态确实在实现高等教育普及化的发达国家出现了。例如，从学生的入学年龄来看，据统计，2016年短期高等教育机构新生中25岁以上的人数比例OECD成员国平均为33.2%，高于40%的国家有11个，其中冰岛83.2%、波兰71.2%、瑞士64.6%、爱尔兰60.4%、瑞典60.2%、丹麦57.1%、德国56.6%、新西兰53.4%。②本科新生中25岁以上的人数比例虽不及短期高等教育机构，但也为数不少。如图2-2所示，2016年本科新生中25岁以上的人数比例OECD成员国平均为15.8%，高于20%的国家有9个，其中以色列33.2%，瑞士28.6%，丹麦26.7%，瑞典26.6%，冰岛26%。大量成人学生进入高校，带来了学生学习动机、学习形态的多样化，这必然要求高校适应不同类型学生的需求，改变课程结构、教学形式、教学方法、教学管理机制、管理运行制度等。在这一变化的过程

---

① ［美］马丁·特罗著，徐丹、连进军译：《从精英到大众再到普及高等教育的反思："二战"后现代社会高等教育的形态与阶段》，载《大学教育科学》2009年第3期。

② ［日］中央教育审议会：《2040年に向けた高等教育のグランドデザイン（答申）参考资料集·Ⅱ：教育研究体制関係资料》［2020-07-20］，https：//www.mext.go.jp/component/b_menu/shingi/toushin/__icsFiles/afieldfile/2018/12/17/1411360_10_3_1.pdf。

中，高校与社会的联系愈来愈密切，逐渐趋于"一体化"。如何正确认识特罗的高等教育发展阶段论与高等教育发展现实之间的关系，日本学者天野郁夫与喜多村和之指出，特罗"多次强调，这三种高等教育制度类型（或三个高等教育发展阶段）是从经验的现实中抽象出来的理想类型，不与某个具体社会的高等教育制度完全契合。即使阶段发生更替，前一阶段的高等教育形态与功能也并不全部改变，而是继续存在的。由于阶段更替之后前一阶段内的各种要素不是同时发生变化，因而出现了不均衡的现象"。"总之，为了正确理解特罗理论中提出的高等教育规模扩大与膨胀所产生的各种问题，需要立足于一种普遍的分析视角，而不是试图用这一理论去'对号入座'式地全面解释某一个别社会的高等教育制度。"①

2016年本科新生中25岁以上比例

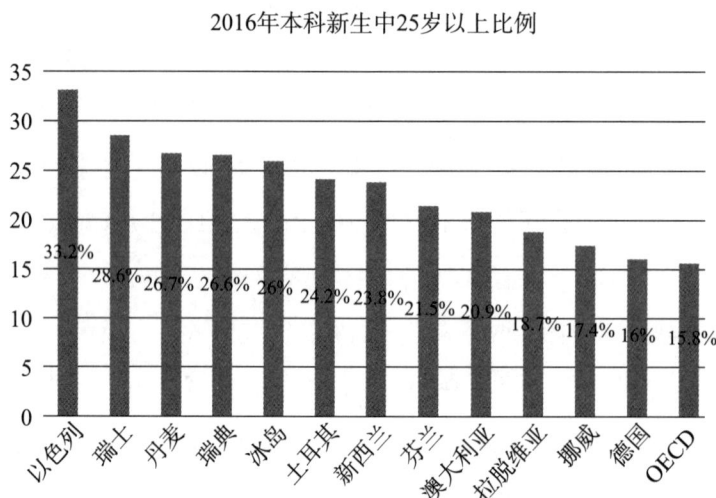

图2-2　部分OECD成员国2016年本科新生中25岁以上人数比例

资料来源：［日］中央教育审议会：《2040年に向けた高等教育のグランドデザイン（答申）参考资料集・Ⅱ：教育研究体制関係资料》［2020-07-20］，https：//www.mext.go.jp/component/b_menu/shingi/toushin/__icsFiles/afieldfile/2018/12/17/1411360_10_3_1.pdf。

①［美］马丁・特罗著，天野郁夫、喜多村和之译：《高学歴社会の大学——エリートからマスへ——》，东京大学出版会1976年版，第193页。

二、我国高等教育普及化发展的特殊性

进入普及化阶段的我国高等教育将如何发展，这是人们普遍关心的问题。回答好这一问题须从深入认识与理解我国高等教育普及化的特点入手。如上所述，特罗提出的高等教育发展阶段论是以发达国家的高等教育为分析对象的，我国的高等教育与发达国家的高等教育相比，有着许多明显的区别。

第一，高等教育规模不同。我国高等教育经过几十年的发展，以高等教育在学人数计算，已经建立起世界上规模最大的高等教育体系。根据教育部统计，2019年全国共有普通高等学校2688所，各类高等教育在校学生4002万人，普通本专科招生914.90万人，在校生3031.53万人，毕业生758.53万人，研究生招生91.65万人，在学研究生286.37万人，毕业研究生63.97万人，普通高校的校均学生数为11260人。[①]这样的高等学校在校生人数远远超出众多发达国家。例如，美国高等教育在校生数为1984.7万（2016年），日本387.9万（2019年），德国284.5万（2017年），法国268万（2017年），英国251.1万（2017年）。[②]超大规模的高等教育在校生人数当然与我国的人口基数大有着直接的关系。在超大规模的高等教育体系内，无论是高校的教学、管理，还是体系的发展、治理，都将呈现出与中小规模体系不一样的方式与特征。

第二，高等教育发展速度不同。我国是高等教育后发国家，高等教育入学率长期在10%以下，20世纪末、21世纪初的高等教育大扩招迅速扩大了高等教育规模，提高了高等教育入学率，2003年高等教育毛入学率达到17%，[③]高等教育进入大众化阶段。从2003年到2019年，我国高等教育由

---

① 中华人民共和国教育部：《2019年全国教育事业发展统计公报》[2020-05-20]，http://www.moe.gov.cn/jyb_sjzl/sjzl_fztjgb/202005/t20200520_456751.html。

② ［日］文部科学省：《諸外国の教育統計：令和2（2020）年》[2021-02-28]，https://www.mext.go.jp/content/20200821-mxt_chousa02-000009501-01.pdf。

③ 中华人民共和国教育部：《2003年全国教育事业发展统计公报》[2004-05-27]，http://www.moe.gov.cn/s78/A03/ghs_left/s182/moe_633/tnull_3570.html。

大众化发展到普及化，用了16年的时间，可谓发展迅速。其他国家高等教育从大众化到普及化发展的时间一般都长于我国。以日本为例，二战后日本社会经济经过20世纪50年代的恢复与重建之后，60年代进入高速增长时期，高等教育伴随着经济的增长在整个60年代也有了长足的发展，高等教育入学率由1960年的10.3%提高到1970年的24.0%，1963年高等教育入学率达到15.5%，日本进入高等教育大众化阶段。[①]1987年日本高等教育入学率开始稳定在50%以上，进入高等教育普及化阶段，从大众化到普及化用了24年的时间。

第三，高等教育发展方式不同。中华人民共和国成立70多年来，我国高等教育的发展始终是在政府的计划与管理下进行的。改革开放之前的计划经济时期自不待说，实施社会主义市场经济体制改革之后高等教育发展的计划色彩依然十分浓厚，因此可以说政府主导、计划发展是我国高等教育制度的一大特征。在实现高等教育大众化的过程中，这一特征尤为突出。例如，教育部在1998年12月发布的《面向21世纪教育振兴行动计划》中提出，到2010年，高等教育入学率要接近15%。1999年6月发布的《中共中央、国务院关于深化教育改革全面推进素质教育的决定》也明确指出："通过各种形式积极发展高等教育，到2010年，我国同龄人口的高等教育入学率从现在的9%提高到15%。"政府的这些政策决定成为21世纪初我国高等教育规模持续高速增长的重要政策目标。而发达国家实现高等教育大众化、普及化总体上是一个"自然"成长的过程，即高等教育是在经济社会发展、适应经济社会发展所带来的社会对高学历人才的需求增加和人们接受高学历教育需要的增长过程中逐渐成长的。

我国高等教育普及化是在上述长期形成的高等教育发展特点基础上实现的，同时这些基础也构成了高等教育普及化进程的约束因素，并形塑着我国高等教育普及化的特征与特殊性。

[①] 胡建华：《战后日本大学史》，南京大学出版社2001年版，第144页。

1. 普通高校学生构成的单一化

高等教育普及化的重要指标是高等教育入学率达到50%以上，即高等教育适龄人口中有半数以上进入高等学校，接受高等教育。由于学生既是高等教育实施的对象，又是高等教育活动的主体，因此学生人数的增加必然引起高等教育各个领域的相应变化。如前所述，一些发达国家的高等教育进入普及化阶段之后，不仅学生人数大幅度增加，而且学生的年龄构成也发生了很大的变化，其突出表现是成年学生所占比重不断上升，特罗所言的"入学时间推迟，成人学生、有工作经验的学生人数大量增加"这一现象确确实实地出现了。而我国高等教育进入普及化阶段之后，就当前来看，普通高等学校的学生仍然基本上都是传统的高等教育适龄青年（18～22岁），而且这一学生年龄构成还将持续一段时间。有研究者认为："我国高等教育在学人口中的18～22周岁适龄学生基本属于普通本专科在校生，普通本专科在校生数与适龄人口的比值在某种程度上可以看作高等教育净入学率。2019年，我国高等教育净入学率（估算）仅为38.59%，未能接受高等教育的适龄人口达到4800万人；2050年，适龄人口将下降至6586万人，仍有3500多万人的规模增长空间。"①

我国高等教育普及化阶段普通高校学生构成单一化的影响因素或许主要有以下几个方面。第一，长期形成的关于人的成长与教育关系的基本观念。近代以降，国民教育体系逐渐建立与完善之后，基于人的成长理论，人一生中接受教育的年龄（适龄期）逐渐被固定下来，且适龄期随着教育事业的发展而不断延长，接受教育的连续性被认为是符合人的成长规律的。这种观念在亚洲国家尤其受到重视，并在教育制度与就业制度的相互支撑下得到强化。譬如，日本2016年的高等教育入学率虽已达到80%，高于OECD成员国66%的平均水平，但高校学生中25岁以上本科生占比仅为2.5%，专科生仅为4.6%，在OECD成员国中几乎垫底，远低于本科生15.8%

---

① 别敦荣、易梦春：《高等教育普及化发展标准、进程预测与路径选择》，载《教育研究》2021年第2期。

和专科生33.2%的平均数。①在我国，与人一生中接受教育连续性相关的观念一直根深蒂固，并固化在教育制度之中。第二，高等教育入学考试方式。长期以来，入学考试成绩一直是我国高校录取新生的基本乃至唯一的依据。虽然近年来的高校招生考试制度改革引入了"自主招生"等方式，但是绝大多数的本科生仍然是通过统一高考录取的。这种高校入学方式在进入普及化阶段的一段时间内恐难发生大的改变。这种考试录取方式适用于测量高中毕业生的知识与能力，中断几年学校学习的成年人或职业人在这样激烈的考试竞争中难以"脱颖而出"。第三，人口因素。大量高等教育适龄人口的存在，毫无疑问为高校学生人数的增加提供了充足的生源，这是普通高校学生构成单一化的重要原因之一。

普通高校学生构成的单一化使得特罗高等教育发展阶段论中有关普及化的一些特点难以显现。譬如，高校的入学条件仍然是有限定的，能力主义是高校入学选拔的主要原则，不间断学习是高校学生学习的主要方式，具有弹性的结构化是高校课程的基本特征，等等。我国高校必须在这样的高等教育普及化环境中，针对学生的不同特点，实施适应社会需求的教育改革与创新。

2. 地区间高等教育入学率增长的不平衡

我国幅员辽阔，人口众多，由于历史、文化等因素，长期以来形成了不同地区之间经济、社会发展的差异。反映在教育领域，虽然政府的政策不断向一些地区倾斜，但是不同地区之间依然存在教育规模、水平等发展的不平衡问题。同样，高等教育入学率也有高低之差，有些地区早几年就已经进入高等教育普及化阶段（譬如，2008年北京的高等教育毛入学率已达到55%②），有些地区还处在高等教育大众化阶段。有研究者整理了全国各省、自治区、直辖市的高等教育入学率状况，数据显示有不少内地省、

①［日］中央教育审议会：《2040年に向けた高等教育のグランドデザイン（答申）参考资料集・Ⅱ：教育研究体制関係资料》［2020-07-20］，https：//www.mext.go.jp/component/b_menu/shingi/toushin/__icsFiles/afieldfile/2018/12/17/1411360_10_3_1.pdf。

②鲍威：《未完成的转型——普及化阶段首都高等教育的人才培养与学生发展》，载《北京大学教育评论》2010年第1期。

区、直辖市的高等教育入学率高于全国水平，如上海78%（2019年）、湖北69.6%（2018年）、天津60%（2019年）、吉林58.5%（2018年）、江苏58.3%（2018年）等；还有不少省份的高等教育入学率低于全国水平，如贵州34%（2018年）、甘肃35.5%（2018年）、内蒙古37.2%（2018年）、广西39%（2018年）、西藏39.2%（2018年）等。[1]

高等教育入学率的高低之差从一个侧面直接反映了各地高等教育的发展状况，这种差距从根本上说是受社会经济发展水平的影响。现代高等教育是需要大量经费投入的事业，经济发达地区不仅对高等教育发展提出了更多的人才、科学技术等方面的需求，而且也为高等教育发展提供了强有力的客观基础。因此，我国经济发展地区间的差异、教育经费投入地区间的差异是影响高等教育发展水平以及高等教育入学率高低的重要因素之一。表2-2反映了高等教育公共财政经费地区间的差异状况。2019年，我国高等教育生均一般公共预算教育事业费全国为22041.87元，有18个省份低于20000元；北京最高，达64022.10元；辽宁最低，为14721.91元，北京是辽宁的4.3倍。高等教育生均一般公共预算教育事业费2019年与2018年相比，全国的增长率为5.09%。一些经济不太发达且生均一般公共预算教育事业费处于较低水平的省份增长率也不高，如安徽为0.25%，云南为1.18%，陕西为1.87%。

表2-2 高等教育生均一般公共预算教育事业费统计

地区	普通高等学校		
	2018年	2019年	增长率（%）
全国	20973.62元	22041.87元	5.09
北京市	58805.03元	64022.10元	8.87
天津市	22865.22元	19355.69元	−15.35

---

① 李硕豪：《中国各地区高等教育毛入学率》［2021-02-28］，http://blog.sina.com.cn/s/blog_74d885d50102ymi0.html。

地区	普通高等学校		
	2018年	2019年	增长率（%）
河北省	17338.51元	17479.17元	0.81
山西省	13885.41元	15908.99元	14.57
内蒙古自治区	19008.88元	20578.09元	8.26
辽宁省	14160.34元	14721.91元	3.97
吉林省	18319.26元	18200.64元	−0.65
黑龙江省	16211.66元	16814.57元	3.72
上海市	36405.47元	35993.19元	−1.13
江苏省	20461.88元	20079.09元	−1.87
浙江省	20779.55元	23788.31元	14.48
安徽省	15466.38元	15505.53元	0.25
福建省	19471.36元	20864.11元	7.15
江西省	17446.78元	20453.95元	17.24
山东省	14528.41元	17454.84元	20.14
河南省	14225.61元	14933.74元	4.98
湖北省	17188.08元	18960.23元	10.31
湖南省	14860.36元	15466.66元	4.08
广东省	25877.26元	30479.92元	17.79
广西壮族自治区	13854.56元	14919.78元	7.69
海南省	22465.09元	24119.49元	7.36
重庆市	15457.62元	16021.90元	3.65
四川省	14907.11元	16774.99元	12.53
贵州省	19490.04元	21355.52元	9.57
云南省	15333.31元	15513.99元	1.18
西藏自治区	37281.68元	52383.22元	40.51

续表

地区	普通高等学校		
	2018年	2019年	增长率（%）
陕西省	16032.15元	16331.64元	1.87
甘肃省	20700.95元	19484.69元	−5.88
青海省	33795.03元	40453.35元	19.70
宁夏回族自治区	25120.93元	25557.03元	1.74
新疆维吾尔自治区	18182.49元	18542.71元	1.98

资料来源：《教育部　国家统计局　财政部关于2019年全国教育经费执行情况统计公告》［2021-3-15］，http：//www.moe.gov.cn/srcsite/A05/s3040/202011/t20201103_497961.html。

地区间高等教育发展的不平衡（包括高等教育入学率的高低、高等教育资源享有的差异等）将影响高等教育机会平等的实现。特罗的高等教育发展阶段论认为，在高等教育普及化阶段接受高等教育将成为所有人的义务，以此实现平等的高等教育入学机会。2017年，联合国教科文组织发布的第30号政策文件《确保高等教育不落下一个人的六种途径》提出，要确保让最需要高等教育的人群获得高等教育；确保将高等教育的公平性和可负担能力纳入法律体系；建立国家机构，以确保学生公平地享有获得高等教育的机会。[1]2017年1月，国务院颁布的《国家教育事业发展"十三五"规划》也将促进教育公平作为我国教育事业发展的基本原则。"坚持促进公平。教育的公平性是社会主义的本质要求，要发展社会主义，逐步实现人民共同富裕，教育公平是基础。注重有教无类，让全体人民、每个家庭的孩子都有机会接受比较好的教育，让教育改革发展成果更好地惠及最广大人民群众。"从政府的政策、高等教育的现状以及高等教育普及化阶段的特质出发，如何构建一个公平的高等教育体系、进一步促进高等教育机会平

[1] 卫香萍：《UNESCO政策文件：确保高等教育机会公平的六种途径》，载《世界教育信息》2017年第12期。

等将是我国高等教育普及化发展的一个重要目标。

3. 实现高等教育治理体系现代化的复杂性

特罗在高等教育发展阶段论中不仅描述了不同发展阶段高等教育目的、高校招生、教学方法、课程、学生等的特点与变化，而且对不同阶段高等学校与社会关系、高等学校管理与治理的转型也作了清晰的概括。特罗认为，在高等教育从精英经大众化到普及化的阶段发展过程中，大学将逐渐从封闭走向开放，大学与社会之间的界限也将逐渐模糊；参与大学决策的主体逐步增加，由少数精英扩大到更多的利益相关者；大学内部治理由单一群体（资深教授）的支配与控制发展到由多群体（资深教授、青年教师、学生等）参与的民主共治。特罗的高等教育发展阶段论是基于对发达国家高等教育的理解与认识提出的，其中有关大学管理与治理的论述也是从发达国家大学治理体系的历史演变与发展现状出发的。

有一点可以明确的是，在高等教育普及化阶段，随着高等教育总体规模与高等学校办学规模的不断扩大，高等教育的管理与治理必然日趋复杂，在我国实现高等教育治理体系现代化的过程中尤其如此。由于我国的社会治理体制、高等教育体制等与发达国家相比有着很多区别，我国的高等教育治理颇具特点。近年来的高等教育治理改革进程表明，实现治理体系与治理能力现代化尚有不少问题需要解决，改革进入深水区。譬如，就高等教育治理体系现代化而言，其实质是实现治理的法治化，构建基于法治基础的现代高等教育治理体系。在治理法治化过程中，有法可依、有法必依是两个关键要素。所谓有法可依，是指需要完善必要的法律体系；所谓有法必依，是指必须依照法律规定办事。我国虽然在1998年颁布了第一部《高等教育法》，还有一些与高等教育治理相关的法律，但是离完善高等教育治理法律体系仍有不少距离。虽然经过几年的努力，各大学都制定了作为内部法规的章程，但是章程如何从文本走向实践也是需要解决的一大问题。又如，就大学外部治理而言，如何处理政府与大学的关系乃重中之重。长期以来，我国大学与政府的关系主要是依据文件来维系的，即政府制定有关高等教育发展、大学办学运行、教育教学实施等方面的文件，大学按照政府的文件规定开展各项活动。尽管自1985年以来，扩大高校办学自主权一直是高等教育管理体制改革的重要方向，《高等教育法》也明确规定了高校在若干办学领域的自主权，但是制度的惯性使得一些法定的高校办学自主权往往落不到实处。十八届四中全会通过的《中共中央关于全面推进依法治国若干重大问题的决定》依然强调"深入推进依法行政，加快建设法治政府"，"推进各级政府事权规范化、法律化，完善不同层级政府特别是中央和地方政府事权法律制度"。再如，就大学内部治理而言，如何协调行政权力与学术权力的关系仍然任重道远。大学不仅是教育机构，同时也是一种学术机构，这是大学区别于其他教育机构（如中小学）的根本所在。因此大学不仅承担着实施高等教育的任务，还担负着发展科学与知识的责任。大学的这一特性决定了在大学内部治理中，教师作为学术治理主体的必要性。我国高校在长期行政化的治理架构下，忽视了教师组织治理学术进而参与学校治理的作用。尽管学术委员会等学术组织的地位正在加强，作用正在发挥，但是如何构建学术权力与行政权力平衡的大学内部治理结构仍需要长期的实践探索。

总之，高等教育普及化阶段已经到来。规模、速度、体制、文化等方面的差异性构成了我国高等教育普及化的诸多特点。随着普及化的不断发展，这些特点会发生变化，新的问题也会不断出现，这需要我们不断地修正认识，调整思路，匡正实践，以促进高等教育在人才培养与社会发展中发挥更大的作用。

第三章

高等教育发展中的矛盾关系

　　矛盾的普遍存在是事物发展的基本规律。我国近年来的高等教育发展过程中同样存在诸多矛盾，有些矛盾可能短期存在，易于认识与解决；有些矛盾可能长期存在，在不同的时期有不同的表现形式。高等教育领域中的公平与效率，高等教育治理体系中的大学与政府，大学内部治理结构中的学术组织与管理组织，这几对关系既复杂又重要，不仅需要理论上的深入研究，更需要在实践中不断调整与改进。

第一节 公平与效率

公平与效率是近年来人们在讨论社会发展问题时经常提到的一对概念，我国政府的有关政策也对此有明确的说明。例如，党的十五大报告指出："坚持按劳分配为主体、多种分配方式并存的制度，把按劳分配和按要素分配结合起来，坚持效率优先、兼顾公平。"由此，"效率优先、兼顾公平"成为我国经济发展政策的一个基本取向。从人们的讨论和政府的政策中，我们可以看到，经济领域的公平与效率一般被认为是一对有着矛盾关系的概念。由经济领域的理解推论而来，高等教育领域的公平与效率也具有矛盾关系，这是人们容易得出的结论。果真如此吗？

一、高等教育领域中的公平与效率之含义

经济学界在界定公平与效率的概念时，一般认为效率是指"资源的有效使用和有效配置"。"在经济领域内，任何资源总是有限的，不同的资源只是有限供给的程度不一而已。如何使用和配置各种有限的资源？如果使用得当，配置得当，有限的资源可以发挥更大的作用；反之，如果使用不当，配置不当，有限的资源只能发挥较小的作用，甚至可能产生副作用。这就是高效率与低效率的区别。"[①]那么，什么是公平呢？有人认为公平"主要是指如何处理经济活动中的各种经济利益关系，其实质是合理的分

---

①厉以宁：《经济学的伦理问题》，生活·读书·新知三联书店1995年版，第2页。

配"[1]。 还有人从收入均等、财产均等和获取收入或积累财产的机会均等的比较中揭示了公平的含义，认为人们比较能够认同的公平是获取收入或积累财产的机会均等。所谓"只要在市场竞争中'大家处于同一条起跑线上'，全都按照自己的能力与努力程度来进行竞争，尽管竞争的结果有差异，但出发点相同，这就可以理解为公平了"[2]。经济领域内公平与效率的矛盾主要表现在制定经济政策时把谁放在优先的位置上，即究竟是公平优先，还是效率优先？我国目前所采取的"效率优先、兼顾公平"政策的主要含义可以理解为：在经济生活中，要把增加效益，提高生产力水平放在优先位置，同时注意收入分配的协调，不要造成贫富悬殊，维持个人收入、地区发展水平之间的适度差距。

现代高等教育是社会发展的重要组成部分，其中当然也有效率与公平的问题。要分析高等教育领域内公平与效率的关系，看看它们是否与经济领域内的公平与效率一样是一对矛盾，首先得明确两者的含义。应该说高等教育领域内的效率与经济领域内的效率在含义上没有什么不同，即高等教育领域内的效率，从本质上来讲也是指资源的有效使用与有效配置。众所周知，一个社会用于高等教育的资源是有限的。如果有限的资源使用得当、配置得当，就能发挥更大的作用，具体表现为用有限的资源获得高等教育数量与质量的较大发展；如若有限的资源使用不当、配置不当，就只能发挥较小的作用，具体表现为投入一定的资源却不能使高等教育数量与质量得到有效的发展。

虽然高等教育领域内的效率概念基本等同于经济领域，但是公平概念的内涵两者却有一定的差异。高等教育领域内的公平说到底也是指机会均等，不过这里的机会均等不是获取收入或积累财富的机会均等，而是接受高等教育的机会均等。在现代社会中，接受高等教育的机会均等不仅是高

---

① 余源培、荆忠：《寻找新的学苑——经济哲学成为新的学科生长点》，上海社会科学院出版社2001年版，第151页。

② 厉以宁：《经济学的伦理问题》，生活·读书·新知三联书店1995年版，第4页。

等教育领域内体现公平的本质所在，也是实现社会公平的一个重要方面。在许多国家的法律中都有实现高等教育机会均等的具体条款。例如，《中华人民共和国教育法》第九条规定："中华人民共和国公民有受教育的权利和义务。公民不分民族、种族、性别、职业、财产状况、宗教信仰等，依法享有平等的受教育机会。"[①]（这里的受教育机会当然包括接受高等教育的机会）不过，接受高等教育的机会均等在不同的国家、在一个国家的不同的历史发展阶段，其具体内涵是有所区别的（因为完全的机会均等在现阶段还无法实现）。就我国的现状而言，所谓接受高等教育的机会均等至少应指每一个符合接受高等教育条件的公民都享有平等地参加高等教育入学考试的权利，并且根据考试成绩具有平等的入学机会。这也可以看作现阶段高等教育领域内公平的具体内容。

二、高等教育领域中公平与效率的关系

从上述高等教育领域内的公平与效率的概念分析可以看出，效率是就投入与产出的比例关系而言的，公平则指的是接受高等教育的机会均等，两者似乎并不构成一对矛盾范畴，或者说两者之间并不存在此消彼长的矛盾关系。这样认为的理由，除从公平与效率的概念界定中可以得出之外，我们还可以从分析公平与效率的影响因素去进一步加以说明。因为如若两者是矛盾关系，两者之间必然产生直接的相互影响。

人们对高等教育的效率，特别是经济学意义上的效率的关注，可以说主要源自20世纪60年代人力资本理论的兴起。20世纪60年代，随着世界高等教育的发展进入一个"黄金时期"，各国特别是发达国家用于高等教育的经费支出迅速增加，"由此就使在高等教育和其他用途之间恰当地分配资

---

① 国家教委政策法规司法规处编：《中华人民共和国教育法适用大全》，广东教育出版社1995年版，第26页。

源成为重大的社会问题"①。人力资本理论"把人力资源视作与物力资本相对，并比物力资本更加重要的一种资本形态，把教育看成是人力资本形成的基本途径，把教育投资当作人力资本投资的主要方式，并且通过大量经济资料的实证分析，证实投资教育具有巨大的经济价值，无论是对个人还是对社会都将带来显著的经济效益"②。人力资本的出现使得许多国家的政府更加重视对教育特别是高等教育的投入，更多的资源流入高等教育领域。人力资本理论虽然将其论述的重点放在人力资本与物力资本的比较方面，但是它的出现促进了教育经济学的发展，也促使人们开始关注在教育领域的投入与产出的关系，提高高等教育的效率成为教育经济学以及政策研究的一大课题。高等教育的效率提高与经济效率的提高一样，其基本途径是降低成本。因此，一些与成本相关的要素就成为影响效率的主要因素，如资源的合理配置、学校的师生比、校舍设备的利用率等。

与效率相比，人们对教育公平的关注要早许多。例如，在《理想国》中，柏拉图就从两个方面论述了公正教育的含义："从第一方面看，一种公正的教育是使每个人特有的能力得到发展的教育。从第二方面看，个人的能力应该以有益于整个国家的方式去发展。"③又如，美国早期教育活动家霍拉斯·曼认为："教育是实现人类平等的伟大工具，它的作用比任何其他人类发明都要大得多。"④尽管这些论述与我们所谈的高等教育公平在含义上有所区别。在现代社会中，实现高等教育公平（即实现接受高等教育机会均等）的影响因素应该说主要来自高等教育外部。如前所述，在现阶段，我国接受高等教育的机会均等意味着每一个符合接受高等教育条件的

---

① ［美］伯顿·克拉克主编，王承绪、徐辉、郑继伟等译：《高等教育新论——多学科的研究》，浙江教育出版社1988年版，第86页。

② 潘懋元主编：《多学科观点的高等教育研究》，上海教育出版社2001年版，第220页。

③ ［美］约翰·S·布鲁贝克著，郑继伟、张维平、徐辉等译，王承绪校：《高等教育哲学》，浙江教育出版社1987年版，第64页。

④ ［美］约翰·S·布鲁贝克著，郑继伟、张维平、徐辉等译，王承绪校：《高等教育哲学》，浙江教育出版社1987年版，第66页。

公民都享有平等地参加高等教育入学考试的权利，并且根据考试成绩具有平等的入学权利。由此推论，只要我们建立起能够使每一个符合接受高等教育条件的公民都能平等地参加高等教育入学考试并在分数面前被平等地对待的制度，那么就可以实现接受高等教育的机会均等，亦即实现高等教育公平。其实，在这一点上实现的高等教育的公平还是低层次的。由于家庭背景、地区经济发达程度、居住环境等的不同，人们所接受的作为参加高等教育入学考试之重要基础的普通教育有着很大的水平差异。（有调查显示：在我国高等学校中，来自城镇的学生数量大大超过来自农村的学生数量；特别是在国家重点院校中城市学生的比例偏高、农村学生的比例偏低和地方院校中城市学生的比例偏低、农村学生的比例偏高的现象形成鲜明的对照[①]）。因此，要实现高等教育公平除扩大高等教育规模之外（因为高等教育规模的扩大从理论上讲会给更多的人带来机会），更重要的是逐步解决那些影响高等教育公平实现的社会因素。

如果我们将上述的简要分析作一个小结，是否可以得出这样的结论：高等教育的效率主要是在经济学层面上讨论的高等教育问题，高等教育的公平则是在社会学层面上的讨论；影响高等教育效率的因素主要来自高等教育内部，诸如资源的有效配置、学校的师生比、校舍设备的利用率等，影响高等教育公平的因素则主要来自高等教育外部，如家庭背景、地区经济发展水平、居住环境等。因此，在高等教育领域内似乎不存在公平与效率之间的直接的矛盾关系。如果这一结论能够成立，那么我们在考虑高等教育发展的政策时，就不需要面对在制定经济发展政策时所遇到的公平优先还是效率优先这样的问题。无论从实施《教育法》、依法办教育的角度出发，还是基于实现社会公平、让每一个人都能得到平等的发展这一教育的基本目标，实现高等教育领域内的公平应始终是我们在制定高等教育政策时必须十分重视的问题。

---

① 曾满超主编：《教育政策的经济分析》，人民教育出版社2000年版，第263-266页。

三、我国高等教育领域中存在的若干与公平相关的问题

尽管使每一个符合接受高等教育条件的公民都享有平等地参加高等教育入学考试的权利，并且根据考试成绩具有平等的入学权利是低层次的高等教育公平，或者说是起码的高等教育公平，但现实中尚存在一些影响实现这种低层次高等教育公平的因素与问题。归纳起来，主要有以下两个方面。

1. 过快的高校学费增长速度和较高的学费水平已经影响到一些人接受高等教育的机会，或者说使一部分人的接受高等教育的机会正在减少。自高校学费并轨改革以来，我国普通高校收取的学费以较快的速度上涨。高校学费在居民家庭年收入中所占的比重已经达到较高的水平。教育部2002年下发的《关于调整普通高校学费标准的通知》表明，一般专业一般高校学生学费的上限为每年4200元；经教育主管部门批准的重点高校的上限为5000元；理工科专业一般学校的上限为4600元，重点学校的上限为5500元；外语、医科类专业一般学校的上限为5000元，重点学校的上限为6000元。而国家统计局公布的居民人均年收入是：2001年城镇居民平均6860元，农村居民平均2366元。①从这些数据中我们可以清楚地看出高校学费在居民收入中所占的比重。从比较的角度来看，在高校收费水平较高的日本，根据1996年的统计，日本国立高校新生的学费只占家庭收入的8.4%，私立高校新生的学费也只有家庭收入的10.2%。此外，根据国家统计局的调查，1998年中国城镇家庭的消费支出（包括食品、衣着、家庭设备用品、医疗保健、交通通信、居住等生活必需开支）占家庭年收入的比例平均达到72.5%，低收入家庭消费支出占收入的比例超过80%，中等收入家庭的消费支出也在70%以上。②按照1998年的高校学费水平，低收入家庭的子女进入大学，家庭将发生入不敷出的状况；若按照2000年的学费水平，入不敷

---

① 张凯华等：《救助贫困学生呼唤你和我》，载《扬子晚报》2002年8月26日。

② 胡建华：《对高校学费标准问题的思考》，载《中国高等教育评估》2001年第1期。

出的现象将蔓延到中等收入家庭。在这样高的学费水平下，如果没有相应的制度、措施（相应的制度确实还不完善），必然使得一部分人接受高等教育发生困难，从而失去法律赋予他们的受教育权利。

2. 在我国现行的高校招生考试体制下，"分数面前，人人平等"应该说是高等教育公平的一种具体体现。但是实际工作中的一些做法或制度正在妨碍"分数面前，人人平等"的实现，这主要表现在两个方面。一是"一校两制"问题，二是高校录取分数线过大的地区差别。

"一校两制"，就其准确的意义来讲，应是在一块校牌下，同时存在国有与私有两种相对独立的体制，如同香港、澳门与内地的关系一样。因此，在国有高校内成立的具有私有性质的"学院"，必须在人、财、物等方面保持相对独立，如果人、财、物混为一体，分不清国有、私有，那么就不能称其为"一校两制"。如果在国有、私有混为一体的情况下，仅仅是在录取学生时按照"公办""民办"（按"民办"录取的学生录取分数远低于按"公办"录取的，学费则高出按"公办"录取的许多）来区分，这就会影响高等教育的公平性。理由是很清楚的，即由于国有、私有混为一体，那么按照"民办"录取的学生与按照"公办"录取的学生他们所获得的教育可能是相同的，他们所取得的文凭也可能是具有相同的社会认可度的。

我国现行的高校招生制度的特点之一是全国统一考试，各省、自治区、直辖市分别实施中央政府指导制订的招生计划。应该说这种高校招生制度考虑到我国地域广阔、各地区之间差异较大的国情。但是实施由中央政府指导下制订的各省、自治区、直辖市招生计划这一做法产生出一个近年来人们议论较多的问题，即地区间高校录取分数线差别过大。例如，有关部门统计了近三年来部分省、自治区、直辖市理科重点院校的录取分数线，地区间的差距是相当大的。在统计的省、自治区、直辖市中，理科重点院校的录取分数线1999年最高的达566分（湖北省），最低的为420分（青海省）；2000年最高的达559分（湖北省），最低的为420分（青海省）；2001年最高的达572分（河北省），最低的为400分（青海省）。北京市的录取分数线连续三年均在

500分以下。考虑到各地普通教育水平的差距，特别是一些经济不太发达的省份普通教育水平的落后，各省、自治区、直辖市之间存在高校录取分数线的差异是在所难免的，而且一定的差异也是正常的。

实现高等教育公平是一个历史过程，也是实现社会公平的一个重要方面。高等教育公平与高等教育效率不同，不能依靠市场调节来实现，政府的政策将起到关键作用。因此，政府部门在讨论制定有关高等教育发展的政策时，不仅要关注高等教育的发展速度和效率，更应在实现高等教育的公平上多下功夫。

第二节　国家控制模式与国家监督模式

大学与政府，这是自中世纪大学产生以来人们在大学办学实践中经常遇到的一对矛盾关系。国外有学者在分析大学与政府的关系，特别是政府对大学的影响时，归纳出两种模式，即"国家控制的模式"和"国家监督的模式"。所谓"国家控制的模式"是指，"政府试图控制高等教育系统的动力的一切方向：入学机会、课程学位要求、考试制度、教学人员的聘任和报酬，等等"。"国家监督的模式"则指，"国家所施加的影响是微弱的，很多有关课程、学位、人员吸收和财政的基本决策都留给院校自己。国家提出高等教育运作的宽阔的参数，但是有关使命和目标的基本决策乃是系统及其各院校的职权"[①]。具体到某一国家，在大学与政府的关系上属于哪

[①]［荷兰］弗兰斯·F·范富格特主编，王承绪等译：《国际高等教育政策比较研究》，浙江教育出版社2001年版，第414页。

一种模式，这主要取决于该国的政治体制和高等教育的传统。不过，对高等教育系统采取"远距离驾驭"正在成为近年来政府与大学关系发展的一个趋势，即政府"为高等教育的发展提出宽阔的参数，而把大部分细节和创始工作留给各院校"①。

一、两种模式的转变

在我国，自中华人民共和国成立以来大学与政府的关系以20世纪80年代为分界线，呈现出前后两种不同的状态。新中国成立之后不久，在计划经济体制的背景下，以苏联模式为蓝本形成了政府高度集中管理的高等教育体制。在这一体制内，大学与政府之间是一种单向的"线性关系"（政府→大学）。这种单向的线性关系集中表现在大学的主要办学活动是在政府的直接领导下进行的。诚如20世纪60年代初制定的《中华人民共和国教育部直属高等学校暂行工作条例（草案）》所规定的那样，大学的"专业的设置、变更和取消，必须经过教育部批准。……学校必须按照教育部制订或者批准的教学方案、教学计划组织教学工作。……专业设置、教学方案、教学计划、教学大纲和教材要求稳定，不得轻易变动。课程和学科体系的重大改变，必须经过教育部批准"②。这种大学与政府的关系状态，如果按照上述国外学者的分类标准，应属于典型的"国家控制的模式"。

20世纪80年代之后，在改革开放政策的指引下展开的计划经济体制向社会主义市场经济体制的转变引发了社会各个领域的全面而深刻的变革，教育也不例外。在高等教育体制的改革中，扩大高校办学自主权是一项重要内容。1985年《中共中央关于教育体制改革的决定》明确提出："当前高等教育体制改革的关键，就是改变政府对高等学校统得过多的管理体制，

①〔荷兰〕弗兰斯·F·范富格特主编，王承绪等译：《国际高等教育政策比较研究》，浙江教育出版社2001年版，第415页。
②上海市高等教育局研究室等编：《中华人民共和国建国以来高等教育重要文献选编（上）》，第265页。

在国家统一的教育方针和计划的指导下，扩大高等学校的办学自主权，加强高等学校同生产、科研和社会其他各方面的联系，使高等学校具有主动适应经济和社会发展需要的积极性和能力。"在十多年的改革实践之基础上制定的《中华人民共和国高等教育法》将高校在调节系科招生比例、设置和调整学科与专业，制订教学计划、选编教材、组织实施教学活动，开展科学研究、技术开发和社会服务，开展与境外大学之间的科学技术文化交流与合作，确定教学、科学研究、行政职能部门等内部组织机构的设置和人员配备，对举办者提供的财产、国家财政性资助、受捐赠财产的管理和使用等方面的自主权明确地规定在法律条文中。

在这样一种改革的背景下，大学与政府的关系正在发生着重要的变化。大学与政府的"线性关系图式"被打破了，市场作为一个新的要素加入进来，从而形成了大学、市场与政府之间的多向"三角关系"。在这多向"三角关系"中，大学的活动不仅受政府指导，而且还受市场调节；政府在指导大学时也必须考虑市场的因素。从一定意义上讲，大学与政府的关系模式正在由"国家控制的模式"向"国家监督的模式"转变。

二、影响模式转变的因素

20世纪80年代以来所发生的大学与政府关系模式的转变是建立在如下一些变化的基础之上的，或者说以下一些因素是模式转变的前提条件。

首先，市场经济改革促使高等教育观念的转变，进而推动政府制定适应市场经济发展的高等教育政策、法规。这些高等教育政策、法规就成为大学与政府关系模式转变的基本依据。在大学"已成为经济发展和国家生存绝对不可缺少的事物"、成为社会的"轴心机构"的现代社会，政府愈来愈关心高等教育的发展在国家与社会发展中的作用，愈来愈要求高等教育与社会经济发展相适应，愈来愈倾向于通过立法、行政、经费资助等手段来影响高等教育改革与发展的方向，因而在现代大学的发展与改革中政府制定的政策、法规发挥着愈来愈重要的影响作用。这种影响作用在集权式的高等教育管理体制（我国应属于此类型）中显现得尤为突出。当计划经济体制向社会主义市场经济体制转变之后，人们逐渐认识到计划经济体制已不能很好地维持高等教育系统的运转，甚至会成为高等教育继续发展的障碍，解决的唯一方法是让大学具有更多的办学自主权，使它们能独立地面向市场。基于这种认识，政府制定了一系列有关扩大高校办学自主权的政策，并最终在1998年通过的《中华人民共和国高等教育法》中明确规定了高校在诸多方面的自主权（《高等教育法》第三十二条至三十八条）。应该说，《高等教育法》中关于高校自主权的明文规定是在市场经济条件下实现大学与政府关系模式转变之重要的法律基础。

其次，在市场经济条件下，高校经费来源的多样化成为大学与政府关系模式转变的客观基础。《高等教育法》第六十条规定："国家建立以财政拨款为主、其他多种渠道筹措高等教育经费为辅的体制，使高等教育事业的发展同经济、社会发展的水平相适应。"这一规定是在总结自20世纪80年代以来我国高等教育改革的成果基础上对高等教育经费筹措体制的明确表述。有关统计表明，近年来虽然政府对于高等教育的投入在不断增长，但是政府的财政性拨款在普通高等教育经费中的比例却呈下降的趋势。例如，1993年至1996年政府对于普通高等教育的财政预算内年拨款分别为138.8亿、160.7亿、182.4亿、210.7亿元人民币；而同期政府的财政性经费占普通高等教育总经费的比例分别为83.25%、73.26%、70.87%、70.03%。[1]随着近年来高校学费标准的提高和高校在社会服务等方面的收入的增长，政府的财政性经费占高等教育总经费的比例则进一步下降。2001年财政性经费占高等教育总经费的比例已降至52.6%，包括学费在内的高校筹措的经费在高等教育总经费中的比例则上升到47.4%。[2]普通高等教育经费来源构成的这一变化（即政府拨款所占比例的降低和民间资金所占比例

---

① 曾满超等：《教育政策的经济分析》，人民教育出版社2000年版，第166页。

② 胡瑞文等：《中国高校扩招三年大盘点》，见厦门大学高等教育发展研究中心编《公平与效率：21世纪高等教育国际学术研讨会论文集》，2002年，第190页。

的升高），既构成了大学与政府关系模式转变之基础，又是大学办学自主权扩大的一个主要方面。

三、模式转变中的问题

虽然我们在此借用了"国家控制的模式"与"国家监督的模式"这样一组概念，并认为我国大学与政府的关系模式正在由"国家控制的模式"向"国家监督的模式"转变，但是必须清楚地认识到，这种模式转变仍在进行中，在大学与政府的关系中尚存在许多界限不清、充满矛盾冲突的问题。在我国，大学与政府关系模式由"国家控制的模式"向"国家监督的模式"转变之根本标志，应是建立政府宏观管理、高校面向社会自主办学的体制。而从现实来看，建立这样一个体制还需要经过较长的改革与发展过程，高校的办学自主权在许多方面还没有达到法律所规定的范围与程度。2000年曾有研究者就高等教育体制改革问题对若干所高校的200余位大学教授、副教授进行了问卷调查。调查显示，关于目前高校的自主程度，超过50%的被调查者认为高校比较自主的只有"教师聘用"（54.7%）一项。其余七项被调查者的多数均认为高校不太自主，这些项目包括"招生"（69.5%）、"专业调整"（65.5%）、"机构设置"（64.5%）、"经费使用"（56.7%）、"职称评定"（54.7%）、"收入分配"（52.7%）、"干部任免"（51.8%）。[①]

由于市场尚处于发展与完善的过程之中，人们在大学与政府关系问题上形成的思维定式以及制度惯性仍在发挥着作用，因此在模式转变过程中政府如何发挥作用、高校如何自主办学，无论在理论上还是实践中都还没有得到很好的解决。

[①] 北京师范大学教育改革与发展研究中心：《2000年中国教育发展报告——教育体制的变革与创新》，北京师范大学出版社2000年版，第124页。

第三节　大学与政府

　　大学作为一个社会机构，在其生长与发展过程中与其他的社会机构发生、保持着各种各样松散或紧密的关系与联系。其中，与政府的关系和联系在不同的高等教育管理体制中呈现出多样的模式与状态。我国是近代高等教育的后发国家。与许多近代高等教育后发国家一样，政府从近代大学产生之始就对大学的建设与发展起着重要的影响作用。19世纪末、20世纪初，当时的中国政府就大学的办学目的、任务、机构设置、教育内容等制定了一系列的章程、法令。例如，1912年的《大学令》规定："大学以传授高深学问，培养硕学人才，适应国家需要为宗旨。"[①]大学要为国家发展服务，政府因此对大学办学施加影响。这一特点伴随着中国近代大学的成长与发展。1949年中华人民共和国的成立，标志着中国高等教育发展进入一个新的历史时期。中华人民共和国成立70多年来，高等教育随着社会的变迁经历了数次改革或"革命"，其中大学与政府的关系也发生了比较明显的阶段性变化。回顾70多年的历史，我们旨在找寻大学与政府关系变化的规律与特点，为完善中国特色的高等教育治理体系提供一些历史经验。

一、计划经济体制中大学与政府关系的行政化形成

　　1949年10月1日，中华人民共和国成立，必然要求社会的各个领域作

---

　　①《中国教育大系》编纂出版委员会：《中国教育大系　历代教育制度考（下）》，湖北教育出版社1994年版，第2326页。

根本性的变革。在社会文明进步、国家经济发展、人民文化科学水平提高方面具有基础作用的教育当然是变革的主要领域之一。时任教育部副部长的钱俊瑞在1949年12月召开的第一次全国教育工作会议上明确指出："我们的教育必须根据《共同纲领》，以原有的新教育的良好经验为基础，吸收旧教育的某些有用的经验，特别是借助苏联教育建设的先进经验，建设我们的'以提高人民文化水平，培养国家建设人才，肃清封建的、买办的、法西斯主义的思想，发展为人民服务的思想为主要任务'的新民主主义教育。"[①]在中央人民政府的直接领导下，自1949年下半年起，全国范围内展开了一场改造旧教育制度、建立新教育制度的广泛而深刻的改革。其中，高等教育领域内所进行的改革可以说是中国近代高等教育制度建立之后规模最大、影响最为深远的，改革所形成的新的高等教育制度成为迄今为止中国高等教育发展的基本出发点。

20世纪50年代初期的高等教育改革是在社会经济领域确立计划经济体制的背景下实施的，构建适应计划经济体制需要的高等教育人才培养制度既是作为"老大哥"的苏联高等教育制度的基本经验，也是高等教育改革所要实现的主要目标。为了实现这一目标，建立在政府高度集中统一领导下的高等教育体制就成为一种必然的选择。

建立政府高度集中统一领导下的高等教育体制首先需要统一高等学校的属性，实现高等学校的公立化。众所周知，1949年前的民国高等教育体系包括了国立高校、省立高校、私立高校三个部分。中华人民共和国成立之后，经过短时间的初步改造，私立高校仍然在高等教育体系内占有一定的比例。据统计，1950年第一次全国高等教育会议召开之时，全国除台湾地区外有高等学校（不包括人民革命大学与军政大学）227所，在校学生约13.4万人。在227所高等学校中，公立138所，占高校总数的60.8%，私立89所（其中包括教会设立的高校24所），占总数的39.2%；大学65所

---

① 刘英杰主编：《中国教育大事典（上）》，浙江教育出版社1993年版，第9页。

（28.6%），学院92所（40.5%），专科学校70所（30.8%）。[①]1951年底接收外国津贴学校，初步改造私立高校的任务完成之后，导入苏联模式从根本上改革大学制度的时机就基本成熟了。1952年夏开始的中国现代大学史上前所未有的大规模的大学体制改革（"院系调整"）在构建以单科院校为主的高等教育体系的同时，也建成了一个公立的高等教育体系。院系调整中的院校变动方式主要有三种：一是不改变校名，将与新成立的高校性质无关的系科调出，从其他高校调入相关系科，公立高校的院系调整多半属于这一类型；二是相同门类的系科合并成立新的单科院校，大多数单科院校的成立都采取了这一方式；三是撤销校名，所属系科分别并入有关院校，私立高校的院系调整基本上属于这一类型。例如，1952年院系调整前华东地区有私立高等院校19所，院系调整中这些私立高等院校全部被并入公立高等院校。除有1所更改校名外，其余的都被取消了校名（如沪江大学、圣约翰大学、震旦大学、齐鲁大学、之江大学、东吴大学、江南大学等）[②]。这就是私立高等院校公立化的真实含义，即公立化不仅仅是所有权的转换或校名的更改，而主要是将私立高等院校的教师、行政人员、学生、图书设备等并入相关的公立高等院校，使私立高等院校从组织上、物质形态上完全解体。院系调整后建立的公立高等教育体系为政府对高等院校的统一领导、政府与大学关系的行政化特征形成奠定了制度基础。

政府对高等学校的集中统一领导在形式与内容上主要体现为建立政府与高校的上下级行政关系。政府具有高校办学的人事、财务等重大事项决策权，高校的职责是执行政府的决策，在政府文件的指导下办学。1950年中央政府颁布的新中国第一批高等教育重要政策文件中就有关于高等教育管理体制的专项规定——《关于高等学校领导关系的决定》。该决定开宗明

① 马叙伦：《第一次全国高等教育会议开幕词》，见上海市高等教育局研究室、华东师范大学高校干部进修班、华东师范大学教育科学研究所合编：《中华人民共和国建国以来高等教育重要文献选编（下）》，第209页。

② 胡建华：《现代中国大学制度的原点：50年代初期的大学改革》，南京师范大学出版社2001年版，第116-118页。

义："全国高等学校以由中央人民政府教育部统一领导为原则。"教育部对全国高等学校的统一领导具体表现在："凡中央教育部所颁发的关于全国高等教育方针、政策与制度，高等学校法规，关于教育原则方面的指示，以及对于高等学校的设置变更或停办，大学校长、专门学院院长及专科学校校长的任免，教师学生的待遇，经费开支的标准等决定，全国高等学校均应执行。"[①]1952年实施院系调整、建立新的高等教育制度之后，为了适应新的体制，政务院颁布了《关于修订高等学校领导关系的决定》，进一步明确集中统一的高等教育管理原则和政府管理高等学校的具体内容。"中央高等教育部根据国家的教育方针、政策与学制，遵照中央人民政府政务院关于全国高等教育的各项决定与指示，对全国高等学校（军事学校除外，以下同）实施统一的领导。凡中央高等教育部所颁布的有关全国高等教育的建设计划（包括高等学校的设立或停办、院系及专业设置、招生任务、基本建设任务）、财务计划、财务制度（包括预决算制度、经费开支标准、教师学生待遇）、人事制度（包括人事任免、师资调配等）、教学计划、教学大纲、生产实习规程，以及其他重要法规、指示或命令，全国高等学校均应执行。"[②]1958年开始的"教育大革命"在反思新中国成立以来高等教育改革与发展的基础上，提出了教育革命的方针，高等教育领域的变化尤以贯彻教育与生产劳动相结合方针的实践、教学改革和高等教育规模的迅速扩大最为突出，而且这三方面的变化对后来的高等教育发展产生了很大的影响。为总结新中国成立以来高等教育改革与发展的经验，解决与整顿教育革命中出现的问题与失误，1961年中央政府制定了《教育部直属高等学校暂行工作条例（草案）》，作为指导全国高等教育工作的基本文件。《工作条

---

① 中央人民政府政务院：《关于高等学校领导关系的决定》，见上海市高等教育局研究室、华东师范大学高校干部进修班、华东师范大学教育科学研究所合编：《中华人民共和国建国以来高等教育重要文献选编（上）》，第2—3页。

② 中央人民政府政务院：《关于修订高等学校领导关系的决定》，见上海市高等教育局研究室、华东师范大学高校干部进修班、华东师范大学教育科学研究所合编：《中华人民共和国建国以来高等教育重要文献选编（上）》，第56页。

例》进一步明确了高等学校与政府的行政化关系。"高等学校的领导制度，是党委领导下的以校长为首的校务委员会负责制。高等学校的校长，是国家任命的学校行政负责人，对外代表学校，对内主持校务委员会和学校的常务工作。"①

政府对高等学校的集中统一领导不仅体现在高校的人事、财务等管理领域，而且深入教育、教学领域，培养适应国家建设需要的合格人才是高等学校的根本任务，也是政府对高等学校的基本要求。高等学校如何按照国家的要求培养人才呢？20世纪50年代初期的高校教学改革给出了明确的回答，即设置专业、制订教学计划，按照教学计划开展教学活动。时任教育部副部长的曾昭抡在论述高校设置专业的必要性时认为："中国的经济，即将走上计划化。计划性的经济，必须有计划性的教育与之配合，使建设所需干部，在质与量上得到及时供应，方能及时完成。教育要有计划性，唯一的方法，是吸取苏联经验，彻底改革不合理的旧制度，建立新的制度；而在此种改革当中，确定'专业'的设置，是非常重要的一个环节。"②1952年院系调整之后各高校即开展了设置专业的工作，1954年高等教育部参照苏联大学的专业目录制订了第一个全国统一的专业目录，该专业目录包含了40大类257种专业。③专业设置之后，接下来的关键就是按照专业制订教学计划。"教学计划是学校全部教学工作的基本纲领，是培养目标的具体体现。完成教学计划是学校的基本任务。没有教学计划，学校的全部教学工作便无所依据，就不可能把教学工作引向有目标、有计划的轨道上去，也就失去了完成学校基本任务的保证。"④由于各高等院校办学

① 中央人民政府政务院：《中华人民共和国教育部直属高等学校暂行工作条例（草案）》，见上海市高等教育局研究室、华东师范大学高校干部进修班、华东师范大学教育科学研究所合编：《中华人民共和国建国以来高等教育重要文献选编（上）》，第280页。

② 曾昭抡：《高等学校的"专业"设置问题》，《人民教育》1952年第9期。

③ 胡建华：《现代中国大学制度的原点：50年代初期的大学改革》，南京师范大学出版社2001年版，第206-212页。

④《师范院校暂行教学计划说明（1954）》，见当代中国丛书教育卷编辑室编《当代中国高等师范教育资料选（上册）》，华东师范大学出版社1986年版，第445页。

条件、师资设备等的差异和对专业培养目标认识的不同，由各高校制订的教学计划存在同一专业的教学计划培养目标不一致、课程设置不统一、质量差别比较大等问题，因此政府决定制订全国统一的各专业教学计划。高等教育部在《关于修订高等工业学校四年制本科及二年制专修科各专业统一的教学计划的通知》中指出："首先，必须明确认识制订统一的教学计划的重大意义。根据国家在过渡时期总路线总任务的要求，高等学校、特别是高等工业学校，必须在数量和质量两方面都能相适应地培养高级建设人才；而为了保证培养具有一定质量的合格人才，就必须有统一的教学计划。即使各校目前条件各有不同，也必须有统一的教学计划作为统一的基础和共同的奋斗目标；而且也只有各学校的有关专业都根据统一的标准和要求，才有利于各校之间教学经验和教学资料的相互交流，有利于高等学校教学工作的迅速提高。"[1]在高等教育部的领导下，组织开展了制订各专业统一教学计划的工作，1954年共制订了173个专业的统一的教学计划，其中工科类119个，财经类12个，理科类11个，农科类9个，文科类5个，医科类5个，法律类2个等。[2]1958年的教育革命虽然对正常的教学秩序有所冲击，不过1961年的《教育部直属高等学校暂行工作条例（草案）》再次强调了政府在高校教学领域对专业设置、教学计划制订等的决定权。"专业的设置、变更和取消，必须经过教育部批准。""学校必须按照教育部制订或者批准的教学方案、教学计划组织教学工作。""专业设置、教学方案、教学计划、教学大纲和教材要求稳定，不得轻易变动。课程和学科体系的重大改变，必须经过教育部批准。"[3]

---

① 高等教育部：《关于修订高等工业学校四年制本科及二年制专修科各专业统一的教学计划的通知》，《高等教育通讯》1954年第4期。

② 胡建华：《现代中国大学制度的原点：50年代初期的大学改革》，南京师范大学出版社2001年版，第227页。

③ 中央人民政府政务院：《中华人民共和国教育部直属高等学校暂行工作条例（草案）》，见上海市高等教育局研究室、华东师范大学高校干部进修班、华东师范大学教育科学研究所合编：《中华人民共和国建国以来高等教育重要文献选编（上）》，第265页。

从上述大学与政府关系的行政化形成过程可以看到，计划经济体制及高度集中统一的高等教育管理体制是行政化的大学与政府关系的制度基础，而且大学与政府关系的行政化本身也是高度集中统一的高等教育管理体制的主要内容。大学与政府关系行政化的基本表现可以概括为：高等学校与政府是在国家行政体制内的下级与上级的关系，政府不仅具有高等学校校长的任免权，而且政府的文件、指令也是高等学校办学的基本依据，政府对高校办学的直接领导涵盖从高校管理到教学的全部领域。高等学校少有独立办学的权力。

二、社会主义市场经济条件下大学与政府关系的经济化趋向

"文化大革命"结束之后，1978年政府推出了改革开放的政策，党的工作方针从长期的"以阶级斗争为纲"转向以经济建设为中心，我国的发展进入新的历史阶段。1985年《中共中央关于教育体制改革的决定》出台，《决定》明确提出："当前高等教育体制改革的关键，就是改变政府对高等学校统得过多的管理体制，在国家统一的教育方针和计划的指导下，扩大高等学校的办学自主权，加强高等学校同生产、科研和社会其他各方面的联系，使高等学校具有主动适应经济和社会发展需要的积极性和能力。"《中共中央关于教育体制改革的决定》的颁布正式启动了改革开放之后的教育体制改革，在高等教育领域扩大高校办学自主权不仅被提高到关乎高等教育体制改革的重要地位，而且一直是30多年来高等教育体制改革的主要内容。扩大高校办学自主权的实质是通过高校办学的有关权力的下放、让渡、转移来调整大学与政府的关系。

20世纪80年代中期以来的扩大高校办学自主权改革是在社会改革的过程中进行的，其中由计划经济体制向社会主义市场经济体制的转变以及社会主义市场经济体制的建立成为扩大高校办学自主权改革的重要背景。经过10多年的摸索之后，1992年10月召开的党的十四大提出了建立社会主义市场经济体制的改革目标。1993年11月党的十四届三中全会做出了《中共中央关于建立社会主义市场经济体制若干问题的决定》，全面阐述了社会主义市场经济体制的基本内容和建立社会主义市场经济体制的主要任务："建立社会主义市场经济体制，就是要使市场在国家宏观调控下对资源配置起基础性作用。为实现这个目标，必须坚持以公有制为主体、多种经济成分共同发展的方针，进一步转换国有企业经营机制，建立适应社会主义市场经济要求，产权清晰、权责明确、政企分开、管理科学的现代企业制度；建立全国统一开放的市场体系，实现城乡市场紧密结合，国内市场与国际市场相互衔接，促进资源的优化配置；转变政府管理经济的职能，建立以间接手段为主的完善的宏观调控体系，保证国民经济的健康运行；建立以按劳分配为主体，效率优先、兼顾公平的收入分配制度，鼓励一部分地区一部分人先富起来，走共同富裕的道路；建立多层次的社会保障制度，为城乡居民提供同我国国情相适应的社会保障，促进经济发展和社会稳定。"在这一决定中，对适应社会主义市场经济体制的教育体制改革问题，也提出了明确的任务："改变政府包揽办学的状况，形成政府办学为主与社会各界参与办学相结合的新体制。""高等教育要改革办学体制，改变条块分割的状况，除特殊行业外，区别不同情况分步过渡到中央和地方两级管理的体制，扩大地方和院校的办学自主权。高等院校要在招生、专业设置、教材内容、教学方法以及毕业生就业等环节进一步改革。"①

　　社会主义市场经济体制的建立对高校办学的影响是广泛而深远的。例如，在办学主体上，计划经济时期由政府独家举办高等学校的状况发生了根本性的改变，社会力量参与办学，公办高校"一统天下"的局面被打破，民办高校迅速发展，在高等教育体系中占据了一定的比例。据有关统计，1997年各类民办高等教育机构的数量已达到1270所，超过当年公立普通高等学校1020所的总数。各类民办高等教育机构的在校生人数为130.8万人（其中教育部认可具有颁发学历文凭资格的高等学校1.4万人，高等教育

---

①《中共中央关于建立社会主义市场经济体制若干问题的决定》［2019-06-10］，http://www.sohu.com/a/282817576_100003691。

学历文凭试点学校9.4万人，不具有颁发学历文凭资格的高等教育机构120万人），相当于1998年公立普通高等学校在校生数（340.8万）的38.4%。[①]不断发展的民办高校在后来的高等教育规模扩张、高等教育大众化的进程中发挥了积极的作用。对于公办高校来说，社会主义市场经济体制的主要影响之一是办学资源的多样化。首先，学费收入成为高校办学经费的重要组成部分。计划经济时期国家实施的是高等教育免费制度，高校有计划地为国家培养专门人才、干部，大学生毕业后由国家统一分配工作。社会主义市场经济体制中高等教育被看作一种准公共产品，适用受益者分担成本的原则，因此"缴费上学"成为必然。90年代初实施高校学费并轨改革之后，普通高校收取的学费逐年增长。其次，高校的社会服务收入成为办学经费的另一重要组成部分。社会服务是高等学校的第三职能，它最早出现于19世纪末的美国大学，近些年来随着高等学校在社会发展中作用的增大与地位的改变，社会服务职能的发挥显得愈发重要。在社会主义市场经济体制下，我国高校社会服务职能的发挥有了新的政策空间，高校通过直接服务于社会需要，在为社会提供知识服务的同时，所获取的收入也充实了高校的办学资源。第三，社会主义市场经济体制下办学资源的多样化改变了高校办学经费的结构。据统计，全国普通高校的经费在经济体制转型、社会主义市场经济体制构建的20世纪90年代快速增长，由1993年的168.4亿元增长到2000年的904.4亿元。经费构成发生了很大的变化，从1993年到2000年，政府财政预算拨款占比由82.4%下降到47.9%，高校社会服务收入占比由8.6%提高到15.2%，学杂费收入占比由6.2%提高到21.3%。[②]1998年通过的《中华人民共和国高等教育法》将高等教育经费来源的多元化构成明确写在了条文中："国家建立以财政拨款为主、其他多种渠道筹措高等教

---

① 北京师范大学教育改革与发展研究中心：《2000年中国教育发展报告——教育体制的变革与创新》，北京师范大学出版社2000年版，第87页。

② 邓娅：《市场经济发展与高等教育经费来源多元化》，载《北京大学教育评论》2003年第4期。

育经费为辅的体制，使高等教育事业的发展同经济、社会发展的水平相适应。"

在社会主义市场经济体制下，政府的政策导向、高校办学经费来源的多元化等因素促使大学与政府的关系发生进一步变化。1993年制定的《中国教育改革和发展纲要》在"深化高等教育体制改革"部分详细论述了高校与政府关系的改变问题："在政府与学校的关系上，要按照政事分开的原则，通过立法，明确高等学校的权利和义务，使高等学校真正成为面向社会自主办学的法人实体。要在招生、专业调整、机构设置、干部任免、经费使用、职称评定、工资分配和国际合作交流等方面，区分不同情况，进一步扩大高校的办学自主权。""政府要转变职能，由对学校的直接行政管理，转变为运用立法、拨款、规划、信息服务、政策指导和必要的行政手段，进行宏观管理。"[1]在计划经济体制下形成的大学与政府的行政化关系中，政府是上级、领导者，大学是下级、执行者。在社会主义市场经济体制下若要改变大学与政府的关系，必须首先改变政府的角色地位和影响大学的方式。所谓改变政府的角色地位，如同《中国教育改革和发展纲要》中所说的，通过立法，明确高校的权利与义务，使高校成为独立的法人机构，从而将大学与政府的关系由上下级行政关系改为社会主义市场经济条件下的法人实体关系。所谓改变政府影响大学的方式，也如同《中国教育改革和发展纲要》中所说，由计划经济体制下政府对高校的事无巨细的微观管理转向宏观管理，由计划经济体制下的直接的行政管理模式转向包括立法、拨款、规划、信息服务、政策指导等多种方式的多元影响模式。

在社会主义市场经济体制下，大学与政府关系的变化是多方面的，其中经济化趋向显得尤为突出。所谓大学与政府关系中的经济化趋向主要指政府运用经济手段对高校办学施加影响，使政府有关高等教育改革与发展的政策能够得到贯彻落实。以政府对高等教育拨款方式的变化为例。在计

---

[1]《中国教育改革和发展纲要》，见国家教育委员会编《新的里程碑：全国教育工作会议文件汇编》，教育科学出版社1994年版，第74页。

划经济体制下，政府对高等教育的事业费主要采用的是"基数加发展"的拨款模式，"即以各校前一年所得的事业经费份额为基础，考虑当年各项发展的需要和国家财力的可能，确定当年的事业经费分配额度。这种经费预算方式由于简明、易行，能简化决策程序，因此易于配合政府对高等院校的集中财政管理"①。1985年，教育部提出了"综合定额加专项补助"的新的高等教育经费分配方法。"与'基数加发展'的旧模式相比，'综合定额加专项补助'的模式总体上更加有利于经费的合理配置，增强了高等学校安排经费的主动性、自主性以及经费管理的责任。"②"综合定额加专项补助"经费分配模式中的"专项补助"具有市场经济体制下政府高等教育经费投入的典型特征，是政府运用经济手段影响高等教育发展的基本方式。在20世纪90年代以来我国高等教育发展中具有重要影响意义的"211工程"就是"专项补助"的典型案例。"1991年底，'211工程'方案上报国务院并着手实施，至1995年国务院正式批准中央财政'九五'期间设立'211工程'专项资金。这不光被认为是在高等教育界开启了政府目标管理方式之先河，而且也是'综合定额'之外政府加大对高校，特别是重点高校专项投入的重要标志性事件。"③在"211工程"实施的前10年（1995—2005）间，用于"211工程"的专项经费总数达到368.26亿元，其中中央专项资金78.42亿元，部门配套资金60.49亿元，地方政府配套资金85亿元，学校自筹资金144.35亿元，来自政府的专项资金（中央专项+部门配套+地方政府配套）占总经费的74%。④"211工程"的实施不仅使进入"211工程"的高

① 中国高等教育学会组编：《改革开放30年中国高等教育发展经验专题研究》，教育科学出版社2008年版，第233页。
② 丁小浩等：《我国高等教育投资体制改革30年——成就与经验、挑战与完善》，载《中国高教研究》2008年第6期。
③ 中国高等教育学会组编：《改革开放30年中国高等教育发展经验专题研究》，教育科学出版社2008年版，第234页。
④ 中国高等教育学会组编：《改革开放30年中国高等教育发展经验专题研究》，教育科学出版社2008年版，第509页。

校在办学条件、基础设施、师资队伍、人才培养、科学研究等方面获得了长足的发展，而且对其他高校产生了比较大的示范效应，带动了高等教育整体水平的提高。同时，政府从"211工程"的实施中取得了经验，"专项补助"的资金分配方式得到愈来愈多的运用。继"211工程"之后，"985工程""2011工程""双一流"建设等大型项目接踵而来，不仅中央政府，地方政府的各种"专项补助"项目也令人"眼花缭乱"。"项目+经费"成为政府影响高校办学的一大手段，从而使社会主义市场经济体制下的大学与政府的关系带有浓厚的经济化色彩。

三、治理环境下大学与政府关系的去行政化课题

进入21世纪之后，在高等教育改革不断深入发展的过程中，"治理"之概念、理论、视阈开始出现。治理的概念在20世纪90年代兴起于国外的公共管理领域。全球治理委员会1995年对治理做出了如下界定：治理是或公或私的个人和机构经营管理相同事务的诸多方式的总和。它是使相互冲突或不同的利益得以调和并且采取联合行动的持续的过程，包括有权迫使人们服从的正式机构和规章制度，以及种种非正式安排。治理有四个特征：治理不是一套规则条例，也不是一种活动，而是一个过程；治理的建立不以支配为基础，而以调和为基础；治理同时涉及公、私部门；治理并不意味着一种正式制度，而是有赖于持续的相互作用。[①]

在高等教育领域，治理通常被认为包含高校内部治理与外部治理两个相互联系的部分。高校内部治理涉及不同组织，尤其是学术组织与行政组织在高校的决策、执行等权力结构中的关系、作用等。高校外部治理则主要涉及围绕着高校办学，政府、社会机构与大学之间的权力结构关系。高等教育治理问题最先由学术界开始讨论，对中国知网（CNKI）收录的"高等教育治理"（以该词为主题搜索）相关期刊论文的统计表明，21世纪初

---

① 俞可平主编：《治理与善治》，社会科学文献出版社2000年版，第270–271页。

开始出现有关论文，从2004年到2013年，每年收录的论文基本上在10～30篇；2013年11月党的十八届三中全会通过的《中共中央关于全面深化改革若干重大问题的决定》提出"推进国家治理体系和治理能力现代化"的总目标之后，2014年开始，有关高等教育治理的论文数迅速增加，2016年达到130篇。①

治理问题在学术界被广泛、深入研究的同时，逐渐影响到政府的政策与高等教育实践领域。2010年出台的《国家中长期教育改革和发展规划纲要（2010—2020）》就高等教育治理问题作出了明确的要求。在"完善中国特色现代大学制度"部分中，《规划纲要》写道："完善治理结构，公办高等学校要坚持和完善党委领导下的校长负责制。健全议事规则与决策程序，依法落实党委、校长职权，完善大学校长选拔任用办法。充分发挥学术委员会在学科建设、学术评价、学术发展中的重要作用。探索教授治学的有效途径，充分发挥教授在教学、学术研究和学校管理中的作用。加强教职工代表大会、学生代表大会建设，发挥群众团体的作用。加强章程建设。各类高校应依法制定章程，按照章程规定管理学校。尊重学术自由，营造宽松的学术环境。"②这里所说的主要是高校的内部治理。为了落实《规划纲要》的精神，完善高校内部治理结构的实践逐渐展开。例如，2011年教育部制定了《高等学校章程制定暂行办法》，进一步明确"章程是高等学校依法自主办学、实施管理和履行公共职能的基本准则。高等学校应当以章程为依据，制定内部管理制度及规范性文件、实施办学和管理活动、开展社会合作"③。《暂行办法》就高校章程的内容、制定程序、核准与监督等作了详细的规定。2013年9月，教育部又出台了《中央部委所属大学章程建设行动计划（2013—2015年）》，明确了中央部委所属114所

---

① 中国知网［2019-06-20］，http：//kns.cnki.net/kns/brief/result.aspx？dbprefix=CJFQ。
②《国家中长期教育改革和发展规划纲要（2010—2020）》，载《光明日报》2010年7月30日。
③ 中华人民共和国教育部：《高等学校章程制定暂行办法》［2019-06-20］，http：//www.gov.cn/flfg/2012-01/09/content_2040230.htm。

高校完成章程制定的时间表，要求"985工程"建设大学在2014年6月底前完成章程制定，"211工程"建设大学原则上于2014年底前完成章程制定工作，2015年底所有部委属高校分批全部完成章程制定和核准工作。[①]中国人民大学等6所高校制定的章程于2013年11月首批获得核准。同时地方教育行政部门也指导全国的地方高校在几年内完成了制定章程的工作。又如，如何发挥学术组织在高校内部治理中的作用是完善治理结构的重要课题。教育部在2014年发布了《高等学校学术委员会规程》，其中规定："为促进高等学校规范和加强学术委员会建设，完善内部治理结构，保障学术委员会在教学、科研等学术事务中有效发挥作用，根据《中华人民共和国高等教育法》及相关规定，制定本规程。""高等学校应当依法设立学术委员会，健全以学术委员会为核心的学术管理体系与组织架构；并以学术委员会作为校内最高学术机构，统筹行使学术事务的决策、审议、评定和咨询等职权。"[②]这一《规程》进一步强调了学术委员会是高校学术管理体系的核心机构和校内最高学术机构，具有学术事务的决策、审议、评定、咨询等职权，建立健全学术委员会对完善高校内部治理结构具有重要意义。许多高校的章程也对发挥学术组织的作用、完善高校内部治理结构作出了比较明确的阐述与规定。如《北京大学章程》的第六条写道："学校坚持学术自由、大学自主、师生治学、民主管理、社会参与、依法治校，实行现代大学制度。"[③]《清华大学章程》规定："学校设学术委员会作为最高学术机构，依照有关法律、规章产生和行使职权，统筹负责学术事务的决策、审议、评定和咨询等事项，致力于促进人才培养与学术研究，追求学术理

---

① 中华人民共和国教育部：《中央部委所属高等学校章程建设行动计划》［2019－06－20］，http：//old.moe.gov.cn//publicfiles/business/htmlfiles/moe/s5933/201310/158133.html。

② 中华人民共和国教育部：《高等学校学术委员会规程》［2019－06－20］，http：//www.moe.gov.cn/publicfiles/business/htmlfiles/moe/moe_621/201402/xxgk_163994.html。

③《北京大学章程》［2019－06－20］，http：//old.moe.gov.cn//publicfiles/business/htmlfiles/moe/s8144/201412/182101.html。

想，坚持学术自由，发扬学术民主，推动学术创新，维护学术道德。"①

解决高等教育治理问题、完善高等教育治理体系不仅在于如何完善高校内部治理结构，更在于如何理顺高校外部治理的关系，尤其在我国长期行政化模式的影响下，在高等教育治理体系中调整大学与政府的关系显得更加重要。有研究者认为在高等教育治理的环境下，调整政府的角色与功能十分必要，需要政府角色与功能的"四个转变"，即从管制型向服务型转变，从政策治校向依法治校转变，从强势政府的单边治理到政府、社会和公民共同参与的多边治理转变，从"善政"到"善治"转变。②

讨论与研究高等教育治理中的大学与政府的关系，当然离不开我国在长期的计划经济体制下形成的大学与政府关系的行政化特征。而且，改变这种行政化模式、去行政化正是在完善高等教育治理结构的过程中调整大学与政府关系所必须解决的课题。在我国的高等教育改革实践中，高等教育治理与去行政化相互关联，从一定意义上讲是同一问题的两个侧面。这一点，在学术界的研究中也有所反映。如前所述，高等教育治理问题的研究在我国学术界开始于21世纪初，2004年之后逐渐展开，2014年之后更加深入。高校去行政化研究的发展与其有相似之处。中国知网收录的"高校去行政化"（以该词为主题搜索）相关期刊论文的统计表明，2002年首次出现有关论文，2009年发表的论文突破了个位数，2010、2011年的论文数则猛增至百篇以上，形成了研究的热潮，之后的几年论文数一直保持在50篇以上。③

理论研究反映实践需要。2010、2011年高校去行政化研究的广泛开展正是对《国家中长期教育改革和发展规划纲要（2010—2020）》中提出的有

---

① 《清华大学章程》［2019-06-20］，https：//www.tsinghua.edu.cn/publish/newthu/openness/jbxx/qhdczc.html。

② 龙献忠：《论高等教育治理视野下的政府角色转变》，载《现代大学教育》2004年第1期。

③ 中国知网［2019-06-20］，http：//kns.cnki.net/kns/brief/result.aspx？dbprefix=CJFQ。

关高等教育管理体制改革目标与任务的回应。《规划纲要》在"建设现代学校制度"部分中写道:"推进政校分开、管办分离。适应中国国情和时代要求,建设依法办学、自主管理、民主监督、社会参与的现代学校制度,构建政府、学校、社会之间新型关系。适应国家行政管理体制改革要求,明确政府管理权限和职责,明确各级各类学校办学权利和责任。""随着国家事业单位分类改革推进,探索建立符合学校特点的管理制度和配套政策,克服行政化倾向,取消实际存在的行政级别和行政化管理模式。"①2013年党的十八届三中全会通过的《中共中央关于全面深化改革若干重大问题的决定》进一步明确提出了去行政化的任务:"加快事业单位分类改革,加大政府购买公共服务力度,推动公共事业单位与主管部门理顺关系和去行政化,创造条件,逐步取消学校、科研院所、医院等单位的行政级别。"②

应该看到,尽管高等教育去行政化问题已经引起了政府、高校、学术界的广泛关注,政府出台相关文件提出去行政化的任务,并且在治理实践中有所体现,但是大学与政府关系的行政化特征之形成非"一日之寒",去行政化也无法一蹴而就。我国大学与政府关系的行政化特征的形成有着深刻的历史因素、体制因素和文化因素。就历史因素而言,如本节第一部分所阐述的,大学与政府关系的行政化特征是在中华人民共和国成立后计划经济体制和高度统一的高等教育管理体制确立的背景下形成的,已有70余年的漫长时间。尽管近30年来"扩大高校办学自主权的改革在一定程度上改变了在计划经济体制下形成的大学与政府间的关系,但是长期形成的行政化由于其巨大的历史惯性仍然主导着政府管理大学的实践"③。就体制因素而言,大学与政府关系的行政化特征形成的体制基础仍然存在,这种体制基础构成了对去行政化改革的制约。有学者通过研究提出了高等教

---

① 《国家中长期教育改革和发展规划纲要(2010—2020)》,载《光明日报》2010年7月30日。

② 《中共中央关于全面深化改革若干重大问题的决定》,载《光明日报》2013年11月16日。

③ 胡建华:《略论大学去行政化》,载《中国高教研究》2014年第2期。

育治理的准市场化模式与类市场化模式，认为我国属于高等教育的类市场化治理模式。"在高等教育治理体系中政府计划管理机制发挥着决定性作用，而市场竞争机制发挥的作用极其有限。这种治理模式在性质上属于政府计划性治理，在内容上虽然也包括市场竞争机制，但其作用极其有限，并且受到政府计划性的支配和管控。即在哪些方面引入市场竞争机制、在多大程度上发挥市场竞争机制的作用，都是由政府管控的，是一种被支配的市场竞争机制，或者说市场竞争机制只是政府计划性治理的一种手段而已。"[①] "高等教育与文化的关系比之高等教育与政治、经济、科学的关系，有着更加悠久的历史与传统"，"文化对高等教育的影响比政治、经济、科学对高等教育的影响来得隐蔽与深刻"。[②]

可以预见，完善高等教育治理结构、改变大学与政府关系的行政化模式、实现高等教育治理体系与治理能力现代化将是未来一段时间内我国高等教育改革与发展的重要课题。2014年10月召开的党的十八届四中全会审议通过了《中共中央关于全面推进依法治国若干重大问题的决定》，进一步明确了"加快建设社会主义法治国家"的战略任务，提出"深入推进依法行政，加快建设法治政府"，"完善行政组织和行政程序法律制度，推进机构、职能、权限、程序、责任法定化"，"推进各级政府事权规范化、法律化，完善不同层级政府特别是中央和地方政府事权法律制度"。[③]首先，需要通过立法进一步明确大学的法人地位，使大学真正成为社会主义市场经济体制下独立的法人实体，改变大学长期依附政府、为政府下级机构的状况，使大学与政府的关系由建立在行政级别基础之上改变为建立在法律基础之上。其次，需要通过立法"明确政府管理的权限和职责，明晰政府

---

① 张应强、张浩正：《从类市场化治理到准市场化治理：我国高等教育治理变革的方向》，载《高等教育研究》2018年第6期。
② 胡建华、陈列、周川等：《高等教育学新论》，江苏教育出版社1995年版，第158页。
③《中共中央关于全面推进依法治国若干重大问题的决定》[2019-06-20]，http://cpc.people.com.cn/n/2014/1029/c64387-25927606-2.html。

与学校权力（权利）、责任之间的边界"①。有学者认为应该推行高校行使自主权的负面清单管理，即"政府管理大学，不是规定大学做什么，享有什么样的自主权，而是从法律上规定和列出大学的禁止性权利就可以了。没有列入禁止性权利的事项，大学都可以不受限制地独立行使权力，所谓'法无禁止即可为'"②。总之，高等教育治理法治化的实现过程或许将会遇到许多困难与阻力，但是意义十分重大，关系到我国高等教育改革的进一步深入和高等教育强国建设目标的最终实现。

第四节　学术组织与管理组织

大学组织问题是近年来高等教育研究领域比较引人关注的课题之一。人们通常将大学作为一个有机的组织整体，从组织学、社会学、高等教育学等角度去探讨大学组织与社会上的其他组织的关系，如政府组织、企业组织等的异同，分析大学的组织文化、组织特性，比较中国大学组织与外国大学组织的差别，试图为我国大学的改革与发展提供一种组织视角的理论解释与分析框架。随着大学组织问题研究的不断深入，我们不仅需要从大学组织与其他社会组织的比较中去认识大学，而且需要深入大学内部，从大学内部不同组织的比较中去解释大学。因为在大学内部，实际上存在着一些具有不同特性的"亚组织"，其中最为主要的即是学术组织与管理组织。

① 陈学飞：《高校去行政化：关键在政府》，载《探索与争鸣》2010年第9期。
② 张应强、张浩正：《从类市场化治理到准市场化治理：我国高等教育治理变革的方向》，载《高等教育研究》2018年第6期。

一、两种组织的生成与发展

大学在中世纪是作为学术组织而产生的。"大学是一个学者团体,具有严谨的组织、法人的性质、自己的章程和共同的印记。"①中世纪大学独特的形成方式、学术团体的性质、功能的单一性等决定了其内部组织管理与现代大学有着许多不同,其中最突出的一点就是中世纪大学没有现代大学那样的管理组织。"一个法人团体、一所大学,其真正有代表性的、合法的行政权力,属于'全体集会'(general assembly)。基于大学的基本结构,全体集会由教师、教师和学生或者只有学生这三种形式构成,由校长主持(或者如牛津和剑桥那样,由教长主持)。"②校长通常是由大学这一学术团体的成员选举产生的。"根据学馆的组织类型的不同,校长或是在学生当中选举产生(如博洛尼亚大学那样),或是在教师当中选举产生(如巴黎大学那样)。在有着混合的组织类型的大学之中,校长是一位由学生和教师一起选出的教师。"③也就是说,在中世纪,大学内部的管理、运行是由学术组织及其选举出来的校长负责的,即使有诸如处理财务事务等的专职管理人员存在,他们也只是作为学术组织的"附属"。

这种没有管理组织的大学管理状况直到现在在一些小规模的学院中仍然可以看见。在这些学院中,"管理人员通常都是教学人员,他们同意在一定的时间从事管理工作,其余时间仍然从事课堂教学工作。所以管理人员大都是'非专业性人员',而不是专门从事管理工作的专职人员"。④

不过,这种没有管理组织的大学管理状况在现代高等教育中已非主

---

① [美]伯顿·克拉克主编,王承绪、徐辉、郑继伟等译:《高等教育新论——多学科的研究》,浙江教育出版社1988年版,第25页。

② [比]希尔德·德·里德-西蒙斯主编,张斌贤等译:《欧洲大学史 第一卷 中世纪大学》,河北大学出版社2008年版,第137页。

③ [比]希尔德·德·里德-西蒙斯主编,张斌贤等译:《欧洲大学史 第一卷 中世纪大学》,河北大学出版社2008年版,第132页。

④ [美]罗伯特·伯恩鲍姆著,别敦荣等译:《大学运行模式》,中国海洋大学出版社2003年版,第85页。

流。20世纪五六十年代以来世界高等教育规模的不断扩大和高等教育人口数量的持续增长，不仅促使高等教育观念、高等教育在社会发展中的地位与作用及高等教育的系统结构等发生了根本性的改变，而且也使大学内部的组织构成、运行方式与管理制度发生了深刻的变化。"当学校规模不断扩大，且越来越复杂之后，需要很多专业人员（如具有惯例法的知识、了解联邦法规、掌握管理信息系统技术的专家）来完成许多管理任务。"[①]因此，由众多管理人员（在一些大学，甚至管理人员的数量与教师不相上下）构成的管理组织就成为大学组织结构中的一个重要的"亚组织"。

管理组织对于现代大学正常运行的重要性是不言而喻的。其重要性主要基于现代大学管理的日趋复杂和高度专业化。众所周知，现代大学已经发展成为一种具有多种功能、多个目标、多层结构、多样文化的复杂组织。尤其是那些 "巨型大学"，人数上万，校区众多，面向社会的各个领域，承担着教学、科研、服务等多重任务，俨然就是一个复杂的组织系统。面对这样一个复杂的组织系统，显然像中世纪大学那样由教师兼做管理工作是不可想象的。现代大学教师不能兼做管理工作，不仅是因为他们自身的任务繁重，无暇顾及其他，更重要的是现代大学管理已经成为一个专业领域，需要具有专门知识与技能的专职人员。20世纪60年代之后，美国大学的高等教育管理方向研究生教育的兴起及其不断发展正是大学管理人员专业化成长的一种真实反映。管理人员的专业化促进了管理组织的发展与完善，使其在现代大学组织运行中发挥着不可或缺的作用。

二、两种组织的特性与差异

管理组织的形成与发展改变了大学的内部结构，形成了"组织结构上的一种奇特的二重性"。"在大学里同时存在着两种结构：一种是传统的管

[①] ［美］罗伯特·伯恩鲍姆著，别敦荣等译：《大学运行模式》，中国海洋大学出版社2003年版，第8页。

理科层结构；另一种是教师在其权力范围内对学校有关事务作出决策的结构。""管理权力的基础是上级对活动的控制与协调；专业权力的基础是自主性和个人的知识。两种权力的来源不同，而且相互对立。"①因此，如何认识与处理学术组织与管理组织之间的矛盾就成为现代大学管理和运行必须面对的一大课题。

矛盾产生于差异。若要认识学术组织与管理组织之间的矛盾，必先理清两者之间的差异。关于大学学术组织与管理组织的差异，学界有过不少研究。归纳起来，两者间的主要差异也许就在于各组织成员的不同行为方式以及由具有不同行为方式的成员构成的不同组织结构与组织文化。

大学中的学术组织是由一群具有不同学术目标的学术人员（教师）组成的。人们常常用"有组织的无政府"来描述学术组织的内部状况。何谓"有组织的无政府"，美国研究者科恩和马奇认为，"当一个系统中的任何人可以按照自己的意愿自由行事时，我们就可以把这个系统称为有组织的无政府"。②具体来说，在这样的学术组织中，"教师决定是否教，什么时候教和教什么。学生决定是否学，什么时候学和学什么。立法者和捐赠者决定是否资助，什么时候资助和资助什么。在大学中，既没有协调，也没有控制，出现什么样的过程就采用什么样的过程分配资源，不明确地照顾和参照上一级的目标。系统的'决策'是系统产生的结果，但是，它不是任何一个人的意图，也不是任何一个人能够控制得了的"。③"有组织的无政府"理论虽然只是有关大学学术组织研究的一家之言，但是对于我们深入认识学术组织的性质具有重要的启迪意义。学术组织不同于其他组织（包括管理组织）的特征，至少可以归纳为以下几个方面。第一，多重的目标。学术组织作为一个共同体，既有组织成员共有的组织目标，同时还有

①［美］罗伯特·伯恩鲍姆著，别敦荣等译：《大学运行模式》，中国海洋大学出版社2003年版，第11页。

②阎凤桥编著：《大学组织与治理》，同心出版社2006年版，第53页。

③阎凤桥编著：《大学组织与治理》，同心出版社2006年版，第53页。

组织成员各自的目标。譬如，传授知识、培养人才即是大学学术组织成员的共有目标；而身在不同学术领域的成员还有着各自不同的学术目标。第二，多样的行为方式。无论什么样的组织，组织成员的自主性都是促使组织具有活力的重要因素。对于大学学术组织来说，成员的自主性显得尤为必要，因为学术组织的正常运转是建立在作为组织成员的学术人员个体有效行动基础之上的。换句话说，虽然小组的、联合的方式也是学术组织开展活动所必不可少的，但成员个体的自主独立始终是学术组织存在、运行的前提。这是由大学学术组织的主要任务——教学、研究的性质决定的。第三，多元的文化。这主要是指学术组织的内部构成是扁平的，成员之间的关系是平等的，没有复杂的层级。在大学的学术组织中，"由于教授们都受过专业教育，他们比其他工作人员更能根据专业判断行事，而不是接受上层下达的命令……对教授的行为影响更大的不是管理人员的指令，而是学校的惯例和文化，以及参与人员的背景和社会化程度"。①

与学术组织不同，大学中的管理组织是由一群具有同一管理目标的管理人员组成的。人们常说的"科层制"，可以概括大学管理组织的基本性质。一般认为，科层制是德国社会学家马克思·韦伯提出的"完全按照理性建立起来的理想化高效率的组织模式的概念"②。根据韦伯的理论，科层制的主要特征如下："大规模的组织，科层制是大规模组织的必然归宿；履行一定的社会功能，科层组织负有社会责任，受到公众舆论的监督；专业人员的分工，专业人员各司其职；最大限度地为员工及其家庭提供安全保障；一系列的规章制度，科层组织的活动由一些抽象的规则指引，这些规则塑造出组织的基本原则、氛围、价值观念与使命；权威的等级关系，上级有权命令下属，让其遵循指令行动，但权威不是绝对的，权威与问责不可分离；非人格化管理，领导对员工应一视同仁，如果一个领导对某位员工宽大仁慈，那

---

① ［美］罗伯特·伯恩鲍姆著，别敦荣等译：《大学运行模式》，中国海洋大学出版社2003年版，"中译版序"第2页。

② 周进：《由冲突到协调：学术自治与科层制》，载《江苏高教》2010年第1期。

么，可能意味着对另外的员工苛刻。"①体现科层制的理念，大学管理组织的特点至少可以做以下几个方面的描述。第一，同一的目标。具有明确且同一的目标是科层制组织的典型特征之一，大学管理组织也不例外。大学管理组织的目标即通过管理手段保障教学、研究等各项活动的正常开展，以完成人才培养、科学研究、社会服务等任务，促进学校事业的不断发展。可以说，管理组织的每一位成员的工作都指向这一共同目标。第二，有权威的等级结构。大学管理组织与其他科层制组织一样，内部呈现出金字塔状的结构样态。从上到下至少可以看到最高指挥层（校长）、中间执行层（处长）、底边操作层（科员）这样几个等级层次。层级之间的关系原则上是下级服从上级。只有这样，才能保证组织有效地运行，才能实现共同的组织目标。第三，追求效率的文化。科层制组织的出现和为实现共同目标而形成的权威等级结构，都是人们追求更高效率的动机使然。美国学者斯特鲁普在分析大学中的科层制的优势时，首先指出的也是其有效率这一点。"美国大型的工业企业都是科层组织。大学虽不是公司，但也有相似性。规模巨大的大学拥有大量的师资、院系、课程、服务。科层制的组织方式，可以做到既有效率，又节约成本。"②

三、我国大学中两种组织的主要矛盾及其调适

上述有关大学学术组织与管理组织之间存在差异以及各自特点的讨论，为我们认识两者之间的矛盾提供了必要的基础。学术组织与管理组织在组织成员、组织结构、组织文化等方面的差异决定了两者之间产生矛盾是不可避免的。正如伯恩鲍姆在他的著作中所说："教师和管理人员的职责不同，面对的是环境的不同方面，并受其影响，他们的经历也不相同。由

---

① 林杰：《美国院校组织理论中的科层制模型——以斯特鲁普的理论为原型》，载《北京大学教育评论》2009年第2期。

② 林杰：《美国院校组织理论中的科层制模型——以斯特鲁普的理论为原型》，载《北京大学教育评论》2009年第2期。

于各个层次的管理人员不断增加，管理人员的作用越来越突出，导致大学都成了'被控制的大学'。在这种被控制的大学中，管理人员与大学的其他组成人员是相互分离的。其结果是，大学管理人员与教师互不往来，各自为政，只是在一些没有非同类人员参加的会议上，同事之间才进行一些沟通。某些复杂管理技术的运用可能会使事情变得更加糟糕。"[①]

虽说大学学术组织与管理组织之间因差异而产生矛盾是现代大学办学中普遍面临的一大问题，但在不同组织结构、组织文化的大学中，学术组织与管理组织之间矛盾的性质、内容是不一样的，由此而产生出的解决矛盾的方法、学术组织与管理组织相互调适的方式也就各异了。因此，我们在进一步分析大学学术组织与管理组织的矛盾及其调适时，应该由一般回归具体，即由对大学学术组织与管理组织各自特点的一般讨论进入对某一国家，如我国大学学术组织与管理组织之间矛盾的具体分析。

我国大学现行组织结构的形成可以追溯到20世纪50年代初以"院系调整"著称的大学制度改革。众所周知，在当时的社会政治、经济制度背景下，改革后形成的大学制度主要包括两个方面：一是中央政府统一领导下的高等教育管理及大学管理制度；二是以专业为核心、适应计划经济需要的在统一的教学计划指导下的大学教学制度。这样的大学制度所具有的突出特征是，无论是高等教育的宏观管理、大学内部的微观管理，还是大学的教学活动，都体现着政府强有力的领导。这种政府强有力的领导方式还进一步影响着大学内部的组织构成，决定了管理组织在大学中的主导地位。1985年《中共中央关于教育体制改革的决定》颁布之后，我国高等教育的发展进入一个新的改革时期。体制改革无疑是新一轮高等教育改革的重头戏。体制改革首先关注的是政府与大学的关系。正如《中共中央关于教育体制改革的决定》中所指出的："当前高等教育体制改革的关键，就是改变政府对高等学校统得过多的管理体制，在国家统一的教育方针和计划的指导下，扩大高等学校

---

①［美］罗伯特·伯恩鲍姆著，别敦荣等译：《大学运行模式》，中国海洋大学出版社2003年版，"中译版序"第9页。

的办学自主权，加强高等学校同生产、科研和社会其他各方面的联系，使高等学校具有主动适应经济和社会发展需要的积极性和能力。"随着改革的不断深入，大学内部的组织结构问题逐渐引起人们的关注，其焦点之一是如何构建适应现代大学制度的学术组织，并充分发挥学术组织在大学发展中的作用。关于这一点，《国家中长期教育改革和发展规划纲要（2010—2020年）》中也有如下的表述："充分发挥学术委员会在学科建设、学术评价、学术发展中的重要作用。探索教授治学的有效途径，充分发挥教授在教学、学术研究和学校管理中的作用。"那么，如果从学术组织与管理组织的关系视角出发，我们应该如何认识我国大学学术组织与管理组织之间的矛盾与调适呢？笔者认为至少有以下两点是值得思考的。

第一，学术组织的科层化问题。什么是学术组织的科层化？顾名思义，就是学术组织的内部结构呈现出科层制的特征。如前所述，学术组织的内部构成应是扁平的，组织成员之间的关系建立在平等的基础上。"每个人都应该有平等的权力去检验自己不同于专业同行的观点。结果形成了强烈的社团意识，即不论年龄和地位差别，学者必须尊重各自的独立地位。用制度的术语说，它要求有一种结构，其中的成员有平等的权力参与决策，而每个人有权按自己的方式处理问题，只在最低的限度上受学校的支配。"①如一些国家大学的学院设立教授会，教授会成为学院的决策机构，所有教授在学院事务决策中享有平等的权力，院长由教授选举产生。而我国大学的学术组织却不是这样的。从学院一级来看，院长、系主任、教师之间似乎存在着一种等级结构，在学院事务的决策过程中，没有一种保证所有教师享有平等权力的制度环境。从学校层面看，许多有关学术事务的决策，要么是由管理组织做出的，要么是由科层化的学术机构做出的。此外，学术组织的运行也染上了科层制的色彩。譬如，过分强调对学术研究的目标管理，过分追求学术组织的效率（甚至是短期效益、经济效益）

---

① 张德祥：《高等学校的学术权力与行政权力》，南京师范大学出版社2002年版，第71-72页。

等。学术组织的科层化所产生的负面影响是深远的，它不仅影响学术组织的健全发展，而且还会影响学术研究的顺利进行，难以形成良好的学术文化。我国大学学术组织产生科层化问题的原因是多方面的，有观念方面的因素，如学术自由的理念没有真正被人们所理解，并体现在制度、组织与规则中；也有历史方面的因素，大学的学术组织建设在很长一段时间内没有受到应有的重视；还有社会环境方面的因素，如"官本位"、大学行政化的社会倾向等。

第二，学术组织与管理组织的不平衡问题。从本文第一部分有关大学组织形成的简单历史回溯中我们可以看到，学术组织是大学与生俱来的。经过几百年发展的大学，就其整体来说，不仅是一个教育组织，还是一个学术组织。也可以这么认为，学术组织是现代大学组织结构中最为核心的部分。在以"大学自治"为基础的西方大学中，有一种模式就是"以教授（学术）组织为中心的大学自治"。在这种模式中，教授（学术）组织是决定和管理大学事务的核心机构，如学校层面的由教授代表组成的评议会和学院层面的由全体教授组成的教授会分别是学校与学院的主要决策机构。不过我国的大学，由于历史的和社会的原因，学术组织的发展很不健全，管理组织在学校决策中始终处于主导地位，这就使得学术组织与管理组织在大学组织结构中呈现出不平衡的状态。过于强势的管理组织往往会从管理主义的角度，用管理的思维去指挥与影响学术活动的开展。尤其是在"企业化"的变革趋势中，"过去40年中主要的管理运动之一就是高等学校实施了原本为政府机构和企业所创立并被其采用的一系列新的管理制度……数以百计的专著和文章鼓吹推行各种管理项目，如目标管理、基标管理、全面质量管理等……这些项目都只是流行一时，并没有能够产生预期的效果，而且与学术组织的价值是不相容的"。[①]

理解学术组织与管理组织之间的矛盾，并在实践中寻找调适两者关系

---

① ［美］罗伯特·伯恩鲍姆著，别敦荣等译：《大学运行模式》，中国海洋大学出版社2003年版，"中译版序"第4页。

的正确方式是我国完善现代大学制度必须解决的一个主要课题。如何改变学术组织的科层化现状，如何实现学术组织与管理组织在大学组织结构中的平衡，需要从观念、制度、组织等多方面去思考与对待。当前，在一些大学实施的学院层面建立教授委员会的改革，可以看作学术组织建设的一种尝试。但这还远远不够。就学术组织与管理组织的调适这一点来看，首先需要改变的是现有的学校与学院之间的关系，进一步降低管理重心，扩大学院在教学、研究等学术事务中的自主权；其次需要改变的是学院内部的组织结构，充分发挥教授在学院学术事务中的作用，使学院褪去科层制的色彩，真正成为一种学术组织。学术组织完善，并且能够在大学办学中发挥出应有的作用，是现代大学制度建设的重要基础。

第四章

高等教育发展中的
结构变化

　　结构是深入认识高等教育的一种方法或视角。"20世纪80年代以来，对高等教育结构的分析研究，或者说从'结构'这一角度审视高等教育现象，已经引起人们的普遍重视。"①高等教育结构一般包括类型结构、层次结构、科类结构、地区结构等。近40年来，高等教育诸种结构随着规模扩张与改革深入发生了很大的变化。分析结构变化的状况、研究结构变化的原因，可以加深对我国高等教育发展势态的理解和认识。

① 胡建华、陈列、周川等：《高等教育学新论》，江苏教育出版社1995年版，第306页。

第一节　大学体系层次化与层次结构

20世纪80年代以来的改革使我国高等教育制度发生了自20世纪50年代初期改革之后的又一次带有根本性质的变化。如果说20世纪50年代初期改革之后形成的高等教育制度以"统一化"为主要特征的话，那么80年代开始持续至今的改革已经并仍在推动高等教育制度向着多样化的方向发展。多样化作为当今我国高等教育改革与发展的主要方向具有普遍意义，反映在从高等教育体制、管理到大学办学、教育的各个领域。大学体系的层次化从性质上讲，也是高等教育制度多样化的一个方面。

一、大学体系层次化的含义

"层次"是我们在讨论高等教育结构时经常用到的一个概念。人们通常认为："高等教育的层次结构，亦称高教的水平结构，主要指不同程度和要求的高等教育的构成状态，包括高等专科教育、本科教育、研究生教育三个层次。"[①]从这一关于层次结构的定义中，可以看出层次是对高等教育水平（程度）的一种描述，是在高等教育的程度之范围和基础上的讨论。不过，本章的论述对象——大学体系层次化中的"层次"与之相比有着一定的区别，其不同主要在于本章所探讨的是大学体系（而非高等教育）中的层次，亦即不同水平高校之间（而非教育程度之间）的层次问题。

---

① 潘懋元、王伟廉主编：《高等教育学》，福建教育出版社1995年版，第69页。

人们在对大学体系进行类型分析时，学科（专业）、隶属关系、所有制等是经常使用的分类依据。例如就我国高校而言，以学科（专业）为分类依据，有工科院校、农业院校、医科院校、财经院校、语言院校、师范院校等；以隶属关系为分类依据，有中央部委所属院校，省、自治区、直辖市所属院校以及市属院校等；以所有制为分类依据，又有公办院校与民办院校。这些类型分析均分别表示了大学体系的某一侧面，从横向的角度相对静态地描述了大学体系的"自然"状况。仅有这些类型分析我们尚不能把握大学体系的全貌，特别是对于大规模大学体系而言，动态的水平分析、层次分析更能揭示大学体系的某些本质特征。

美国是现代大学体系最为庞杂的国家，因此对大学体系的层次分析是美国高等教育研究的一项重要内容。早在20世纪70年代初卡内基高等教育委员会就展开了关于大学体系分类的研究，其研究成果反映在1976年出版的《高等教育分类》一书中。该研究将美国3000多所高等学校按照"研究"与"教育"功能的发挥状况（或者说"研究"与"教育"的水平）分为6大类11种（实际上可以看作11个层次）。第一类为授予博士学位的大学，在这类大学中又根据博士学位授予数和获取的联邦政府科研经费数的多少分为4个层次，即"研究型大学Ⅰ""研究型大学Ⅱ""研究生院大学Ⅰ""研究生院大学Ⅱ"；第二类为开展多学科专业教育和硕士研究生教育的综合大学，依据专业学科数和学生数的多少分为"综合大学Ⅰ"与"综合大学Ⅱ"两个层次；第三类为以文理教育为特色的本科学院，依据招生考试的选拔程度和毕业生升入一流授予博士学位大学获得博士学位的人数之多少分为"本科学院Ⅰ"与"本科学院Ⅱ"；第四类为从事专业性职业教育的单科大学，如医科院校、师范院校、神学院校等；第五类为以社区学院为主的两年制院校；第六类为"非传统性院校"。[①]这一分类为后来的美国大学类型研究奠定了基础。

---

① ［日］天野郁夫：《高等教育の日本の構造》，玉川大学出版部1986年版，第212–214页。

日本也是拥有大规模大学体系的国家之一，2001年高等教育机构（包括大学、短期大学、高等专门学校）已达到1280所。[①]日本有学者依据研究生教育的有无、研究生教育的层次与规模以及"研究"和"教育"的水平将本科院校分为五个层次。（1）研究型大学：属于这一类型的大学有着较强的研究功能，所有学科都设有博士课程，研究生数占本科生数的比例国、公立大学为9%以上，私立大学为6%以上，医学、齿学大学为20%以上（20世纪70年代中期的水平）。（2）博士学位授予大学Ⅰ类：这一类大学的所有学科或大部分学科都设有博士课程，其研究生数占本科生数的比例低于研究型大学的指标。（3）博士学位授予大学Ⅱ类：这一类大学只有部分学科设有博士课程，研究生数占本科生数的比例低于研究型大学的指标。（4）硕士学位授予大学：这一类大学只设有硕士课程。（5）本科院校：只进行本科生教育的院校。[②]

上述美国卡内基高等教育委员会和日本学者关于两个国家大学体系的层次研究至少具有这样两个共同特点：第一，高校所实施的高等教育的水平（层次）和科研的状况是层次分类的主要依据。第二，多层性，美国卡内基高等教育委员会将美国高校分为11个层次；日本的大学体系，若加上短期大学，也可分为6个层次。依据上述关于大学体系中的层次的描述与分析，我们可以这样认为，所谓"层次化"是指高等学校的多层构成成为大学体系的基本特征。从现代高等教育的发展过程来看，层次化是大规模大学体系发展的必然趋势。

二、大学体系层次化的形成

大学体系层次化是在大学体系以及高等教育制度的发展过程中逐渐形成的，它是一个历史的、动态变化的过程。因此，一个国家大学体系以及高等教育制度发展过程的本质特征与方式就成为影响大学体系层次化形成

---

① ［日］文部科学省：《文部科学統計要覧》，国立印刷局2005年版，第2页。
② 胡建华：《战后日本大学史》，南京大学出版社2001年版，第212页。

的主要因素。

在美国高等教育制度的发展过程中，市场机制、自由竞争可以说是起重要作用的因素。诚如伯顿·克拉克所说："在世界上几个主要的先进国家的高等教育系统中，美国的系统是最缺乏组织的，几乎完全是一种相互之间自由竞争的市场。这种系统完全由可称为'社会选择'的无组织的决策所左右，是与统一的官僚系统相对立的另一极端。"[1] 市场机制、自由竞争影响美国高等教育制度的一个突出方面就是形成了多样性、多层性的大学体系。在这一大学体系内，"哈佛和斯坦福这样的大学当然会得到社会的承认，被公认为第一流的大学。但是，像威廉玛丽、斯沃斯默尔和威里斯利等学院也同样得到社会的承认，这些学院基本上不从事科研，主要培养本科生，但其毕业生受到各大学的欢迎，90%多都能考入研究生院。规模宏大的州立大学更有重要的地位，它们以其学费的低廉，教育质量的不断提高，吸引了美国大量学生。就是两年制的社区学院也得到广泛认可，为社会经济发展培养了必不可少的大量技术人员和服务人员，吸引了1/3以上的大学生"[2]。各个层次、各种类型的大学在自由竞争的环境中，在市场机制的调节下，找到各自的位置，形成各自的特色，服务于各自的对象，谋求各自的发展。"市场调节也赋予这一庞杂的高等教育系统自然选择、自然淘汰的能力。最终自动地形成合理的结构和布局，形成丰富多彩的高等教育体系。"[3] 一句话，市场的力量导引着美国大学体系层次化的过程。

与美国不同，日本大学体系的层次化主要受政府的政策与大学传统的影响。日本的近代高等教育制度从建立时就基本上是在政府制定的法令之规定下运行的，由此而产生的帝国大学与专门学校（近代日本两种主要的高等教育机构）之间的差别构成了多层式高等教育体系之基础。第二次世

---

① ［加］约翰·范德格拉夫等编著，王承绪、张维平、徐辉等译：《学术权力——七国高等教育管理体制比较》，浙江教育出版社1989年版，第117页。

② 王英杰：《美国高等教育的发展与改革》，人民教育出版社2002年版，第187页。

③ 陈列：《市场经济与高等教育——一个世界性的课题》，人民教育出版社1996年版，第78页。

界大战结束之后，虽然以美国模式为蓝本对战前的高等教育制度作了较为全面的变革，建立了新的大学体系，但是战前的那种多层式构造依然保留了下来，而且一些新的政策规定还进一步促进了大学体系层次化的进程。例如，关于大学内部的教师组织，文部省在《大学设置基准》中作了明确的区分规定。即"为了实现教育与研究方面的目的，大学内设立学科目制度或讲座制度，在学科目或讲座内配备必要的教师。学科目制度是确定教育方面必要的学科目、并配备教育与研究所必要的教师的制度。讲座制度是确定教育与研究方面必要的专门领域、并配备教育与研究所必要的教师的制度"[①]。具体地说，学科目制度与讲座制度的主要区别在于，前者仅从教育的角度出发，其教师组织的主要任务是教育；而后者兼顾到教育与研究两个方面，其教师组织同时承担着教育与研究的任务。在新的大学体系中，那些实施研究生教育的大学采用的是讲座制度，而那些仅仅实施本科教育的大学采用的是学科目制度。这种由政策规定所决定的组织制度上的差别不仅表现在名称上，更体现在经费等实质内容方面。国立大学的经费如按教师人均计算，20世纪60年代中期实验性学科采用学科目制的大学的人均经费只有采用讲座制大学的39%，非实验性学科更低，前者只占后者的34%，[②]且这种经费上的差别自20世纪50年代开始就一直呈扩大的趋势。因此，从一定意义上讲，日本大学体系的层次化是在政府政策的长期作用之下逐渐形成的。

三、大学体系层次化的意义

近年来我国的高等教育改革在大学制度方面体现出一种大学体系重构的态势。高校合并以及高校内部新老学科的重组所产生的高校"综合化运动"打破了长期以来形成的高校类型结构。20世纪50年代初期改革之后仿

---

① ［日］新井隆一等主编：《解说教育六法》，三省堂1992年版，第127页。

② ［日］海后宗臣等：《战後日本の教育改革 9 —大学教育》，东京大学出版会1969年版，第150页。

照苏联模式建立起来的以文理科综合大学与单科大学为特征的大学体系结构已基本上不复存在。如果我们对近年来的大学体系重构作一些深入分析的话，可以发现大学体系重构多为横向运动（如综合化），纵向的分层变化尚不太清晰、明显。尽管90年代中后期以来政府出台了不少旨在突出重点、强化优势的政策，如"211工程""985工程"，但是人们的观念、高校办学的实际反映出大学体系层次化还没有得到足够的重识与注意。

在现阶段我国高等教育的发展与改革中，大学体系层次化的意义主要在于高校分层、目标分化、办学分类、评价分级。即在一个多层构成的大学体系中，使处在不同层次的高校各自具有不同的办学目标、办学方式、办学对象，对不同层次高校的办学水平用不同的指标、标准去评价。虽然在高校办学的现实中，分层办学似乎是一个简单明了的道理和一种不言自明的事实，但是由于评价标准的单一，博士点、硕士点、重点学科、科研项目、科研成果等这些本该只反映高层次大学特征的东西却成为许多不同层次大学办学所共同追求的目标。这种办学层次与目标的混乱，特别是一些不具备条件的院校也大力发展研究生教育，开展许多在低水平上重复的研究，势必造成短缺资源的浪费和质量低下的产出。

这里，有必要对"教学与研究相结合"的原则作一番重新认识与思考。自19世纪初期洪堡提出这一原则并以此指导德国大学的改革以来，"教学与研究相结合"成为大学办学的一条"金科玉律"。可是，当现代高等教育发展到如此大的规模之后，"教学与研究相结合"就很难再说是适用于所有高等学校的一条普遍原则。"现代大众化高等教育的需要，以扩大了五倍和十倍甚至更多的低年级和中间年级的学生，开始一个'教学漂移'的大潮。在这个大潮中，教学从以科研为中心的系和大学中出来，移到专门负责教学的机构和人学。"①因此，在大规模的大学体系内，出现了一部分专事教学（教育）的院校。在这些院校中，教学与研究（这里所说的研究

① ［美］伯顿·克拉克著，王承绪译：《探究的场所——现代大学的科研和研究生教育》，浙江教育出版社2001年版，第14页。

主要指科学研究、学术研究）相结合的原则不再是"金科玉律"，教师的主要任务是从事教育、教学活动，科研项目以及科研成果的多少不应再作为教师任职资格评判的标准，也不应再作为评价学校水平高低的主要依据。对"教学与研究相结合"原则的这种重新认识符合现代高等教育发展的实际，也是大学体系层次化所需要的观念转变过程。

从我国目前大学体系构成的现状及发展来看，至少作这样四种层次的划分是比较现实且可以操作的。一是研究型大学。属于这一层次的大学具有较强的学问生产能力，承担着国家重大研究课题；研究生教育发达，为国家高层次人才的培养基地。二是教学研究型大学。属于这一层次的大学具有一定的学问生产能力，研究生教育较为发达。这一层次又可区分为两个亚层次：一为在若干学科具有博士学位授予权的大学，一为只拥有硕士学位授予权的大学。三是教学型（本科阶段）院校。属于这一层次的院校主要从事本科阶段的教育与教学。四是教学型（专科阶段）院校。属于这一层次的院校主要从事专科阶段的教育与教学。如果这种层次划分能够成立的话，那么不同层次的院校就应该具有不同的办学目标、办学对象，对不同层次院校的办学状况的评价也就应该依据不同的指标与标准。

总之，在我国大学体系重构的今天，强调层次化，意在破除单一的办学理念、单一的办学模式、单一的评价标准的状况，真正形成一个相对稳定的、能够适应社会各种需要的、多层多类的新大学体系。

第二节　我国高等教育扩张中的本专科科类
结构变化

自1999年实施大规模扩大招生政策以来，我国高等教育发展进入一个
数量快速增长的时期。1998年全国有普通高等学校1022所，2008年达到
2263所，增长了1.21倍；1998年全国普通高等学校本专科招生人数为108.36
万人，2008年本专科招生人数达到607.66万人，增长了4.61倍，本专科招
生人数年均增长率为19.5%；1998年普通高校本专科在校生人数为340.87万
人，2008年本专科在校生人数达到2021.02万人，增长了4.93倍，本专科在
校生人数年均增长率为19.8%；1998年的高等教育毛入学率为9.8%，2008年
达到23.3%。[①]高等教育规模的快速增长，一方面适应了我国经济高速成长
不断增加的对高层次人才的需求；另一方面，这种超常规增长也给高等学
校的师资、图书、校舍等教育条件带来了一定程度的挑战，引起了人们对
高等教育质量的关切。同时，我们还应注意到，这十年来我国高等教育规
模的迅速扩大还伴随着高等教育改革的不断深入、高等教育结构的持续调
整，以及高等教育制度的不断改善。因此，要全面认识近十年来我国的高
等教育发展，不仅要看数量的增长，而且也应研究制度的改革、结构的变

---

① 中华人民共和国教育部：《1998年全国教育事业发展统计公报》［2009-04-
03］，http://www.moe.edu.cn/edoas/website18/48/info948.htm；中华人民共和国教育部：
《2008年全国教育事业发展统计公报》［2009-04-03］，http://www.edu.cn/ji-ao_yu_fa_
zhan_498/20090720/t20090720_392038_1.shtml。

化。本节就近十年来高等教育的科类结构在数量快速增长、规模不断扩张的过程中所发生的变化情况，以及引起变化的原因进行初步的分析探讨。

一、高等教育扩张中本专科科类结构的变化

关于高等教育的科类结构，有研究者下了这样的定义："科类结构——不同学科领域的高等教育的构成状态。"[①]这一定义虽然简短，但给出了高等教育科类结构的基本内涵。为了分析的需要，还必须对这一定义作进一步的理解与阐释。所谓高等教育的构成状态，是指高等教育内部诸要素的构成状态，主要包括学校、教师、学生等。因此，在具体分析高等教育的科类结构时，是以学校、教师、学生这些要素的比例作为结构的"载体"的。关于不同学科领域，主要有两种分类方法。一种是分为11类：工科、农科、林科、医药、师范、文科、理科、财经、政法、体育、艺术。另一种也是分为11类，包括哲学、经济学、法学、教育学、文学、历史学、理学、工学、农学、医学、管理学。这两种分类方法虽有一些相似之处，但区别还是比较明显的：前者基本上是从高等教育培养的专门人才所对应的社会职业领域出发（文科、理科例外），后者则是从高等教育自身拥有的学科门类出发；前者的分类依据主要来自高等教育外部，后者的分类依据来自高等教育内部。从教育部所公布的有关高等教育科类构成的统计资料来看，自中华人民共和国成立以来的很长一段时期内我国使用的是第一种分类方法，而目前教育部网站上公布的近十多年来的统计资料则采用了后一种分类方法。鉴于此，本节对我国近十年来高等教育科类结构变化情况的分析将依据后一种分类方法的统计资料，且主要以普通高校本专科生的科类构成状况作为分析对象。

根据1998—2007年我国普通高等学校本专科学生的招生与在校生的科类构成状况，可以对我国当前高等教育科类结构的几个主要特征作如下描述。

---

① 郝克明、汪永铨等编：《中国高等教育结构研究》，人民教育出版社1987年版，第3页。

1. 在我国的高等教育科类结构中，工学、管理学、文学所占比例最多，如以2007年的普通高校本专科在校生的比例为例，工学、管理学、文学的比例依次为35.65%、19.18%、15.36%，这三者相加达到总数的70.19%；而哲学、历史学、农学则成为比例最少的三类，2007 年哲学、历史学、农学的在校生比例依次只有0.04%、0.29%、1.86%。

2. 文科与理科的比例常常是人们在讨论高等教育科类结构时使用的一个视角。2007年普通高校本专科在校生中文科（哲学、经济学、法学、教育学、文学、历史学、管理学）占49.26%，理科（理学、工学、农学、医学）占50.74%。从这一比例来看，我国高等教育科类结构中文科与理科平分秋色。

3. 学术性科类与应用性科类的比例，或者准确一点说，偏重学术的科类与偏重应用的科类的比例是人们在讨论高等教育科类结构时可以使用的另一个视角。2007年普通高校本专科在校生中偏重学术的科类（哲学、经济学、历史学、理学、文学除去外语和艺术的部分[①]）仅占14.62%，而偏重应用的科类（教育学、法学、文学、工学、农学、医学、管理学、文学中的外语和艺术）则占85.37%。（见表4-1、表4-2）

表4-1　1998—2007年普通高校本专科招生的科类构成

（%）

科类	1998年	1999年	2000年	2001年	2002年	2003年	2004年	2005年	2006年	2007年
哲学	0.12	0.11	0.08	0.07	0.07	0.04	0.09	0.04	0.04	0.04
经济学	14.69	15.31	16.47	5.17	5.70	5.79	5.37	5.24	4.92	5.08
法学	4.44	4.46	5.20	5.47	5.01	4.87	4.37	3.96	3.59	3.38
教育学	4.64	4.34	4.88	5.90	5.56	5.72	5.91	6.26	6.13	4.72
文学	14.94	14.86	15.57	15.57	15.89	16.01	16.19	15.08	14.96	15.52

① 2007年普通高校本专科在校生中，文学的学生为2895580人，其中外语1153148人，艺术1125928人，文学的学生占总数的比例为15.36%，除去外语和艺术的文学学生为616504人，占总数的3.27%，外语和艺术的学生为2279076人，占总数的12.09%。

续表

科类	1998年	1999年	2000年	2001年	2002年	2003年	2004年	2005年	2006年	2007年
历史学	1.51	1.23	1.00	0.60	0.48	0.43	0.38	0.27	0.25	0.26
理学	11.12	10.07	9.18	9.62	9.20	8.63	7.98	5.36	5.16	5.27
工学	38.06	39.24	37.72	33.26	32.99	32.51	32.78	35.87	36.49	36.85
农学	3.54	3.37	3.13	2.35	2.16	2.14	1.97	1.93	1.83	1.83
医学	6.94	7.00	6.80	6.49	6.49	6.74	6.69	6.71	6.96	6.47
管理学				15.50	16.46	17.12	18.26	19.31	19.66	20.58
合计	100	100	100	100	100	100	100	100	100	100

　　资料来源：此表根据教育部1998—2007年教育统计数据中的普通本、专科学生数计算而成。

表4-2　1998—2007年普通高校本专科在校生的科类构成

（%）

科类	1998年	1999年	2000年	2001年	2002年	2003年	2004年	2005年	2006年	2007年
哲学	0.14	0.12	0.1	0.07	0.07	0.05	0.07	0.04	0.04	0.04
经济学	14.92	15.03	15.81	5	5.16	5.45	5.48	5.49	5.3	5.15
法学	4.01	4.27	4.89	5.39	5.26	5.06	4.72	4.46	4.08	3.73
教育学	4.07	4.09	4.25	5.21	5.21	5.34	5.43	6.55	5.92	5.51
文学	13.31	13.8	14.72	14.73	15.15	15.51	15.88	14.85	15.2	15.36
历史学	1.48	1.36	1.12	0.74	0.62	0.51	0.45	0.32	0.3	0.29
理学	10.55	10.3	9.65	9.96	9.43	9.06	8.67	6.2	6.03	5.87
工学	39.74	39.48	38.63	34.64	34.15	33.32	32.82	35.07	35.33	35.65
农学	3.49	3.49	3.27	2.59	2.39	2.25	2.1	1.97	1.91	1.86
医学	8.31	8.06	7.6	7.36	7.27	7.35	7.32	7.25	7.3	7.35
管理学				14.29	15.3	16.1	17.04	17.8	18.6	19.18
合计	100	100	100	100	100	100	100	100	100	100

　　资料来源：此表根据教育部1998—2007年教育统计数据中的普通本、专科学生数计算而成。

上述几个有关高等教育科类结构的特征是静态的。那么，在高等教育规模迅速扩张的过程中，科类结构的动态特征如何，即发生了一些什么变化呢？表4-1和表4-2中所反映出来的普通高校本专科学生招生与在校生的科类比例变化还是比较明显的。

第一，有些科类的学生比例在1998—2007年的十年间呈逐渐增长的态势。教育学的招生数占招生总数的比例虽然2006年后有所下降，但是从1998—2005年一直呈上升的趋势，其比例从1998年的4.64%增加到2005年的6.26%。文学的在校生数占在校生总数的比例虽然2005年后有所降低，但总体上也是呈增加的趋势，其比例1998年时为13.31%，2004年达到15.88%，2007年也有15.36%。在比例增长的科类中，管理学最引人注目。2000年之前，管理学还没有单独统计，被包含在经济学中。2001年开始管理学单独统计之后，其比例的增长幅度是比较大的。管理学招生数占总数的比例2001年为15.50%，此后逐年增加，2007年达到20.58%；在校生数占总数的比例2001年为14.29%，在逐年增加的基础上2007年达到19.18%，管理学由此成为仅次于工学的第二大科类。

第二，在1998—2007年的十年间，与人数比例呈增长态势的科类相比，人数比例呈下降趋势的科类更多一些。法学、工学、医学的学生数占总数的比例在十年期间内虽时有升降，幅度不大，但总体上呈下降的趋势。法学招生数占总数的比例1998年为4.44%，2007年下降到3.38%，在校生数占总数的比例1998年为4.01%，2007年下降到3.73%；工学招生数占总数的比例1998年为38.06%，2007年下降到36.85%，在校生数占总数的比例1998年为39.74%，2007年下降到35.65%；医学的招生数占总数的比例1998年为6.94%，2007年略降为6.47%，在校生数占总数的比例1998年为8.31%，2007年略降为7.35%；而哲学、历史学、理学、农学这四个科类的学生人数比例在这十年间则基本上是呈单边下降的趋势，且下降的幅度还比较大。哲学招生数占总数的比例1998年为0.12%，2007年下降至0.04%，在校生数占总数的比例1998年为0.14%，2007年下降至0.04%，两者都下降了2/3以上；历史学的招生数占总数的比例1998年为1.51%，2007年下降至0.26%，在校生数占总数的比例1998年为1.48%，2007年下降至0.29%，2007年招生数与在校生数的比例都不到1998年的1/5；理学招生数占总数的比例1998年为11.12%，2007年下降至5.27%，在校生数占总数的比例1998年为10.55%，2007年下降至5.87%，2007年的招生数与在校生数的比例都只有1998年的一半左右；农学招生数占总数的比例1998年为3.54%，2007年下降至1.83%，在校生数占总数的比例1998年为3.49%，2007年下降至1.86%，2007年的招生数与在校生数的比例分别仅为1998年的一半多一点。

第三，在1998—2007年的十年间，文科与理科这两大类比例的变化趋势是理科比例逐渐下降，文科比例逐渐上升。1998年理科招生数占总数的比例为59.66%，文科的比例为40.34%，2007年理科招生数占总数的比例下降到50.42%，文科的比例上升到49.58%；1998年理科在校生数占总数的比例为62.09%，文科的比例为37.91%，2007年理科在校生数占总数的比例下降到50.73%，文科的比例上升到49.24%，即文理科的比例由1998年的4：6变为2007年的5：5。

二、高等教育扩张中本专科科类结构变化的原因

1998—2007年我国高等教育科类结构的发展变化建立在两个比较主要的背景之上：一是经济的持续增长并由此带来的社会经济结构的变化，二是高等教育规模的持续扩大。下面试从这两个方面就影响高等教育科类结构变化的原因作些初步的探讨。

由于高等教育服务于社会的主要功能，是为社会的各行各业培养专门人才，因此社会对专门人才的数量与种类的需要状况就成为影响高等教育人才培养的重要因素之一，而产业结构的构成及其变动往往作为人们考察经济发展与高等教育科类结构关系的一个视角。（见表4-3、表4-4）

表4-3 1998—2007年国内生产总值构成

（%）

产业	1998年	1999年	2000年	2001年	2002年	2003年	2004年	2005年	2006年	2007年
第一产业	17.6	16.5	15.1	14.4	13.7	12.8	13.4	12.2	11.3	11.3
第二产业	46.2	45.8	45.9	45.1	44.8	46	46.2	47.7	48.7	48.6
第三产业	36.2	37.7	39	40.5	41.5	41.2	40.4	40.1	40	40.1
国内生产总值	100	100	100	100	100	100	100	100	100	100

资料来源：中华人民共和国国家统计局：《中国统计年鉴2008·2—2国内生产总值构成》[2009-04-10]，http：//www.stats.gov.cn/tjsj/ndsj/2008/indexch.htm。

表4-4 1998—2007年就业人员构成

（%）

产业	1998年	1999年	2000年	2001年	2002年	2003年	2004年	2005年	2006年	2007年
第一产业	49.8	50.1	50	50	50	49.1	46.9	44.8	42.6	40.8
第二产业	23.5	23	22.5	22.3	21.4	21.6	22.5	23.8	25.2	26.8
第三产业	26.7	26.9	27.5	27.7	28.6	29.3	30.6	31.4	32.2	32.4
合计	100	100	100	100	100	100	100	100	100	100

资料来源：中华人民共和国国家统计局：《中国统计年鉴2008·4—3按三次产业分就业人员数》[2009-04-10]，http：//www.stats.gov.cn/tjsj/ndsj/2008/indexch.htm。

从表4-3与表4-4中我们可以清楚地看到1998—2007年的十年间我国产业结构的变化状况。无论从国内生产总值构成还是就业人员构成来看，这十年间第一产业的比重持续下降，其占国内生产总值的比例从1998年的17.6％下降到2007年的11.3％，下降幅度超过1/3，第一产业就业人数占总数的比例从1998年的49.8%下降到2007年的40.8%，下降了约1/5；与第一产业的发展趋势相反，第三产业持续增长，其占国内生产总值的比例从1998年的36.2%上升到2007年的40.1%，第三产业就业人数占总数的比例也从1998年的26.7%增加到2007年的32.4%；第二产业的比例在这十年间是时升时降，总体上讲略有增加，如第二产业就业人数占总数的比例1998年为

23.5%，2007年增加到26.8%。虽然在讨论产业结构的变化与高等教育科类结构的关系时不能做简单的一一对应，但是作一些趋势性的判断还是合理的。1998—2007年的十年间，高等教育科类结构反映产业结构变化或许主要表现在与第三产业有着比较密切关系的科类在科类结构中的比例出现了增加的趋势，如管理学比例的大幅增加，文科比例的逐渐上升等。

如若将我国的高等教育科类结构与一些发达国家的高等教育科类结构作比较的话，也可进一步说明产业结构与高等教育科类结构之间的关系。（见表4-5）

表4-5　若干国家高等学校本专科在校生的科类构成

（%）

	人文艺术	法律经济等	理学	工学	农学	医药保健	教育	家政	其他	合计
英国	20.6	25.5	19.2	8.7	1.1	15.3	3.6		6	100
法国	35.5	24	16.5			7.5			16.5	100
德国	21.7	30.9	17.5	16.3	2	6.2	3.5	0.5	1.5	100
俄罗斯	1.1	16.1	38.2		7.2	3.8	33.7			100
日本	18.3	34	3.1	16.1	2.8	8.8	7.5	3.7	5.6	100
韩国	10.1	27.5	39.9			5.5	4.9		12.1	100

资料来源：各个国家数据的统计年份分别是：英国、法国、德国2006年，俄罗斯2004年，日本2008年，韩国2007年。引自日本文部科学省：《教育指标の国际比较（2009）》[2009-03-25]，https://warp.ndl.go.jp/info：ndljp/pid/11293659/www.mext.go.jp/b_menu/toukei/001/__icsFiles/afieldfile/2009/01/30/1223117_1.pdf。

表4-5的统计数据显示出一些发达国家高等教育科类结构所具有的比较明显的特征，即在高等教育科类构成中工学所占比例不高，如德国是16.3%，日本是16.1%，英国是8.7%，法国工学、理学、农学三者加在一起只有16.5%；而人文、艺术、法律、经济等科类所占比例相当高，英国是46.1%，德国是52.6%，日本是52.3%，法国是59.5%。虽然表4-5中没有美

国的统计数据，但是我们可以从美国高校授予的学士学位科类比例中了解到美国高等教育的科类构成。2005年美国高校授予学士学位148.5万人，其中各科类的比例是人文艺术22.9%，法律经济36.9%，理学7.0%，工学9.5%，农学1.6%，医药保健12.2%，教育7.2%，家政1.4%，其他7.3%。其中，人文、艺术、法律、经济等科类的比例加起来也高达59.8%。如果将这些国家的就业人员构成与高等教育科类构成结合起来看，这些国家的高等教育科类结构在一定程度上反映了它们产业结构的特征。（见表4-6）

表4-6　若干国家2005年就业人员构成

（%）

	第一产业	第二产业	第三产业
美国	1.6	20.6	77.8
英国	1.4	22	99.7
德国	2.4	29.7	99.9
俄罗斯	10.2	29.8	60
日本	4.4	27.9	98.7
韩国	7.9	26.8	99.8

这些国家产业结构的共同特征是第三产业占了约2/3甚至更高。因此，可以认为，我国高等教育科类结构中工学占1/3以上的现象正反映了我国产业结构的基本特点，即我国仍处在工业化的进程中。

我国高等教育科类结构反映经济的发展变化还表现在经济的外向型增长与外语类专门人才之间的关系上。众所周知，在近年来的经济发展中，我国进出口贸易的大幅度增长起到了非常重要的作用。根据国家统计局的统计，进出口贸易总额相当于国内生产总值的比例在1978年时只有9.7%，1990年增加到29.8%，2000年为39.6%，2007年则达到66.8%。[①]2001年一

----

① 中华人民共和国国家统计局：《中国统计年鉴2008·1—4国民经济和社会发展比例与效益指标》［2009-04-09］，http：//www.stats.gov.cn/tjsj/ndsj/2008/indexch.htm。

2007年进出口贸易总额的年平均增长速度达到24.3%。①国际贸易需要具有国际交往能力的专门人才，这一点必然反映到高等教育科类结构的变化上。据教育部统计，2007年普通高校本专科外语类招生数占总数的比例为6.10%，外语类在校生数占总数的比例为6.12%，外语在我国高等教育科类结构中成为仅次于工学、管理学、医学的第四大科类（表4-1与表4-2的统计中外语被包含在文学内）。

　　1998—2007年我国高等教育科类结构变化的另一个主要背景就是自1999年以来高等教育规模的持续扩张。换句话说，近十年来我国高等教育规模扩张的方式、特点等可能影响着高等教育科类结构的变化。这里，首先应该提到的因素就是民办高等教育的迅速发展。民办高等教育在20世纪80年代重新兴起之后，在一段时间内它的发展并不十分引人注意。1999年开始的高等教育大扩招给民办高等教育的发展提供了一个良好的契机，借着大扩招的势头，在政府有关法律、政策的支持下，民办高等教育迅速发展起来。2002年，民办高等教育的招生、在校生、毕业生数占总数的比例还都处在6%及以下；到2007年，民办高校的招生数已经达到总数的20.43%，在校生数也达到了总数的18.25%，招生数与在校生数的比例分别比2002年增长了286%、397%。（见表4-7）

表4-7　民办高校学生数占学生总数的比例情况

（%）

	2002年	2004年	2005年	2006年	2007年
招生	5.29	9.85	17.18	18.48	20.43
在校生	3.67	7.32	13.44	15.92	18.25
毕业生	2.11	2.77	7	9.52	12.66

　　资料来源：此表根据教育部2002—2007年教育统计数据中的普通、成人本专科学生数计算而成。

---

　　① 中华人民共和国国家统计局：《中国统计年鉴2008·1—2国民经济和社会发展总量与速度指标》[2009-04-09]，http：//www.stats.gov.cn/tjsj/ndsj/2008/indexch.htm。

由于资金、校舍、设备等原因，民办高校办学形成了偏重文科的特点。长期以来，财经、商业、外语等文科类专业始终是民办高校的主打专业，2002年108所具有授予学历文凭资格的民办高校中有13所财贸和工商学院，有5所外语学院，纯文科类院校占总数的23.4%。[1]随着民办高等教育所占比重的逐渐上升，其偏重文科的特点在一定程度上对我国高等教育的科类结构产生了影响，这也许是近年来文科比例逐渐增加的原因之一。

普通高校专科生数占学生总数比例的变化也是应该提到的一个因素。在我国高等教育规模扩张中，普通高校专科生数量的增长幅度是惊人的，2007年普通高校专科在校生数比1998年增加了6.3倍，同期普通高校本科在校生数只增加了3.6倍，因此专科生占总数的比例不断上升。1998年普通高校专科生招生数、在校生数占总数的比例分别为39.73%、34.44%，2007年分别上升到50.15%、45.65%，增长幅度均在1/4以上。专科生的科类构成与本科生相比有着一定的特点。以2007年的普通高校专科在校生的科类构成为例，2007年专科在校生人数为860.59万人，其中各科类所占比例为经济学4.44%、法学2.90%、教育学7.90%、文学11.84%、理学0.06%、工学40.84%、农学1.79%、医学7.55%、管理学23.01%。如若按照偏重学术的科类与偏重应用的科类的视角来分析的话，2007年普通高校专科在校生中偏重学术的科类（经济学、理学、文学中除去外语与艺术的部分[2]）仅有5.89%，而偏重应用的科类占了94.11%。（见表4-8）

表4-8　1998—2007年普通高校专科生数占总数的比例情况

（%）

	1998年	1999年	2000年	2001年	2002年	2003年	2004年	2005年	2006年	2007年
招生	39.73	39.51	47.41	48.49	50.45	52.24	53.08	53.14	53.65	50.15

[1] 中国高等教育学会编：《改革开放30年中国高等教育发展经验专题研究》，教育科学出版社2008年版，第618页。
[2] 2007年普通高校专科在校生中，文学的学生为1018892人，其中外语497736人，艺术401295人，文学的学生占总数的比例为11.84%，除去外语和艺术的文学学生为119891人，占总数的1.39%，外语和艺术的学生为899031人，占总数的10.45%。

续表

在校生	34.44	33.32	37.88	40.98	41.65	43.24	44.67	45.65	45.75	45.65
毕业生	51.23	47.98	47.82	45.21	50.96	50.49	49.97	52.22	54.26	55.43

资料来源：此表根据教育部1998—2007年教育统计数据中的普通本、专科学生数计算而成。

这种科类结构的特征是由专科教育培养应用型、技能型人才的目标所决定的。由于专科生所占比重的不断上升，专科科类结构的特点也必然"传导"到整体，使我国高等教育科类结构带上了浓厚的"应用"色彩。这种"应用"色彩的另一突出表现就是哲学、历史学、理学这些偏重学术的科类的比例在这十年间呈连续下降的趋势（见表4-1与表4-2的统计）。

以上对我国高等教育科类结构在高等教育扩张中变化原因的分析是比较粗略的。影响一个国家高等教育科类结构变化的因素复杂多样，经济的快速增长、高等教育的持续扩张只是在近年来影响我国高等教育科类结构变化的诸多因素中显得较为突出。从长时期以及更深层次来看，社会文化、高等教育传统等因素对高等教育科类结构的影响也是值得认真思考与研究的。

第三节　我国高等教育扩张中的研究生教育科类结构变化

20世纪90年代末以来，在政府政策的引导下，我国高等教育以超常规的速度迅速发展，进入历史上从未有过的规模扩张时期。在这一规模扩张中，不仅高等学校的数量、校均学生人数、本专科学生数有了大幅度的增长，而且研究生教育的发展、研究生人数的增加也令人瞩目。1998年全国在校研究生数为19.89万人，其中硕士研究生15.36万人，博士研究生4.52万人；[①]2009年全国在校研究生数达到140.49万人，其中硕士研究生115.85万人，博士研究生24.63万人。[②]2009年的在校研究生数、硕士研究生数、博士研究生数比1998年分别增长了6.1倍、6.5倍、4.4倍。相比之下，1998年的在校研究生数仅比10年前的1988年（11.28万人[③]）增加了76.3%。研究生规模的迅速扩大、研究生人数的急剧增加使得研究生教育在成为我国高等教育重要组成部分的同时，也在实践中产生了很多日益引起人们关注的问题。例如，如何提高研究生教育的质量，使研究生教育在我国创新型人才的培养体系中发挥更加重要的作用；如何合理地规划研究生教育的规模、结构，使研究生教育的发展更加符合我国社会、经济发展的需要等。本节就20世纪90年代末以来研究生教育科类结构的特点与变化以及引起变化的原因等作些初步的分析探讨。

一、扩张时期研究生教育科类结构的特点及其变化

科类结构是高等教育结构的重要组成部分。"20世纪80年代以来，对高等教育结构的分析研究，或者说从'结构'这一角度审视高等教育现象，已经引起人们的普遍重视。美国加州大学洛杉矶分校教授伯顿·克拉克在他主编的《高等教育新论——多学科的研究》一书中，就将'结构和文化'作为他所构建的'更大的、联系的而不是离析的'高等教育研究的三个框架之一。"[④]在高等教育结构研究中，科类结构、层次结构、区域结

---

① 中华人民共和国教育部：《1998年全国教育事业发展统计公报》[2011-03-04]，http://www.moe.edu.cn/publicfiles/business/htmlfiles/moe/moe_633/200407/842.html。

② 中华人民共和国教育部：《2009年全国教育事业发展统计公报》[2011-03-04]，http://www.moe.edu.cn/publicfiles/business/htmlfiles/moe/moe_633/201008/93763.html。

③ 《中国教育年鉴》编辑部编：《中国教育年鉴（1989）》，人民教育出版社1990年版，第218页。

④ 胡建华、陈列、周川等：《高等教育学新论》，江苏教育出版社2006年版，第306页。

构、形式结构等从不同的侧面为我们深入认识高等教育提供了一种分析的视角。什么是科类结构？人们一般认为，科类结构是不同学科领域的高等教育的构成状态。具体到我国研究生教育的科类结构，所谓"不同学科领域"即指政府有关研究生教育所规定的、研究生教育实施所依据的学科分类。目前，我国研究生教育主要按照12个学科门类进行，包括哲学、经济学、法学、教育学、文学、历史学、理学、工学、农学、医学、军事学、管理学。反映研究生教育科类构成状态的要素主要有各学科门类的学科点（博、硕士学位授权点）、依照学科进行教学与研究活动的教师和依据学科进行培养的研究生。从我国研究生教育的实际情况来看，这三个要素是紧密相关的，没有一定数量的学科教师，就不能申请设置博、硕士学位授权点；没有博、硕士学位授权点的设置，就不能招收研究生，研究生教育就无从谈起。由于不同学科研究生的数量分布或许能比较准确地反映出科类结构的基本特征，因此研究生教育科类结构研究往往以它作为主要对象。

根据表4-9至表4-12所显示的1998—2008年我国研究生招生、在校生以及硕士生在校生和博士生在校生的科类比例构成状况，我们或许可以对扩张时期我国研究生教育科类结构的特点作如下一些概括的描述。

1. 在我国研究生教育的科类结构中，工学、理学、管理学、医学所占比例较大，都在10%以上，如2008年研究生招生这4类学科的比例依次是34.83%、12.44%、11.84%、10.62%（表4-9），相加起来占总数的69.73%；2008年研究生在校生这4类学科的比例依次为36.00%、12.26%、11.42%、10.91%（表4-10），相加起来占总数的70.59%。而哲学、历史学、农学、教育学（军事学应该是个例外）所占比例较小，均在4%以下，如2008年研究生招生这4类学科的比例依次是1.18%、1.25%、2.97%、3.55%（表4-9）；2008年研究生在校生这4类学科的比例依次为1.19%、1.30%、3.50%、3.46%（表4-10）。

2. 文科与理科的分类是科类分析中经常使用的一种角度。以2008年为例，我国研究生教育的科类结构当年研究生招生中文科（哲学、经济学、法学、教育学、文学、历史学、军事学、管理学）占39.14%，理科（理学、工学、农学、医学）占60.86%；当年研究生在校生中文科占37.31%，理科占62.69%。从这两个比例数来看，我国研究生教育的科类结构属于"理强文弱"的类型。

3. 硕士生的科类结构与博士生的科类结构相比，两者之间存在一定的差别。如以2008年的数据（表4-11、表4-12）为例，法学、教育学、文学、管理学这几个学科的在校生比例硕士生明显高于博士生，而理学、工学则相反。其结果是，2008年硕士生在校生中文科占40.11%，理科占59.89%；2008年博士生在校生中文科占26.99%，理科占73.01%。博士生的科类结构"理强文弱"的现象更为明显。

表4-9　1998—2008年研究生招生的科类构成

（%）

科类	1998年	1999年	2000年	2001年	2002年	2003年	2004年	2005年	2006年	2007年	2008年
哲学	1.36	1.41	1.30	1.21	1.16	1.15	1.19	1.21	1.19	1.29	1.18
经济学	12.40	11.74	11.55	5.12	5.44	5.36	5.21	5.10	4.93	4.82	4.70
法学	6.49	6.05	6.38	6.69	6.80	6.88	7.04	6.79	6.75	7.50	7.80
教育学	2.10	2.66	2.51	2.73	2.53	2.85	3.08	3.39	3.60	3.51	3.55
文学	5.69	5.91	6.04	6.46	6.66	7.05	7.60	7.94	7.88	8.54	8.77
历史学	1.72	1.68	1.64	1.51	1.40	1.35	1.40	1.44	1.38	1.27	1.25
理学	14.92	14.30	13.78	12.87	12.95	12.63	12.59	12.38	12.00	12.28	12.44
工学	41.04	42.37	43.04	38.10	39.23	38.38	37.01	36.00	36.40	34.95	34.83
农学	3.90	3.74	3.77	3.55	3.22	3.60	3.71	3.80	3.73	3.76	2.97
医学	10.38	10.14	9.99	10.16	9.78	9.85	10.12	10.51	10.61	10.55	10.62
军事学				0.03	0.06	0.05	0.05	0.06	0.05	0.06	0.05
管理学				11.57	10.77	10.85	11.00	11.38	11.48	11.41	11.84
合计	100	100	100	100	100	100	100	100	100	100	100

　　资料来源：此表根据教育部1998年—2008年各年教育统计数据中的"分学科研究生数"（http://www.moe.edu.cn/publicfiles/business/htmlfiles/moe/s4958/list.html）计算所得。

表4-10 1998—2008年研究生在校生的科类构成

（%）

科类	1998年	1999年	2000年	2001年	2002年	2003年	2004年	2005年	2006年	2007年	2008年
哲学	1.23	1.32	1.33	1.30	1.24	1.19	1.18	1.19	1.19	1.23	1.19
经济学	11.83	11.99	11.73	5.16	5.40	5.32	5.17	5.08	4.90	4.75	4.62
法学	6.12	6.24	6.27	6.27	6.54	6.71	6.78	6.67	6.49	6.70	7.11
教育学	1.97	2.35	2.46	2.54	2.47	2.68	2.78	3.05	3.32	3.43	3.46
文学	5.87	5.85	5.85	6.10	6.41	6.67	7.03	7.46	7.59	7.86	8.14
历史学	1.71	1.68	1.65	1.58	1.52	1.42	1.38	1.41	1.41	1.37	1.30
理学	14.89	14.32	13.85	12.62	12.76	12.61	12.49	12.31	12.19	12.23	12.26
工学	42.53	42.39	43.09	39.29	39.38	39.27	38.79	37.78	37.33	36.51	36.01
农学	3.77	3.79	3.78	3.33	3.29	3.39	3.54	3.68	3.76	3.79	3.50
医学	10.08	10.07	9.99	9.88	9.98	9.82	9.96	10.26	10.49	10.76	10.92
军事学				0.04	0.05	0.05	0.05	0.05	0.05	0.06	0.06
管理学				11.89	10.96	10.87	10.85	11.06	11.28	11.31	11.43
合计	100	100	100	100	100	100	100	100	100	100	100

资料来源：此表根据教育部1998年—2008年各年教育统计数据中的"分学科研究生数"（http://www.moe.edu.cn/publicfiles/business/htmlfiles/moe/s4958/list.html）计算所得。

表4-11 1998—2008年硕士生在校生的科类构成

（%）

科类	1998年	1999年	2000年	2001年	2002年	2003年	2004年	2005年	2006年	2007年	2008年
哲学	1.15	1.23	1.25	1.20	1.17	1.14	1.15	1.17	1.16	1.20	1.16
经济学	14.17	13.49	13.06	5.07	5.36	5.32	5.17	5.08	4.87	4.69	4.69
法学	7.18	6.93	7.03	7.00	7.29	7.45	7.50	7.33	7.08	7.27	7.78
教育学	2.18	2.68	2.76	2.87	2.77	3.01	3.10	3.40	3.71	3.84	3.99
文学	5.59	6.57	6.50	6.74	7.12	7.43	7.82	8.31	8.53	8.75	9.20
历史学	1.65	1.59	1.54	1.47	1.42	1.34	1.30	1.34	1.35	1.31	1.25
理学	13.39	12.98	12.51	11.42	11.54	11.40	11.25	11.11	11.01	11.07	11.29

续表

科类	1998年	1999年	2000年	2001年	2002年	2003年	2004年	2005年	2006年	2007年	2008年
工学	41.16	40.98	42.09	38.24	38.45	38.49	38.02	36.85	36.26	35.33	33.95
农学	3.68	3.68	3.61	3.28	3.25	3.34	3.49	3.65	3.72	3.80	3.54
医学	9.85	9.90	9.65	9.54	9.77	9.59	9.79	10.18	10.51	10.85	11.11
军事学				0.04	0.04	0.05	0.05	0.06	0.05	0.06	0.06
管理学				13.11	11.82	11.44	11.36	11.52	11.75	11.83	11.98
合计	100	100	100	100	100	100	100	100	100	100	100

资料来源：此表根据教育部1998年—2008年各年教育统计数据中的"分学科研究生数"（http：//www.moe.edu.cn/publicfiles/business/htmlfiles/moe/s4958/list.html）计算所得。

表4-12　1998—2008年博士生在校生的科类构成

（%）

科类	1998年	1999年	2000年	2001年	2002年	2003年	2004年	2005年	2006年	2007年	2008年
哲学	1.51	1.61	1.62	1.64	1.51	1.38	1.29	1.25	1.32	1.34	1.36
经济学	6.11	6.66	6.92	5.53	5.55	5.35	5.17	5.06	5.02	4.97	4.77
法学	2.96	3.41	3.69	3.70	3.82	3.93	3.93	3.93	3.97	4.31	4.66
教育学	1.24	1.32	1.44	1.36	1.38	1.44	1.51	1.58	1.65	1.63	1.59
文学	3.16	3.34	3.52	3.73	3.73	3.79	3.88	3.94	3.98	3.97	3.99
历史学	1.93	1.99	2.05	1.98	1.88	1.73	1.67	1.66	1.69	1.64	1.57
理学	20.45	19.26	18.66	17.01	17.19	17.19	17.38	17.28	17.25	17.29	17.10
工学	47.63	47.17	46.49	43.00	42.77	42.25	41.86	41.67	41.73	41.69	41.57
农学	4.13	4.22	4.42	3.59	3.43	3.59	3.69	3.87	3.84	3.79	3.81
医学	10.88	11.02	11.19	11.11	10.75	10.75	10.74	10.58	10.36	10.32	10.53
军事学				0.06	0.06	0.07	0.06	0.06	0.06	0.06	0.06
管理学				7.29	7.93	8.53	8.82	9.12	9.13	8.99	8.99
合计	100	100	100	100	100	100	100	100	100	100	100

资料来源：此表根据教育部1998—2008年各年教育统计数据中的"分学科研究生数"（http：//www.moe.edu.cn/publicfiles/business/htmlfiles/moe/s4958/list.html）计算所得。

在描述了我国研究生教育科类结构的主要特点之后，我们还需对扩张时期研究生教育科类结构的变化情况作进一步的分析。

首先，在表4-9至表4-12所显示的数据中，我们可以看到扩张时期有些学科的研究生占总体数量的比例呈上升趋势，如法学、教育学、文学。1998年法学研究生占研究生招生与在校生总数的比例分别为6.49%、6.12%，2008年分别上升到7.80%、7.11%；1998年教育学研究生占研究生招生与在校生总数的比例分别是2.10%、1.97%，2008年分别上升到3.55%、3.46%；1998年文学研究生占研究生招生与在校生总数的比例分别为5.69%、5.87%，2008年分别上升到8.77%、8.14%。此外，文学硕士生在校生的比例在这一时期的增加幅度最为明显，由1998年的5.59%增加到2008年的9.07%。

其次，表4-9至表4-12的数据显示，在这一扩张时期，与研究生人数比例呈增长态势的学科相比，研究生人数比例呈下降趋势的学科更多一些。哲学、经济学、历史学、理学、工学、农学的人数比例总体上呈下降趋势，只是下降的幅度大小不同。1998年哲学研究生占研究生招生与在校生总数的比例分别为1.36%、1.23%，2008年分别下降至1.18%、1.19%；2002年经济学研究生占研究生招生与在校生总数的比例分别是5.44%、5.40%，2008年分别下降至4.70%、4.62%（2001年管理学从经济学中独立出来成为1个学科门类）；1998年历史学研究生占研究生招生与在校生总数的比例分别是1.72%、1.71%，2008年分别下降至1.25%、1.30%；1998年农学研究生占研究生招生与在校生总数的比例分别为3.90%、3.77%，2008年分别下降至2.97%、3.50%；1998年理学研究生占研究生招生与在校生总数的比例分别是14.92%、14.89%，2008年分别下降至12.44%、12.36%；工学研究生的比例下降最多，占研究生招生与在校生总数的比例分别从1998年的41.04%、42.53%下降到2008年的34.83%、36.01%。

第三，在1998—2008年的扩张时期，研究生教育科类结构中的文科与理科这两大类比例的变化趋势是：理科比例逐渐下降，文科比例逐渐上升。1998年研究生招生中的理科占总数的比例为70.24%，文科的比例为29.76%，2008年理科的比例下降到60.86%，文科的比例上升到39.14%；1998年理科研究生在校生数占总数的比例为71.27%，文科的比例为28.73%，2008年理科在校生数占总数的比例下降到62.69%，文科的比例上升到37.31%，即理科与文科的比例由1998年的7：3变化为2008年的6：4，"理强文弱"的格局有所改变。

二、影响扩张时期研究生教育科类结构特点及变化的因素

当我们在研究与比较诸多国家的高等教育结构时，似乎可以发现，一个国家的高等教育结构与这个国家的高等教育发展特点、规模以及社会、经济的发展状况等有着密切的关系，因此很难归纳与概括出所谓普适的高等教育结构标准。换句话说，高等教育结构在不同的国家呈现出不同的模式与特点。那么，影响扩张时期我国研究生教育科类结构的特点及变化的因素有哪些呢？一般来说，分析1998年以来我国高等教育结构的影响因素，史无前例的高等教育规模的持续扩大与经济的持续增长及由此带来的社会经济结构的变化（或曰转型）这两点是必然要提及的。这两点恰好可以归纳为所谓的内部因素与外部因素。我们不妨以此作为分析研究生教育科类结构影响因素的框架。

如何理解影响研究生教育科类结构特点及变化的内部因素？我们或许可以从与本科教育科类结构的比较中找到一些基本线索。

表4-13　1998—2008年本科在校生的科类构成

（%）

科类	1998年	1999年	2000年	2001年	2002年	2003年	2004年	2005年	2006年	2007年	2008年
哲学	0.18	0.16	0.14	0.11	0.10	0.09	0.08	0.07	0.07	0.07	0.07
经济学	14.25	14.15	14.25	5.23	5.39	5.73	6.01	6.11	6.09	6.02	6.05
法学	3.93	4.24	4.35	5.02	5.01	4.97	4.96	4.88	4.67	4.42	4.14

续表

科类	1998年	1999年	2000年	2001年	2002年	2003年	2004年	2005年	2006年	2007年	2008年
教育学	3.46	3.57	3.84	3.34	3.48	3.55	3.60	3.62	3.60	3.51	3.44
文学	10.30	11.27	12.17	13.05	14.15	15.10	16.15	17.14	17.78	18.33	18.65
历史学	1.37	1.29	1.19	0.86	0.76	0.67	0.61	0.58	0.55	0.54	0.52
理学	9.89	10.21	10.69	11.32	11.39	11.51	11.46	11.31	11.04	10.75	10.44
工学	43.27	42.01	40.66	37.09	35.81	34.28	32.87	31.81	31.37	31.29	31.47
农学	3.92	3.88	3.74	2.98	2.67	2.42	2.24	2.07	1.99	1.93	1.85
医学	9.43	9.22	8.97	8.52	8.06	7.89	7.57	7.39	7.31	7.19	7.06
管理学				12.48	13.18	13.79	14.45	15.02	15.53	15.96	16.32
合计	100	100	100	100	100	100	100	100	100	100	100

资料来源：此表根据教育部1998年—2008年各年教育统计数据中的"普通本、专科分学科学生数"（http://www.moe.edu.cn/publicfiles/business/htmlfiles/moe/s4628/index.html）计算而成。

如若将1998—2008年这一扩张时期我国研究生在校生的科类构成（见表4-10）与本科在校生的科类构成（见表4-13）作一比较的话，我们至少可以大致看到这样两点明显的不同。

1. 扩张时期研究生在校生比例变化的学科与本科生有所区别。如表4-10所示，研究生在校生比例总体上呈逐渐增加趋势的学科有法学、教育学、文学、医学，在校生比例总体上呈逐渐下降趋势的学科有哲学、经济学、历史学、理学、工学，在校生比例基本没有变化趋向的学科有农学、管理学。而表4-13所示的本科在校生比例总体上呈逐渐增加趋势的学科有文学、管理学、经济学（2002年之后），在校生比例总体上呈逐渐下降趋势的学科有哲学、历史学、工学、农学、医学，在校生比例基本没有明显变化趋向的学科有教育学，法学与理学在校生比例的变化如同一个平缓的"过山车"，先升后降。不难看出，研究生与本科生各学科在校生比例的变化趋向既有相同之处（如文学、哲学、历史学、工学），也有不同之处（如医学、法学、理学、教育学、农学、经济学、管理学等），不同的学科更多一些。

2. 扩张时期研究生与本科生诸多学科在校生比例变化的幅度有着显著的差别。研究生的一些学科在校生比例虽有变化，但除个别学科（如教育学）之外，比例变化的幅度是不大的。例如，在在校生比例增加的学科中，医学从1998年的10.08%增加到2008年的10.92%，增加了8.33%；法学从1998年的6.12%增加到2008年的7.11%，增加了16.18%；文学从1998年的5.87%增加到2008年的8.14%，增加了38.67%；教育学从1998年的1.97%增加到2008年的3.46%，增加了75.63%。在在校生比例减少的学科中，哲学从1998年的1.23%下降到2008年的1.19%，下降了3.36%；经济学从2001年的5.16%下降到2008年的4.62%，下降了11.69%；工学从1998年的42.53%下降到2008年的36.01%，下降了18.11%；理学从1998年的14.89%下降到2008年的12.26%，下降了21.45%；历史学从1998年的1.71%下降到2008年的1.30%，下降了31.54%。相比之下，本科生一些学科在校生比例的变化幅度是比较大的。例如，在在校生比例增加的学科中，管理学从2001年的12.48%增加到2008年的16.32%，增加了30.77%；文学从1998年的10.30%增加到2008年的18.65%，增加了81.07%。在在校生比例减少的学科中，工学从1998年的43.27%减少到2008年的31.47%，减少了37.50%；农学从1998年的3.92%减少到2008年的1.85%，减少了111.89%；哲学从1998年的0.18%减少到2008年的0.07%，减少了157.14%；历史学从1998年的1.37%减少到2008年的0.52%，减少了163.46%。

为什么在扩张时期，研究生与本科生科类构成的变化会有如此不小的差别？其主要原因恐怕在于对研究生与本科生科类构成变化起重要影响作用的基本因素是不一样的。众所周知，随着90年代之后我国经济体制由计划经济向社会主义市场经济的转轨，市场成为影响许多社会活动的重要乃至决定性因素，高等教育也不可避免地带上了浓厚的市场色彩。市场对高等教育影响的一个重要方面就是高等教育的人才培养在数量及质量上要适应社会主义市场经济条件下社会发展的需要。具体到本科生的科类构成上，适应社会用人的需要、有着较好就业前景的学科就会受到高校及学生的青睐，其比例不断增加；而就业前景不太看好的学科，其比例则不断减少。这一点，我们可以从外语类学科比例的发展中看得尤为清楚。在表4-13的统计中，没有有关外语学科的直接统计，外语与艺术是被包括在文学之中的。如若将外语学科单独列出来统计的话，其结果如下：本科外语在校生占在校生总数的比例，2003年为5.54%，2004年为5.86%，2005年为6.16%，2006年为6.32%，2007年为6.40%，2008年为6.40%，[①]外语在本科教育科类结构中的比例远远高于哲学、法学、教育学、历史学、农学等学科。毫无疑问，外语本科在校生比例的不断提高与我国实施改革开放政策之后经济的外向型增长和社会的国际化发展需要大量外语人才有着直接的关系。根据国家统计局的统计，我国进出口贸易总额相当于国内生产总值的比例，1978年时只有9.7%，1990年增加到29.8%，2000年为39.6%，2009年则达到44.2%。[②]2001年—2009年进出口贸易总额的年平均增长速度达到18.6%。[③]

不过，研究生教育科类结构的变化却不像本科教育科类结构那样直接、明显地受到市场的影响，对研究生教育科类结构发生直接、主要影响的因素似乎来自高等教育内部。长期以来，我国研究生教育的发展模式带有强烈的计划管理色彩，这主要体现在政府主导的研究生学位授予制度上。所谓政府主导的研究生学位授予制度，其基本要点是高校的研究生学位授予权须得到政府的审查与批准。这种审查与批准的对象包括高校与学科两个层次。即如要开展硕士层次或博士层次的研究生教育，首先高校须获得硕士或博士学位授予权（据统计，2009年实施研究生教育的高等学校

---

① 根据教育部2003年—2008年各年教育统计数据中的"普通本、专科分学科学生数"（http://www.moe.edu.cn/publicfiles/business/htmlfiles/moe/s4628/index.html）计算而成。

② 中华人民共和国国家统计局：《中国统计年鉴2010·1-4国民经济和社会发展比例和效益指标》[2011-03-10]，http://www.stats.gov.cn/tjsj/ndsj/2010/indexch.htm。

③ 中华人民共和国国家统计局：《中国统计年鉴2010·1-2国民经济和社会发展总量与速度指标》[2011-03-10]，http://www.stats.gov.cn/tjsj/ndsj/2010/indexch.htm。

共481所，占普通高等学校总数2305所的20.87%[①]）；其次，一所高校具有了硕士或博士学位授予权，并不意味着这所高校内部的所有学科都可以实施研究生教育，哪一个学科可以实施研究生教育、具备硕士或博士学位授予权，这也需要经过政府的审查与批准。自1981年以来，政府共进行了11次硕士与博士学位授予权的审批工作。那么，在一所具有硕士或博士学位授予权的高校，一个学科如何才能通过政府组织的有关硕士或博士学位授予权的审批？换句话说，审批一个学科的硕士或博士学位授予权的依据是什么？尽管政府有关文件也强调硕士与博士学位授予权的审批工作要"以服务国家经济建设、社会发展、国防建设为宗旨，必须与社会、经济和教育、就业等协调发展"[②]，但是从申报与审批的实施过程来看，学科所拥有的教师队伍水平、结构、数量以及有关仪器设备等条件，也就是高校及其学科内部的要素构成是一个学科能否通过硕士或博士学位授予权审批的主要决定因素。因此，我们也许就可以解释为什么研究生在校生比例变化幅度总体上讲不如本科生在校生比例变化幅度大；为什么哲学、历史学、农学这些"冷门学科"研究生在校生比例的下降幅度要比本科生在校生比例下降幅度小得多；为什么包含外语、艺术在内的文学研究生在校生比例要比本科生在校生比例少得多（2009年文学本科在校生比例是18.65%，而研究生在校生比例只有8.14%）。原因恐怕主要在于研究生教育的发展取决于高校以及学科师资队伍水平的逐步提升，而这种提升不是市场在短时间内所能影响与决定的。

以上分析试图说明高等教育的内部因素在研究生教育科类结构变化中所发挥的重要影响作用，从长期的视角来看，社会、经济等外部因素对研

---

① 中华人民共和国教育部：《2009年教育统计数据·高等教育学校（机构）数》［2011-03-10］，http：//www.moe.edu.cn/publicfiles/business/htmlfiles/moe/s4960/201012/113595.html。

② 中华人民共和国教育部：《关于进行第十次博士、硕士学位授权审核工作的通知》［2011-03-10］，http：//www.moe.edu.cn/publicfiles/business/htmlfiles/moe/moe_819/201002/82708.html。

究生教育科类结构形成所发挥的影响作用也是不可忽视的。可以这样认为，一个国家的研究生教育科类结构是在这个国家社会、经济、文化等多种因素长期作用下形成的。如果将我国的研究生教育科类结构与一些发达国家作一比较的话，也许可以清楚地看到这一点。

表4-14　若干国家研究生阶段授予学位的科类构成

（%）

	人文艺术	法律经济等	理学	工学	农学	医药保健	教育	家政	其他	合计
美国	10.5	35.6	4.3	8.8	0.8	14.1	23.6	0.3	2.1	100
英国	9.8	35.3	12.5	9.5	0.6	9.1	21.0		2.2	100
法国	26.1	39.0	27.1			6.8			1.1	100
德国	11.0	22.6	23.9	15.6	4.2	19.5	1.9	0.7	0.7	100
俄罗斯	15.2	27.1	16.2	23.1	2.9	8.5	6.9		0.2	100
日本	9.1	10.9	9.0	38.5	6.0	13.1	5.8	0.3	7.2	100
韩国	11.1	25.6	26.9			9.5	20.8	6.1		100

资料来源：各个国家数据的统计年份分别是：美国、英国、日本2007年，法国、德国、俄罗斯、韩国2008年。引自日本文部科学省：《教育指標の国際比較（2011）》［2011-03-14］，https：//warp.ndl.go.jp/info：ndljp/pid/11293659/www.mext.go.jp/b_menu/toukei/data/kokusai/1302640.htm。

从表4-14若干国家研究生阶段授予学位的科类构成（授予学位的科类构成与在校生的科类构成同样是研究科类结构的基本数据）中，我们或许可以看到这样一些特点。第一，发达国家研究生阶段授予学位的科类构成中工学所占比例普遍不高，如美国8.8%，英国9.5%，德国15.6%，法国与韩国理学、工学、农学三者合在一起也分别只有27.1%、26.9%（日本由于其他原因而成为例外）。第二，一些国家人文艺术、法律经济等科类所占比例较高，如美国46.1%，英国45.1%，法国65.1%，俄罗斯42.3%等。第三，多数发达国家研究生阶段授予学位的科类构成中文科的比例高于理科。如文科的比例，美国70%，英国66.1%，法国65.1%，韩国63.6%。这样一些特点和这些国家的社会经济结构、就业结构等多少有着一些必然的关联。众所周知，在这些国家的经济结构与就业结构中，第三产业的比例远远高于第一、第二产业。据统计，2007年第三产业就业人员的比例，美国78.0%，英国76.0%，法国73.1%，德国67.9%，俄罗斯61.8%，日本66.7%，韩国66.6%。而我国2007年第三产业就业人员的比例只有32.4%，第一产业40.8%，第二产业26.8%。[①]因此，发达国家的研究生教育科类结构中与第三产业相关的学科所占比例一般都比较高，而我国研究生教育科类结构中工学的比例超过三分之一也就可以理解了。

以上对我国研究生教育科类结构的特点及变化之影响因素的分析是比较粗略的。比较发达国家研究生教育的科类结构就可以知道影响一个国家研究生教育科类结构特点及变化的因素是复杂多样的，所以各国的科类结构存在着明显的差别。除政治、经济的因素之外，社会文化、高等教育传统等对研究生教育科类结构的影响也是值得认真思考与研究的。

第四节　省域高质量高等教育体系建设与地区结构

改革开放以来，尤其是进入21世纪之后，随着经济、社会的不断发展，我国的教育无论在数量规模，还是质量水平上都获得了十分显著的进展。在此基础上，中央政府在《国民经济和社会发展第十四个五年规划和2035年远景目标纲要》中对教育事业发展提出了新的目标和要求，即"把

---

① 中华人民共和国国家统计局：《中国统计年鉴2010·附录2－2按三次产业分就业人员构成》[2011－03－14]，http：//www.stats.gov.cn/tjsj/ndsj/2010/indexch.htm。

提升国民素质放在突出重要位置，构建高质量的教育体系和全方位全周期的健康体系，优化人口结构，拓展人口质量红利，提升人力资本水平和人的全面发展能力"。①构建高质量教育体系无疑将成为未来一段时间内我国教育发展的主要课题。而与国家经济、社会、科学、文化等各方面发展密切相关的高等教育体系是高质量教育体系建设的重要组成部分。

一、省域高质量高等教育体系建设的基础

政府提出构建高质量教育体系的目标以来，高质量高等教育体系如何认识与如何建设，成为高等教育实践发展与理论研究关注的重要课题。什么是高质量高等教育体系？有学者认为："高质量的高等教育体系可以根据高等教育之人才培养、科学研究的本质属性及其社会服务活动的价值作用，理解为是教育活动高水平、治理过程高效率、推进社会进步贡献大的高等教育系统。"②高质量高等教育体系具有什么样的特征？有学者将高质量高等教育体系的本质特征概括为鲜明的方向性、超前的引领性、协同的高效性、强劲的创新性、显著的公平性和高度的开放性。"这些特征是相互关联的一个整体，相互作用相互影响，互为条件。"③如何建设高质量高等教育体系，政府在建设高质量高等教育体系中发挥什么样的作用，高校又该有何作为？有学者认为："从长远来看，高质量发展需要政府转变高等教育发展的思路，逐渐淡化政策性的重点建设，以生态系统的多样性为参照，通过法治化和制度化的手段，逐渐消除高等教育系统内部的条块分割和身份固化，推动高等教育机构间的良性竞争与有效合作，推进高质量高等教育体系的形成。高质量的高等教育体系不可能是被动接受某些精心设

---

① 《中华人民共和国国民经济和社会发展第十四个五年规划和2035年远景目标纲要》［2021-11-1］，http：//www.gov.cn/xinwen/2021-03/13/content_5592681.htm。

② 眭依凡：《大学内涵式发展：关于高质量高等教育体系建设路径选择的思考》，载《江苏高教》2021年第10期。

③ 刘振天：《把握高质量高等教育体系的本质特征》，载《大学教育科学》2021年第6期。

计的发展计划的结果，而只能是不同类型、不同层次的高等教育机构彼此之间经由自主选择，既分工合作，又相互竞争、相互适应的结果。"①

高质量高等教育体系建设是一个国家的经济社会和高等教育发展到较高水平或新阶段的重要目标。虽然不同国家的高质量高等教育体系有着不同的内涵与特征，但是与国家经济社会发展水平相适应、植根于本国高等教育发展历史与传统应是基本要点。我国建设高质量高等教育体系同样需要适应经济社会发展的速度，满足经济社会发展的要求。我国是高等教育的后发国家，新中国成立以后70多年，尤其是改革开放40多年来的发展充分展现出我国高等教育所具有的独特的发展理念、发展方式和发展路径。这些已经形成的发展理念、发展方式和发展路径是建设高质量高等教育体系的重要前提条件。其中，高等教育省级统筹、分省建设应在构建国家高质量高等教育体系时受到足够的重视，应该充分认识到省域高质量高等教育体系是国家高质量高等教育体系建设的必要基础。

新中国成立之初，为适应计划经济体制的需要，我国建立了党中央集中统一领导高等教育的制度。1953年政务院颁布的《关于修订高等学校领导关系的决定》明确了集中统一的高等教育管理原则和中央政府管理高等学校的具体内容。"中央高等教育部根据国家的教育方针、政策与学制，遵照中央人民政府政务院关于全国高等教育的各项决定与指示，对全国高等学校（军事学校除外，以下同）实施统一的领导。凡中央高等教育部所颁布的有关全国高等教育的建设计划（包括高等学校的设立或停办、院系及专业设置、招生任务、基本建设任务）、财务计划、财务制度（包括预决算制度、经费开支标准、教师学生待遇）、人事制度（包括人事任免、师资调配等）、教学计划、教学大纲、生产实习规程，以及其他重要法规、指示或命令，全国高等学校均应执行。"②这种党中央集中统一领导全国高等教育的制度不仅表

---

① 王建华：《什么是高等教育高质量发展》，载《中国高教研究》2021年第6期。
② 中央人民政府政务院《关于修订高等学校领导关系的决定》，见上海市高等教育局研究室、华东师范大学高校干部进修班、华东师范大学教育科学研究所合编：《中华人民共和国建国以来高等教育重要文献选编（上）》，第56页。

现为中央政府制定的高等教育发展与高校办学基本政策全国高等学校均应贯彻执行，而且表现在中央政府的有关部门直接管理着为数众多的高等学校上。如1966年全国434所高等学校中，中央各部门所属院校有183所，占总数的42.2%；1989年全国1075所高校中，中央各部门所属院校有353所，占总数的32.8%。①相比之下，不少省份的高等教育规模很小，高等学校数量也不多。如根据1983年的统计，高等学校数量在20所以下（含20所）的有10个省、自治区，10所以下的有3个省、自治区。②随着90年代后社会主义市场经济体制改革的深入进行，高等教育体制改革的步伐不断加快，世纪之交国家政府机构改革致使大批部属高校下放给地方政府，高等教育两级管理、以地方为主的制度遂逐步形成。根据教育部最新统计，2020年全国普通高校数已达2738所，其中部属院校118所，仅占总数的4.3%；地方高校2620所，占总数的95.69%。各省、自治区、直辖市高等教育规模有了很大的发展，2020年高等学校数量在20所以下（含20所）的省、自治区仅有3个，而高等学校数量在100所以上的省份达到12个。③高等教育分省发展的格局不仅为省域高质量高等教育体系建设奠定了重要基础，而且使省域高质量高等教育体系建设成为我国高质量高等教育体系建设的一个主要特点。

在高等教育分省发展格局的形成过程中，中央政府不断出台有关政策，完善高等教育两级管理、以地方为主的管理体制，将中央政府的一些管理高等教育的权限逐步下放给地方政府，引导地方政府在高等教育改革与发展中发挥更大的作用。1999年6月，第3次全国教育工作会议印发的《中共中央、国务院关于深化教育改革全面推进素质教育的决定》进一步强调了高等教育管理体制改革中"以地方为主"的基本方向。"进一步简政

---

① 刘英杰：《中国教育大事典下》，浙江教育出版社1993年版，第1088页。

② 中华人民共和国教育部计划财务司编：《中国教育成就　统计资料（1949—1983）》，人民教育出版社1984年版，第19页。

③ 中华人民共和国教育部：《各地基本情况·高等教育学校（机构）数》［2021-11-10］，http://www.moe.gov.cn/s78/A03/moe_560/2020/gedi/202108/t20210831_556506.html。

放权，加大省级人民政府发展和管理本地区教育的权力以及统筹力度，促进教育与当地经济社会发展紧密结合。今后3年，继续按照'共建、调整、合作、合并'的方式，基本完成高等教育管理体制和布局结构的调整，形成中央和省级人民政府两级管理、以省级人民政府管理为主的新体制，合理配置教育资源，提高教育质量和办学效益。经国务院授权，把发展高等职业教育和大部分高等专科教育的权力以及责任交给省级人民政府，省级人民政府依法管理职业技术学院（或职业学院）和高等专科学校。高等职业教育（包括高等专科学校）的招生计划改由省级人民政府制定，其招生考试事宜由省级人民政府自行确定。"[1]《国家中长期教育改革和发展规划纲要（2010—2020年）》明确提出"加强省级政府教育统筹""完善以省级政府为主管理高等教育的体制，合理设置和调整高等学校及学科、专业布局，提高管理水平和办学质量。依法审批设立实施专科学历教育的高等学校，审批省级政府管理本科院校学士学位授予单位和已确定为硕士学位授予单位的学位授予点"。[2]2014年出台的《国家教育体制改革领导小组办公室关于进一步扩大省级政府教育统筹权的意见》继续提出"进一步扩大省级政府教育统筹权""由省级政府管理更方便有效的教育事项，一律下放省级政府管理"，增加了省级政府高等教育统筹权的新内容。[3]由此，高等教育省级统筹的管理体系在20多年的改革中得到不断发展与加强。有学者认为，高等教育省级统筹主要是指"省级政府作为责任主体，在国家法律法规框架内和大政方针指导下，以统筹服务于国家战略和地方经济社会发展需求为出发点，以实现可持续发展为目标选择，对区域内高等教育的改

———————

[1]《中共中央、国务院关于深化教育改革，全面推进素质教育的决定》[2021-11-10]，http://www.moe.gov.cn/jyb_sjzl/moe_177/tnull_2478.html。

[2]《国家中长期教育改革和发展规划纲要（2010—2020年）》[2021-11-15]，http://www.moe.gov.cn/srcsite/A01/s7048/201007/t20100729_171904.html。

[3]《国家教育体制改革领导小组办公室关于进一步扩大省级政府教育统筹权的意见》[2021-11-15]，http://www.moe.gov.cn/s78/A02/zfs__left/s6528/s6529/201412/t20141222_182221.html。

革、发展、稳定等进行统筹规划、协同管理"。①高等教育省级统筹强化了高等教育分省发展的格局，使得省域高等教育体系的发展具有更多的现实性和灵活性，以此为基础一些省份提出了建设高等教育强省的战略目标。省域高质量高等教育体系建设既是建设高等教育强省的应有之义，同时也将促进高等教育省级统筹向新的高度持续发展。

二、省域高质量高等教育体系建设的挑战

省域高质量高等教育体系建设应成为未来一段时间内省级高等教育发展的主要指向和目标。省域高质量高等教育体系建设离不开各省的经济社会和高等教育发展的基础。众所周知，我国省域高等教育的发展状况由于历史、地理位置、经济、文化等多种因素的影响存在着比较大的差异，这些差异成为省域高质量高等教育体系建设面临的主要挑战。

首先，省域高等教育的差异体现在高等教育的发展规模上。我们在考察国家、地区的高等教育发展状况时，规模是必须考虑的因素。国际上一些高等教育统计数据也将规模作为主要指标。高等教育规模常常用高等学校数量、在校学生数量这些指标来表征。长期以来，我国政府虽然出台多项政策向高等教育发展弱势省份倾斜，以支持这些省份的高等教育发展，缩小省域高等教育之间的差距，但由于经济、人口等因素的影响，省域高等教育规模的差异仍然显著。据2020年的统计，全国31个省、自治区、直辖市（不包含台湾地区、香港和澳门特别行政区，下同）拥有普通高等学校的数量，50所以下的有5个，其中20所以下的有3个；151所以上的有4个，其中江苏省167所，广东省154所，山东省152所。从在校本专科学生数来看，50万人以下的有6个省份，151万人以上的有8个省份，其中河南省249.2万人，广东省240万人，山东省229.1万人。从在校研究生数来看，5万人以下的有10个省份，15.1万人以上的有6个省份，其中北京市40.9万人，

---

① 刘国瑞：《省级政府高等教育统筹的时代意蕴与改革方向》，载《中国高教研究》2018年第9期。

江苏省26.6万人，上海市22.4万人。

表4-15　2020年普通高校学校数量、学生数量分类统计

高校数	50所以下	51~100所	101~150所	151所以上
省份数	5	14	8	4
本专科在校生数	50万人以下	51~100万人	101~150万人	151万人以上
省份数	6	11	6	8
研究生在校生数	5万人以下	5.1~10万人	10.1~15万人	15.1万人以上
省份数	10	10	5	6

资料来源：中华人民共和国教育部：《各地基本情况·高等教育学校（机构）数》[21-11-18]，http：//www.moe.gov.cn/s78/A03/moe_560/2020/gedi/202108/t20210831_556506.html.20；《各地基本情况·高等教育普通本专科学生数》[21-11-18]，http：//www.moe.gov.cn/s78/A03/moe_560/2020/gedi/202108/t20210831_556496.html.20；《各地基本情况·普通高校研究生数》[21-11-18]，http：//www.moe.gov.cn/s78/A03/moe_560/2020/gedi/202108/t20210831_556500.html.20。

其次，省域高等教育的差异体现在高等教育的经费投入上。现代高等教育的发展离不开大量的经费投入。从许多国家近年来的高等教育发展来看，经费投入往往与高等教育的规模、水平成正比。国际上各国对高等教育的经费投入大致有三种类型，一是以政府公共预算经费为主，二是政府公共预算经费与社会其他经费（学费、捐赠等）基本平衡，三是以社会其他经费为主。在我国高等教育的经费投入中，政府公共预算经费是主要部分。如2018年，我国普通高校总经费11858.77亿元，其中政府财政性教育经费投入7449.11亿元，占总数的62.82%。在高等教育分省发展的格局下，地方政府的经费投入对省域高等教育的规模与水平的影响是十分显著的。而地方经济发展的不平衡使得省域高等教育经费投入存在着明显的差异。从公共预算教育经费的总量来看，2019年500亿元以下有6个省份，1501亿元以上有7个省份，其中广东省3217.77亿元，江苏省2200.58亿元，山东省2154.96亿元。生均公共预算普通高校教育经费全国平均23453.39元，低于2万元的有17个省份，其中河南省15475.95元，广西壮族自治区15534.07元，

辽宁省15876.12元；高于3.01万元的有5个省份，其中北京市68139.62元，西藏自治区58549.52元，上海市39702.78元。生均公共预算普通高校教育事业费全国平均22041.87元，低于1.8万元的有13个省份，其中辽宁省14721.91元，广西壮族自治区14919.78元，河南省14933.74元；高于3.01万元的有5个省份，其中北京市64022.10元，西藏自治区52383.22元，青海省40453.35元。西藏自治区、青海省等西部省份生均公共预算高等教育经费较高，显然有中央政府的财政支持因素。省域之间生均公共预算高等教育经费的过大差异加剧了高等教育发展的不平衡，不利于落实高等教育的公平原则。

表4-16 2019年高等教育经费分类统计

公共预算教育经费	500亿元以下	501～1000亿元	1001～1500亿元	1501亿元以上
省份数	6	10	8	7
生均公共预算普通高校教育经费	2万元以下	2.01～2.4万元	2.41～3万元	3.01万元以上
省份数	17	6	4	5
生均公共预算普通高校教育事业费	1.8万元以下	1.81～2.3万元	2.31～3万元	3.01万元以上
省份数	13	10	3	5

资料来源：中华人民共和国教育部：《教育部 国家统计局 财政部关于2019年全国教育经费执行情况统计公告［2021-11-18］. http：//www.moe.gov.cn/srcsite/A05/s3040/202011/t20201103_497961.html。

第三，省域高等教育的差异体现在高等教育的发展水平上。规模、投入与水平，这三者是影响高等教育体系状况的主要因素。而就高质量高等教育体系建设而言，水平因素显得更为重要。在一定程度上，高质量与高水平的内涵是基本相同的。近年来，随着教育评价理念、方法与技术的不断改进，有关高等教育发展水平的指标日渐丰富。如关于高校发展水平的评价，往往从人才培养、科学研究、学科建设、社会服务、资源配置、制度管理等方面构建指标体系。对于省域高等教育发展水平的评价来说，除人才培养、科学研究、学科建设、社会服务等与高校发展水平评价相同的指标之外，院校结构、治理体系等方面的指标也是不可缺少的。囿于篇幅，这里不可能全面比较省域高等教育的发展水平，仅从表3所列有代表性的数据来一窥省域高等教育发展水平的面貌。可以看到，我国省域高等教育在发展水平上存在着较大的差异。"211工程"与"双一流"建设是自20世纪90年代以来我国实施的具有典型意义的高水平大学建设项目，各省份入选这两个项目的高校与学科数量在一定意义上可以反映出省域高等教育的发展水平。全国入选"211工程"的高校有115所，14个省份只有1所高校入选，入选10所以上高校的有3个省份，其中北京市26所，江苏省11所，上海市10所。全国入选"双一流"一期建设项目的高校有137所，12个省份只有1所高校入选，入选10所以上高校的有3个省份，其中北京市34所，江苏省15所，上海市14所。全国入选一流建设的学科有465个，入选5个一流建设学科以下的省份有16个，入选21个以上一流建设学科的省份有5个，其中北京市161个，上海市57个，江苏省43个。北京、上海、江苏3个省（市）入选"211工程"的高校数合计占全国入选高校总数的40.7%，入选"双一流"建设的高校数合计占全国入选总数的46.0%，入选一流建设学科的学科数合计占全国入选总数的56.1%。这些数据从一个侧面表明，在"211工程"到"双一流"建设的20多年间，省域高等教育发展水平的差异似乎有扩大的倾向。

表4-17　高水平高校、学科分类统计

"211工程"高校	0～1所	2～4所	5～9所	10所以上
省份数	14	11	3	3
"双一流"建设高校	0～1所	2～4所	5～9所	10所以上
省份数	12	11	5	3
一流建设学科	1～5个	6～10个	11～20个	21个以上
省份数	16	2	8	5

三、省域高质量高等教育体系建设的对策

我国省域高等教育发展的差异是在长期的过程中形成的，且在可预见的将来还会持续下去。省域高等教育发展差异的影响因素有多种，其中有些是客观的，有些是主观的。所谓客观的影响因素多为长期存在的，不太容易改变的，如人口因素。众所周知，高等教育适龄人口数量是影响高等教育规模的直接因素之一。所谓主观的影响因素主要指观念、制度、政策等，它们对高等教育发展的影响往往比较大。省域高质量高等教育体系建设需要正确认识省域高等教育发展的差异，调整观念、制度、政策等主观因素，促进省域高等教育的高质量发展。

1. 从省域高等教育发展的差异出发，省域高质量高等教育体系建设应采取差异化策略。我国省域高等教育发展水平的差异昭示省域高质量高等教育体系建设不可能采取各省齐头并进的方式，必然是一种差异化发展方式。省域高质量高等教育体系建设的差异化策略主要体现在建设目标与建设速度上。高等教育发展水平较高的省份可以率先推进高质量高等教育体系建设，加快建设速度，为国家高质量高等教育体系建设先行先试，探索经验。高等教育发展水平较弱的省份应打好基础，弥补短板，扎扎实实提高高等教育的水平与质量。

2. 从省域高等教育发展的实际出发，省域高质量高等教育体系建设应采取多样化策略。我国省域高等教育发展的多样性是省域高质量高等教育体系建设多样化的基础。所谓多样化策略主要指在省域高质量高等教育体系建设中不追求同一的建设路径，不鼓励单一的发展模式，不采取统一的评价标准。如在规模较大（拥有百所以上高校）的省份，合理的高校类型、层次、地区分布或许是高等教育体系建设必须考虑的一些要素；而在规模较小（只有二三十所高校）的省份，或许应更加关注内涵式发展，构建小而精的高等教育体系。另外，省域经济、社会、文化特色也要求建设与之相互适应、相互促进的多样化高质量高等教育体系。

3. 从省域高等教育发展的"半独立"状态出发，省域高质量高等教育体系建设应采取开放化策略。有研究者认为省域高等教育发展具有"半独立性"，即省域高等教育发展的独立性是相对的，"国家整体的高等教育发展规划、中央对直属高校的支持力度等都影响省域高等教育的发展"。[①]在我国高等教育管理体制内，中央政府与省级政府的权限划分和行使别具特色。有些权限划分依据法律、法规，有些权限划分从历史的惯性而来；有些领域的权限划分是比较清晰的，有些领域的权限划分是相对模糊的；对于省级政府而言，有些权限比较好行使，有些权限有点儿"口惠而实不至"。这种高等教育管理权限划分与行使的特点使得省域高等教育发展必然与中央政府的政策和国家高等教育整体发展有着密切的联系，因此省域高质量高等教育体系建设不可能以省为界，"画地为牢"，封闭推进，而应采取开放的策略，将省域高质量高等教育体系建设置于国家整体发展的背景之中。此外，在区域一体化发展、支持中西部等国家政策指引下，相关省域之间的联系、协同愈来愈紧密，省域高质量高等教育体系建设也会在区域联动的过程中相互支持，共同前进。

---

① 刘自团：《我国省域高等教育发展的特征研究》，载《中国高教研究》2011年第7期。

第五章

高等教育发展中的大学行为

　　大学是现代社会实施高等教育的主要机构,随着高等教育的持续发展,大学也在不断改变着组织方式和行为模式。社会主义市场经济条件下,市场经济的一些规则对大学组织与行为产生了不小的冲击和影响;高等教育国际化潮流中,不同国家不同大学模式的交互作用、互相影响,促进了大学组织与模式的多样化发展;大学评价的时代,评价机构丛生、排名评价凸显,助推了大学办学行为短期化、功利化倾向。在众多外部影响作用下,大学的组织与行为须"固本清源",明确办学目标,彰显特色,走个性化发展道路。

第一节　大学办学个性化

　　20世纪90年代初，伴随着计划经济向社会主义市场经济的转轨，我国高等教育领域开始了"院系调整"以来的又一次大规模调整改革。1993年，江西大学与江西工学院合并成立南昌大学拉开了高校合并、改组之序幕。至2000年，全国半数左右的高校参与了这一改革进程，556所学校合并组成了232所新大学。当大规模的高校合并接近尾声时，新组建的大学如何尽快地从实质上（不仅仅是形式上）融为一体，发挥合并后的放大功能成为高等教育改革发展的又一重要课题。在经济转轨、社会转型这样一个大背景下，高等学校若要在社会发展中发挥更大的作用并同时使自身水平得到不断的提高和发展，必须突破长期以来形成的统一的办学模式，走办学个性化之路。

一、大学办学个性化的内涵

　　如果要给大学办学个性化下一个描述型定义的话，办学个性化即指各种类型、各种层次的高等学校在办学过程中充分发挥自身的积极性、自主性与主动性，办出学校的特色，办出学校的个性。这里，什么是大学的个性、如何理解大学的个性是我们在讨论大学办学个性化时必须首先解决的概念性问题，也是我们进一步分析如何实现大学办学个性化的基本出发点。

　　"个性"一词原本用于对人的分析。如《现代汉语词典》将"个性"解释为"在一定的社会条件和教育影响下形成的一个人的比较固定的特性"。

个性一词还常常被用来分析人以外的其他事物、过程等。如果我们借用上述定义来解释大学的个性的话，那么可否将大学的个性之概念表述为：在一定的历史传统与社会文化背景影响下形成的一所学校的比较固定的特性。

英国学者阿什比认为："任何类型的大学都是遗传与环境的产物。"①他所说的遗传可以理解为就是大学的历史传统。作为近代大学起源的中世纪大学在产生之时不仅是一个教育机构，同时还是中世纪社会的重要的文化机构。这种兼具教育机构与文化机构的特点在现代大学身上依然体现出来（自19世纪初叶德国大学改革之后，大学又成为一种研究机构）。作为文化机构的大学在传承文化、改造文化、创新文化的过程中，其自身也不断地得到文化的洗礼与塑造。可以说文化积淀是大学历史传统的重要组成部分，大学的个性也正是在这种由文化积淀所构成的大学发展史中逐渐形成的。正如人的个性不可能在其出生时就定型一样，大学的个性之形成也需要一个过程。两者的不同在于人从出生到个性基本形成大约需要20年，而大学的个性之形成或许需要更长一点的时间。

除历史传统之外，大学所处的环境对其个性形成也具有重要的影响作用。社会文化背景是影响大学个性形成的主要环境因素。如果说历史传统主要依各大学而相异的话，那么在大学之间社会文化背景具有更多的共同之处。对于一所大学来说，影响其个性形成的社会文化背景可以大致分为两个层面，一是大学所在地域的社会文化背景，二是大学所在国家的社会文化背景。19世纪下半叶，当德国的"通过科学与学术进行教育"的大学理想传到英国与美国时，在英国与美国的不同社会文化背景作用下，这种大学理想对两个国家的大学教育产生了几乎完全不同的影响。"在美国，最有利的环境因素不是像牛津、剑桥那种历史悠久而权威极大的大学统治

---

① ［英］阿什比著，滕大春、滕大生译：《科技发达时代的大学教育》，人民教育出版社1983年版，第7页。

权，而是对高等教育所持的功利主义态度。"①总之，大学的个性是其历史传统与国家、地域社会文化背景综合作用的结果。

在历史传统与社会文化背景影响下形成的一所大学的比较固定的特性（个性）究竟是什么呢？或者说它主要包括哪些具体内容呢？为了回答这一问题，有必要先对大学构成作具体的解剖分析。一般说来，一所现实的大学主要由来自物质形态、组织形态和观念（精神）形态的三部分内容构成。物质形态的部分主要指校园、校舍；组织形态的部分主要指大学内部的人的组织、编排；观念形态的部分主要指大学的办学理念、目标、校园精神（文化）氛围等。大学的个性应该在这三部分上都有所体现。校园、校舍虽然只是大学的外在形式，但是一些经过时间的洗礼、饱含文化积淀的标志性建筑和景观在作为大学标识的同时，也从物质形态的角度体现了大学的个性（例如，欧洲一些大学的具有中世纪气息的校园，美国一些大学的爬满常青藤的校舍，北京大学的未名湖等）。

不过，在大学构成的这三部分中，最能反映大学个性的当属观念形态的办学理念、目标、校园精神氛围等。办学理念、目标和校园精神氛围是一所大学的灵魂所在，也是大学个性之根本。当欧洲高等教育度过17、18世纪的"黑暗时代"之后，19世纪初叶德国大学率先开始了大学近代化进程。1810年成立的柏林大学以威廉·冯·洪堡的"为科学而生活"为大学理想，以尊重自由的学术研究为办学宗旨，以"通过研究进行教学"为办学基本原则，实施了对中世纪大学办学形式与教育形式的彻底改革，成为具有鲜明个性的近代大学。19世纪下半叶，在《莫里尔法案》推动下的美国大学面向社会、服务社会的改革浪潮中，威斯康星大学以"州立大学应该直接有利于促进农业、使工业效率更高和有利于政府"②为指导思想，开展全方位的社会服务，把威斯康星大学发展成为政治、社会和工业立法

————

① ［英］阿什比著，滕大春、滕大生译：《科技发达时代的大学教育》，人民教育出版社1983年版，第11页。
② 胡建华、陈列、周川著：《高等教育学新论》，江苏教育出版社1995年版，第194页。

以及科学与高等教育民主化的实验站、全州的实验室。这种"威斯康星思想"突出地体现了威斯康星大学的个性。

我们在讨论反映大学个性的办学理念、目标时，应该提到的是，办学理念、目标若要真正成为构成大学个性的主要因素，它就不能只是一种观念形态，还必须体现在大学的组织形态上、贯彻在大学的活动过程中，形成校园精神氛围。

二、大学办学个性化的必要性

大学办学个性化是近年来世界高等教育改革发展的一大趋势，特别是在采取集权式高等教育管理的国家。因为在像美国这样的采取放任式高等教育管理的国家中，大学除受国家有关法律约束之外，一般很少受政府的行政干预，具有相当高的办学自主权，因此缺乏个性不是这些国家大学面对的主要问题，也可以说个性化是这些国家大学系统的特征之一。而在那些采取集权式高等教育管理的国家，政府的行政指导在大学办学中发挥重要作用，大学办学统一步调，少有个性，如何实现大学办学个性化就成为那些国家大学改革的主要方向。

日本是采取集权式高等教育管理的国家之一。特别是对于代表日本高等教育水平的国立大学，长期以来日本政府实行的是比较严格的统一行政管理。20世纪50年代中期文部省制定了《大学设置基准》，以此作为规范大学办学的基本依据。《大学设置基准》从学校内部组织、教师资格、学生人数、课程、教学、学分、校舍、设备等各个方面对大学设置作了具体的规定。例如，设置基准规定，大学的课程由通识教育课程、外语课程、保健体育课程、专业教育课程四部分组成。通识教育课程又包括人文科学、社会科学、自然科学三个系列。学生必须修满124个学分方可毕业，其中通识教育课程36学分，外语课程8学分，保健体育课程4学分，专业教育课程76学分。早在20世纪60年代，日本高等教育界就有人指出，由于大学设置基准过于具体，过于细化，可能或已经导致日本大学办学的划一化倾向。因此，90年代初，日本高等教育开始了以高度化、个性化、活性化为基本主题的战后第三次改革。1991年，文部省修订了《大学设置基准》，删繁就简，改细为粗，实现了大学设置基准的弹性化，为各大学自主办学以及大学个性化开辟了道路。1998年，文部省的咨询机构大学审议会在《关于21世纪的大学像与今后的改革方策》的咨询报告中更将大学个性化作为21世纪初叶日本大学改革与发展的主要目标。该咨询报告的副标题即为"在竞争环境中闪耀个性色彩的大学"。

我国20世纪50年代初在"院系调整"基础上建立的适应计划经济体制的高等教育制度是以中央（或地方）政府集中统一管理与指导高等学校为基本特征的。在这样一种制度下，高等学校办学事无巨细，都以政府主管部门的文件、指示为依据，几乎没有办学的自主权。因此，在相当一段时期内，与其说是高等学校办学，还不如说是政府教育主管部门办学，当然也就谈不上大学的个性了。20世纪80年代中期以来，随着社会经济体制改革的不断深入，社会主义市场经济逐渐替代计划经济，高等学校赖以生存的社会环境发生了变化，改革高等教育体制、扩大高校办学自主权就成为高等教育改革的主要课题。

当以扩大高等学校办学自主权为主要内容之一的高等教育体制改革持续进行了多年之后，高等学校愈来愈自主地面向市场，办学个性化成为进一步深化高等教育改革、构建丰富多彩的高等教育体制、发挥高等学校在经济建设与社会发展中的更大作用所必须解决的又一个重要课题。对实现大学办学个性化必要性的这种认识主要基于以下几点：

第一，实现办学个性化是高校适应经济体制转轨之必需。众所周知，在计划经济体制下，高等学校的人、财、物都由政府按计划进行配置，高校培养出来的人才也由政府根据国民经济各部门的需要进行分配，高校直接对政府负责，完成政府下达的人才培养计划是高校办学的首要任务，也是评价高校工作优劣的基本标准。而在社会主义市场经济体制下，我国高校的经费虽然仍由国家（或地方）财政支出一部分，但是学费和各高校自筹经费所占比重在逐渐增大，高校的教学与研究活动正在由向政府负责转向直接面对市场。各高等学校若要在愈来愈激烈的市场竞争（人才竞争、经费竞争、生源竞争等）中求得生存并得到发展，除依靠教学与科研水平的实力之外，富有特色、个性鲜明也是获得竞争优势的重要筹码。

第二，实现办学个性化是高校自身发展与提高之必需。高校合并改革之后，我国高校格局发生了较大的变化，出现了一批规模大、学科多的新型综合性大学。高校合并改革的目的之一是提升高等学校的教学与科研水平。但是我们知道，只有形式上的合并还达不到提升教学与科研水平之目的。形式上合并之后的艰巨任务是如何实现实质上的合并。实质上的合并需要以确立适当的办学理念为先导，以办出富有特色、富有个性的大学为目标。特别是那些争创一流水平的大学，更应树立继承传统与顺应时代、符合自身特点的办学理念，以个性化为发展方向。如果我们分析一下世界高水平大学的办学实践与成功经验，不难发现它们的教学、科研高水平是与它们各自的鲜明个性结合在一起的。

第三，实现办学个性化是完善多元高等教育体制之必需。建立一个适应社会发展变化的多元高等教育体制是我国近年来高等教育改革的目标之一。我们通常把多元高等教育体制理解为包括多种层次（专科、本科、研究生）、多种类型（普通高等学校、职业高等学校）、多种形式（全日制、非全日制）的高等学校。这种理解虽然是正确的，但不够全面。多元高等教育体制还应包括具有多种个性的高等学校。也就是说，即使同一层次、同一类型、同一形式的高等学校也应该风格各异，个性多样。可以这样认为，建立完善的多元高等教育体制必须以实现高等学校的办学个性化为基础。

三、大学办学个性化的实现条件

如前所述，大学个性之形成与人的个性形成一样需要一定的时间过程。此外，如同人的个性形成需要教育与环境等因素作用一样，大学个性之形成也需要一定的条件。影响大学个性形成之条件可以从外部与内部两个角度加以分析。

在影响大学个性形成之外部条件中，如何创造一个宽松的大学办学环境应首先考虑。创造宽松的办学环境要求进一步扩大高等学校的办学自主权，使高等学校真正成为独立的社会实体，负起面向社会、面向市场的全部责任。关于扩大高等学校的办学自主权，政府早在1993年颁发的《中国教育改革与发展纲要》中就有明确的表述。"在政府与学校的关系上，要按照政事分开的原则，通过立法，明确高等学校的权利和义务，使高等学校真正成为面向社会自主办学的法人实体。要在招生、专业调整、机构设置、干部任免、经费使用、职称评定、工资分配和国际合作交流等方面，区分不同情况，进一步扩大高等学校的办学自主权。"1999年1月开始实行的《中华人民共和国高等教育法》第十一条也明确规定："高等学校应当面向社会，依法自主办学，实行民主管理。"问题在于这些文件精神与法律规定如何准确地落实在政府主管教育部门的实际工作与大学的办学实践中。例如，《高等教育法》第三十四条规定："高等学校根据教学需要，自主制订教学计划、选编教材、组织实施教学活动。"

我们在实施扩大高等学校办学自主权，改变政府部门直接指挥高校办学的改革时，建立对高校办学的评价与监督机制是必要的。高校自主办学与社会评价监督犹如一对"孪生兄弟"。从一些国家的高等教育体制中我们可以看到，大凡实施高校自主办学的国家，都有一个较为完善的高校办学评价与监督机制。而那些正在实施扩大高校办学自主权改革的国家，也都在摸索开展必要的高校评价的制度与方法。例如，日本在20世纪90年代初实施大学设置基准大纲化，大学教育的高度化、个性化、活性化改革的同时，导入了大学自我评价制度。20世纪90年代末又成立了具有相对独立性的大学评价机构，试图建立一个大学自我评价与评价机构外部评价相结合的评价体制。日本的大学评价机构在一份计划中谈到评价内容时认为："为了能充分发挥大学的个性与特色，本机构将根据各大学制定的办学目的及目标实施评价。因此，……具有明确且具体的办学目的及目标是开展评价的前提。本机构将从各大学所进行的活动是否有助于办学目的及目标的实现、活动的结果是否实现了办学目的和目标的视角出发开展评价。"这一点非常重要。大学评价不是仅仅按照一个或几个标准去衡量大学的办学状况，更不只是简单地给大学排名次。如若那样，评价将会成为另一种形式的"指挥棒"，无助于各种类型、各种层次大学的多样化发展。大学评价应该以促进各种类型、各种层次的大学提高教育与研究水平，促进办学个性化为基本出发点。

实现大学办学个性化不仅需要上述一些外部条件，内部条件同样也是不可缺少的。在内部条件中，毫无疑问，合适的办学理念、明确的办学目标是最为基本的。所谓合适的办学理念是指各种类型、层次的高等学校确立的办学理念应该与各自的条件、定位等相符合。只有在确立了合适的办学理念与明确的办学目标，并将之渗透到高校的各项活动中去，才能逐渐形成高校办学的风格与个性。

总之，以扩大高校办学自主权为主要内容的高等教育体制改革的进行和《高等教育法》的实施为在我国实现大学办学个性化开辟了道路，但是大学个性之形成还需要各种类型的大学在办学实践中充分发挥自主性与积极性。

第二节　大学市场化行为

市场经济的大潮不仅冲刷着每一个人的思想和行动，而且影响着由诸多单个人组成的组织机构的理念和行为。被人们称之为"象牙之塔"、有着

800余年历史的大学（如果以中世纪大学为起源的话）也在市场经济的潮流中逐渐发生着变化。所谓"大学市场化行为"就是人们对市场经济中大学之变化的一种概括。什么是大学市场化行为？大学市场化行为的具体表现有哪些？大学市场化行为形成的原因及条件是什么？大学市场化行为将对大学的未来发展产生什么影响？分析与回答这些问题无疑有助于我们深刻认识在市场经济条件下大学所发生的变化，并有助于我们在市场经济之大潮中对大学的本质保持清醒的认识，不至于丧失大学的"自我"。

一、大学市场化行为之概念界定

我们在把某一社会现象或社会问题放在学科层面上、从科学的角度去加以分析时，首先对涉及这一社会现象或社会问题的基本概念做出明确的界定是十分必要的。否则在讨论中就会出现逻辑混乱、论理不清等社会科学研究中常发生的问题。

在有关大学市场化行为的讨论中，毫无疑问，市场化行为是必须首先明确的基本概念。市场化行为又可称为市场行为，它是人们在市场经济社会中遵循市场规则与他人发生商品交换关系时所产生的行为。马克思曾经指出过："生产劳动的分工，使它们各自的产品互相变成商品，互相成为等价物，使它们互相成为市场。"[①]因此，与他人发生商品交换关系的市场行为遵循的是价值规律和等价交换原则，并以此为主要特征。

依照概念演绎由一般到具体的逻辑路线，我们可以从市场化行为的一般概念中推导出大学市场化行为的基本含义，即在市场经济社会中作为社会机构的大学遵循市场规则在与其他社会机构或个人发生商品交换关系时所产生的行为。这里，怎样解释大学生产的商品及其交换关系成为理解大学市场化行为的关键。在市场经济社会中，大学用来与其他社会机构或个

---

① 中共中央马克思 恩格斯 列宁 斯大林著作编译局编：《马克思恩格斯全集（第25卷）》，人民出版社1972年版，第718页。

人进行交换的商品是什么呢？人们似乎可以从大学的产出中直接找到答案——知识与人才。而当我们具体分析知识与人才这两种商品在市场经济社会中的交换过程时，可以发现两者之间存在较大的差异。

大学是传授知识与生产（创造）知识的机构，在市场经济社会中大学与其他社会机构或个人进行知识商品的交换时，这种交换因传授知识与创造知识的性质不同而有所区别。大学与其他社会机构或个人就其所生产的知识进行的交换，也就是我们通常所说的科技成果转让，是一种直接的商品交换，遵循的是价值规律与等价交换原则。大学通过出售知识、转让成果这种方式，与知识、成果的使用机构或个人发生直接的劳动交换关系。

由于大学传授知识的对象多为个人，因此就传授的知识所发生的交换关系主要在大学与个人之间。大学与个人所进行的（传授的）知识交换是否也是一种直接的商品交换、遵循着价值规律与等价交换原则呢？确实，交费上大学已经成为一种普遍制度。在一些国家的一些大学，学费被分配在每门课程的学分上，明码标价，"学分由于较为准确地反映了知识的量和质，因而被用作知识消费者（学生）和知识提供者（大学）之间进行交换的'货币'"。①因此我们把在这些大学所进行的大学与学生之间的知识交换称作直接的商品交换也未尝不可。但是在许多国家，政府依然通过直接或间接的方式给大学拨款或进行经费补助，学生所交学费只占大学经费的小部分。在这种状况下，大学与学生之间的知识交换就不是或不完全是在价值规律与等价交换原则之下的商品交换，因为至少学生没有支付大学传授知识的全部成本。

与上述知识的交换过程相比，人才的交换过程就显得更为复杂。从大多数国家实行的大学毕业生自主就业制度中，我们可以看到这样一种现象：学生毕业后的就业完全是个人行为，用人单位根据市场价格确定就业者的工资报酬，作为生产毕业生的"企业"——大学与使用毕业生的机构

---

① 陈列：《市场经济与高等教育——一个世界性的课题》，人民教育出版社1996年版，第171页。

之间不存在直接的交换关系。有人认为："这是一种特殊的交换劳动成果的方式，即通过高校向学生收费、学生又向用人单位获取报酬这一中介环节，实现高校与社会各部门之间劳动成果的交换。"①虽然从根本上讲，在市场经济社会中大学在为社会提供人才商品时，按照价值规律和等价交换原则获取了应有的回报，但是像其他商品那样的直接的交换形式是不存在的。换句话说，大学不能像企业为社会提供商品那样，实现"一手交货（人才），一手取钱"。人才商品（或曰劳动力商品）的这种间接、特殊的交换方式是由教育的本质与人才商品的特性所决定的。

通过以上的简略分析，我们是否可以得出这样的结论：由于大学与其他社会机构或个人之间就大学所生产的知识进行的交换直接依据着价值规律和等价交换原则，因此这类行为属于市场化行为；在传授知识方面，大学与学生之间的知识交换不是或不完全是在等价交换原则之下的商品交换（在大多数情况下），因此大学传授知识的行为不是或不完全是市场化行为；教育的本质与人才商品的特殊性决定了大学在向社会各部门提供人才商品时采取的是一种"非市场化行为"的方式。

二、大学市场化行为之产生原因及条件

在大学市场化行为产生的原因及条件中，首先应该提到的当然是市场经济社会的存在。只有在市场经济社会中，知识才会成为商品，才会有大学与其他社会机构或个人之间发生的商品交换关系。但是，我们从一些市场经济国家的大学运营状况来看，市场化行为的多少，或者说大学行为中的市场化因素的强弱在不同国家，甚至在同一国家的不同大学之间都有着较大的差别。市场经济社会只是大学市场化行为产生的一个必要背景，高等教育体制、高等教育传统等在大学市场化行为的形成过程中起着重要的影响作用。

---

① 陈列：《市场经济与高等教育——一个世界性的课题》，人民教育出版社1996年版，第159页。

如果我们将市场经济社会中影响高等教育运行的外部因素归纳为市场调节和政府计划指导这两个主要方面的话，那么美国属于以市场调节为主的高等教育体制。美国学者伯顿·克拉克认为："在世界上几个主要的先进国家的高等教育系统中，美国的系统是最缺乏组织的，几乎完全是一种相互之间自由竞争的市场。"[1]在以市场调节为主的高等教育体制内，大学的市场化行为表现得较为突出，或者说大学行为中的市场化色彩较为浓厚。市场化行为不仅表现在大学生产、销售知识的过程中，而且渗透进大学传授知识的领域。大学毕业生在劳动力市场上的就业状况及教育报酬率的高低成为影响各大学，特别是私立大学决定其学费（学费可以视为大学所传授的知识的价格）标准的主要因素。例如1992—1993年度美国私立大学四年制本科生的学费最高的学校达1.5万美元，最低的学校只有1000美元；公立大学的学费也因学校不同从1000美元到3000美元不等。[2]同样，这种价格上的差距还表现在不同专业之间，其决定因素也为市场需求。例如，康奈尔大学1990年生命科学专业的学费为6800美元，兽医专业为9450美元，法律专业为15900美元，营销专业为16000美元。[3]一些大学采取的将学费分配到各门课程的学分上，明码标价的做法则把大学与学生在传授知识上的商品交换关系表现得更为淋漓尽致。大学的市场化行为以及调节高等教育发展的市场机制促使美国大学之间竞争激烈，更替频繁。仅20世纪70年代，关闭的高等院校就有144所，同时新设院校260所。"市场模式就是以这种适者生存，不适者淘汰的方式促进高等教育发展的。"[4]

与美国的以市场调节为主的高等教育体制形成鲜明对照的是欧洲大陆

---

① ［加］约翰·范德格拉夫等编著，王承绪、张维平、徐辉等译：《学术权力——七国高等教育管理体制比较》，浙江教育出版社1989年版，第117页。

② 陈列：《市场经济与高等教育——一个世界性的课题》，人民教育出版社1996年版，第74页。

③ 韩骅：《西方五国高校财政状况简介》，载《湖北高教研究》1993年第2期。

④ ［美］伯顿·克拉克主编，王承绪、徐辉、郑继伟等译：《高等教育新论——多学科的研究》，浙江教育出版社1988年版，第101页。

许多国家的以政府计划指导为主的高等教育体制。这种体制的一个重要特征是大学的经费主要来自政府的财政拨款，并且实施免费或低收费的学费制度。在以政府计划指导为主的高等教育体制内，大学行为中的市场化因素较少，尤其是在传授知识上不存在大学与学生之间的直接商品交换关系。日本的国立大学体制是在模仿德国大学模式之基础上形成的，我们不妨以日本的国立大学为例来具体分析在政府计划指导下的高等教育体制中的大学（经济）行为。在日本的622所（1999年）本科大学中，国立大学有99所。[①]虽然国立大学的数量仅占总数的15.9%，但是它代表着日本高等教育的最高水平。1998年国立大学每校的平均经费为207.5亿日元，而私立大学的每校经费仅83.5亿日元，国立大学的校均经费是私立大学的2.5倍。[②]按照"设置者负担"的办学原则，国立大学的经费主要由中央政府财政支出。根据日本《国立学校特别会计法》的有关规定，国立大学的经费来源包括政府预算拨款、学费、附属医院的收入、捐赠以及其他附属事业收入等。如1998年日本国立大学的年度预算收入中各项经费所占比例分别是：政府财政拨款56.8%，附属医院收入18.8%，学费12.4%，产学合作等研究收入2.0%，借款2.8%，其他收入7.2%。虽然大学自身的各项收入占年度预算总收入的比例达到40%左右，但是由于这些收入被纳入政府的国立大学预算之内，因此其用款方式与政府拨款相同，必须严格遵循《国立学校特别会计法》的规定。日本国立大学虽然对学生收取一定的学费，且近些年来学费数额呈逐渐增长的趋势，但是从学费收入仅占国立大学预算总收入的12.4%这一低比例中不难看出，学生只是象征性地负担了学校培养成本的小部分。日本政府仍然将高等教育作为一项政府必须承担的事业，国立大学是政府实施这一事业的支柱机构。政府对高等教育特别是国立大学发展的计划指导虽然必须根据社会发展不断做出相应的调整，但是国立大学的办学依据的是学术发展与高等教育发展的规律与原则，从大学行为中看不

①［日］文部省：《文部统计要览》，大藏省印刷局2000年版，第2、4页。
②［日］文部省：《文部统计要览》，大藏省印刷局2000年版，第79、155、159页。

出明显的市场化因素。

从上述分析中我们可以得出这样一个基本结论：在以市场调节为主的高等教育体制内，大学行为中的市场化因素较强，或者说出现了不少市场化行为；在以政府计划指导为主的高等教育体制内，大学行为中的市场化因素较弱，或者说较少有市场化行为。如果我们进一步具体分析，还可认为市场化行为的有无或多少在很大程度上取决于大学是否具有较为稳定、充足的政府财政支持和独立的财政自主权。在以政府计划指导为主的高等教育体制内，大学一般可以从政府那里得到稳定、充足的财政支持，但较少有独立的财政自主权；反之，在以市场调节为主的高等教育体制内，政府给大学的财政支持是不确定的、部分的，大学则享有高度的财政自主权。

三、市场化行为对大学发展的影响

20世纪下半叶，世界高等教育经历了前所未有的规模扩张与迅速发展的过程。高等教育入学率不断提高，高等教育人口不断增多，在许多国家高等教育正在成为重要的社会文化、科学、经济活动领域，大学正在成为社会发展的"轴心"机构。高等教育规模的日益庞大使得传统的高等教育运行模式遇到新的挑战，在那些以政府计划指导为主的高等教育体制内，政府支持高等教育的方式是否需要改变、如何改变等成为高等教育改革的新课题。伯顿·克拉克在对一些发达国家的高等教育系统作了比较分析之后认为："不管这些高等教育系统规模大小如何，是集权化的还是分权式的，随着成员数目的增加和任务的增多，市场调节的作用也在扩大。"[1]因此，大学行为中的市场化因素不断增强，呈现出以市场化行为作为大学办学与发展之重要手段的趋势。在我国，随着适应社会主义市场经济发展而展开的高等教育体制改革、高校办学体制改革以及高校收费改革的不断深

---

[1] ［美］伯顿·克拉克主编，王承绪、徐辉、郑继伟等译：《高等教育新论——多学科的研究》，浙江教育出版社1988年版，第130页。

入，大学市场化行为也愈来愈成为人们关注的热点问题。在这种转变与发展过程中，需要我们对市场化行为对大学发展的影响有一个清晰的认识。

大学市场化行为的出现是大学对市场经济社会发展的一种主动适应，也是经费来源多样化过程中大学谋求发展的一种选择。因此，大学市场化行为对大学发展的影响首先是进一步改变了传统的大学观念，使大学更加贴近社会，贴近市场。曾几何时，大学作为培养医生、牧师、法官的闲暇机构，作为培养学者、科学家的摇篮，一直被人们视为崇尚真理、追求学问、脱离社会、远离物欲的"圣域"。在现代市场经济社会，崇尚真理、追求学问的基本精神虽然没有改变，但是大学的发展已经与社会发展紧密联系在一起，大学必须在充满竞争的市场经济中学会生存与发展。"市场模式的主要优点是它可以不断地刺激学院和大学，使其适应不断变化的经济和社会状况。"①

市场化行为还促使大学之间进一步分层、分化，使大学体系更加形式多样，丰富多彩。公平竞争，优胜劣汰，是市场经济的基本法则，同样也规范着大学的市场化行为。在激烈的市场竞争中，一所大学赖以生存与发展的是它适应市场需要的办学特色与个性。这一点，在市场化程度较高的美国大学体制中体现得尤为明显。正如伯顿·克拉克所说的那样："在美国这种系统中，消费者的需求起着重要作用。消费者掌握着平衡杠杆，而计划者却没有；消费者不仅可以选择进入哪所院校，而且可以随意退出，从一所院校转到另一所院校。由于存在着如此广泛的入学选择权和以后的退学权、转学权，因此各学院和大学的生存或者依赖于满足用户的需要，或者依赖于以自己大学的优秀质量来吸引用户。只有形成自己学校的特色才能吸引用户，雷同则不能。既然如此，许多院校都努力建立自己的特色，而不是被动地接受统一的模式。"②

① ［美］伯顿·克拉克主编，王承绪、徐辉、郑继伟等译：《高等教育新论——多学科的研究》，浙江教育出版社1988年版，第101页。
② ［加］约翰·范德格拉夫等编著，王承绪、张维平、徐辉等译：《学术权力——七国高等教育管理体制比较》，浙江教育出版社1989年版，第118页。

　　我们在看到市场化行为促进大学发展的同时，不能忽视它的负面影响。这种负面影响主要是因观念改变而造成的行为扭曲。由于市场化行为的准则是价值规律与等价交换原则，因此大学与其他社会机构、大学与学生之间的关系会被人们理解为一种简单的"买卖关系"。"教师清楚地知道用于学生身上的时间的金钱价值，学生也知道他们拥有占用教师一定时间和精力的权利，如果学生们认为他们的钱花得不值得，他们就会诉诸法院要求赔偿。"[①]这种表面上的买卖关系掩盖了教师与学生之间的教育者与被教育者这一大学教育的本质联系。因此，如果过分强调或过于看重在传授知识上大学与学生之间的交换关系，就可能产生忽视大学教育功能之危险。而由市场化行为所造成的大学教育功能的削弱甚至丧失无疑将使大学徒有其名。

　　市场化行为的增多还会助长在大学办学过程中的功利主义倾向，使大学行为染上浓厚的功利色彩。这种功利主义倾向在大学教学活动中的主要表现是课程设置愈来愈商业化、实用化。例如，在以市场调节为主的美国高等教育体制中，文科教育深受市场因素的影响，商业化倾向日渐突出。根据20世纪80年代中期的调查，有75％的大学不要求被授予学士学位的大学毕业生掌握欧洲史，77％的大学不开设美国文学课或美国历史课，82％的大学不开设古希腊和古罗马文明史课程；从1970年以来，把哲学列为主修科目的大学比以前减少了41％，把历史列为主修科目的大学减少了62％，把现代语言列为主修科目的大学减少了50％。[②]办学的功利主义倾向还表现在科研活动中，那就是为了追求经济利益，尽快兑现经济价值，改变大学科研中各类研究的构成，削弱基础研究，把应用研究的比例扩大到不适当的程度。我们知道，大学的学科发展、人才培养和科学研究除它们

---

　　① ［美］伯顿·克拉克主编，王承绪、徐辉、郑继伟等译：《高等教育新论——多学科的研究》，浙江教育出版社1988年版，第110页。

　　② 陈列：《市场经济与高等教育——一个世界性的课题》，人民教育出版社1996年版，第83页。

的即时效益（包括社会效益与经济效益）之外，更对科学进步和社会的未来发展负有不可推卸的责任。因此，大学的教学与研究活动在考虑到现实利益的同时，更应着眼于长久发展。而在市场化行为影响下所形成的大学办学的功利主义倾向将可能使大学难以胜任开拓未来之重任。

总之，市场化行为是在市场经济社会中大学适应外部社会条件变化所产生的部分行为变异，也是大学经费来源多样化使然。在发生这种行为变异的状况下，如何处理好适应市场与遵循学术传统、现实利益与长远发展之间的关系，不仅是大学自身的问题，政府也有责任把握好政策导向。这里我们借用联合国教科文组织1995年发布的《高等教育变革与发展的政策性文件》中的一段话作为本节的结束语。"归根结底，如果希望大学或任何其他的高等教育机构对社会的变革和进步作出显著的贡献，则国家和整个社会不应将高等教育只看作公共预算的负担，而更应看作增强经济竞争力、促进文化发展和增强社会凝聚力的一项长期投资。……结论是，为了确保高等教育的教育、社会和制度之使命的完成，对高等教育的公共资助仍然是最必需的。"[1]

第三节　研究型大学的学问生产

对于一个国家的大学系统来说，研究型大学的质量、数量是决定系统的整体水平和社会贡献程度的重要因素。美国的大学系统之所以能在国际上处

---

[1] 赵中建编：《全球发展的研究热点——90年代来自联合国教科文组织的报告》，教育科学出版社1999年版，第157页。

于领先地位，并在美国乃至世界的科学技术、经济、文化发展中发挥着举足轻重的作用，原因之一是它拥有数十所世界顶尖的研究型大学。因此，努力建设具有国际水平的研究型大学是许多国家发展高等教育的主要政策方向。在有关研究型大学的政策制订及实施过程中，什么是研究型大学、研究型大学具有哪些不同于一般大学的本质特征，这是人们首先面对并必须明确的基本问题。从对研究型大学的作用与主要任务的认识之角度出发，可以认为具有较高的学问生产能力是研究型大学的本质特征。

一、学问生产能力之界说

近年来，大学的社会职能是高等教育理论研究的热点之一。人们通常认为培养人才、发展科学、服务社会是现代大学的三项基本职能。职能，从理论上讲，是大学与社会之间关系的反映，即职能是大学之于社会的作用。大学发挥社会职能的依据则在于大学内部，人才的生产能力和学问的生产能力是大学发挥社会职能的基础（现代大学的生产能力大体上可以划分为这两大类，至于可能会被人们提及的"物质的生产能力"即使存在，也似可看作学问的生产能力的延伸）。所谓人才的生产能力主要表现为生产的人才的规格、数量、质量等。学问的生产能力则指在科学的理论、法则、概念、物质的发现与发明方面的数量与质量。分析大学的人才的生产能力和学问的生产能力可以有两个层次，即作为整体的大学（大学系统）和作为个体的大学。以前者为对象，在于比较不同大学系统的差异；以后者为对象，则主要在于比较某一系统内大学间的异同。本节以对后者的分析为主。

由于现代大学系统是由各种不同层次和类型的大学所构成的，因此，不同类型和层次的大学在人才的生产能力、学问的生产能力方面存在着差异，这是不言而喻的。日本有学者按照人才的生产能力和学问的生产能力的不同（生产能力高的为"+"，生产能力低的为"−"）将大学分为4种类型，如表5-1所示。

表5-1　根据两种能力的大学分类

	人才的生产能力	学问的生产能力
A型	+	+
B型	－	+
C型	+	－
D型	－	－

资料来源：〔日〕有本章：《学問中心地の研究》，东信堂株式会社1994年版，第13页。

　　表5-1所显示的4种类型分别为：A型，具有在人才与学问两方面的高生产能力，这类大学又可称为"全能型"；B型，虽然在学问的生产方面具有高能力，但是人才的生产能力却比较低，这类大学又可称为"研究偏向型"；C型，与B型相反，这类大学属于"教育偏向型"；D型，人才与学问两方面的生产能力都比较低，这类大学似可称为"低能型"。在一个大学系统中，D型大学由于其生产能力低下，面临着或者提高能力，或者逐渐被淘汰的必然选择。C型大学虽然学问的生产能力偏弱，但是较强的人才生产能力使它们成为大学系统中不可或缺的部分，美国的教养型的文理学院当属于此类。B型大学的人才生产能力较弱的特点使它们有点儿像研究机构，但有少数研究型大学或许恰恰如此。A型大学是研究型大学的理想模式。一些世界顶尖的研究型大学，应该说它们的人才生产能力与学问生产能力同样是出类拔萃的。

　　从上述分类中我们可以看到，在现代大学系统中只有一部分大学具有较高的学问生产能力，这些大学就是研究型大学。研究型大学以较高的学问生产能力为本质特征，一方面反映了大学这一社会组织的基本特点，另一方面是现代大学的发展、分化使然。自从19世纪德国的大学以其高深的学问研究领先于世界各国、德国模式成为人们模仿的样板、研究成为大学的主要活动以来，大学必须具有学问的生产能力，以开展科学研究来培养人才、发展科学知识、服务于社会发展，这一点已经成为共识。但是，现代大学体系已经发展成为一个庞大的系统，其中包含多种层次与类型的大学以适应来自社会的不断变化的各种需求，因此要求所有的现代大学都具有较高的学问生产能力既不现实也不可能。研究型大学就成为在现代大学系统中拥有较高学问生产能力的部分，它们担负着培养科学研究人才、发展科学知识的主要任务，代表着一个国家大学系统的水平与质量。

二、美国研究型大学的学问生产能力

现代美国大学系统不仅是世界上规模最大的大学系统，而且也是水平最高的。其原因之一就是美国大学系统内有一批世界顶尖的研究型大学。这些著名的研究型大学在学问生产和人才培养方面所发挥的作用不仅对美国，对世界而言也是具有重要意义的。例如，据调查，"1978年，全世界取得研究成果最多的44所大学的前20名中，有16所是美国的主要研究型大学，它们是德克萨斯大学、威斯康星大学、伊利诺伊大学、哈佛大学、加州大学（洛杉矶）、加州大学（伯克利）、康奈尔大学、斯坦福大学、密歇根大学、哥伦比亚大学和麻省理工学院等"[1]。又如，"据统计，在1901年至1972年间，美国共有92人获得诺贝尔自然科学奖，其中五分之三的人拥有著名大学的学士学位，并且在21所名牌大学获得了博士学位。如果排除在国外受完高等教育后再移民到美国的人，这个比例还会更高一些"[2]。美国研究型大学的学问生产能力从这些简单的数字中可见一斑。

当然，仅靠这些数字尚不能充分解释研究型大学的学问生产能力。日本有学者曾于20世纪80年代末期就美国研究型大学的学问生产能力做过一项较大规模的调查研究，我们不妨以这一调查研究为基础就研究型大学的学问生产能力作进一步的说明与分析。研究型大学的学问生产能力按照科

---

① 王英杰：《美国高等教育的发展与改革》，人民教育出版社1993年版，第59页。
② 王英杰：《美国高等教育的发展与改革》，人民教育出版社1993年版，第59页。

学研究与科学研究人才的培养这两个方面可以有5种评价与判断的指标。在科学研究方面的指标是教师队伍水平（质量）、研究成果数量和研究成果的影响度。研究成果数量与研究成果的影响度是客观评价指标，教师队伍水平为主观评价指标。科学研究人才培养方面的指标是研究生教育的效果和毕业研究生在设有研究生院大学的就职率，前者为主观评价指标，后者为客观评价指标。

在日本学者的调查研究中，所谓主观评价指标的数值是在对各学科领域一定数量的专家学者调查的基础上经统计处理得出来的。例如，"教师队伍水平"采取的是同行评价的方法，"研究生教育的效果"细分化为课程、教学、研究设施、研究生的质量、毕业研究生的科研成果、专业课程的效果等项目进行评价。根据这两项主观评价指标的数值所得出的美国研究型大学的前20所排序如下表。

表5-2　根据"教师队伍水平"和"研究生教育的效果"两项评价指标的数值所得出的美国研究型大学排序表

序号	大学	教师队伍水平的数值						大学	研究生教育效果的数值					
		数学物理学科	人文科学学科	工学学科	生物科学学科	社会科学学科	学校总体评价		数学物理学科	人文科学学科	工学学科	生物科学学科	社会科学学科	学校总体评价
1	麻省理工学院	73	67	73	74	67	71	麻省理工学院	71	65	72	75	68	70
2	加州大学（伯克利）	70	66	74	63	69	68	加州大学（伯克利）	69	64	73	62	67	67
3	哈佛大学	69	66		69	69	68	斯坦福大学	69	62	73	63	68	67
4	洛克菲勒大学	63			71		67	加州理工学院	66		68	72	59	66
5	斯坦福大学	69	61	72	64	68	67	哈佛大学	67	63		69	65	66

续表

序号	大学	教师队伍水平的数值						大学	研究生教育效果的数值					
		数学物理学科	人文科学学科	工学学科	生物科学学科	社会科学学科	学校总体评价		数学物理学科	人文科学学科	工学学科	生物科学学科	社会科学学科	学校总体评价
6	加州理工学院	67		69	70	56	65	康乃尔大学	66	60	63	62	61	62
7	加州大学（旧金山）			65			65	普林斯顿大学	64	67	64	55	61	62
8	耶鲁大学	62	66	53	67	69	63	密歇根大学	59	60	61	64	66	62
9	普林斯顿大学	65	67	64	56	62	63	耶鲁大学	62	64	51	66	67	62
10	加州大学（洛杉矶）	64	59	60	64	64	62	洛克菲勒大学	55			69		62
11	康乃尔大学	66	59	63	62	60	62	伊利诺伊大学	61	58	69	59	59	61
12	密歇根大学	58	60	62	63	66	62	威斯康星大学	63	55	62	63	63	61
13	哥伦比亚大学	64	64	54	64	61	61	加州大学（旧金山）				61		61
14	伊利诺伊大学	62	57	68	60	59	61	加州大学（洛杉矶）	63	58	59	62	61	61
15	威斯康星大学	63	54	62	62	63	61	哥伦比亚大学	61	61	55	61	58	59
16	宾夕法尼亚大学	56	60	55	64	64	60	宾夕法尼亚大学	56	59	55	61	62	59
17	芝加哥大学	69	60	40	58	70	59	卡内基梅隆大学	59		58		58	59
18	德克萨斯大学	60	58	61	59	56	59	芝加哥大学	66	59	41	57	67	58

续表

序号	大学	教师队伍水平的数值							研究生教育效果的数值					
		数学物理学科	人文科学学科	工学学科	生物科学学科	社会科学学科	学校总体评价		数学物理学科	人文科学学科	工学学科	生物科学学科	社会科学学科	学校总体评价
19	卡内基梅隆大学	59		59		56	58	华盛顿大学	59	51	56	64	60	58
20	加州大学（圣迭戈）	59	52	58	63	58	58	德克萨斯大学	58	58	60	57	55	58

资料来源：〔日〕有本章：《学問中心地の研究》，东信堂株式会社1994年版，第244、247页。

在上述调查研究中，作为评价对象的有约220所大学，从"教师队伍水平"和"研究生教育的效果"这两项指标的评价结果来看，排在前面的20所大学基本上是相同的，只是同一所大学在两个序列中的前后位置有所不同而已（见表5-2）。这一现象至少说明教师队伍水平与研究生教育质量有着高度密切的关系。日本学者的这一调查研究的可借鉴之处在于将大学的学问生产能力具体化为包含主观评价与客观评价在内的5项指标，特别是把科研人才的培养（研究生教育）列为一大部分，突出了大学作为教育机构的特点。

三、学问的生产能力之影响因素

学问的生产能力既然是研究型大学的本质特征，那么要创办具有国际水平、世界一流的研究型大学，提高学问的生产能力就成为根本之要。在考虑如何提高学问的生产能力这一问题时，我们必须首先分析影响学问生产能力提高的条件与因素。这里，不妨先看看美国的专家学者是怎样认识这一问题的。

日本有学者曾经就学问生产能力的影响因素在美国做过一项问卷调

查，调查对象是排位在前的研究型大学的系主任。学问生产能力的影响因素从大的范围来说，可以分为宏观（大学之外）与微观（大学之内）两大类。在宏观方面，问卷所列出的影响因素有：1. 民主主义、资本主义、自由主义的社会体制；2. 国家的经济实力；3. 科学赖以存在的文化与氛围；4. 包括研究经费分配在内的政府的科学政策；5. 高等教育体制；6. 科学、学术共同体的传统与特点；7. 科学研究人员之间的交流网络；8. 科学研究人员的个性、才能；9. 其他。在收回的280份问卷中，将"科学赖以存在的文化与氛围"列为影响学问生产能力的首要因素的占32.4%，其他依次为"高等教育体制"（17.7%），"民主主义、资本主义、自由主义的社会体制"（14.7%），"科学、学术共同体的传统与特点"（11.0%），"包括研究经费分配在内的政府的科学政策"（11.0%），"国家的经济实力"（7.72%）等。[①]

在微观方面，问卷列出了以下一些影响因素：1. 研究资金；2. 研究设施、设备；3. 工资待遇；4. 课程与教学改革；5. 教师与研究生的数量；6. 教师与研究生的质量；7. 大学的政策；8. 大学自治与学术自由；9. 学科的传统；10. 其他。从选择回答来看，将"教师与研究生的质量"列为首要影响因素的占收回问卷总数的47.9%，其次为"研究资金"（30.4%），这两项加起来接近80%。剩余选项中占比较大的还有"大学自治与学术自由"（6.4%），"研究设施、设备"（6.4%）等。[②]

上述问卷调查的对象——美国一流研究型大学的系主任们长期工作于高水平大学之中，如何保持与提高本系科的学术水平是他们的主要任务，因此，他们的关于研究型大学学问生产能力的影响因素的观点是具有很大的参考价值的（虽然从数量上讲，回答问卷的只是一部分系主任）。综合上述观点，并结合研究型大学的办学实际，我们将影响研究型大学学问生产能力的主要因素归纳如下：

1. 政策因素。现代大学体系已经发展成为一个庞大的社会组织系统，

---

① ［日］有本章：《学问中心地の研究》，东信堂株式会社1994年版，第217页。
② ［日］有本章：《学问中心地の研究》，东信堂株式会社1994年版，第229页。

无论是集权的管理体制还是分权的管理体制，政府都在这一系统的维持、发展中发挥着愈来愈重要的作用，政府的政策日益成为引导大学改革与发展的主要因素。在研究型大学的发展（包括学问生产能力的提高）方面，也是如此。当代美国的研究型大学之所以能处于世界领先地位，与美国政府长期以来采取的支持政策是分不开的。早在1945年第二次世界大战结束时，美国联邦科研和开发办公室主任万尼瓦尔·布什就向总统提交了一份题为《科学：无边的疆界》的报告，报告强调联邦政府要继续加强对科研和开发的投入，加强基础研究，支持大学建立重点实验室；成立国家科学基金会，促进科学和教育发展；鼓励大学在军事—工业综合体中发挥作用等。[①]这份报告成为战后美国科学研究发展的纲领性文件。在实践中，美国政府一直用巨额资金资助研究型大学的科学研究，从事基础科学研究的国家实验室几乎全部设在大学，主要研究型大学（包括私立）科研经费的90%以上来自联邦政府。[②]可以说，美国政府的科学政策在提高研究型大学的学问生产能力并使其保持世界领先水平方面发挥了重要的支撑作用。

日本近年来的大学改革动向也体现出政府在建设研究型大学方面的努力。20世纪90年代后期，以东京大学为首的少数一流大学开始了一项名为"研究生院重点化"的改革。通过改革，大学教师的工作重心由本科教育转向研究生教育，研究生教育的规模进一步扩大，同时政府也大幅度增加了经费投入。这项改革所要达到的目的正如文部科学省的咨询机构大学审议会在一份咨询报告中所指出的那样："从积极开展具有世界前沿水平的教育与研究，培养能够适应我国社会与国际社会发展的活跃于诸多领域的优秀人才这一观点出发，有必要支持、形成一批作为高水平教育与研究基地的研究生院。"政府运用政策制定、经费投入等手段建设研究型大学，这正在成为一些国家发展科学研究、提高高等教育的整体水平和国际竞争力的重要举措。

---

① 施晓光：《美国大学思想论纲》，北京师范大学出版社2001年版，第102页。
② 王英杰：《美国高等教育的发展与改革》，人民教育出版社1993年版，第68页。

2. 体制因素。影响研究型大学的学问生产能力的体制因素中的"体制"主要是指科研体制与高等教育体制。在上述引用的问卷调查中，高等教育体制被一部分美国研究型大学的系主任列为影响学问生产能力的首要因素。我们认为高等教育体制对学问生产能力的影响主要表现在这样两个方面：一是体制是否利于研究型大学的发展，二是体制是否利于一流科研人才的成长及其才能的发挥。人们在分析美国一流研究型大学的发展时发现，一种为保持高水平而形成的体制发挥着积极的作用。1900年，16所研究型大学（加州大学、芝加哥大学、哥伦比亚大学、康奈尔大学、哈佛大学、约翰斯·霍布金斯大学、密歇根大学、宾夕法尼亚大学、普林斯顿大学、斯坦福大学、威斯康星大学、耶鲁大学、伊利诺伊大学、明尼苏达大学、加州理工学院、麻省理工学院）组成了美国大学协会。该协会的宗旨主要在于通过评价成员大学的办学状况、加强成员大学之间的联系来维持成员大学的高水平。虽然美国大学协会成立至今已逾百年，但是成员只有50余所大学，不足美国3000多所大学总数的2%。这种依靠民间组织来保障大学质量的体制可以说是适于美国研究型大学生存与发展的良好的"生态环境"。

研究型大学的学问生产能力实际上是在研究型大学从事教育与研究活动的每一位教师和科研人员的学问生产能力的总和。因此，教师和科研人员的水平高低直接决定着大学的学问生产能力，这是众所周知的道理。问题在于如何创设能够吸引优秀教师和科研人员，并使他们充分施展才华的校园氛围、制度、环境。美国研究型大学在聘用教师方面的制度与做法是值得我们认真研究的。美国研究型大学在招聘教师时一般采用的方法是，公开招聘，竞争录用。一些大学规定不在本校新获得博士学位的人员中招聘教师。此外，终身教职制度也为创设学术自由的氛围奠定了基础，使得大学教授可以不为急功近利所惑，专心于那些具有重大影响意义的科学研究，特别是基础科学研究。

影响研究型大学学问生产能力的还有学界传统、经费、设备等许多因素，限于篇幅，以上只能择其要而述之。20世纪90年代以来，我国政府也以启动"211工程""985工程"等为契机，将建设具有国际水平的研究型大学作为高等教育发展的战略目标。这里我们必须明确的是，仅仅依靠增加经费投入、扩大大学规模（所谓"做大"）是不能实现建设具有国际水平的研究型大学之目标的。建设国际水平的研究型大学，关键在于提高大学的学问生产能力。而影响我国大学特别是研究型大学的学问生产能力的主要因素是什么，如何提高学问生产能力，这是需要我们进一步深入研究与分析的。

第四节　知识学科与组织学科

1985年《中共中央关于教育体制改革的决定》提出"为了增强科学研究的能力，培养高质量的专门人才，要改进和完善研究生培养制度，并且根据同行评议、择优扶植的原则，在高等学校中有计划地建设一批重点学科"以来，随着国家重点学科政策的实施、学科评估的推进以及"双一流"建设的展开，学科在高校办学中的重要性日益凸显，学科水平对高校发展来说在很大程度上具有了指标性意义。因此，学科制度、学科建设、学科评估等成为近年来我国高校办学实践探索与理论研究的一个重要领域。几十年的学科建设，虽然取得了许多成效，积累了不少经验，但是在科学知识迅速发展、知识生产方式不断变化的背景下，有必要对学科及学科建设的理念、制度等作进一步深入的探讨与反思。

一、知识：学科的本质存在

所谓知识学科，主要指学科的知识形态。大学中的学科以知识为基础，学科是体系化的知识在大学中的存在形式。学科与大学是共生的。中世纪大学的诞生与神学、法学、医学息息相关，神学院、法学院、医学院、文学院作为早期大学中的"学科组织"伴随着大学成长。近代之前大学中的学科由于学科自身发展的阶段性与现代大学的学科有着很大的不同。譬如有学者认为，早期的学科可以归入哲学的统辖之下，形成了一个"学科的哲学体系"，由包括形而上学、物理学、数学等的理论学科，包括伦理学、经济学、历史学等的实践学科和包括逻辑学、修辞学、雄辩术等的诗歌这三大组成部分所构成，[①]所谓的"哲学时代"也许是对近代之前大学学科特点的一种比较贴切的概括。"18世纪自然科学的发展，不仅对经济、工业、采矿业、农业和军事科学的发展产生了巨大的影响，而且也使得物理学和化学的发展突破了大学的围墙，从之前单纯的辅助性学科，发展成为独立的基础科学。而它们在19世纪的进一步分化，产生了许多新兴的学科，进而影响到了大学。"[②]大学的学科发展遂进入"科学时代"。在西方大学几百年的历史演进中形成的"大学自治"与"学术自由"的传统孕育了西方大学学科发展的两个基本特征：一是学科发展是各大学的内部事务，包括政府在内的外部社会虽然有时会对大学的学科发展产生影响，但是这种影响一般来说不是决定性的；二是由于知识进化是影响大学中学科发展的规定性因素，因此如何遵循知识发生、发现与进化的规律对于大学中的学科发展十分重要。

知识作为学科的本质存在对大学中的学科设置与发展起着重要甚至决定性的影响作用。从大学的发展来看，无论在什么时代，大学中的学科所

---

① ［比］希尔德·德·里德-西蒙斯主编，贺国庆等译：《欧洲大学史　第二卷　近代早期的欧洲大学（1500—1800）》，河北大学出版社2008年版，第521页。

② ［瑞士］瓦尔特·吕埃格主编，张斌贤、杨克瑞译：《欧洲大学史　第三卷　19世纪和20世纪早期的大学（1800—1945）》，河北大学出版社2014年版，第530页。

包含的知识都只是人类知识体系中的一部分。什么样的知识可以进入大学、构成学科在很大程度上取决于知识的性质。譬如，中世纪大学的学科主要围绕着神学、法学、医学、文学而构成。但是在中世纪的社会，知识绝非只有这4个门类。其实，"如果考虑'社会需要'，那么像建筑学、军事技术、造船术、机械制造和开采矿业方面的技术科学，以及像农业、兽医学和制药方面的应用科学，都应该出现在大学里。这些学科的训练对中世纪社会都是必需的，因此，如果从社会需要考虑，政治和经济上的统治阶级就应该对这些领域的专家培养和知识发展拥有强烈的兴趣"[①]。那么，为什么这些技术科学、应用科学没有进入中世纪大学，成为大学的学科呢？

"事实是，把在社会上非常重要的'技术'学科（这些学科的传播依赖于类似行会的组织安排）与大学中讲授的学科之间进行比较，就可以看出，学者获得闲暇的机会对于学院学科的发展具有相当重要的作用，这种闲暇使他们得以摆脱获得生活必需品的直接关注（这是普通职业的特征）。这种摆脱实际利益，全身心地对宇宙神圣秩序原理和人类事务进行学术研究的思想，直接来源于希腊哲学的范畴。但是这种来源，探索理性解释现实的基本形式，是所有学院科学和学术方法的基本特征。这种探索也是中世纪大学——它的基本结构是改革的结果——特有的思想基础。"[②]德国哲学家费希特在19世纪初对什么样性质的知识可以进入大学、成为大学的学科作了进一步的阐释。费希特把知识分为学术的知识与实务的知识两类，即使在神学、法学、医学中也有学术的知识与实务的知识之分，而大学中所学习、研究的知识应是学术的知识，例如法学中法的历史、法的理论等，医学中的解剖学、植物学等，神学中的语言学、宗教史等。在他看来，"牧师所需要的技法，诸如教义解答、说教以及与普通人在社交场合交往的方

---

① ［比］希尔德·德·里德-西蒙斯主编，张斌贤等译：《欧洲大学史　第一卷　中世纪大学》，河北大学出版社2008年版，第28页。

② ［比］希尔德·德·里德-西蒙斯主编，张斌贤等译：《欧洲大学史　第一卷　中世纪大学》，河北大学出版社2008年版，第32-33页。

法，这些是与大学的科学学习的目的相反的，因此应该把它们从大学中分离出去，由经验丰富的牧师指导训练最为适宜"①；"实际生活中运用法律的方法之传授是大学以外的事情，对于希望学习这类知识与方法的学生，应为他们设立专门的训练机构，使他们有可能为将来的职业做准备"②；"医术应该从学术学校即大学中分离出来，另外设立一个独立的机构，在那里不与科学混合，只学习医生所需要的实际经验与知识。设立这样的独立机构，对于过去经常处于医术的侍女地位的自然科学，对于医术自身，对于整个学术社会来说，都有无法估量的好处"③。在近代之前的大学，人们依据对大学的理解（理念）以及对知识性质的认识，构建了统辖于哲学之下的"学科体系"。进入现代之后，随着科学的不断进步、知识的迅速膨胀，大学中的学科体系日渐庞大，学科数量持续增长。尽管如此，知识的性质仍然是影响知识进入大学成为学科的重要因素。有学者认为："知识可以大致划分为两个层次，其一为一般性知识，其二为高深知识。而且通常说来，普通教育传授的知识属于一般性知识，而高等教育传授和研究的对象是高深知识。"④高深知识与一般性知识之所以具有层次上的不同，在很大程度上是它们各自不同的性质使然。高深知识对于现代大学来说十分重要，不仅"是学术系统中人们赖以开展工作的基本材料"⑤，而且是大学学科构成的基础。

———————

　①［德］费希特著，［日］梅根悟译：《ベルリン創立予定の、科学アカデミーと緊密に結びついた、高等教育施設の演繹的プラン》，见［德］费希特等。《大学の理念と構想》，明治图书出版株式会社1970年版，第54页。

　②［德］费希特著，［日］梅根悟译：《ベルリン創立予定の、科学アカデミーと緊密に結びついた、高等教育施設の演繹的プラン》，见［德］费希特等。《大学の理念と構想》，明治图书出版株式会社1970年版，第50页。

　③［德］费希特著，［日］梅根悟译：《ベルリン創立予定の、科学アカデミーと緊密に結びついた、高等教育施設の演繹的プラン》，见［德］费希特等。《大学の理念と構想》，明治图书出版株式会社1970年版，第51页。

　④陈洪捷：《论高深知识与高等教育》，载《北京大学教育评论》2006年第4期。

　⑤［美］伯顿·克拉克著，王承绪译：《高等教育系统》，杭州大学出版社1994年版，第25页。

二、组织：学科的表现形式

所谓学科组织，主要指学科的组织形态。学科的组织形态大体上可以分为两大类。一类是在大学之外的学会、科学院等。众所周知，早在17世纪，英国皇家学会、法兰西科学院等机构就已出现。学会按照知识领域构成，对于其成员虽然没有人事归属上的强制性，但是对于学者的学术声望有着近乎决定性的影响作用。学会是知识交流、思想碰撞、真理探究的重要场所，有无学会是一个知识领域能否成为学科的主要标志之一。学会、科学院在科学发展史上的作用也是不容忽视的。譬如，丹皮尔在论述19世纪科学时写道："法国科学的中心是科学院，而德国科学的中心在大学之中。"[①]

学科的另一组织形态即是大学中的学术组织。"大学体系中的核心组织是按照知识领域构成的"，大学中"最重要的组成部分是教师与研究人员的组织，教师与研究人员依据知识领域（学科）形成组织"。[②]在约900年的大学发展过程中，依据知识领域构成的学科组织通常以学院、讲座、系、研究所的形式存在于大学之中。大学内的学科组织（学院、系等）与大学外的学科组织（学会等）有着许多不同之处。首先，两种组织的构成不同。大学外的学科组织的构成比较松散，且对于组织成员不具有体制上、人事上的约束力；而大学内的学科组织的构成是紧密的，组织成员受到制度、人事的约束，必须履行成员应尽的责任和义务。其次，两种组织的功能不同。大学外的学科组织的功能基本上是单一的，即围绕某一知识领域开展活动，为了知识的交流与发展；大学内的学科组织的功能则是多样的，除知识的交流与发展之外，还在于人的培养，即为知识领域的发展以及社会某一行业、职业的发展培养后续人才。

---

① ［英］W. C. 丹皮尔著，李珩译，张今校：《科学史及其与哲学和宗教的关系》，商务印书馆1975年版，第389页。
② ［美］伯顿·克拉克著，［日］有本章译：《高等教育システム——大学組織の比較社会学》，东信堂1994年版，第39页。

大学中的学科组织在不同制度、文化的环境中，其形式与结构具有不同的特征。譬如，欧洲大学传统的讲座与美国大学的系之差别。讲座与系都是大学的基层学术组织，讲座与系皆以知识领域为基础，因此也可以说是大学的学科组织。传统的讲座制以讲座教授全权负责讲座内的诸般事务为主要特征。关于讲座制的形成，伯顿·克拉克认为："讲座组织的历史十分悠久。大部分欧洲与拉丁美洲的大学以讲座制作为组织运营的传统形式。讲座制的来源在于中世纪大学最初的组织——行会之中，行会是由授课的教授、若干作为徒弟的助手和为数不多的学生组成的。讲座制内部的等级制即是行会模式的特征之一。"[1]这里，我们似乎可以看到讲座制所反映出的欧洲大学制度与文化的传统。欧洲中世纪大学的雏形是在巴黎、波洛尼亚等城市由讲学的教师与听课的学生所组成的行会组织，在中世纪的欧洲是先有教师、学生，后有大学，以教授组织为核心的大学自治制度和以讲座教授为尊的学术文化逐渐成为欧洲大学内部组织结构（包括学科组织结构）的基本特征。美国与欧洲相比，是大学的后发国家。美国的大学、学院是欧洲移民以欧洲大学为蓝本建立起来的。1636年，美国历史上第一所高等教育机构——哈佛学院成立。"哈佛学院完全是按照英国大学的模式创建的。具体来说，剑桥大学伊曼纽尔学院对哈佛影响最大。从哈佛创办者留下来的明确的声明中，可以发现哈佛的章程是直接取自伊丽莎白时期的剑桥大学章程的。'按照英格兰大学的方式'这个用语出现在第一个哈佛学位方案中"[2]。然而，欧洲大学的以教授组织为核心的大学自治制度和讲座制的学科组织方式没有在美国的大学"生根开花"。美国大学的基层学术组织发展出一种新的形式——系。与讲座制中的教授一人全权负责讲座事务不同，"系的责任与权力分散在许多教授手中，而且副教授与助理教

① ［美］伯顿·克拉克著，［日］有本章译：《高等教育システム——大学組織の比較社会学》，东信堂1994年版，第54页。

② 贺国庆：《德国和美国大学发达史》，人民教育出版社1998年8月版，第82页。

授参与一些系的事务也是被允许的"①。为什么大学整体模仿欧洲，而大学内部的学科组织却"另辟蹊径"呢？"19世纪的美国，成长中的众多学院与逐步兴起的大学皆在理事会及管理者的控制之下，分系制正是产生于这一背景之中"②。从分系制的产生我们可以看到美国大学制度的历史与文化传统。如上所述，"欧洲的大学是从教师或学生的自治团体发展而来"，"在自治机构中，教师和学生获得了与中世纪行会类似的特权"。而在17世纪的美国"不是根据教员、教师、导师或教授来建立他们自己的学院"，"殖民地学院是由院外人士，即由牧师和地方法官组成的董事会进行管理"。哈佛学院"在1639年成立了董事会作为初始的管理机构。董事会成员包括州长、副州长、殖民地财务总管，以及三位地方法官和六位牧师"。③在殖民地时期的美国是先有大学（学院），后有教师、学生，在此基础上逐步形成了理事会（董事会）领导下的大学自治制度和建立在"平权"文化基础之上的分系制基层学科组织。

作为基层学科组织的系与讲座随着时代的发展也在不断发生着变化。以日本大学的讲座制为例。日本是近代高等教育的后发国家，1877年成立的东京大学是日本第一所近代大学。日本的近代大学制度模仿德国模式而建立，讲座制是日本大学内部学术组织的基础。1956年文部省（现为文部科学省）制定的《大学设置基准》明确了讲座制的目的、组织结构等基本要素。"讲座制是确定教育与研究所必需的专业领域，并依据这些专业领域配置教师的制度。""讲座内设教授、副教授及助教职位。根据讲座的类别如有必要，可以设置讲师，也可以不设副教授和助教。讲座由专职教授负责。如果没有合适的负责讲座的教授，专职副教授、讲师或者兼职教授、

---

①［美］伯顿·克拉克著，［日］有本章译：《高等教育システム——大学組織の比較社会学》，东信堂1994年版，第54页。

②［美］伯顿·克拉克著，［日］有本章译：《高等教育システム——大学組織の比較社会学》，东信堂1994年版，第56页。

③［美］亚瑟·科恩著，李子江译：《美国高等教育通史》，北京大学出版社2010年版，第37页。

副教授、讲师可以作为讲座的负责人。"①这一制度设计规定了日本大学讲座制的基本特征，即讲座以某一知识领域（学科）为依据设置，通常一个讲座由教授一人负责，成员可以包括副教授一人、助教等。负责讲座的教授如果不去职（退休、调离等），副教授则不能在该讲座内晋升教授。日本国立大学教育学部教育学科设置的讲座一般有教育原理、课程学、比较教育学、教育史、教育社会学、社会教育学、教育行政学等。随着高等教育发展与改革的不断深入，讲座制所存在的问题逐渐引起人们的关注。1971年，日本中央教育审议会在咨询报告中指出，在学术研究的水平不断提升和专业持续分化的进程中，"学部""讲座"这样的传统学术组织陷入了"割据主义"的状态，难以应对高等教育大众化的发展与大学改革的需要。②在20世纪90年代初开始的日本新一轮高等教育改革中，大学内部组织问题是焦点之一。1998年大学审议会在《21世纪的大学像与今后的改革策略》报告中将"建立大讲座制"作为大学学术组织改革的一个主要对策。③所谓"大讲座制"，即将若干传统的"小"讲座合并为一个大讲座，大讲座中通常包括几个相近的学科领域以及一定数量的教授、副教授，一改传统讲座制过于垂直、僵硬的权力、学术、人事体制和过于狭窄的学科构成，使得学科发展、教师晋升、人员编制等具有了更多的灵活性。这一"大讲座制"的改革已经在日本许多大学中实施。例如，名古屋大学教育学部教育学科将过去的十多个小讲座合并组成为三个大讲座：即终身发展教育学讲座，包括教育史、教育行政学、社会教育学、终身教育学和技术教育学；学校信息环境教育学讲座，包括课程学、教育方法学、教育经营学和教师教育学；相关教育科学讲座，包括人的发展学、教育人类学、比较教育

————————

　　①［日］天诚勋，庆伊富长：《大学设置基准の研究》，东京大学出版会1983年版，第321页。

　　②［日］天野郁夫：《大学改革を问い直す》，庆应义塾大学出版会2015年版，第282页。

　　③［日］天野郁夫：《大学改革を问い直す》，庆应义塾大学出版会2015年版，第284—285页。

学、教育社会学和大学论。①

三、知识学科与组织学科的调适

从前面有关知识学科与组织学科的分析中可以看出，知识学科与组织学科的关系在一定意义上说是"里"与"表"、"内在"与"外在"的关系。即知识是学科的"里""内在"，组织是学科的"表""外在"。没有知识的进步，学科发展无从谈起。组织的存在以知识探究、知识生产为目的，组织的状态如何会对学科发展产生比较大的影响作用，这种影响作用可能是正向的，推进知识探究与学科发展，也可能是负向的，对知识探究产生阻碍。因此，如何调适知识学科与组织学科的关系，是大学学科发展时常会遇到的问题。调适知识学科与组织学科的关系，在多数情况下主要是组织的改革问题，即改变组织的结构、形态等以使之更加适应知识以及学科的发展规律。日本的从"小讲座制"到"大讲座制"的改变可以看作组织学科改革的一个实例。调适知识学科与组织学科的关系，也是使两者在大学的发展过程中保持一种动态的平衡。

我国是现代高等教育的后发国家，百余年来高等教育发展艰难曲折，尤其是"文化大革命"的浩劫拉大了我国高等教育与世界高等教育先进水平的差距。1978年改革开放的政策实施之后，为了弥补失去的时间，跟上世界高等教育发展的步伐，逐步缩小与世界高等教育先进水平的差距，让高等教育在经济、社会各个方面的发展中发挥应有的作用，我国高等教育开始采取"超常规"的发展方式，走中国特色的发展道路。这种"超常规"的发展方式与中国特色的发展道路其实质就是政府主导、目标导向、计划先行、管理保障。在学科发展领域，"超常规"的发展方式与中国特色的发展道路就是明确了"学科建设"的基本指导思想与思路，将学科发展看作一项可以影响高校水平的工作、项目、工程来实施与建设，政府为此

---

① ［日］名古屋大学教育学部：《教員紹介》［2020-01-15］，http：//www.educa. nagoya-u.ac.jp/faculty/。

不断出台促进学科建设的政策，高校为此不断实施改革策略以推动学科建设的进行。20世纪80年代初，以重点建设的思路来建设重点学科成为政府推动高校发展学科，并通过发展学科带动高校整体水平提升的基本政策与指导思想。1983年5月教育部在武汉召开的全国高等教育工作会议上下发了《关于调整改革和加速发展高等教育的若干问题》的文件，其中提到，"要采取有力措施，逐步建设好一批重点大学、重点学科（专业），使之成为国家的教育和科学研究中心与高教事业的骨干。它们除为国家培养水平较高的本科生外，还要努力培养出一批相当于国际水平的硕士、博士生。重点学科（专业）是重点大学的基础，只有建好一批重点学科（专业），才能办好重点大学；重点大学的每一个学科（专业）并不一定都是重点学科，非重点大学的某些学科也可以是重点学科（专业）。各学校的主管部门都要优先保证重点大学、重点学科的师资、校舍、设备和图书等办学条件，并要求他们为国家作出更大的贡献"[1]。从此，学科建设正式成为我国高校办学的重要任务之一，政府通过实施重点学科建设来推动全国高校学科建设工作的开展。从1987年2月国家教委发出《关于在试点学科中进行评选高等学校重点学科申报工作的通知》，正式启动遴选国家重点学科的工作，到2014年2月国务院发布《关于取消和下放一批行政审批项目的决定》，取消教育部的国家重点学科审批，历时27年，教育部组织实施了3次国家重点学科的申报审批工作，第三次（2007年）共评选出286个一级学科国家重点学科、677个二级学科国家重点学科、217个国家重点（培育）学科。2015年10月国务院发布《统筹推进世界一流大学和一流学科建设总体方案》，标志着我国高校学科建设进入"世界一流学科"时期，2017年9月教育部、财政部、国家发展和改革委员会联合发布的《关于公布世界一流大学和一流学科建设高校及建设学科名单的通知》中所确定的465个一流建设学科成为国家重点学科的"升级版"。近40年在政府主导下以重点学科建设为龙头的高校学

---

[1] 谢桂华主编：《高等学校学科建设论》，高等教育出版社2011年版，第19页。

科发展取得了颇为丰硕的成果，不仅推动了高校人才培养与科学研究的进展，而且提升了高校的学术水平。譬如，从学科的国际排名来看，在QS世界大学学科排行榜中，2017年我国内地74所大学的560个学科进入全球排名前500，其中6个学科进入排名前10，93个学科进入排名前50。[①]3年之后的2020年排名又有了一些进步，我国内地84所大学的653个学科进入全球排名前500，其中5个学科进入排名前10，100个学科进入排名前50。[②]学科排名当然不能涵盖学科发展水平的全部，但可从一个侧面表明在国际比较中学科所处的基本位置。

我国高校的学科水平，尤其是一部分研究型大学的学科水平在不太长的时间内提到一定的高度，其主要原因应该说除政府的学科建设特别是重点学科建设政策的推动与大额经费投入之外，还有学科建设的组织化。所谓学科建设的组织化，主要指在组织学科上下功夫。在知识学科与组织学科两者的关系上，学科的"天平"偏向了组织一头，以至于在一定程度上产生了学科"过组织化"现象。

在近40年的学科建设过程中，学科过组织化现象也许可以从以下两个方面去认识：（1）学科建设目的异化。学科建设的目的是什么，从理论上讲应该是清楚的，学科建设的主要目的应该是在体现学科内在本质的知识及其体系上不断有所发展、有所进步，丰富人类的知识大厦。为了实现这一学科建设的根本目的，需要组建一支能够在知识发现、科学研究方面有能力的人员队伍，需要为开展知识发现、科学研究提供必要的经费、图书、房屋设备等物质条件，需要为知识发现、科学研究的持续进行培养后备力量。知识贡献是学科建设的目的，而队伍发展、条件保障、后备人才培养是学科建设的主要手段，或者说是"抓手"。评价学科建设的成效也

---

①《QS发布世界大学学科排名，中国大陆74所高校入选！》[2017-03-09]，https：//www.cingta.com/detail/2866。

②《2020年QS世界大学学科排名出炉，中国高校表现亮眼！》[2020-03-05]，https：//www.cingta.com/detail/16567。

应该以知识贡献作为基本标准。从这一意义上讲，QS世界大学学科排行榜的评价指标设计是有道理的，其学科评价指标4项中的3项都与知识贡献有关，即学术声誉、篇均引用、高被引次数。在我国一些高校的学科建设实践中，常常出现将手段作为目的的现象，过多地关注如何引进人才、组建队伍、争取经费、购置设备，而对如何提升学科的知识贡献度重视不够。

（2）学科管理指标化。学科建设对于高校发展来说如此重要，从政府到高校都加强了学科管理，建立了学科管理体系，政府及高校设置了专门负责学科管理的机构；规范了学科设置标准，政府发布了高校学科目录，学科目录成为遴选国家重点学科、"双一流"建设学科，设置博士、硕士学位点的基本依据；开展了学科评估工作，按照一定的学科评价指标体系定期评估高校学科建设状况与发展水平，学科评估指标体系成为影响高校学科管理的一大重要因素。在学科管理日益加强的背景下，学科管理的指标化问题凸显出来了。学科建设项目制、学科管理工程化进一步强化了学科管理指标化。学科管理的指标指向大多是易于表现与观察的学科外在指标、组织指标，学科评价的周期性又使得学科评估指标易于短期化，这种指标的短期化倾向同样传导到高校的学科管理上。而体现学科本质的知识发展、知识贡献，由于其具有比较难于判断的特点，并且效果真正显现需要较长时间，所以往往在学科管理中得不到应有的重视。

学科过组织化对于高校学科的长期发展，尤其是提升高校学科的知识发展能力与知识贡献度会起负面的影响作用。有时在高校的学科建设上虽然项目风生水起、工程轰轰烈烈、规划有条不紊、数据漂亮光鲜，但是学科的内在表现却难以尽如人意。学科发展不仅需要有组织、有制度、有管理，在现代大学中没有组织、制度、管理是不可想象的，但是组织、制度、管理对于学科发展来说都是外在的条件与保障，学科发展更需要能够激发研究者自由探索知识的学术文化与环境。10年前出台的《国家中长期教育改革和发展规划纲要（2010—2020）》明确写道："尊重学术自由，营造宽松的学术环境。"这一完善中国特色现代大学制度的重要任务如何在学科建设的实践中真正落实，还需要长期的努力。

第五节　大学教师的教学发展

教学学术这一概念自2000年前后被引入我国以来，逐渐为高等教育学界所关注，并成为影响大学教学改革实践的一种理念。在本科教育日益受到重视、一流本科教育成为许多大学办学的重要目标、以建设一流本科专业为核心的一批本科教育改革与建设项目陆续实施的今天，重新审视教学学术理念，进一步认识教学学术研究在本科教育中的作用，深入理解开展教学学术研究与促进大学教师教学发展之间的关系，显得尤为必要。

一、大学教学的历史意蕴

大学教师教学发展意指大学教师在教学知识、教学能力、教学水平等方面的发展。这样的大学教师教学发展是现代高等教育的一个命题。

教学作为大学教师的主要职责自中世纪大学产生之时就已存在，或者更加准确地说，教学是中世纪大学教师的唯一职责。众所周知，中世纪大学滥觞于知识的传授。中世纪的巴黎、波洛尼亚等城市聚集了一批讲授哲学、神学、法学的学者和围绕在学者身边的求知"听众"。为维护讲授者与听讲者的权益，类似于手工业者行会的组织逐渐产生，教皇、国王的特许状为这些组织的合法性提供了依据，大学即诞生于这样的过程之中。中世纪大学的出现不仅由于人们的求知欲望，也由于社会提供了一定的条件与需求。"10世纪之后，西欧各国的封建制度已基本确立，国家机构逐步完善，需要配备一定数量训练有素的官吏；教会势力日渐增长，需要更多通晓教义、能说会道的神职人员去不断扩大它的影响；日益复杂的法律讼争需要懂得法规、能言善辩的律师、法官，以及治疗疾病、维护健康需要精通医术的医生，这些既促成了中世纪大学的产生，也影响了大学的办学方向和职能。"①通过教学传授知识，继而通过教学培养人才，这是中世纪大学教师的主要任务。"在中世纪的所有大学中，所使用的教学方法是完全相同的。""在所有中世纪大学的学院中，有两种基本的训练类型，这就是'讲座'和'辩论'。"②"课堂讲授和辩论是中世纪大学的核心学术活动。二者都是口头的活动，都以书面的经典为基础。课堂讲授和辩论，就像布道和比武一样，是司法—教会性学术秩序的集中体现"③。中世纪大学的教师行会拥有授予教师资格、准予教师开讲的基本权力。如在巴黎大学，教师行会制定了学校规则，规定教师资格通过考试决定，文学艺术教师的年龄须在21岁以上，神学教师的年龄须在35岁以上等。④中世纪大学的性质特点、知识传授的基本要求等决定了专门知识本身是中世纪大学教师任职的主要条件，有关大学教学的知识、理论以及教学发展，那是几百年之后的事情。

18世纪，延续几个世纪的中世纪大学因其一成不变的教学模式（内容与方法等）逐渐显露出一些颓势。诚如有学者指出的那样，17、18世纪的大学里"旧有的知识并没有增加，而只是被一再重复，变得越来越泛，越

---

① 胡建华、陈列、周川等：《高等教育学新论》，江苏教育出版社1995年版，第239-240页。

② ［比］希尔德·德·里德-西蒙斯主编，张斌贤等译：《欧洲大学史　第一卷　中世纪大学》，河北大学出版社2008年版，第46页。

③ ［美］威廉·克拉克著，徐震宇译：《象牙塔的变迁　学术卡里斯玛与研究性大学的起源》，商务印书馆2013年版，第103页。

④ ［日］梅根悟：《世界教育史大系·大学史Ⅰ》，株式会社讲谈社1974年版，第26-27页。

来越滥。人们老想永远在同一块土地上收获庄稼，可是既不耕地又不施肥"①。因此，18世纪末、19世纪初康德、谢林、施莱尔马赫、费希特、洪堡等一批哲学家、思想家就大学的本质、大学教师、大学教育与教学等问题提出了新的观点，阐述了新的理论。譬如，关于什么是大学教育的主要任务，施莱尔马赫认为，大学的主要任务在于"在已经掌握了大量知识的优秀青年的思想里激活科学的理念"，使他们在科学的立场上觉察到事物与事物之间的紧密联系，通过自己的思考自觉地学习科学的根本法则，从而发展各自的研究能力、发现能力与表现能力。"这就是被称作大学之机构的意义所在。"②又如，关于大学教育需要什么样的教学方法，谢林认为："大学教学具有发展意义上的特殊使命。教师不能像著作者那样只提供研究所达到的结果，而应至少在学问的高级层次展现达到结果的方法。这就是活的教学方法的本质特征。"③再如，关于什么样的教师才能胜任大学教育的任务，费希特认为，大学的作用不仅仅是给予学生知识，更重要的是训练学生运用知识的技法（或称"学问的技法"），因此"大学教师必须精通学问"，"只有自觉认真地研究学问技法，并且对一般学问及专攻领域的学问技法有深刻的认识，才能对学习学问技法的学生进行观察，实施评价与指导"④。掌握学问的技法，并且能在教学过程中培养学生的学问技法，这就是大学教师的本质所在。正是这些思想家的新大学理念构成了19世纪初德国大学改革的重要思想背景，推动了将研究引入教学、通过研究进行教学、创新具有研究性质的研讨班教学形式的大学改革，从而开启了大学的

---

①［德］卡尔·伯克：《联邦德国的高等学校及其问题》，载《中国教育报》1984年9月1日。

②［德］施莱尔马赫著，［日］梅根悟等译：《ドイツ的意味での大学についての随想》，见［德］施莱尔马赫《国家権力と教育》，明治图书出版株式会社1970年版，第30页。

③［德］谢林著：［日］胜田守一译：《学問論》，岩波书店1957年版，第4页。

④［德］费希特著，［日］梅根悟译：《ベルリン創立予定の、科学アカデミーと緊密に結びついた、高等教育施設の演繹的プラン》，见［德］费希特等：《大学の理念と構想》，明治图书出版株式会社1970年版，第27页。

近代化进程，形成了大学的德国模式。德国大学模式成为19世纪中叶至20世纪初期其他一些国家大学改革与发展效仿的样板。19世纪德国的大学改革与教学实践重视将研究引入教学，强调大学教师必须以开展研究作为教学的基础，使得研究成为与教学同样重要的工作。如此，为后来的大学教师常常需要面对"双重忠诚"的选择、不断处理教学与研究的关系埋下了伏笔。

二、教学学术研究对于大学教师教学发展的意义

20世纪中叶开始，世界高等教育发展迎来了"黄金时期"，发展的主要特征之一是高等教育规模的持续扩大与大学生数量的不断增长，一些发达国家的高等教育先后进入大众化时代。在率先进入大众化的美国，本科教育质量问题开始引起人们的广泛关注。"为了攻取学士学位而进入高等学校学习的学生，实际上只有一半获得这一学位"，"越来越多的本科生主修面窄的专业"，"授予文学士或理学士的比例，从1971年的49%降至1982年的36%"，"大量学生已放弃某些传统的文理学科，仅1977年以来，愿意主修物理科学的入学新生的比例就下降了13%，人文学科下降17%，社会科学下降19%，生物科学下降了足足21%"。[①]为此，美国高质量委员会、卡内基教学促进基金会等在20世纪80年代先后发布了《国家处在危险之中：教育改革势在必行》（1983年）、《投身学习：发挥美国高等教育的潜力》（（1984年）、《学院——美国本科生教育的经验》（1987年）等研究报告，指出了美国高等教育尤其是本科教育中存在的诸多质量问题，分析了引起质量下滑的原因，提出了解决高等教育质量问题、提升教育质量的对策思路。影响高等教育质量的因素有许多，包括人的因素（学生、教师等）、物的因素（场所、设备等）、财的因素以及制度因素等，其中人的因素毫无疑问是最为主要的。在

---

① 美国高质量高等教育研究小组：《投身学习：发挥美国高等教育的潜力》，见吕达、周满生主编：《当代外国教育改革著名文献（美国卷·第一册）》，人民教育出版社2004年版，第27页。

呼吁学生投身学习的同时，教师投身教学也愈来愈受到人们的重视，因为大学教师面临着如何处理教学与研究的"两难"问题。"人们期望教授做学者的工作，开展科研并与同行交流科研成果。教师的晋升和终身雇佣地位的取得都系于科研和著述，而本科生教育则要求教师致力于学生和有效的教学。教师们经常被这些相互竞争的义务撕扯着。"①在现实中，"由于大学越来越突出科研，教师们减少了教学任务，把更多的时间投入了学术探索"。卡内基基金会1984年对美国大学的调查显示，"只有8%的研究性大学教师和19%的博士授予大学教师每周花11小时或稍多一点的时间，从事本科生教学。在研究性大学，26%的教员根本不教本科生"②。影响教育质量的教师因素不仅是时间、精力的投入问题，可能更在于长期以来形成的对大学教学的习惯看法，"人们过去经常地认为，任何拿文学硕士或博士学位的人都能教课"③。在这样的认识背景下，大学新任教师在开始教学工作之前缺少必要的教学知识学习与教学能力训练，"助教们都是在无人提供建议和指导的情况下，被扔进教室的"。在大学中教师的教学状况一般无人问津，"对终身职位的教授，几乎从来不会有人批评他们的教学工作"④。

---

① ［美］欧内斯特. L. 博伊：《学院——美国本科生教育的经验》，见国家教育发展与政策研究中心编：《发达国家教育改革的动向和趋势（第二集）——美国、苏联、日本、法国、英国1986—1988年期间教育改革文件和报告选编》，人民教育出版社1987年版，第10页。

② ［美］欧内斯特. L. 博伊：《学院——美国本科生教育的经验》，见国家教育发展与政策研究中心编：《发达国家教育改革的动向和趋势（第二集）——美国、苏联、日本、法国、英国1986—1988年期间教育改革文件和报告选编》，人民教育出版社1987年版，第110-111页。

③ ［美］欧内斯特. L. 博伊：《学院——美国本科生教育的经验》，见国家教育发展与政策研究中心编：《发达国家教育改革的动向和趋势（第二集）——美国、苏联、日本、法国、英国1986—1988年期间教育改革文件和报告选编》，人民教育出版社1987年版，第138页。

④ ［美］欧内斯特. L. 博伊：《学院——美国本科生教育的经验》，见国家教育发展与政策研究中心编：《发达国家教育改革的动向和趋势（第二集）——美国、苏联、日本、法国、英国1986—1988年期间教育改革文件和报告选编》，人民教育出版社1987年版，第139页。

如果说大学教师的教学状况（包括教学认知与实践样态等）在小规模的精英高等教育时代没有引起人们的关注，那么当高等教育进入大众化阶段，学生大量增加，教育质量问题由校园外溢到社会时，大学教师的教学状况就到了不得不十分重视的地步了。因为提高大学教师的教学能力与水平是保证教育质量的基本前提。"出色的教学是本科教育的中心。教师应该不断地改进自己的课程内容和教学方法。这意味着需要'挖掘大纲'，分析学生们在学些什么；意味着需研究不同的教学方式，以确定各种方式的效果；意味着运用有关学生学习和进展的文献，通报课程环境和课程教授方法的变革"①。由此，大学教师的教学发展，即发展大学教师的教学能力与水平成为20世纪八九十年代美国众多大学的一项重要工作，形成了一场"教师发展运动"。在20世纪80年代，有100多所大学成立了教学促进中心，90年代更多的大学成立了教师发展中心，这些中心开展多样化、有组织地培训教师教学能力、提升教师教学水平的活动。一些专业学会，如美国社会学联合会、美国数学联合会等也参与到大学教师发展运动中，推动实施有关教师发展的项目。②

如何提升大学教师的教学能力与水平，不仅需要成立教师发展中心，有组织地开展有关促进教师投身教学、培训教师的教学技术与方法等活动，而且更需要改变人们对大学教学的认识，更新大学教学理念。由此教学学术的理论应运而生。波伊尔在《学术水平反思——教授工作的重点领域》中指出："我们相信，超出'教学与科研'这一老式的、已令人厌烦的讨论框框，给予'学术水平'这一熟悉的、崇高的提法以更广阔的、内涵更丰富的解释的时候已经到来，这将使学术工作的全面内容合法化。不

①［美］欧内斯特. L. 博伊：《学院——美国本科生教育的经验》，见国家教育发展与政策研究中心编：《发达国家教育改革的动向和趋势（第二集）——美国、苏联、日本、法国、英国1986—1988年期间教育改革文件和报告选编》，人民教育出版社1987年版，第141页。

② 林杰：《美国大学教师发展运动的历程、理论与组织》，载《比较教育研究》2006年第12期。

错，学术水平是意味着参与基础研究，但一个学者的工作还意味着走出调研，寻求相互联系，在理论与实践之间建立桥梁，并把自己的知识有效地传授给学生。我们的具体方法就是：教授的工作可以认为有四个不同而又相互重叠的功能。这就是：发现的学术水平、综合的学术水平、运用的学术水平、教学的学术水平。"①大学教师的这四种学术水平对应着四种学术活动，即探究的学术活动、综合的学术活动、应用的学术活动和教学的学术活动。探究与应用的学术活动结果是形成与基础研究和应用研究相联系的知识体系，综合的学术活动结果是形成学科间或跨学科的知识体系，而教学学术活动的结果则是形成与传播知识相联系的知识体系。教学学术概念的提出触及大学教学的本质，为大学教师教学发展指明一种更高层次的可能性。

三、教学学术研究的特点及实施方略

教学学术概念提出之后，教学学术理论研究逐渐深入。教学学术理论研究的重点不仅在于解释教学学术是什么，而且还在于探讨如何进行教学学术研究活动。关于教学学术是什么，国内外学者已有不少论述。如美国学者李·舒尔曼等人认为："将教学视为学术的一种，就要不仅将教学作为一种活动，而且要作为一个探索的过程。教学像其他形式的学术一样是一种成果，这种成果的显露需要经过一段长时间的过程。当教师将工作公开、接受同行评价和批评，并与所在专业社团的其他成员进行交流时，这反过来又加强了自己的工作。这时教学就变成了教学学术，而这些也是所有学术所具有的特点。"②公开、交流、接受同行评价与批评，这确实是包括教学学术在内的所有学术研究在形式上共有的基本特点，各种学术研究

---

① ［美］E. L. 波伊尔：《学术水平反思——教授工作的重点领域》，见吕达等主编：《当代外国教育改革著名文献（美国卷·第三册）》，人民教育出版社2004年版，第18页。
② 王建华：《大学教师发展——"教学学术"的维度》，载《现代大学教育》2007年第2期。

的自身特点则主要体现在研究的不同内容及范式方法上。若要深入理解与把握教学学术研究的内涵与本质，有必要探究其区别于其他学术研究的不同之处。

1. 研究基础的多学科性。教学学术研究的对象主要是大学教学活动，包括教学内容、方法、形式、效果、质量等。高等教育学的研究内容中也有大学教学活动。两者的主要区别在于，高等教育学的研究群体主要是高等教育学科的研究人员，而教学学术的研究群体则可以涵盖从事大学教学的所有教师。高等教育学研究主要将大学教学活动作为一个整体，探讨大学教学过程的一般规律，形成有关大学教学的基本理论；教学学术研究则着眼于不同专业不同课程的教学活动，将研究融于具体的教学活动过程之中，形成有关教学质量提升的具体知识。开展教学学术研究至少需要熟悉与精通以下几方面的学科知识：所教课程的专业知识，专业知识是大学教学的内容与基础；关于大学教学的知识，理解大学教学的特点与规律，熟知大学教学的手段与方法；关于大学生学习及发展的知识，理解大学生发展的身心特点、学习特点，掌握促进学生自我学习的内容与方法。熟悉与精通这些多学科的理论知识是开展教学学术研究的前提与基础。

2. 研究过程的实践性。学术研究是人类实践活动的重要内容之一。从一般意义上来说，任何学术研究活动都具有实践性特征，因为学术研究本身就是人类的一种实践活动。不过，教学学术研究正是在实践性方面与其他类型的学术研究有着明显的不同。教学学术研究以大学教学实践活动为对象和载体，是在教学实践活动过程中展开的。如果说高等教育学研究者研究大学教学是身在其外（一定意义上），那么教学学术研究者研究大学教学则是身居其中。从这一点上来讲，教学学术研究者具有双重身份，他们既是教学学术的研究者，又是其所研究的对象——教学活动的实践者。这是教学学术研究过程实践性的根本所在。教学学术研究过程的实践性告诉我们，教学学术所研究的教学活动是具体的，具有比较突出的个性色彩；教学学术研究所产生的有关教学活动的知识是有学科、专业甚至课程之别的，在教学学术知识的推广及应用时应该清楚地意识到这一点。

3. 研究成果的对象性。学术研究产出研究成果，这是由研究的目的性所决定的，符合人类实践活动的一般规律。学术研究产出的研究成果包括精神成果，如思想、理论、知识体系等；物质成果，如技术、工艺、产品等。教学学术研究产出的成果，除与其他学术研究一样体现在精神层面上——如有关大学教学的思想、理论、知识之外，还体现在学生的发展上，即促进学生知识的掌握、能力的提升、身心的成长。众所周知，大学教学过程是由教师的教与学生的学构成的，教师是教学活动的主体，学生既是教师传授知识、发展能力的对象又是教学活动的主体，教学质量的高低不仅取决于教师教什么与如何教，更在于学生如何学与学到了什么。因此，促进学生知识、能力各方面的发展是教学学术研究成果中所不可或缺的，这就是教学学术研究成果的对象性。教学学术研究成果的对象性是由教学实践活动的最终目标所决定的。教学学术研究成果对象性的这一特点要求我们在开展教学学术研究时始终将如何促进学生成长置于重要的地位。

明确教学学术研究的特点对深入理解教学学术的概念是十分必要的，也是开展教学学术研究的前提条件。从教学学术研究的特点可以得知，大学教师仅仅按照正常的规则进行教学或者从朴素的认识出发实施教学改革，这些活动都难以划入教学学术研究的范畴。如何将大学教学活动提升为教学学术研究活动，在高阶层次上促进教学发展？这需要具备一些基本理论素养与方法策略。择其要概括为以下三个方面。

识读大学教学理论。从中世纪至今，大学已经存在了900余年，大学中的教学活动伴随着大学的发展产生了很大变化，人们逐渐积累了有关大学教学的认识，形成了体系化的教学理论。开展教学学术研究，首先需要熟悉大学教学理论，深入理解大学教学的特点与规律。在大学教学理论中，有关大学教学过程的认识是最为基础的，什么是大学教学过程，大学教学过程与中小学教学过程相比有哪些重要的区别，理解大学教学过程的本质对于教学学术研究的开展十分重要。学校教学过程从认识论的角度来看是人类认识活动过程的一种特殊形式，其特殊性在于教师与学生作为双主体共同参与教学过程，学生在教师有目的、有计划、有系统的指导下得到知识、能力、身心各方面的发展。学校教学过程的特质随着教育阶段的不同而发生变化，尤其是大学教学过程与中小学教学过程相比具有一些明显的差异。"大学教学过程在整个学校教学过程中的地位十分独特。它既是学校教学过程的最后阶段，同时又是学生进入社会实践活动过程的准备阶段，也即是由一种性质的活动过程（学校教学过程）向另一性质的活动过程（社会实践过程）过渡的阶段"[1]。因此，大学教学过程呈现出学校教学过程和社会实践过程的相互融合、渗透、渐变和转化，具有专业理论性、独立性、创造性、实践性等基本特点。[2]理解大学教学过程的这一性质和特点十分重要，它为实施"以学生学习为中心"的教学改革实践提供了理论依据。

识读大学生。如前所述，20世纪中叶以来，世界高等教育发展进入外延不断扩大、内涵改革加速的时代。我国高等教育自20世纪70年代末、80年代初改革开放政策实施之后迎来了历史发展机遇，在以体制改革为主要内容的高等教育改革不断深入的过程中，高等教育实现了由精英阶段经大众化阶段到普及化阶段的迅速发展。几十年来高等教育发展的显著标志之一是大学生人数的大量增加。2021年我国高等教育在学总规模已经达到4430万人，高等教育毛入学率为57.8%；本科（普通本科+职业本科）在校生人数为1906.03万人，专科（高职高专）在校生人数为1590.10万人，本专科在校生合计为3496.13万人。[3]适龄人口的半数以上进入大学，学生人数的大量增加使得大学生类型多样化，大学教学必须面对具有不同入学动机、

---

① 胡建华、陈列、周川等：《高等教育学新论》，江苏教育出版社1995年版，第392页。

② 胡建华、陈列、周川等：《高等教育学新论》，江苏教育出版社1995年版，第393-394页。

③ 中华人民共和国教育部：《2021年全国教育事业发展统计公报》［2022-10-12］，http://www.moe.gov.cn/jyb_sjzl/sjzl_fztjgb/202209/t20220914_660850.html。

学习经历、学习特点、行为习惯的学生，这是开展教学活动与教学学术研究应该考虑的大学生总体状况。所谓识读大学生，不仅要对大学生整体的一般特点有清晰的认识，就教学学术研究的特性而言，更需准确把握参与某一具体教学活动的学生的知识、能力等各方面的发展状况。进一步说，开展教学学术研究的教师必须熟知与自己同在一个教学过程中的学生的特点，有的放矢，这样才能使教学学术研究目标明确，让教学活动满足学生的需要，促进学生发展。

识读大学教学方法。"教学方法是指为了实现一定的教学目的、完成教学任务，师生双方在共同的活动中所采用的办法，既包括教师教的方法，也包括学生学的方法，是教授方法和学习方法的统一。"[1]现代大学与传统大学相比，不仅在教学内容上不可同日而语，而且教学方法的多样性也是过去所不可想象的。美国有调查显示采用多种教学方法已经成为大学教学的常态，教师使用的教学方法比例从高到低依次为小组合作学习（59.1%），真实项目教学（55.7%），讲座（46.4%），小组项目（35.8%），密集写作（24.9%），学生互评（23.5%），日记与反思性写作（21.7%）等。[2]在大学教学中使用多种教学方法，尤其是注重促进学生自主、积极学习的方法，这是由现代大学教学目的、教学性质以及提升教学质量所要求和决定的。开展教学学术研究，不仅需要对大学教学方法的多样性、一般性有深入的认识，而且需要根据所教课程的特点、学生特点选择适合的教学方法，并在教学实践中有效地组织运用。伴随着第四次产业革命的兴起与发展人类社会进入数字化时代，数字技术渗透进社会的各个领域和生活的方方面面。大学教学毫无疑问是数字技术影响较为广泛、深远的领域之一，无论是教师的教还是学生的学都会在数字技术的影响下产生比较大的变化。因此，如何把握数字技术应用、教学手段更新、教学场

---

[1] 胡建华、周川主编：《高等教育学》，南京师范大学出版社2017年版，第180页。

[2] 赵炬明：《论新三中心：概念与历史——美国SC本科教学改革研究之一》，载《高等工程教育研究》2016年第3期。

景变换所带来的教学过程的复杂性，有效促进学生学习，提升教学质量，这是新时代教学学术研究必须面对与解决的重要课题。

总之，培养合格、优秀的人才是大学作为社会机构必须承担的首要职责与任务，教学是大学培养人才的主渠道，教师是大学教学活动的主导者，高质量的大学教学需要大学教师具备必要的教学知识与能力，习得教学知识、提升教学能力是大学教师教学发展的主要目的，开展教学学术研究有助于发展教学知识，提高教学能力与水平，将教学发展提升到更高的层次。大学教师教学发展与教学学术研究的开展不仅需要厘清观念，提高认识，更需要大学在办学实践中不断充实组织，完善制度。

第六节　大学评价的排名化与国际化

有人说，现代高等教育的发展进入"评价的时代"。所谓"评价的时代"，其主要表现有三：首先，评价的内容已经遍及大学教育、科研、管理的方方面面，可以说是全方位的覆盖；其次，政府、大学、社会的众多机构参与大学评价，从不同的角度对各所大学或"评头论足"、或"排列座次"，"朋友圈"里隔三岔五就能看到"新鲜出炉"的排名榜单；第三，评价的结果似乎正在发挥着愈来愈重要的作用。政府依据一些评价结论制定政策、确定重点、分配经费、引导大学办学的方向。大学依据一些评价结论调整办学思路、重组组织机构、制订学校发展规划。大众依据一些评价结论或选择报考的学校、或选择捐赠的去处。如此，大学评价的是与非就引起了人们的广泛关注。在"中国知网"上以主题词"大学评价"进行的搜索显示（2020年2月6日的数据），相关论文有14968篇，2015年以来每年收录的论文在千篇以上，2019年达到2116篇。大学评价发展到现在具有哪些新的特点？如何认识大学评价对高等教育发展及大学办学的影响？大学评价自身存在着哪些亟待解决的问题？

一、大学评价的排名化

大学评价发展至今，有关大学评价的认识呈现出多样化的状态。因此，在讨论大学评价的具体问题之前，有必要对本文所使用的"大学评价"一词作些概念上的界定。从概念的外延上来说，大学评价大致可以分为狭义与广义两类。所谓狭义的大学评价，主要指评价以大学整体为对象单位，评价往往是综合性的，评价内容涉及大学办学的主要领域；广义的大学评价则包括以大学整体为对象单位的，同时也包括以大学的某一领域为对象单位的，评价可以是单一性的（如教学评价、科研评价等），评价内容或为大学的多个领域，或为大学的单个领域。本文所论大学评价主要在后者的语义上。

大学评价产生于现代大学迅速发展的时期。当大学还处在象牙塔时代，大学师生还只是徜徉于"方庭"的校园内、沉浸在古典的学术中，大学像是徘徊于社会边缘的"世外桃源"，鲜有现代意义上的大学评价。人类进入现代社会之后，高等教育逐渐发展成为国民教育体系的重要组成部分，接受高等教育由过去少数人的"特权"转变为每一个公民的权利，高等教育规模不断扩大，高等教育与人的发展、社会发展、经济发展、文化发展的联系愈来愈密切，大学的办学遂受到政府、企业、公众等诸多利益相关者的广泛关注。如何认知大学的办学目标，如何理解大学的教育质量，如何把握大学的办学效益，为了解答这些社会关切的问题，大学评价应运而生。大学评价不仅在于将大学的教育质量、办学效益等状况公之于众，满足利益相关者的"知情权"，而且还在于将评价的结果反馈给受评的大学，使大学更加准确地认识自己，看清不足，明确发展的途径与方向。

　　由于大学评价具有上述的作用与功能，因此建立合理的大学评价制度成为近几十年来一些国家高等教育改革与发展的重要目标。例如，在20世纪90年代初日本开始的新一轮高等教育改革中，建立大学评价制度是其主要内容之一。日本建立的大学评价制度包括大学内部评价与外部评价两个组成部分。90年代初日本的高等教育改革由政府修订《大学设置基准》而启动，"大学设置基准修订的两个重点是，大学设置基准的大纲化和导入大学自我评价体制"。"为了防止由于设置基准大纲化可能产生教育水平降低的状况，要求各大学实施自我评价。因此，可以认为设置基准大纲化和大学自我评价体制的导入就好比是大学改革这辆'马车'上的两个'车轮'，缺一不可。"①在改革的具体实施过程中，日本各大学在获得更多的办学自主权的同时，纷纷建立了大学内部评价制度，以保障教育质量并定期将自我评价的结果公之于众，接受政府及社会的问责。据统计，在20世纪90年代日本大学实施自我评价的学校数量由改革前的2.4%（1989年）增加到改革后的83.7%（1997年）。②在日本的大学评价制度中，大学内部评价是基础，外部评价同样十分重要。具有独立行政法人地位的"大学改革支援·学位授予机构"是日本大学外部评价的主要机构。该机构章程中所规定的"机构使命与作用"的第一条即为"实施国际通用的高水准评价"，"本机构作为评价我国大学的教育、研究等活动状况，且具有核心地位的第三方评价组织，在开发先进的、国际通用的评价方法，实施独立的评价活动的同时推进与国内外其他评价机构的联系与合作，在我国大学评价制度的发展中发挥先导作用"。③"大学改革支援·学位授予机构"开展的大学评价主要有两类：一是认证评价，根据《学校教育法》的规定，为了提

---

　　①［日］新崛通也编：《大学評価——理論的考察と事例》，玉川大学出版社1993年版，第14页。
　　②胡建华：《战后日本大学史》，南京大学出版社2001年版，第291页。
　　③［日］大学改革支援·学位授予机构：《機構憲章》［2019-10-08］，https://www.niad.ac.jp/about/charter.html。

高教育与研究水平，日本所有的高等学校在7年内必须接受一次有关学校教育、研究、管理、校舍设备等方面的综合评价，实施评价的机构必须得到文部科学大臣的认可；二是国立大学法人大学的教育与研究状况评价，《国立大学法人法》规定国立大学法人的运行以6年为一个周期（中期），每个周期都要事先根据中期目标制订中期计划，周期结束时进行中期评价，国立大学法人评价委员会负责对各国立大学法人的总体状况进行评价，评价委员会委托"大学改革支援·学位授予机构"对各国立大学的教育与研究状况进行评价。①

在我国近30年来的高等教育改革与发展中，随着大学评价制度的逐步建立与完善，大学评价在保障与提高高等教育质量等方面发挥了积极的作用。譬如，在我国高等教育大众化进程中产生重要影响的2003年至2008年实施的"普通高等学校本科教学工作水平评估"。据统计，6年期间有589所本科高校接受了评估，6000人次的专家参加了评估工作，他们深入各高校，听课15000余门，审阅学生试卷13000多个班次、毕业论文（设计）29000余份，召开座谈会2500多次，在此基础上依据教学水平评估方案，对各高校的教学工作作出了评价，提出了建议。虽然评估在标准、方法等方面存在着一些不足之处，但是评估对高校改进本科教学工作，提高教学质量起到了较大的促进作用。接受评估的589所高校普遍提高了质量意识，开始建立与完善内部质量保障制度，平均每校教学经费投入超过5000万元人民币，年生均教学仪器设备投入、年生均图书册数增长、年生均教学行政用房面积增长等均超过20%，教师数量、结构和素质得到明显改善。②

如上所述，评价对大学的发展具有积极作用，大学办学的质量、效益对社会的影响愈来愈大，因此评价本身也日益受到人们的关注，参与评价

① ［日］大学改革支援·学位授予机构：《大学評価》［2019-10-08］，https://www.niad.ac.jp/media/003/201908/no9_2_gaiyor1j_3.pdf。
② 刘振天：《我国新一轮高校本科教学评估总体设计与制度创新》，载《高等教育研究》2012年第3期。

的机构不断增加，大学评价的内容、方法不断拓展，其中尤为引人注目的是作为评价结果的"排名"成为一种热潮，形成了大学评价的"排名化"趋势。具体表现在：其一，近年来，由于人们认识到评价尤其是排名的影响作用，参与评价与排名的机构愈来愈多，既有大学内的研究机构，也有一些社会机构。其二，排名所涉及的领域愈来愈广。早先的大学排名往往以大学整体办学水平为对象，如中国管理科学研究院《中国大学评价》课题组、校友会、网大等的大学排名。近年来则单项（单领域）排名纷纷涌现，涉及大学生源、校友、学科、专业、科研、教学等。其三，排名成为一些大学评价结果的唯一表现形式，排名甚至是一些大学评价活动的主要目的。

排名（大多数排名）基于评价，排名是评价结果的一种表现形式，"通过使用一些主观、客观指标和来自大学或者公共部门的数据，对大学按照各自之间的相对水平进行'质量评定'"[①]，因此评价机构公布作为评价结果的大学排名本无可厚非。但是，针对当前的大学评价排名化趋势，有些问题还是值得思考与关注的。

（1）这么多的大学排名（排行榜）是否必要？如前所述，大学评价的本来意义主要在于客观分析大学教育、科研、管理等办学现状，找出问题，促进大学提高教育质量、科研能力、管理水平与办学效益，同时将大学的办学状况公之于众，以利于政府、社会、公众的理解与监督。所以评价的着力点是每一个体的大学，评价的目的是"以评促建、以评促改"。而大学排名虽然也是建立在评价的基础上，但是这种以排名为目的的评价，其着力点和目的已经发生了很大的改变。大学排名的着力点不是或者说不主要是每一个体的大学，而是整个大学系统（这个大学系统可以是一个国家、一个地区的，也可能是全球的），是要标出每一个体的大学在大学系统

---

① ［摩洛哥］Jamil Salmi、［加拿大］Alenoush Saroyan著，程莹译：《作为政策工具的大学排名》，见刘念才、程莹、［加］Jan Sadlak主编：《大学排名：国际化与多元化》，上海交通大学出版社2009年版，第4页。

中的位置，形成一个大学系统内的排行榜。大学排名的主要目的，顾名思义是构建一个大学排行榜，评价是为排名服务的。大学排名已经转移了人们对大学评价的关注点，排行榜中的大学名次成为关注的焦点。为了提高名次，大学试图找到影响排名的指标与因素，这些指标、因素可能并不是提高教育质量、办学水平的关键所在，可能并不适合处在不同办学环境、办学层次与类型的所有大学。种类繁多甚至相互矛盾的大学排名从不同的角度影响着人们对大学教育质量、办学水平的判断，影响着大学的办学行为与方向，助长了急功近利、短视无章的办学环境与氛围的形成。

（2）大学排名的评价指标是否合理？如何提高大学排名的可信度与影响力，这是实施大学评价与排名的机构最为重视的问题，因为可信度与影响力是大学排名的生命线。提高排名的可信度与影响力有赖于评价指标的合理性。所谓评价指标的合理性主要指评价指标在多大程度上能够接近反映评价对象的客观状况。现代大学是一个复杂的系统，大学的人才培养活动、科学研究水平受多种因素的影响，因此在大学评价与排名中可能出现一些不可测、不可比甚至测不准、比不了的要素与领域。譬如，给各大学的教学质量与水平评价排名，过分依靠教学获奖、教研课题、课程获奖、学生获奖等所谓的"硬"指标能否反映不同名次大学教学质量与水平的真实差别。又如，一些排名评价中有主观评价的指标，参与主观评价的专家是依靠对评价对象的确实了解还是依靠一些对评价对象的印象或想象评价打分。如果是后者，如何保证评价的可信度？

二、大学评价的国际化

关于大学评价何时出现的，研究者之间存在着一些不同的看法。但有一共识是，21世纪之前的大学评价基本上是以本国大学为对象的，可以称之为一国内的大学评价。有研究者认为，美国心理学者詹姆斯·麦基恩·卡特尔在1910年出版的《美国科学者》一书中依据对部分美国大学的教师科学研究的评价，排出了科学领域最强大学一览表，这是最早的大学排名评价。①1983年《美国新闻与世界报道》推出"最好大学"排行榜，开启了美国大学排名评价的新时代。《美国新闻与世界报道》的大学排名评价的主要指标包括学术声誉、学生选择、教师资源、经费资源、保持率、校友满意程度6项，采用主观评价与客观数据相结合的方式，对全美大学进行评价排名。其每年一次的大学排行榜、学院排行榜等在美国高等教育界产生了比较大的影响。②20世纪90年代初，加拿大《麦克林斯》新闻周刊开始了加拿大大学排名评价。《麦克林斯》新闻周刊大学评价的出发点是给学生选择学校提供参考，因此评价指标主要选择了与教育、教学相关的内容，包括6个方面（学生、课堂、教师、财政、图书馆和学校声誉）22个指标。该评价将当时加拿大的51所大学分为3类，即医学与博士培养大学（15所）、综合性大学（13所）、本科大学（23所），依据不同类别公布评价结果的排行榜。③

进入21世纪之后，在高等教育国际化的浪潮中，大学评价开始发生变化，变化的主要特征是一些大学评价超越国界，评价机构对全球的大学进行排名评价，推出了世界大学排行榜，使大学评价走上了国际化的道路。2003年，上海交通大学高等教育研究院率先推出世界大学学术排行榜，依据诺贝尔奖与菲尔兹奖获奖的校友数、教师数、高引用率科学家数、在《自然》和《科学》杂志上发表论文数、被科学引文索引和社会科学引文索引收录的论文数等指标对世界1200所大学进行排名评价。2004年，《泰晤士报高等教育副刊》与QS公司联合推出"THE-QS世界大学排行榜"，从研究水平、教育水平、毕业生就业状况、国际化水平等4个方面，采用主

①［爱尔兰］Ellen Hazelkorn著，永田雅启等译：《グローバル・ランキングと高等教育の再構築——世界クラスの大学をめざす熾烈な競争》，学文社2018年版，第38-39页。
②沈红：《1995年美国最好大学评估的新特征》，载《高等教育研究》1996年第2期。
③赵炬明：《大学评估：一个案例分析——评1994年麦克林斯新闻周刊对加拿大大学的排序评估》，载《高等教育研究》1995年第6期。

观调查评价与客观数据分析相结合的方式进行全球大学排名评价。2010年，《泰晤士报高等教育副刊》与QS结束合作，各自开始单独进行世界大学排名。《泰晤士报高等教育副刊》的世界大学排名评价指标包括教育（学习环境）、研究（论文数、研究评价、研究收益）、论文被引用指数、国际化（外国教职员、留学生、国际合作研究）、产学合作等方面；QS的世界大学排名评价指标则包含各国研究者的调查数据、雇用者对毕业生的评价、师生比、教师人均被引用论文数、外国教师比例、留学生比例等。2008年，荷兰莱顿大学科学技术研究中心推出了莱顿大学排行榜，对世界1000所大学的研究成果进行排名评价，评价指标主要是论文发表数、论文篇均被引数、高被引论文数、合作研究（跨校、跨国）论文数、产学合作论文数等。2009年，土耳其中东理工大学推出大学学术研究排行榜，以学术研究成果为对象，依据论文数、被引论文数、论文影响指标、论文被引指标、国际共同研究论文等指标进行大学学术研究的排名评价。2014年，《美国新闻与世界报道》推出了全球最好大学排行榜，采用客观数据分析与主观调查评价相结合的方法，依据研究的国际评价、论文发表数、被引用论文数、高被引论文数、国际合作、授予博士学位数、教师人均授予博士学位数等指标对世界500所大学进行排名评价。①

　　上述这些世界大学排名评价是高等教育国际化背景下的产物，同时也给高等教育国际化增添了新的内容。高等教育国际化最初的表现主要是科学知识、大学教师与学生在国际间的大量流动，而世界大学排行榜的出现无意中形成了一些评价大学办学的国际标准，世界大学排行榜的实质是评价机构用一个尺度，或者说一个国际性的尺度（当然各评价机构的尺度有所不同）去评价不同国家的大学。世界大学排行榜的出现虽然只有短短十多年的时间，但是四大排行榜（上海软科、《泰晤士报高等教育副刊》、QS、

---

① ［爱尔兰］Ellen Hazelkorn著，永田雅启等译：《グローバル・ランキングと高等教育の再構築——世界クラスの大学をめざす熾烈な競争》，学文社2018年版，第46-49页。

《美国新闻与世界报道》）已经对一些国家政府的高等教育政策，众多大学的办学理念、方向和行为，普通大众对高等教育的认识等产生了不可忽视的影响。因此有必要对作为大学评价国际化主要表现形式的世界大学排名评价（排行榜）保持一些清醒的认识。我们在分析世界大学排名评价时，有哪些问题是值得进一步思考的呢？

1. 科研偏好。从现有世界大学排行榜的评价指标来看，大多数与大学的科学研究相关。上海软科的世界大学学术排名、荷兰莱顿大学对大学研究成果的评价排名、土耳其中东理工大学的大学学术研究排名自不待说，这几个大学排名顾名思义就是以大学的学术研究、科研成果为对象的。在其他几个世界大学排名中，也可以看到与科学研究相关的指标居于主要地位。例如，《美国新闻与世界报道》基本上是以科研指标为依据进行世界大学排名评价的，其排名评价指标与权重如下：研究的国际评价（12.5%），研究的地区评价（12.5%），论文发表数（12.5%），论文被引用标准指数（10%），论文被引用总数（10%），高被引论文数（12.5%），高被引论文数的比例（10%），国际合作（10%），授予博士学位数（5%），教师人均授予博士学位数（5%），与科学研究直接相关的评价指标达到80%以上。[①]又如，《泰晤士报高等教育副刊》的世界大学排名评价的一级指标是教育（30%）、研究（30%）、论文被引用指数（30%）、国际化（7.5%）、产学合作（2.5%），在这5个一级指标中，与科研相关的指标权重占了60%。虽然有"教育"一级指标，但是其二级指标中也少有与教师的教育（教学）活动尤其是本科教学活动直接有关的，"教育"的二级指标包括研究者的教育评价（15%）、师生比（4.5%）、授予博士学位数与授予学士学位数的比例（2.25%）、教师人均授予博士学位数（6%）、教师人均大学经费收

---

① ［爱尔兰］Ellen Hazelkorn著，永田雅启等译：《グローバル・ランキングと高等教育の再構築——世界クラスの大学をめざす熾烈な競争》，学文社2018年版，第46-47页。

入（2.25%）。^①世界大学排名评价"科研偏好"的特征对大学办学产生了
比较大的影响。如有一位澳大利亚的大学副校长认为："如果将提高排名摆
在最优先的位置，那么大学有必要采取以下的一些措施。引入美国模式，
录用专职教学的教师提高师生比，或者让教学助理负责本科生教学，进一
步把重点放在研究以及出研究成果方面。而且减少服务学生的开支，将经
费更多地投向研究活动。停办那些对提高毕业率没有贡献的学科专业。"
人们不仅是这么想的，而且也是这么做的。一些大学"改变了教学与研究
之间的平衡，重心从本科生移向研究生，学科结构也发生了变化。大学的
资源投入向科研产出更多的领域倾斜，向那些拥有能够提高排名指标能力
的教师的部门倾斜"。^②世界大学排名评价"科研偏好"的特征从另一个
侧面深刻反映出大学教学评价（排名）的困难。大学评价在很大程度上是
通过对大学中人的活动成果的评价来实现的。论文作为大学研究活动的主
要成果，依靠其所具有的客观性、可测性、可比性、国际性成为十分恰当
的评价对象。大学教学活动的成果最终体现在学生身上，通过几年的大学
教育，学生在知识、能力、技能等方面得到了什么，作为个体的人又获得
了哪些成长，显然这样的大学教学活动的成果是很难测量、比较的。这或
许是各评价机构在进行世界大学排名评价时避开教学、偏重科研的考量原
因。因此，我们在讨论当下的世界大学排名时，不应忽视"科研偏好"这
一重要特征。

2. 英语偏好。现有的世界大学排名评价基本上是以英语文献与数据作
为基础的。尽管近代化以来母语早已成为各国大学的教学语言，但是由于
世界大学排名评价的"科研偏好"，学术界占主导地位的英语文献自然成为

① ［爱尔兰］Ellen Hazelkorn著，永田雅启等译：《グローバル・ランキングと高
等教育の再構築——世界クラスの大学をめざす熾烈な競争》，学文社2018年版，第
48页。

② ［爱尔兰］Ellen Hazelkorn著，永田雅启等译：《グローバル・ランキングと高
等教育の再構築——世界クラスの大学をめざす熾烈な競争》，学文社2018年版，第
167-168页。

评价机构衡量与比较不同国家大学水平的基本依据。世界大学排名评价的"英语偏好"特征使得非英语国家的大学与英语国家大学相比在评价中处于不利的地位。因此，非英语国家的大学若要在世界大学排行榜中获取好的排序，首先要解决的问题是改变师资队伍的结构，更多地录用能够用英语开展研究并能在国际学术榜期刊上发表高水平论文的教师。一些非英语国家的大学已经将聘用英语堪能的教师作为师资队伍建设的重要策略。例如，"有一位德国大学的校长批评只发布德语公告招募新教师的学院目光短浅。还有一位德国应用科学大学的教师称他所应聘的岗位条件是只能用英语进行教学。奥斯陆大学采取积极的教师招聘方针，所有招募公告同时使用英语与瑞典语"①。可以这样认为，世界大学排行榜的出现更加巩固了英语在学术界的主导地位，在一定程度上强化了学术界与高等教育界的"中心—边缘"构造。

3. 理科偏好。现有的世界大学排名评价所使用的数据库尤其是论文的数据库大多是以自然科学为主要对象的，因此"理科偏好"或许是世界大学排名评价的又一特征。例如，美国科技信息所推出的基本科学指标数据库具有很大的影响。该数据库分22个学科领域，依据论文数、论文被引频次、论文篇均被引频次、高被引论文、热点论文和前沿论文等6项指标，对全球高校的学科领域进行统计评价，统计数字每两个月更新一次。而这22个学科领域中，20个是自然科学，社会科学只有经济与商业、社会科学总论两个领域。世界大学排名评价的"理科偏好"特征对大学的学科调整与重组产生了比较大的影响。有些大学校长认为提高大学排名最迅速的方法是"停办人文学科院系"。在20世纪80年代的美国国内大学评价中，"理科偏好"的现象就已经出现。特罗曾经指出，加利福尼亚大学伯克利分校为了解决在美国国家科学研究委员会的排行榜（1982年）中排名不高的问

---

① [爱尔兰] Ellen Hazelkorn著，永田雅启等译：《グローバル・ランキングと高等教育の再構築——世界クラスの大学をめざす熾烈な競争》，学文社2018年版，第173页。

题，专门采取了改革生物学领域教师的聘用和职务晋升方法，以及改善该学科的科研设备和研究环境等措施。[①]世界大学排名评价"理科偏好"特征的产生虽然有一些诸如自然科学的数据容易获取、评价指标具有可比性、人文与社会科学的研究成果难以测量等客观因素，但是大学作为传承与发展人类知识的重要组织，是由自然科学、社会科学、人文科学三大部分组成的，偏重自然科学一隅而看轻或忽略其他，这样的评价是不是在整体上失去了客观性呢？

　　总之，在大学评价日益伴随着大学的发展或者说大学评价已经成为大学办学的组成部分，且评价机构不断增多、排行榜接二连三出现的今天，政府、大学应该进一步科学认识大学评价的意义与内涵、作用与局限，保持应有的定力，如一位学者所说的，须"谨慎看待高等教育领域中各种评价"[②]。

第七节　高等教育国际化与中国模式

　　改革开放40年来我国高等教育获得了长足的发展，体制改革、教学改革不断深入，政府对高等教育愈加重视，社会对高等教育日益关注；同时，高等教育也在社会进步、经济发展、人民生活水平提高、国家实力增

　　① ［爱尔兰］Ellen Hazelkorn著，永田雅启等译：《グローバル・ランキングと高等教育の再構築——世界クラスの大学をめざす熾烈な競争》，学文社2018年版，第169页。
　　② 阎光才：《谨慎看待高等教育领域中各种评价》，载《清华大学教育研究》2019年第1期。

强中发挥着愈来愈重要的作用。政府出台的以《国家中长期教育改革和发展规划纲要（2010—2020）》《统筹推进世界一流大学和一流学科建设总体方案》等为代表的一系列计划与政策为今后一段时间内高等教育改革与发展制订了宏大的目标，我国高等教育将进入一个新的任务更加艰巨、竞争更加激烈的历史发展阶段。在这一新的历史阶段，毫无疑问高等教育国际化是我国高等教育发展的重要背景，如何在高等教育国际化的潮流中把握"自我"是我国高等教育发展所面临的重要课题。

一、高等教育国际化背景下的大学模式

高等教育国际化是近二三十年来世界高等教育发展的一大潮流。高等教育国际化在促进科学知识、大学教师与学生在国际间的频繁流动、流动加速以及国际大学评价标准流行的同时，也使得大学模式在国际间的传播比以往任何时候都显得更加容易一些。一方面，有着悠久传统的高等教育先发国家需要检点自身模式是否适应时代的潮流；另一方面，处在追赶路上的高等教育后发国家则要研习他国经验以提升高等教育水平。

众所周知，西方大学在中世纪产生之后，在传播知识的同时，也在传播着自己的模式。诚如美国比较教育学者菲利浦·G·阿特巴赫所认为的："国际性的大学模式在全世界的高等教育发展中，已经发挥了并且还在继续发挥着重要的作用，这一点也是显而易见的。任何一个国家高等教育的确切的历史，都是由许多因素结合而构成的。例如，某一个国家就常因某种外国的影响造成一种历史的偶然。"[①]在早期中世纪大学的发展过程中，"一种占有主导地位的模式——以教授为主的巴黎大学——在国际上是最有影响的。它基本上确定了世界上各国大学的体制"[②]。19世纪是大学发

①［美］菲利浦·G·阿特巴赫著，符娟明、陈树清译：《比较高等教育》，文化教育出版社1985年版，第29页。
②［美］菲利浦·G·阿特巴赫著，符娟明、陈树清译：《比较高等教育》，文化教育出版社1985年版，第25页。

展的重要时期。在19世纪，大学不仅实现了近代化，而且各国的大学模式也逐步成形。"19世纪初，出现了两种崭新的大学模式，并开启了对传统大学的根本性变革。"①西方学者所说的这两种模式即是德国模式与法国模式。在康德、费希特、施莱尔马赫、洪堡等思想家的大学理念影响下，以1810年柏林大学的建立为开端，德国大学开启了近代化的进程，并逐渐形成在世界高等教育发展史上具有重大影响的德国模式。这种模式"包括了研究对教学的重要性，以及由此形成的用习明纳来补充讲座的模式，进而鼓励以研究为基础的学习，为学生进入专业做准备"②。因此，研究与教学相结合、通过研讨与实验将学生引入科学研究等被认为是德国模式的基本特征。"从19世纪末开始，德国模式就成了现代大学的代表，它不仅出现在欧洲，而且也出现在美国和日本。"③与德国模式相比，法国模式体现出高等教育发展的另外一种趋向。18世纪末的法国大革命奠定了法国高等教育改革的政治基础，拿破仑取得政权之后建立了与中世纪大学有着很大区别的高等教育制度。这一高等教育制度在管理上体现出国家主义、中央集权，在高等教育机构设置上"以专门学院为代表"④，成立了神学院、法学院、医学院、理学院、文学院，加上在大革命时期成立的巴黎理工学院、巴黎高等师范学校等，"如此极度的分化与专门化……与德国形成了鲜明对比"⑤。19世纪下半叶，美国高等教育开始了现代化的进程。"对于经历了

　　①［瑞士］瓦尔特·吕埃格主编，张斌贤、杨克瑞、林薇等译：《欧洲大学史　第三卷　19世纪和20世纪早期的大学》，河北大学出版社2014年版，第5页。

　　②［瑞士］瓦尔特·吕埃格主编，张斌贤、杨克瑞、林薇等译：《欧洲大学史　第三卷　19世纪和20世纪早期的大学》，河北大学出版社2014年版，第49页。

　　③［瑞士］瓦尔特·吕埃格主编，张斌贤、杨克瑞、林薇等译：《欧洲大学史　第三卷　19世纪和20世纪早期的大学》，河北大学出版社2014年版，第6页。

　　④［瑞士］瓦尔特·吕埃格主编，张斌贤、杨克瑞、林薇等译：《欧洲大学史　第三卷　19世纪和20世纪早期的大学》，河北大学出版社2014年版，第5页。

　　⑤［瑞士］瓦尔特·吕埃格主编，张斌贤、杨克瑞、林薇等译：《欧洲大学史　第三卷　19世纪和20世纪早期的大学》，河北大学出版社2014年版，第36页。

1870年的人来说，1870年前后可以看作'美国教育史'的新纪元"①。影响美国高等教育现代化的因素主要有两个：一是1862年实施的有关赠地办农业和机械工程学院的《莫里尔法案》，二是德国大学模式。"比其他任何事件更能确立永恒的研究型德国形象的事件是1876年约翰·霍普金斯大学在巴尔的摩成立。霍普金斯直接象征着德国研究，它的存在触手可及，给人新奇而戏剧化的感觉，即就科学而言，德国并非遥不可及"②。这两个因素从不同的方向形塑了美国现代大学的特点，即"实用型公共服务的目标、纯粹德国模式的抽象研究的目的"③，在此基础上逐渐形成的美国模式在20世纪中叶之后对世界高等教育发展产生了深远的影响。

经过上百年的发展，虽然许多国家的大学模式已经基本形成，模式的内在规定性成为各国大学特色与差异的基础，各国大学的发展也在一定程度上遵循着模式的历史惯性；但是高等教育国际化赋予在社会机构中最具国际色彩的大学更多、更强的流动性，使得许多国家在检视本国的高等教育与大学发展时，更加关注其他国家，尤其是高等教育质量、水平居于领先地位国家的大学模式，他国的经验往往成为本国大学改革与大学模式修正的参照系。关于这一点，我们可以从高等教育国际化浪潮日渐高涨的20世纪90年代以来一些国家的高等教育改革与发展中找到例证。

20世纪90年代初，日本高等教育开始了一轮新的改革。改革虽然涉及大学课程、质量评价、教师制度、治理结构等众多领域，但可以从中看到一条主线，即通过修改政府的政策，制定新的法律，调整政府与大学尤其是国立大学之间的关系，使大学具有更多的办学自治权。2004年实施的"国立大学法人化"，毫无疑问将这一轮改革推向了新的高潮。国立大学法

---

① [美]劳伦斯·维赛著，栾鸾译，孙传钊审校.《美国现代大学的崛起》，北京大学出版社2011年版，第1页。
② [美]劳伦斯·维赛著，栾鸾译，孙传钊审校：《美国现代大学的崛起》，北京大学出版社2011年版，第134-135页。
③ [美]劳伦斯·维赛著，栾鸾译，孙传钊审校：《美国现代大学的崛起》，北京大学出版社2011年版，第10页。

人化给日本国立大学所带来的变革，从实质上讲是大学模式的一次修正或改造。日本近代大学制度是在学习德国模式的基础上形成的，德国大学的理念、组织、制度深深地植入日本近代大学体制中。尤其是大学自治的理念与制度。长期以来，日本国立大学所秉持的大学自治理念与制度的底线是大学以外的机构、组织不能干涉大学内部的教育、研究等事项。例如，1969年日本政府为了结束"校园纷争"，恢复大学的正常秩序，制定并由国会通过了《关于大学运营的临时措施法》，这一法律遭到了大学界、学术界的反对。日本学术会议在其发表的《关于大学运营临时措施法案的意见》中认为："法案第七条、第八条包含了许多涉及宪法的重要问题。毫无疑问，教育和研究是大学的核心机能，应由各学部自主决定。这意味着有关教育、研究事项的学部自主性和人事上的自主性一道构成了大学自治的核心内容。可是法案第七条、第八条完全无视有关教育、研究事项的学部自主性，规定可以由外来的权力单方面决定停止教育和研究活动。这样的规定怎么能说是不侵害大学自治呢？"①因此，国立大学内部事务的决定权一直是由评议会、教授会等教师组织掌握的。这一大学自治的模式在国立大学法人化之后发生了很大的变化。国立大学法人化改革除赋予国立大学法人地位、调整政府与国立大学的关系之外，在大学内部则改变了治理组织与结构。而治理组织与结构改变的主要内容之一是引入社会力量参与国立大学的治理与办学。《国立大学法人法》规定实施法人化改革后的国立大学的运营体制是校长负责，法人组织"理事会"为学校法人的最高权力机构，"经营协议会"与"教育、研究评议会"分别为学校经营事项和教育、研究事项的决策机构，且"理事会"与"经营协议会"的成员必须包括校外人士，"经营协议会"中的校外人士须占成员总数的一半以上。这一改革打破了百余年日本国立大学模式中校外人士不得介入大学内部事务的传统，而且从中隐约可以看到美国大学模式的影响（尽管日本国立大学的内部治

---

① 日本学术会议：《大学の運営に関する臨時措置法案に対する見解》，见［日］田畑茂二郎等编：《政府機関および各団体の見解》，有信堂1970年版，第105页。

理与美国大学的内部治理以及日本国立大学的"理事会"与美国大学的董事会之间有着较大的区别）。

二、高等教育国际化之于中国高等教育发展的意义

高等教育国际化不仅表现在科学知识、大学教师与学生在国际间的大量流动，而且随着大学排行榜的流行，大学办学的国际标准成为各国大学努力的目标，促进着国际化的深入发展。高等教育国际化对于中国高等教育发展的意义至少可以从以下几个方面作简略概括。

首先，高等教育国际化促进我国高等教育进一步扩大开放，国际间的人员交流规模不断扩大。由此，高等教育国际化本身成为近年来我国高等教育发展的主要特点之一。据教育部统计，2016年度我国出国留学人员总数为54.45万，其中国家公派3万人，单位公派1.63万人，自费留学49.82万人。2016年度各类留学回国人员总数为43.25万人，其中国家公派2.25万人，单位公派2万人，自费留学39万人。从1978年到2016年底，各类出国留学人员总数达458.66万人。其中136.25万人正在国外进行相关阶段的学习和研究；322.41万人已完成学业；265.11万人在完成学业后选择回国发展，占已完成学业群体的82.23%。[①]我国在成为留学生输出主要国家的同时，也正在成为留学生输入的重要国家。2016年共有来自205个国家和地区的442773名各类外国留学人员在31个省、自治区、直辖市的829所高等学校、科研院所和其他教学机构中学习，比2015年增加45138人，增长比例为11.35%（不含港、澳、台地区）。[②]

其次，高等教育国际化促进我国大学在加强与国外大学的交往中，进

---

① 中华人民共和国教育部.《2016年度我国出国留学人员情况》［2017－10－13］，http://www.moe.edu.cn/jyb_xwfb/xw_fbh/moe_2069/xwfbh_2017n/xwfb_170301/170301_sjtj/201703/t20170301_297676.html。

② 中华人民共和国教育部:《2016年度我国来华留学生情况统计》［2017－10－13］，http://www.moe.edu.cn/jyb_xwfb/xw_fbh/moe_2069/xwfbh_2017n/xwfb_170301/170301_sjtj/201703/t20170301_297677.html。

一步吸取外国大学发展的经验与教训，深化高等教育改革。众所周知，大学办学，尤其是高水平大学办学需要充足的人、财、物等基本条件，其中人的因素起着一定意义上的决定作用，即师资水平是大学办学水平的重要影响因素，没有高水平的师资很难办成高水平的大学。因此，如何招募教师、培养教师、建设一支结构合理的高水平师资队伍是各个大学在办学过程中必须时时面对的重要课题。由于大学发展历史、大学文化等差异，一些高等教育发达国家的大学各自形成了不同的大学教师人事制度。而且伴随着大学教师市场的国际化与竞争激烈化，大学教师人事制度改革也在许多国家的大学中不断进行着。美国大学的"终身教职"制度近年来受到广泛的关注。1915年成立的"美国大学教授协会"为了保护大学教师的学术自由呼吁大学实施"终身教职"制度，之后在美国大学，尤其是研究型大学成形、实施的"终身教职"制度不仅在保护大学教师学术自由方面发挥着重要作用，而且成为选聘优秀教师、保证教师质量、形成高水平师资队伍的重要人事制度。新入职的教师如果进入"终身教职轨"，必须在约6年的时间内，在教学与科研方面通过学校考核获得"终身教职"，不然只能另寻他职。这也就是所谓的"非升即走"。大学师资队伍建设在我国实施"双一流"建设、高等教育强国建设的宏伟战略中同样十分重要。大学人事制度改革是近些年来我国高等教育改革的主要领域之一。不过，长期以来大学人事制度改革聚焦的是聘任制度、晋升制度、薪酬制度等，涉及对象主要是已经在大学中任职的教师。最近，一些高水平大学的人事制度改革则将范围扩大到新教师的选聘上，类似于"非升即走"的制度正在逐渐建立起来。

第三，高等教育国际化促进我国大学更加注重教育、科研质量与办学水平的提高，以提升大学的国际竞争力与学术地位。21世纪初以来的高等教育国际化以国际大学评价及国际大学排行榜发布为显著特征。《美国新闻与世界报道》、QS、《泰晤士报高等教育副刊》、上海交通大学等几大评价机构每年发布的世界大学排行榜对诸多国家的大学尤其是高水平大学的办学产生着广泛的影响。大学排行榜的实质是评价机构用一个尺度，或者说一个国际性的尺度（当然各评价机构的尺度有所不同）去评价不同国家的大学。它所产生的直接结果是各国大学及政府在思考与制定大学的发展战略时必须将其放在全球的背景下，具有国际性的视野。提升大学在国际上的学术地位（排名）因而成为许多大学的发展目标乃至一些国家政府的高等教育发展战略。例如，日本政府在2014年推出了"全球顶尖大学项目"，其目标明确为："以提高我国高等教育的国际竞争力为目的，与制度改革相结合，重点支持与世界一流大学开展合作、实施大学改革、深入推进国际化的教育与研究达到世界水平的顶尖大学和引领国际化的全球大学"①。该项目为期10年，东京大学、京都大学等37所大学入选并获得项目经费支持。②我国正在实施的"双一流"建设项目，毫无疑问也将提升我国大学在国际上的学术地位、建设高等教育强国作为主要的战略目标。诚如国务院发布的《统筹推进世界一流大学和一流学科建设总体方案》所明确指出的："到2020年，若干所大学和一批学科进入世界一流行列，若干学科进入世界一流学科前列。到2030年，更多的大学和学科进入世界一流行列，若干所大学进入世界一流大学前列，一批学科进入世界一流学科前列，高等教育整体实力显著提升。到21世纪中叶，一流大学和一流学科的数量和实力进入世界前列，基本建成高等教育强国。"

三、高等教育国际化潮流中的中国模式

高等教育国际化已经成为影响一个国家高等教育发展的重要因素。如何在高等教育国际化的潮流中，既关注世界高等教育的发展趋势，又保持

---

① ［日］独立行政法人日本学术振兴会：《スーパーグローバル大学創成支援》［2017-10-20］，http：//www.jsps.go.jp/j-sgu/index.html。
② 《平成26年度スーパーグローバル大学等事業「スーパーグローバル大学創成支援」申請・採択状況一覧》［2017-10-20］，http：//www.jsps.go.jp/j-sgu/data/shinsa/h26/h26_sgu_kekka.pdf。

自己国家高等教育的发展特色与优势，这是许多国家尤其是发展中国家所面临的一大课题。对于已经成为高等教育大国，正在以建设高等教育强国为目标的我国来说，形成具有特色的中国模式应是走向高等教育国际化的必然选择。

我国是近代高等教育的后发国家，与世界上诸多高等教育后发国家一样，在高等教育发展的历史进程中，多次受到外国大学模式的影响。例如，在近代高等教育发端之初，清朝政府学习日本当时的大学模式建立了近代大学制度。1904年颁布的《奏定大学堂章程》在解释大学堂所设8个分科大学时明确写道："日本国大学止文、法、医、格致、农、工六门，其商学即以政法学科内之上法统之，不立专门。又文科大学内有汉学科，分经学专修、史学专修、文学专修三类。又有宗教学，附入文科大学之哲学科国文学科，汉学科史学科内。今中国特立经学一门，又特立商学一门，故为八门。"[①]又如，中华人民共和国成立之后，为了适应社会制度的变革，培养新中国所需要的建设人才，全面学习苏联成为包括高等教育在内的各条战线建设的基本方针。时任高等教育部部长的马叙伦在总结新中国成立后5年高等教育的发展成就时清楚地指出："中央人民政府于1952年暑假进行了大规模的院系调整工作，依据苏联高等学校制度，从庞杂纷乱的旧大学中取消院的一级，调整出工、农、医、师范、政法、财经等系科独立建院或与原有同类学院合并集中，并根据培养国家建设各项专门人才的需要，结合各校师资设备等条件，普遍设置各种专业，根本改变了旧的高等学校设置混乱、系科重叠、教学脱离实际的状况。"[②]20世纪50年代初学习苏联模式所建立起来的大学制度虽有一些不同的评价，但是历史地看，其有计划地培养人才制度适应了社会主义计划经济体制下国家建设发展的需要，

[①]《中国教育大系》编纂出版委员会：《中国教育大系 历代教育制度考（下）》，湖北教育出版社1994年版，第1885页。

[②] 马叙伦：《五年来新中国的高等教育》，见上海市高等教育局研究室等编：《中华人民共和国建国以来高等教育重要文献选编（下）》，第293页。

而且这一制度成为1978年之后我国高等教育改革与发展的出发点与基础，其影响现在至今存在。

改革开放以来，我国高等教育发展进入一个新的历史阶段。经过40年的改革与建设，高等教育取得了长足的进步，不仅数量上得到很大的发展，已经进入高等教育大众化后期，成为高等教育大国；而且水平也得到了明显的提升，为实现高等教育现代化、建设高等教育强国打下了坚实的基础。更值得注意的是，在长时间受到外国模式影响、学习高等教育发达国家的经验之后，我国高等教育的特色、优势正在逐渐形成。在高等教育国际化的潮流中，在日益激烈的竞争环境下，要想立于不败之地，必须形成体系的特色与优势，必须形成富有活力、特色的高等教育中国模式。

何为高等教育中国模式，这一问题近来引起不少学者的关注。有研究者从方法的角度对有关中国大学模式的探讨进行了分类，认为在中国大学模式的研究中存在着"历史文化方法和社会政治方法。这两种方法都强调了中国的独特性，要么关乎传统文化情境，要么基于当下政治社会环境"[①]。在众多的探讨中，许美德教授的观点颇具代表性。许美德教授认为中国大学模式首先应该建立在对中国传统文化优秀遗产继承的基础上，因为中国大学在历史上有许多成功的经验值得汲取；中国大学学习国外大学的先进经验时应注意到西方大学是建立在西方文化基础上的，中国大学应该对之加以分析和借鉴；中国大学模式的兴起并非对西方大学模式的替代，而应该是一个超越的过程。[②]毋庸讳言，虽然百余年的历史，尤其是近40年突飞猛进的发展给人们展示了中国高等教育的潜力与可能性以及特色日显的中国模式的轮廓，但是由于多种原因造成的中国高等教育发展进程中的磕磕绊绊、断断续续，学习外国大学模式时的囫囵吞枣、食洋不化，

---

① 查强、史静寰、王晓阳、王璐瑶：《是否存在另一个大学模式？——关于中国大学模式的讨论》，载《复旦教育论坛》2017年第2期。

② 王洪才：《对露丝·海霍"中国大学模式"命题的猜想与反驳》，载《高等教育研究》2010年第5期。

使得中国模式无论在理论研究上还是实践探索中都还处在初始阶段。从已有大学模式的一般概念出发，所要形成的中国模式的基本内涵是否应该包括如下一些内容：中国传统文化与现代科学知识相结合的高等教育理念，适合中国国情、科学合理的高等教育制度，先进、有效的高等教育治理和能培养出促进社会进步、国家富强、人民幸福的大批不同类型不同层次人才的高等教育体系。

高等教育国际化的发展从外部给中国模式的形成带来了机会与挑战，而中国模式的构建更需要内部的改革与创新。作为一种被广泛认可的大学模式，它不仅要植根于所在国家的文化、教育、制度等社会环境，这是形成区别于其他模式之特征的基础；还应在制度、理念等层面对世界高等教育发展有所建树、有所贡献。改革开放以来，制度层面的改革始终伴随着我国高等教育的发展。譬如，在高等教育管理制度方面，1985年的《中共中央关于教育体制改革的决定》就提出"当前高等教育体制改革的关键，就是改变政府对高等学校统得过多的管理体制，在国家统一的教育方针和计划的指导下，扩大高等学校的办学自主权"；世纪之交，在"进一步简政放权，加大省级人民政府发展和管理本地区教育的权力以及统筹力度"[①]的方针指导下，有400余所高等学校由中央部委所属改变为地方政府所属，形成了中央和地方政府两级管理、以地方政府为主的新高等教育管理制度，地方政府在高等教育管理中的统筹权不断得到扩大。又如，在高等学校管理制度方面，适应现代大学制度建设的需要，人才培养制度、教学制度、人事制度、财务制度等领域的改革持续不断，尤其是近几年来的大学章程制定与建设，将高等学校内部治理及其制度进一步体系化、系统化。制度层面的改革在不断地形塑着模式的制度特征。基于我国高等教育发展的长期实践和社会制度环境的大背景，如何使政府的管理更加有效、大学的自

①《中共中央、国务院关于深化教育改革，全面推进素质教育的决定》［2017-10-20］，http://old.moe.gov.cn/publicfiles/business/htmlfiles/moe/moe_177/200407/2478.html。

主更加有力,在政府与大学之间建立起有效政府管理与有为大学自主良性互动的张力,这或许是中国模式构成的一个重要方面。伴随着高等教育的改革与发展,理念的变化也是明显的,而且理念的改变往往先于实践的进展。从高等教育发展的宏观方面来说,高等教育要适应并促进社会、经济的发展,在大规模的高等教育体系中要突出重点发展、注意分类发展;从人才培养的微观方面来讲,全面实施素质教育、创新创业教育等,这些理念具有中国特色,且在我国的高等教育实践中产生了重要的影响。如果从中国模式的高度来看,创新适合中国高等教育发展并在世界上产生影响的理念仍然需要不懈的努力。

面向高等教育国际化构建中国模式与建设高等教育强国是紧密相连的。当今世界上的高等教育强国无不在长期历史发展过程中形成独特的大学(高等教育)模式。因此,在实现高等教育现代化、建设高等教育强国的进程中,形成富有特色的中国模式将是21世纪上半叶我国高等教育发展的重要课题。

第六章

高等教育发展中的
政策效应

　　大学近代化已降，随着大学在社会进步、经济发展中的作用日益增大，国家政府愈来愈重视大学的改革与发展，政府的政策愈来愈对大学以及高等教育的运行发挥重要作用。我国自1949年之后建立社会主义高等教育制度以来，政府就一直以制定政策等方式指导大学办学，引领高等教育的发展方向。重点建设是我国政府发展高等教育的主要政策之一，从重点大学、重点学科经"211工程""985工程"，到当今的"双一流"建设，政策的名称虽几经改变，但其重点支持少数高校"优先发展"的实质没有变化。重点建设政策对我国高等教育制度及其发展产生了深远的历史与现实影响。

第一节　重点建设：我国高等教育政策的一条主线

　　自1949年中华人民共和国成立以来，高等教育与其他领域一样，取得了令人惊叹的成就与发展。根据教育部的统计，2018年全国共有普通高等学校2663所，全国各类高等教育在学总规模（包括研究生、普通本专科、成人本专科、网络本专科、高等教育自学考试本专科等各种形式的高等教育在学人数）达到3833万人，高等教育毛入学率达到48.1%。[①]在成为世界上规模最大的高等教育体系的同时，高等教育的水平与质量也有了显著的提升。在1949年以来的发展过程中，虽有多种因素影响着高等教育，但其中政府的作用是十分重要的。政府运用行政、政策、拨款等多种方式引导着高等教育改革与发展的方向。高等教育重点建设即是政府影响和导引高等教育改革与发展的一个突出例证。

一、重点的形成：指定与竞争

　　什么是高等教育重点建设？在回溯新中国成立以来高等教育重点建设的具体变化之前，有必要就其内涵作一些讨论与界定。所谓高等教育重点建设，主要指在政府的支持下少数或一部分高校先于大多数高校在学校整体或某一方面得到发展。政府支持高等教育重点建设的手段与方式包括制

---

　　① 中华人民共和国教育部：《2018年全国教育事业发展统计公报》［2019-07-20］.
http：//www.moe.gov.cn/jyb_sjzl/sjzl_fztjgb/201907/t20190724_392041.html.

定政策、行政指导、经费支持等。高等教育重点建设的单位包括高等学校、学院、学科、专业、实验室等。从这一内涵理解出发，高等教育重点建设既包括那些明确为"重点"（如重点大学、重点学科等）的建设计划、项目，同时也包括一些虽不冠以重点之名，但有着重点之实的建设计划、项目（如"985工程""2011计划"等）。

在讨论高等教育重点建设时，重点的形成过程是首先值得关注的，中华人民共和国成立以来高等教育重点建设的变化也在重点的形成这一点上有着明显的表现。众所周知，我国高等教育重点建设开始于1954年。当时的高等教育部于1954年10月下达了《关于重点高等学校和专家工作范围的决议》，《决议》首先阐明了确定重点高校的意义："确定重点高等学校是为了使这些学校在贯彻中央所规定的方针政策，学习苏联先进经验，进行教学改革，加强行政领导等各方面能够先走一步，取得经验，由高等教育部及时总结推广，以带动其他学校，共同前进。"不难看出，当时确定重点高校的主要意义在于树立一些样板、形成一些经验，以推动高等教育整体的发展。什么样的高校才能被确定为重点呢？《决议》给出了如下的条件："第一，师资设备等条件较好；第二，有苏联专家的指导和帮助；第三，行政领导比较健全；第四，教学改革有较显著的成绩和经验。"根据这样一些条件，中国人民大学、北京大学、清华大学、哈尔滨工业大学、北京农业大学、北京医学院被确定为全国首批重点高等学校。[1]为了让重点高校在高等教育发展过程中发挥作用，政府制定了专门的政策支持重点高校建设。譬如，1954年高等教育部做出了《关于清华大学工作的决定》，在《决定》中明确指出："根据中央'重点发展'的方针，高等教育部认为在高等工业教育方面有必要首先以较多的力量来办好清华大学，这对推动和协助全国高等工业学校的教学改革有重要意义。"《决定》从5个方面提出了支持清华大学建设的措施，其中包括聘请苏联专家，"清华大学在第一个五年

---

[1] 中央人民政府高等教育部：《关于重点高等学校和专家工作范围的决议》，见《高等教育文献法令汇编（第二辑）》，1955年，第379页。

计划期间每年聘请苏联专家的名额最多可达到16人”；配备必要的师资及行政干部，“清华大学的师资补充，以留本校毕业生为原则。此外还须从其他较好的高等学校毕业生中，分批补充基础课程和某些专业课程的教师”；保证清华大学招收学生的业务水平与政治质量；扩充实验设备及进行必要的基本建设，“高等教育部批准清华大学今后三年（1955年至1957年）设备费1000亿至1200亿元（相当于币制改革后的1000万至1200万元——笔者注）”，“清华大学1955年度修建校舍4万平方米，1956年度修建校舍5万平方米，1957年度修建校舍6万平方米”。[①]

1954年开始的高等教育重点建设虽然只确定了6所重点高校，但是在新中国高等教育发展历史上的意义是不言而喻的。高等教育重点建设从此成为政府指导高等教育发展的一项重要政策，在之后的30余年间“指定”成为政府确定重点高校的唯一方式。1959年中共中央发布《关于在高等学校中指定一批重点高等学校的决定》，全国重点高校增加到16所；1960年中共中央发布《关于增加全国重点高等学校的决定》，重点高校增加到61所；1963年国务院批准浙江大学、厦门大学、上海外国语大学、南京农学院列入全国重点高校，重点高校增加到65所；1978年国务院转发教育部《关于恢复和办好全国重点高等学校的报告》，重点高校恢复加新增，达到93所；1979年国务院批准西北农学院等5所农学院为全国重点高校，重点高校增加到98所。[②]

政府采取“指定”的方式确定重点高校，这是由计划经济体制下高度集中统一的高等教育管理体制所决定的。1952年政务院颁布的《关于修订高等学校领导关系的决定》中明确规定：“中央高等教育部根据国家的教育方针、政策与学制，遵照中央人民政府政务院关于全国高等教育的各项决定与指示，对全国高等学校（军事学校除外，以下同）实施统一的领导。

---

① 中央人民政府高等教育部：《关于清华大学工作的决定》，见《高等教育文献法令汇编（第二辑）》，1955年，第385-386页。

② 刘英杰主编：《中国教育大事典（下）》，浙江教育出版社1993年版，第1175-1177页。

凡中央高等教育部所颁布的有关全国高等教育的建设计划（包括高等学校的设立或停办、院系及专业设置、招生任务、基本建设任务）、财务计划、财务制度（包括预决算制度、经费开支标准、教师学生待遇）、人事制度（包括人事任免、师资调配等）、教学计划、教学大纲、生产实习规程，以及其他重要法规、指示或命令，全国高等学校均应执行。"[1]用指定的方式确定重点高校更能体现政府对高等教育发展的领导意志与宏观决策。表6-1所示1979年全国重点高校的类型分布不仅反映出重点高校类型不均衡的现象，而且也体现了政府长期以来重视工科院校发展的基本方针。在98所重点高校中，工业院校有52所，占重点高校总数的比例超过了一半；综合大学重点高校在全国重点高校中的比例（17.3%）也大大高子综合高校在全国高校中的比例（5.2%）；相比之下，医药院校、师范院校重点高校的比例比较低，尤其是师范院校，学校数量占全国高校数的25.4%，师范类重点高校却仅占全国重点高校数的2.0%。师范类重点高校过少、工科类重点高校过半的现象反映了确定重点高校的另一个重要特征，即重点高校基本上都是中央部委属院校。在当年的"条块分割"高等教育管理体制内，大批工科类高校分属各中央部委，而绝大多数的师范类院校则由省级政府管理。

表6-1　重点高校分类统计（1979年）

类别	高校数		重点高校数	
	数量	百分比	数量	百分比
综合大学	33	5.2	17	17.3
工业院校	191	30.2	52	53.1
农业院校	52	8.2	10	10.2
林业院校	9	1.4	1	1.0

---

[1] 中央人民政府政务院：《关于修订高等学校领导关系的决定》，见上海市高等教育局研究室、华东师范大学高校干部进修班、华东师范大学教育科学研究所合编：《中华人民共和国建国以来高等教育重要文献选编（上）》，第56页。

续表

类别	高校数		重点高校数	
	数量	百分比	数量	百分比
医药院校	107	16.9	7	7.1
师范院校	161	25.4	2	2.0
语文院校	10	1.6	2	2.0
财经院校	22	3.5	1	1.0
政法院校	6	0.9	2	2.0
体育院校	11	1.7	1	1.0
艺术院校	12	1.9	1	1.0
其他院校	9	1.4	2	2.0
合计	633	100	98	100

"文化大革命"结束、改革开放的政策实施之后，国家高等教育重点建设的方针及机制开始发生变化。1985年出台的《中共中央关于教育体制改革的决定》吹响了"文革"后我国教育全面改革的号角，其中也涉及有关高等教育重点建设的问题。《决定》指出："为了增强科学研究的能力，培养高质量的专门人才，要改进和完善研究生培养制度，并且根据同行评议、择优扶植的原则，有计划地建设一批重点学科。"这一决定对我国高等教育重点建设的发展具有重要的转折意义，一是将高等教育重点建设的单位由高校扩展到学科，二是将重点建设单位的产生方式由指定转向有竞争的遴选。1987年2月国家教委发出《关于在试点学科中进行高等学校重点学科申报工作的通知》，正式开启了高校重点学科的遴选工作。1988年7月，国家教委下发《关于下达高等学校文、理、工科重点学科点名单的通知》，公布了高等学校文科、理科、工科重点学科点名单，1989年国家教委又分别公布了医学与农学重点学科点名单。至此，107所高校的416个学科点被确定

为首批高等学校重点学科。①

　　20世纪90年代中期开始的"211工程"在我国高等教育重点建设的发展历史上具有里程碑的意义，更加凸显了变化后的高等教育重点建设的特点。1993年2月中共中央、国务院发布《中国教育改革和发展纲要》，其中提道："为了迎接世界新技术革命的挑战，要集中中央和地方等各方面的力量办好100所左右重点大学和一批重点学科、专业，力争在下世纪初，有一批高等学校和学科、专业，在教育质量、科学研究和管理方面，达到世界较高水平。"②为了落实《纲要》所提出的目标与任务，国务院在1994年7月制定了《中国教育改革和发展纲要》的实施意见，进一步明确提出"实施'211工程'。面向21世纪，分期分批重点建设100所左右的高等学校和一批重点学科，使其到2000年在教育质量、科学研究、管理水平及办学效益等方面有较大提高，在教育改革方面有明显进展。争取有若干所高等学校在21世纪初接近或达到国际一流大学的学术水平"③。经过一年多的酝酿，1995年11月《"211工程"总体建设规划》出台，为"211工程"的正式启动制订了比较详细的任务与措施。《建设规划》在进一步明确上述两个政府文件所提出的"211工程"总体建设目标和任务的基础上，首先提出了"211工程"建设的主要任务，即"包括学校整体条件、重点学科和高等教育公共服务体系建设三大部分"。学校整体条件建设是基础，重点学科建设是核心，高等教育公共服务体系建设是保障。其次确定了"211工程"建设资金来源的基本原则与途径，即"采取国家、部门、地方和高等学校共同筹集的方式解决。按现行高等教育管理体制，建设资金主要由学校所属的部门和地方政府筹措安排，中央安排一定的专项资金给予支持，对工程建设

　　① 刘英杰主编：《中国教育大事典（下）》，浙江教育出版社1993年版，第1303页。
　　②《中国教育改革和发展纲要》，见国家教育委员会编：《新的里程碑——全国教育工作会议文件汇编》，教育科学出版社1994年版，第69页。
　　③《国务院关于〈中国教育改革和发展纲要〉的实施意见》，见国家教育委员会编：《新的里程碑——全国教育工作会议文件汇编》，教育科学出版社1994年版，第92页。

起推动、引导和调控作用"。第三，制定了"211工程"高校遴选的基本程序及组织管理方案。遴选程序主要包括"申请、预审、提交报告、审定批准"4个环节：高校提出进入"211工程"的申请，高校主管部门（中央部委、省级政府）进行预审，国家教委会同高校主管部门向国家计委提交拟进入"211工程"高校的可行性研究报告，国家计委根据建设项目的具体目标、标准以及资金情况审核批准。

"211工程"正式启动于1995年，当年12月北京大学、清华大学等15所高校成为首批"211工程"大学。1996、1997年又有大批高校入选，这些高校组成"211工程"一期建设高校，共94所。2005年13所高校在"211工程"二期建设中入选，2008年5所高校在"211工程"三期建设中入选，至此"211工程"建设高校总数达到112所。"211工程"与50年代开始的重点高校建设相比，其主要特点在于：（1）遴选方式公开，引入竞争机制。以往的重点高校采取的是政府指定的方式，决策流程是"自上而下"的。如上所述，"211工程"高校的遴选程序在《"211工程"总体建设规划》中明确规定，由高校自主申请开始，经过评审，最终由国家计委、国家教委批准，其遴选过程引入竞争机制，决定过程是"自下而上"的。（2）调动了相关部委尤其是地方政府的积极性。80年代之前的重点高校都是由中央政府指定，且重点高校建设的工作由中央政府负责组织与管理。"211工程"中地方政府不仅参与入选高校的遴选过程，而且地方政府在"211工程"高校的建设中还承担着资金支持、组织管理的责任。（3）重点建设高校的范围发生变化，调动了省属高校的积极性。80年代之前的全国重点高校基本上都是部委属院校。"211工程"打破了这一"规则"，一批有水平的省属高校通过竞争，成为国家重点建设高校。在112所"211工程"建设高校中，省属高校有28所，占总数的四分之一。

"211工程"开启了我国高等教育重点建设的新局面，使高等教育重点建设的范围、层次、内容不断扩展与深化。继"985工程"等之后，"双一流"建设将高等教育重点建设带入新的历史阶段。

二、重点的影响：差别与平衡

高等教育重点建设政策的长期实施对我国高等教育的发展产生了深远的影响。这种影响主要体现在列入高等教育重点建设的高校、高等教育体系整体以及政府高等教育政策的制定等方面。

1. 重点高校的发展展现出"捷足先登"的效果。高等教育重点建设在相当长一段时间内是以高校为单位，即使是在重点建设项目林立的状况下，高校仍然是重点建设的主体。因此，高等教育重点建设的影响首先体现在重点高校的发展上。总体上讲，高等教育重点建设对重点高校的影响是积极的，促进了重点高校的发展，使它们成为我国高等教育水平最高的院校。从这一点来看，政府的高等教育重点建设政策达到了预期的效果。

首先，在我国反映高校水平或层次的一些指标项目上，重点高校显示出经过长期建设而具有的实力。有研究者统计了在博士学位授予单位与拥有重点学科的高校中重点高校的状况。如表6-2所示，在1981年国务院首批批准的114所拥有博士学位授予权的高校中，1954年与1959年被确定为重点的高校全部入列，1960—1963年确定的68所重点高校中有59所入列，1978年确定的88所重点高校中有69所入列，112所"211工程"高校中有83所入列。1987年第一轮国家重点学科评审后，全国拥有重点学科的高校有107所，其中1954年与1959年的重点高校全部拥有，1960—1963年的68所重点高校中61所拥有，1978年的88所重点高校中68所拥有，112所"211工程"高校中84所拥有。第一批博士学位授予高校与第一轮重点学科高校中历年的重点建设高校占了大多数，而且越是建设时间长的重点高校，入选率越高。以第一轮重点学科高校为例，1954年与1959年的重点高校的入选率为100%，1960—1963年的重点高校的入选率为79.0%，1978年的重点高校的入选率为77.7%。

表6-2　博士学位授予高校与重点学科高校统计

时间	类别	高校总数	1954年重点高校（6所）	1959年重点高校（16所）	1960—1963年重点高校（68所）	1978年重点高校（88所）	"211工程"高校（112所）	"985工程"高校（39所）
1981	博士学位授予高校	114	6	16	59	69	83	36
1987	重点学科高校	107	6	16	61	68	84	38

资料来源：栗晓红：《国家权力、符号资本与中国高等教育的等级性和同质性——以新中国成立后的三次重点高校政策为例》，载《北京大学教育评论》2018年第2期。

其次，在近年来的高等教育国际化潮流中，重点高校也由于长期的建设与积累而具有较好的表现。众所周知，进入21世纪之后的高等教育国际化不仅表现在科学知识、大学教师与学生在国际间的大量流动上，而且随着国际评价与大学、学科排行榜的流行，大学办学的国际标准正在影响着各国大学的办学实践。《美国新闻与世界报道》、QS、《泰晤士报高等教育副刊》、上海软科等几大评价机构每年发布的世界大学、学科排行榜对诸多国家的大学尤其是高水平大学的办学产生着广泛的影响。大学、学科排行榜的实质是评价机构用一个尺度，或者说一个国际性的尺度（当然各评价机构的尺度有所不同）去评价不同国家的大学与学科。因此，大学排行榜在一定程度上反映了各国高校的学术与教育水平。在大学排行榜流行的初期，我国高校的整体表现较差，少有高校能够进入排行榜的前列。经过这么多年的建设，时至今日，我国高校在大学排行榜上的排名有了比较大的前进。以2020年QS世界大学排行榜为例，我国大陆高校上榜（排名1000以内）的有42所，其中24所高校排在前500名之内，6所高校排在前100名之内，3所高校排在前50名之内，清华大学排名16，北京大学排名22。[1]进入

____

[1]《QS World University Rankings》［2019-07-20］. https：//www.topuniversities.com/university-rankings/world-university-rankings/2020。

排行榜前500名的24所大学中有23所大学是经过多年重点建设的国家重点大学，1所为进入"211工程"的大学，这充分体现了高等教育重点建设在促进高校水平提升与国际化进展方面的作用。

2. 带动了高等教育整体发展，助推了高等教育在地区间、院校间明显的"差序格局"的形成。1954年重点高校政策出台之时，政府就明确了重点高校的意义在于树立样板、形成经验，以推动高等教育整体的发展。高等教育重点建设对全国高等教育发展的影响首先在于重点建设高校成为一种标杆，重点高校的办学改革对其他高等学校具有示范性的作用。譬如，在近年来的高校人才培养改革中，改变长期以来课程设置过于专门化、拓宽学生的知识面、注重培养学生能力等措施受到广泛的关注。北京大学等高校率先引入"通识教育"，结合我国的国情将通识教育的理念、方法、内容等引入高校的人才培养实践。这一改革逐渐波及其他高校，使得通识教育成为当下我国许多高校人才培养的一个重要组成部分。又如，在近年来的高校人事制度改革中，如何改革高校教师的薪酬制度、提高高校教师待遇成为师资队伍建设的重要一环。"985工程"实施之后，一些"985"高校率先实行了岗位津贴制度，起到了提高教师待遇、稳定教师队伍、促使教师将更多的精力投入教学与科研工作的作用。这一岗位津贴制度随后在全国的众多高校中被采用，推动了高校教师薪酬体系的改革。

高等教育重点建设对全国高等教育发展的影响还在于促进了对高等教育投入的增加。现代高等教育是需要大量经费投入的社会事业。从世界各国高等教育的发展来看，经费投入的多少与高等教育的规模、质量和水平有着密切的联系。长期以来，我国高等教育受体制、经济发展等多种因素的影响，经费不足是制约高等教育发展的一大因素。高等教育重点建设，尤其是从"211工程"开始的各种重点建设项目的实施，调动了各方面的积极性，促进了高等教育经费投入的增加。据统计，"211工程"在"九五"计划与"十五"计划期间共投入经费368.26亿元，其中中央专项资金78.42亿元，高校主管部门投入60.49亿元，地方政府投入85.00亿元，学校自筹经费投入144.35亿元。①正是在这样重点投入的支持下，"211工程"取得了比较大的进展。2008年，温家宝总理主持的国务院常务会议在讨论"211工程"三期建设计划时指出："面向21世纪、重点建设100所左右高等学校和一批重点学科的'211工程'实施以来，经过十多年的努力，'211工程'学校人才培养质量不断提高，学科建设取得明显成效，创新能力得到提升，一些学科接近国际先进水平，产生了一大批有影响的成果，我国高等教育整体实力显著增强。"②

我们在看到高等教育重点建设带动我国高等教育整体发展的同时，也要注意到高等教育重点建设客观上对我国高等教育发展在地区间、学校间"差序格局"的形成起到了一定的助推作用。长期以来，我国高等教育的发展在地区之间尤其是东、西部之间存在着比较大的差别与不平衡，即东部高等教育无论在数量上还是水平上都明显优于西部。高等教育重点建设也是如此。以"211工程"为例，在112所"211工程"高校中，63.4%的高校位于东部，位于西部的高校只占21.4%。"211工程"高校最多的省、自治区、直辖市依次是东部的北京（23所）、江苏（11所）、上海（10所）。这种高等教育发展不平衡产生的原因是复杂的，既有历史、人口、文化等因素的影响，更有经济水平与条件的制约。东部地区比较充足的经费支持对高等教育发展起到了十分重要的作用。例如，江苏在2011年开始进行新的一轮高等教育重点建设，其中仅优势学科建设一个项目1年多的投入就有51.1亿元。③据教育部统计，2017年普通高等学校生均一般公共预算教育事业费全国平均为20298.63元，北京市最高达63805.40元，比最低省份高出3

①"211工程"部际协调小组办公室编：《"211工程"发展报告（1995—2005）》，高等教育出版社2007年版，第13页。

②《温家宝主持召开国务院常务会议同意进行"211工程"三期建设》［2019-07-20］，http://www.moe.gov.cn/jyb_xwfb/s6052/moe_838/tnull_30862.html。

③《江苏投51亿元建高校优势学科》［2019-07-20］，http://www.moe.gov.cn/jyb_xwfb/s5147/201211/t20121102_143961.html。

倍多。①

相比地区间的差别，高等教育重点建设对学校间差异与不平衡的影响更直接、明显。在长期的高等教育重点建设过程中，政府不仅为重点高校提供了大量的经费支持，而且赋予重点高校具有高"附加值"的符号，为重点高校的发展积累起优质的文化资本，使得重点高校在高等教育体系的"金字塔"上居于顶端位置。有研究者统计了20世纪60年代之前的重点高校进入"211工程"与"985工程"的状况。结果显示，50年代确定的16所高校全部进入"211工程"与"985工程"，60年代确定的68所重点高校中有67所进入"211工程"、36所进入"985工程"。②这种结果一方面说明重点高校的建设与发展需要一定的时间与积累，同时也反映出高校分层的某种"固化"现象。

3. 促使政府制定高等教育政策的"重点化"趋向，形成高等教育发展的一种"路径依赖"。如上所述，20世纪50年代开始的高等教育重点建设政策持续了40年之后，90年代随着"211工程"的实施产生了很大的变化。这种变化不仅体现在重点建设高校产生方式的改变，而且更突出地表现在重点建设经费的大量投入上。引起高等教育重点建设变化的主要原因一是经济的发展、经济体制的改革等；二是政府高等教育经费投入方式的转变，即由"基数加发展"改为"综合定额加专项补助"。"在20世纪90年代以后，中央政府开启了一些大型的高等教育专项资金项目。1991年年底'211工程'方案上报国务院并着手实施。这不仅被认为是在高等教育界开启了政府目标管理方式之先河，而且也是'综合定额'之外政府加大对高校，特别是重点高校的专项投入的重要标志性事件"③。

---

① 《2017年全国教育经费执行情况统计公告》［2019-07-20］，http：//www.moe.gov.cn/srcsite/A05/s3040/201810/t20181012_351301.html。

② 栗晓红：《国家权力、符号资本与中国高等教育的等级性和同质性——以新中国成立后的三次重点高校政策为例》，载《北京大学教育评论》2018年第2期。

③ 丁小浩、李锋亮、孙毓泽：《我国高等教育投资体制改革30年——成就与经验、挑战与完善》，载《中国高教研究》2008年第6期。

"211工程"实施以来的20余年，政府的高等教育重点建设政策向着"结构化"的方向发展。这种"结构化"主要表现在重点建设类型的拓展与层次的深化两个方面。所谓类型的拓展，主要指高等教育重点建设不仅以高校为单位，而且扩展到学科、学院、专业、实验室、研究基地等，形成了重点高校、重点学科、重点专业、重点实验室、重点研究基地……的重点建设系列；高等教育重点建设不仅在科学研究领域，而且深入教学领域，科学研究领域有重点实验室、重点研究基地，教学领域有重点专业；高等教育重点建设不仅面向本科高校（如"双一流"建设等），而且面向高等职业院校（如国家示范性高等职业院校等）。所谓层次的深化，主要指高等教育重点建设的政策与重点建设的投入不仅在中央政府层面，省级政府同样是高等教育重点建设的积极推进者。由此产生了重点建设的两个层次，即国家层次，有国家重点高校、重点学科、重点专业、重点实验室、重点研究基地等；省级层次，有省重点高校、省重点学科、省重点专业、省重点实验室、省重点研究基地等。

高等教育重点建设政策的结构化使得重点建设覆盖了高等教育的诸多领域，"树重点、立项目"成为政府指导高等教育发展的重要政策工具，令政府的高等教育政策带上了比较明显的"重点（项目）化"倾向。近年来实施的"双一流"建设项目由开始的"两个一流"（一流大学、一流学科）发展到后来的"四个一流"（一流大学、一流学科、一流本科、一流专业）就是一个突出的例证。在政府政策的导向下，高校"争重点、拼项目"成为办学的重要目标与任务。因为"重点"不仅关乎学校当下的声望、经费、资源，而且关系到学校未来的目标、定位、发展。70年的高等教育重点建设充分说明了这一点。

因此，我们在总结70余年高等教育重点建设的发展与变化时，既要看到高等教育重点建设取得的成就，对我国高等教育水平提升所发挥的重要促进作用；也要关注到高等教育重点建设可能带来的消极影响（如扩大了高等教育体系内部的差别与不平衡）。高等教育重点建设作为发展高等教育的一种方式将会在我国长期存在下去，政府仍然会将重点建设作为导引高等教育发展的一种重要政策，问题在于是否应在实施高等教育重点建设时更多地从平衡的角度出发，找到政策的平衡点，比如，政府高等教育经费拨款方式中的综合定额与专项补助的平衡，重点建设高校与一般高校在发展上的平衡，政府的行政管理、政策指导与高校依法自主办学的平衡。

第二节　"双一流"建设与高校学科建设

2017年9月21日教育部、财政部、国家发展和改革委员会联合发布《关于公布世界一流大学和一流学科建设高校及建设学科名单的通知》（以下简称《通知》），世界一流大学与一流学科建设（"双一流"建设）项目开始实施，标志着继"211工程""985工程"之后我国高等教育水平提升进入一个新的阶段。"双一流"建设与"211工程""985工程"相比，其不同之一是将一流学科建设置于重要的地位。"一流大学建设高校重在一流学科基础上的学校整体建设、重点建设，全面提升人才培养水平和创新能力；一流学科建设高校重在优势学科建设，促进特色发展。"①一流学科建设高校的主要任务毫无疑问是建设一流学科，而一流大学建设高校也需在建设一流学科的基础上建设一流高校。因此，三部委在《通知》中明确列出了465个一流建设学科。可以这样认为，"双一流"建设将学科建设在我国高校发展中的地位推向了一个新的高度，势必对我国高校学科建设产生深远的影响。

---

① 《"双一流"建设如何推进？七个问答为你详解》［2018-02-20］，http：//edu.people.com.cn/n1/2017/0125/c1006-29049551.html。

一、我国高校学科建设的政策推动

政府通过制定政策推动高等教育发展与改革是现代高等教育制度的一个重要特征，这一特征在我国显现得尤为突出。早在20世纪50年代初期，在"全面学习苏联"方针的指导下，政府制定了一系列以苏联高等教育模式为蓝本的高等教育改革政策，实施了以"院系调整""专业设置"为核心内容的体制改革，改造了中华人民共和国成立之前的高等教育制度，构建了适应社会主义计划经济发展的新型高等教育制度。这一制度的许多特征延续至今。1985年，《中共中央关于教育体制改革的决定》颁布，开启了约30年来我国高等教育体制改革的大幕。《决定》中所指出的"当前高等教育体制改革的关键，就是改变政府对高等学校统得过多的管理体制，在国家统一的教育方针和计划的指导下，扩大高等学校的办学自主权"，抓住了我国高等教育体制的要害，使得扩大高校办学自主权成为30年来高等教育体制改革的主要方向。

政府制定政策推动高等教育改革不仅反映在高等教育体制这样的宏观领域，在高校内部治理等微观领域也有深刻体现。近几年来在我国高校内部治理改革中具有重要意义的一大举措是大学章程的普遍制定。大学章程的制定虽然是各大学自己的事，但是政府制定的政策推动着大学章程制定工作的展开。2010年颁布的《国家中长期教育改革和发展规划纲要（2010—2020年）》明确提出"加强章程建设。各类高校应依法制定章程，依照章程规定管理学校"。2011年11月，教育部第31号令发布了《高等学校章程制定暂行办法》，共五章三十三条对高等学校章程的地位、内容、制定程序、核准与监督等作了详细的规定。2014年5月，教育部办公厅发布了《关于加快推进高等学校章程制定、核准与实施工作的通知》和《教育部高等学校章程核准工作规程》，要求各省、自治区、直辖市教育行政部门及有关高校落实工作责任，抓紧开展，按时完成高校章程制定与核准任务，并明确规定"教育部和省级教育行政部门在2014年12月31日前，完成全部

'985工程'高校和'211工程'高校章程的核准工作；在2015年12月31日前完成所有高校章程的核准工作"[①]。由此可见，正是在政府一系列规定、办法的指导下，所有高校完成了章程的制定工作，章程也开始在高校办学与内部治理中发挥作用。

同样，我国高校的学科建设也离不开政府的政策推动。回顾改革开放以来我国高校的学科建设历程，可以看到重点学科制度的建立对高校学科建设与发展起到了十分重要的作用。1985年《中共中央关于教育体制改革的决定》指出："为了增强科学研究的能力，培养高质量的专门人才，要改进和完善研究生培养制度，并且根据同行评议、择优扶植的原则，有计划地建设一批重点学科。重点学科比较集中的学校，将自然形成既是教育中心，又是科学研究中心的发展方向。"这是政府文件中首次明确提出要在高校建设重点学科，以增强科学研究的能力，培养高质量的专门人才。1987年，评选国家重点学科的工作正式提上议事日程，国家教委发出了《关于做好评选高等学校重点学科申报工作的通知》《关于评选高等学校重点学科的暂行规定》《关于高等学校重点学科评选工作的几点意见》等文件，1988年经过申报与评审，首批国家重点学科产生，共416个，其中文科78个、理科86个、工科163个、农科36个、医科53个，分布在107所高等学校。[②]2001年3月，教育部发出《关于开展高等学校重点学科评选工作的通知》，启动第二次国家重点学科评选工作，最终评选出964个国家重点学科。教育部为了做好国家重点学科建设工作，先后颁布了《教育部关于加强国家重点学科建设的意见》《国家重点学科建设与管理暂行办法》等政策文件。2006年12月，教育部发出《关于做好国家重点学科考核评估工作的通知》，启动了第三次国家重点学科的评选工作，经过考核、申报、评选，共评出一

---

①《教育部办公厅关于加快推进高等学校章程制定、核准与实施工作的通知》[2014-05-29]，http://old.moe.gov.cn//publicfiles/business/htmlfiles/moe/s5972/201406/170122.html。

②谢桂华主编：《高等学校学科建设论》，高等教育出版社2011年版，第21页。

级学科国家重点学科287个，二级学科国家重点学科693个，国家重点（培育）学科219个。[①]至此，三轮国家重点学科评选构筑了我国高校重点学科建设制度，影响着高校学科建设的发展，其中重点学科建设制度依赖于政府的政策推动，这一基本特点一目了然。

"双一流"建设在政府政策推动这一点上，可以说是对"211工程""985工程"以及国家重点学科建设制度的进一步延续。"双一流建设"项目确定的465个一流建设学科即是国家重点学科的"升级版"。政府政策推动成为我国高校学科发展的主要特点，这是由我国高等教育制度的行政化管理性质所决定的。毋庸讳言，政府的政策在近二三十年来的高校学科发展中的确发挥了不少积极的推动作用，因为政府的政策不仅引导着高校学科发展工作的走向，而且与政策相伴随的经费投入为高校学科发展提供了必不可少的物质条件。因此，有理由相信"双一流"建设的政策也将在我国高校学科的未来发展中发挥应有的效应。不过我们应该清楚地看到，学科发展有其自身的内在规律，高校是学科发展的主要承担者，高校教师是学科发展的根基所在。政府制定的有关学科发展的政策应该符合学科发展的内在规律，诸如学科知识积累的长期性、学科发展的交叉、融通；政府制定的政策应该促使高校在学科建设中发挥主观能动性，改变"政策依赖"的习惯；政府制定的政策应该将高校教师的注意力吸引到与学科发展相关的教学、科研中来，保障高校教师在学科发展中的学术自由。

二、我国高校学科建设的分层策略

高等教育分层分类发展是现代大规模高等教育体系的基本特征之一。所谓大规模的高等教育体系，主要体现在高等教育机构数量多、高等教育在学人数多等方面。以我国为例，据教育部2016年的统计，我国有普通高等学校2596所，按照所承担的学历教育层次划分的话，其中培养研究生的

---

① 谢桂华主编：《高等学校学科建设论》，高等教育出版社2011年版，第28–30页。

本科高校576所，只有本科生教育的本科高校661所，专科层次的高校1359所。①2016年的普通高等教育在校生人数为2893.9万人，其中研究生198.1万人，本科生1612.9万人，专科生1082.9万人。②按照学历教育层次划分，高等学校大致可分为上述3个层次，若要按照其他标准进行划分，高等学校的层次会更多一些。高等教育分层现象在大规模高等教育体系中普遍存在，只是分层的机制有所不同。在美国，高等教育分层或许主要由"看不见的"市场去左右；在我国，高等教育分层则可能更多地由政府的政策所决定。

分层现象存在于高等教育体系中的诸多方面，学科建设也不例外。有关我国高校学科建设的分层，我们可以从以下几个角度去认识与描述。

第一，重点之分。如前所述，在近二三十年的高校学科建设中，重点学科制度的建立起到了重要的推动作用。三次国家重点学科的遴选，选出了一批国家重点学科，没有选上的就是非国家重点学科。国家重点学科是少数，非国家重点学科是大多数。国家重点学科与非国家重点学科层次分明，两者的资源享有、政策支持有相当大的区别。不仅如此，在国家重点学科的示范效应下，有些省的教育行政部门设立了省重点学科，有些高校还设立了校重点学科，形成了由国家重点学科、省重点学科、校重点学科三个层次构成的重点学科体系。

第二，学位之分。近年来，伴随着我国高等教育规模的不断扩大，学位制度日臻完善，研究生教育获得了长足的发展，并且在高等教育水平提升中发挥着重要作用。研究生教育的发展也是在政府的政策推动下，受到政府的宏观调控。政府调控研究生教育的重要手段是博士与硕士学位授予权的审批制度。高校要想实施研究生教育，必须首先获得博士或硕士学位授予权；同

---

① 中华人民共和国教育部：《各级各类学校校数、教职工、专任教师情况》［2018-02-20］，http://www.moe.gov.cn/s78/A03/moe_560/jytjsj_2016/2016_qg/201708/t20170823_311669.html。

② 中华人民共和国教育部：《各级各类学历教育学生情况》［2018-02-20］，http://www.moe.gov.cn/s78/A03/moe_560/jytjsj_2016/2016_qg/201708/t20170823_311668.html。

样，学科要想培养研究生，也必须先获得博士或硕士学位授予权。如此，在高校的众多学科中，就有了具有一级学科博士学位授予权学科和二级学科博士学位授予权学科、一级学科硕士学位授予权学科和二级学科硕士学位授予权学科，以及学士学位授予权学科5个层次。由于研究生教育与学科的人才培养、学术研究、岗位设置等有着密切的关系，因此具有不同层级的学位授予权在很大程度上影响着学科建设与发展的速度与水平。

第三，评估之分。近些年来评价及排名的迅速扩散对高等教育的发展产生了不可低估的影响。我国高校的学科发展也同样如此。虽然市面上有不少对高校学科的评价与排名，但其中影响最大的是教育部学位与研究生发展中心自2002年开始实施的学科评估。该学科评估基于各高校自愿参与评估学科所申报的材料和公开的数据，运用主观评价与客观评价相结合的方法，依据评估指标体系，对参与评估的学科做出评估结果。该学科评估之所以影响大，不仅在于评估机构的权威色彩，而且其评估结果成为政府以及高校制定学科发展政策的主要依据。2016年开始、2017年结束的第四轮学科评估，全国共有7449个学科参评，评估结果的公布与前三轮不同，采用位次百分位的方式，即"将排位前70%的学科分为9档公布：前2%（或前2名）为A+，2%～5%为A（不含2%，下同），5%～10%为A-，10%～20%为B+，20%～30%为B，30%～40%为B-，40%～50%为C+，50%～60%为C，60%～70%为C-"①。根据这一学科评估结果，各高校的学科实际上被分成了10个层级：A（三个层级）、B（三个层级）、C（三个层级）、第10个层级为参与评估中的排位在70%以后的学科以及没有参加评估的学科。第四轮学科评估的结果在高校学科建设中的影响已经开始显现出来，如某省优势学科新一轮遴选条件规定，获得第四轮学科评估B等级以上的省属高校优势学科将自动进入下一轮。

高校中的学科分层在历史上早已有之。例如，哲学家康德在1798年出

---

① 教育部学位与研究生发展中心：《全国第四轮学科评估工作概览》［2018-02-20］，http://www.cdgdc.edu.cn/xwyyjsjyxx/xkpgjg/283494.shtml#2。

版的有关大学论说的著作《学科之争》中，分析了当时德国大学中的哲学院、神学院、法学院、医学院（在当时的德国大学，这4个学院内的主要学科或代表性学科分别为哲学、神学、法学、医学）的特征以及哲学院与其他3个学院的关系，指出这4个学院一般被人们分为上级学院与下级学院两个部分，神学院、法学院、医学院为上级学院，哲学院为下级学院。[①]由于高校中的学科性质不同、发展历史不同、作用功能不同、人们的认识不同等，学科分层似乎是一种必然的现象。有研究者认为："学科等级源于不同主体的评价。从理论上讲，有多少人就有多少评价主体，但与学科等级相涉的权力主体主要有两大类：一类是由学者组成的学术共同体，理想状态下的、诉求'为知识而知识'的纯粹学者，也就是爱因斯坦所指的学术殿堂中的第一、二种人，他们主要关注学科的学术价值，倾向于按照学术水平对学科予以分级划等；一类是学术共同体外的相关社会群体，主要包括国家、大学和求学者群体，他们主要关注学科对国家、学校、个人发展的价值，热衷于按照社会功能水平对学科予以分级划等。"[②]

在我国高校学科建设中产生的分层现象，应该说是基于学术共同体外的政府、大学对学科发展的政策要求与价值期待，而且政府、大学将分层作为学科建设与发展的一种重要策略。从这一意义上来讲，"双一流"建设项目对于一流建设学科的认定延续并强化了高校学科分层发展、重点建设的基本思路。学科分层策略在规模巨大、学科众多的高等教育体系内，或许是一种必然的选择。从近年来的实践来看，分层策略的实施确实使部分学科的水平得到了很大的提高。例如，在QS的2018年世界大学学科排名中，我国（大陆）有17所大学的88个学科进入排名前50，与2016年（7所）相比，大学数量增加了143%。其中，北京大学29个，清华大学21个，上海

---

① 胡建华：《思想的力量：影响19世纪初期德国大学改革的大学理念》，载《清华大学教育研究》2004年第4期。

② 万力维：《控制与分等：大学学科制度的权力逻辑》，南京师范大学出版社2005年版，第204-205页。

交通大学11个，复旦大学7个，浙江大学和同济大学各3个，武汉大学、南京大学和中国科学技术大学各2个，北京师范大学、中国农业大学、中南大学、中国矿业大学、南京农业大学、中国人民大学、四川大学、北京科技大学各1个。[①]不过也应该看到，学科分层策略尤其是校内学科分层策略的实施，人为地设置了学科间的区别，拉大了学科间的差距，效率优先的同时难以兼顾公平。在资源配置方面，易出现优势学科资源过度集中、弱势学科资源匮乏、难以为继的问题。

三、我国高校学科建设的国际视野

"双一流"建设中的一流学科建设虽然在一定意义上讲是国家重点学科制度的延续，但区别与不同也是显而易见的。例如名称上的变化如字面所示，过去是"国家重点学科"，现在是"世界一流学科"。由"国家"到"世界"充分反映出目标的升级、范围的扩大、标杆的提升，这种变化也体现出我国高校学科建设国际视野的突出与加强。

在国家重点学科时代，由重点学科带动的高校学科建设的目标主要是依据高校的实际状况，服务于国内社会、经济发展的需要。诚如2006年《教育部关于加强国家重点学科建设的意见》所指出的："加强国家重点学科建设，是提高高等教育质量、增强自主创新能力的重要举措，将进一步推动我国学科结构和布局的优化与调整，形成以国家重点学科为骨干的学科体系，引领全国高等学校进行学科建设，提升人才培养质量、科技创新水平和社会服务能力，带动我国高等教育整体水平全面提高，使之成为国家创新体系的重要组成部分。将进一步满足经济建设和社会发展对高层次创新人才的需求，为建设创新型国家提供高层次人才和智力支撑。"[②]当以

---

① 《在QS发布的2018世界大学学科排名中，中国高校的表现如何？》[2018-02-20]，https://www.applysquare.com/topic-cn/jkXHdM4b9/。

② 《教育部关于加强国家重点学科建设的意见》[2018-02-20]，https://wenku.baidu.com/view/d68b3d09bb68a98271fefa7e.html。

国家重点学科为标杆的高校学科建设历经30年之后，学科水平有了相当的提高，加之国家发展战略的转型升级对高等教育发展提出了更新的要求，高校学科建设目标的转变就是必然的了。2015年10月国务院发布的《统筹推进世界一流大学和一流学科建设总体方案》，标志着我国高校学科建设从现在开始到21世纪中叶进入"世界一流学科"时代。《方案》明确指出了"双一流"建设的目标与时间表，即"推动一批高水平大学和学科进入世界一流行列或前列"，"到2020年，若干所大学和一批学科进入世界一流行列，若干学科进入世界一流学科前列。到2030年，更多的大学和学科进入世界一流行列，若干所大学进入世界一流大学前列，一批学科进入世界一流学科前列，高等教育整体实力显著提升。到21世纪中叶，一流大学和一流学科的数量和实力进入世界前列，基本建成高等教育强国"。

我国高校学科建设国际视野的突出、加强与近年来高等教育国际化的不断发展有着密切的关系。众所周知，进入21世纪以来高等教育国际化不仅潮流涌动，而且其内容也在发生着变化。高等教育国际化不仅表现在科学知识、大学教师与学生在国际间的大量流动，而且随着国际评价与大学、学科排行榜的流行，大学办学的国际标准正在影响着各国大学的办学实践。《美国新闻与世界报道》、QS、《泰晤士报高等教育副刊》、上海软科等几大评价机构每年发布的世界大学、学科排行榜对诸多国家的大学尤其是高水平大学的办学产生着广泛的影响。大学、学科排行榜的实质是评价机构用一个尺度，或者说一个国际性的尺度（当然各评价机构的尺度有所不同）去评价不同国家的大学与学科。对我国高校学科建设影响比较大的国际学科评价还有由美国科技信息研究所推出的基本科学指标数据库学科排名。ESI分22个学科，依据论文数、论文被引频次、论文篇均被引频次、高被引论文、热点论文和前沿论文等6项指标，对各国高校的学科进行统计评价，统计数字每两个月更新一次。能够进入ESI前1%或前1‰的学科标志着该学科具有较高或很高的学术水平。因此ESI学科排名成为"双一流"建设项目中一流建设学科认定的主要依据之一。

　　高校学科建设突出国际视野既是我国高等教育转型升级发展的需要，也符合高等教育国际化的现代趋势。在"双一流"建设政策的导向下，高校的学科建设势必更加关注国际学科评价，国际学科排名成为学科建设的标杆，进一步影响高校学科建设的方向、举措。在这种形势下，保持学科建设的平衡显得十分重要。首先是国际与本土的平衡。如何在高等教育国际化的潮流中，既关注世界高等教育的发展趋势，又保持自己国家高等教育的发展特色与优势，这是许多国家尤其是发展中国家所面临的一大课题。学科建设亦如此。学科建设的目标不仅要参照国际评价的指标体系，更应适应我国经济、社会发展的需要；学科所培养的人才不仅要具有国际视野，更应扎根中国大地，为我国现代化建设服务。其次是学科间，尤其是自然科学与人文社会科学之间的平衡。在国际学科评价中，我国的人文社会科学与自然科学相比有很大的差别。原因或许有两个方面：一是有些国际学科评价本身就偏重自然科学，譬如ESI学科排名的22个学科中属于社会科学的只有经济与商业、社会科学总论两个学科；二是人文社会科学的国别色彩、本土性更强，人文社会科学所要解释的现象与问题更多的是面向本国、本土，很难用一个国际性的标准去评价不同国家的人文社会学科。因此，在"世界一流学科"时代，高校学科建设的本土意识不应受到忽视。

第三节　"双一流"建设与大学学科调整

　　2015年8月中央全面深化改革领导小组会议审议通过《统筹推进世界一流大学和一流学科建设总体方案》之后的三年多来，"双一流"建设项目正式启动，对我国高等教育发展、高校办学产生的重大且深远的影响正在日益显现。譬如，2018年9月17日，教育部下发了《关于加快建设高水平本科教育　全面提高人才培养能力的意见》，提出"到2035年，形成中国特色、世界一流的高水平本科教育，为建设高等教育强国、加快实现教育现代化提供有力支撑"的目标，将建设一流本科教育列为"双一流"建设的重要内容。当然，从"双一流"建设的项目名称不难看出，受其影响最大的仍然是大学的学科建设领域。尤其是2017年确定了465个一流建设学科，一流建设学科的确定过程促使各相关大学深入检视学科布局现状，制定学科发展战略，调整学科发展方向。

一、大学学科调整的影响因素

众所周知，学科在中世纪大学产生以来的大学发展、演变过程中具有重要的地位。同时，学科自身也随着大学的发展在内容、结构、表现形式等方面发生了许多变化。大学的产生源于知识传播的需要，大学中传播的知识是以体系的形式（学科的本来意义正是体系化的知识或知识体系）出现的。中世纪大学产生之后所形成的文学院、法学院、医学院、神学院的4学院模式在相当大的程度上规范了大学所传播的知识体系，规范了大学中的学科。历史研究表明，在中世纪大学产生的时代，人类的知识体系范围实际上远超出这4学院所包含的内容。而且，"如果考虑'社会需要'，那么像建筑学、军事技术、造船术、机械制造和开采矿业方面的技术科学，以及像农业、兽医学和制药方面的应用科学，都应该出现在大学里。这些学科的训练对中世纪社会都是必需的，因此，如果从社会需要考虑，政治和经济上的统治阶级就应该对这些领域的专家培养和知识发展拥有强烈的兴趣"。①仅仅从社会需要出发，似乎不能解释中世纪大学的学科安排。"事

---

① ［比］希尔德·德·里德-西蒙斯主编，张斌贤等译：《欧洲大学史　第一卷　中世纪大学》，河北大学出版社2008年版，第28页。

实是，把在社会上非常重要的'技术'学科（这些学科的传播依赖于类似行会的组织安排）与大学中讲授的学科之间进行比较，就可以看出，学者获得闲暇的机会对于学院学科的发展具有相当重要的作用。这种闲暇使他们得以摆脱获得生活必需品的直接关注（这是普通职业的特征）。这种摆脱实际利益，全身心地对宇宙神圣秩序原理和人类事务进行学术研究的思想，直接来源于希腊哲学的范畴。但是这种来源，探索理性解释现实的基本形式，是所有学院科学和学术方法的基本特征。这种探索也是中世纪大学——它的基本结构是改革的结果——特有的思想基础。"①这些历史研究告诉我们，影响中世纪大学学科安排的因素或许不少，但是学者的兴趣、源于希腊哲学的学者学术探究的欲望对与四学院相关的学科定位于大学起着决定性作用。

中世纪大学的学科安排在17、18世纪开始发生变化，变化的起因是科学革命的兴起。"16、17世纪科学的一个显著特点，就是科学处于一个堪称'革命'的时期，而不仅仅是一个变化的时期"②。在科学革命中，牛顿、伽利略、布鲁诺、开普勒、笛卡尔等科学家对科学的发展作出了重要的贡献。科学革命不仅转变了人类有关自然界的认识，产生了新的自然理论，而且科学研究的方法也得到了前所未有的革新与创造。"望远镜、显微镜等科学仪器的发展鼓励并刺激了观察法的使用"，"实验法催生了新的科学研究方法，增进了关于'客观真理'的认识"。③科学革命对人类科学知识发展的影响是巨大的。科学革命所引起的变革"包括有关科学理论基本概念的重新界定，旧有传统观念的推翻以及新生的、经得起时间考验的科学概念的确立。从一个更宽泛的意义上来说，这一变革意味着人在自然界中

---

① ［比］希尔德·德·里德-西蒙斯主编，张斌贤等译：《欧洲大学史 第一卷 中世纪大学》，河北大学出版社2008年版，第32-33页。

② ［比］希尔德·德·里德-西蒙斯主编，贺国庆等译：《欧洲大学史 第二卷 近代早期的欧洲大学（1500—1800）》，河北大学出版社2008年版，第554页。

③ ［比］希尔德·德·里德-西蒙斯主编，贺国庆等译：《欧洲大学史 第二卷 近代早期的欧洲大学（1500—1800）》，河北大学出版社2008年版，第562页。

拥有了新的地位，确立了人类对自然的控制权，丰富了人们对力量（物质力量和知识力量）、进步、启蒙运动，尤其是科学在社会中的基本作用的认识"[1]。科学革命与当时的欧洲大学有什么样的关系呢？首先，"毋庸置疑，一些主要证据可以说明科学革命是大学的产物。一方面，无论依据任何标准都对科学革命作出贡献的人绝大多数都接受过大学教育。一些统计数字可以说明这一点。因在科学研究方面作出重要贡献而被载入《国家传记辞典》的生活在17世纪末的65名英国科学家中，75%的科学家曾在牛津大学和剑桥大学接受教育，还有5%是其他大学的毕业生。"[2]科学革命与大学的关系不仅是在科学革命中发挥重要作用的许多科学家接受过大学教育，有些还在大学任教；而且科学革命所引起的知识的发展与变革深刻影响了大学中学科及课程的调整与变化。"18世纪自然科学的发展，不仅对经济、工业、采矿业、农业和军事科学的发展产生了巨大的影响，而且也使得物理学和化学的发展突破了大学的围墙，从之前单纯的辅助性学科，发展成为独立的基础科学。而它们在19世纪的进一步分化，产生出了许多新兴的专业，进而也影响了大学"[3]。在欧洲大学近代化的进程中，毫无疑问，对后来大学发展具有重要意义的主要变革之一是大学学科的调整、扩展与丰富，突破了中世纪大学的四学院（学科）模式，众多自然科学、社会科学的学科陆续进入大学，使大学的发展与科学进步紧密联系起来，大学也逐渐成为科学发展的中心。在大学近代化过程中，对大学学科的调整与发展起到重要作用的主要是科学革命所引起的科学发展与学科分化。

如果说决定中世纪大学学科安排与近代大学学科发展的主要因素还比较单纯，主要来自科学知识体系与大学内部，起决定作用的是学者与教

---

[1]［比］希尔德·德·里德-西蒙斯主编，贺国庆等译：《欧洲大学史 第一卷 近代早期的欧洲大学（1500—1800）》，河北大学出版社2008年版，第563页。

[2]［比］希尔德·德·里德-西蒙斯主编，贺国庆等译：《欧洲大学史 第二卷 近代早期的欧洲大学（1500—1800）》，河北大学出版社2008年版，第567页。

[3]［瑞士］瓦尔特·吕埃格主编，张斌贤、杨克瑞、林薇等译：《欧洲大学史 第三卷 19世纪和20世纪早期的大学》，河北大学出版社2014年版，第530页。

师，那么影响现代大学学科调整与发展的因素就复杂得多，其中许多来自科学知识体系与大学的外部，起决定作用的往往不是学者与教师。在诸多影响现代大学学科调整的因素中，经济因素是经常可以看得到的。影响大学学科调整的经济因素大致可以分为两个部分：一是社会经济的变动与发展，二是大学办学经济效益的考量。现代大学与社会经济发展的紧密联系是大学产生以来前所未有的。一方面现代大学的发展需要强有力的社会经济基础作为支撑，另一方面社会经济发展要求大学为其提供促进技术进步与经济持续增长的知识和人才。因此，我们在一些国家的大学学科调整与发展过程中可以看到，当工业化成为国家社会经济发展的主要任务时，理工类学科尤其是工科类学科在大学中迅速发展。在知识经济时代，信息技术、人工智能等成为影响经济发展重要因素的同时，也成为许多大学学科调整与发展的新的方向。现代大学与中世纪大学、近代大学相比的重要区别之一是现代大学的规模庞大，师生数量众多，这给大学办学带来了许多变化与压力，经济因素在大学办学中的影响日益凸显，学科的调整与发展也不例外。美国学者斯劳特认为，20世纪80年代市场逻辑支配了美国大学的学科布局调整，生产效率、效能和竞争力成为裁撤学科时优先考虑的标准。哥伦比亚大学在20世纪80年代撤销了在美国大学中历史最长、影响较大的图书馆学等学科，重点发展医学、商学和法学等，这一调整反映了当时的学校管理层基于成本-效益的学科发展思路。[1] 除经济因素之外，政治因素对现代大学学科调整与发展的影响作用也是显而易见的。譬如，1949年中华人民共和国成立之时，随着社会政治制度的改变，大学课程也发生了深刻的变化。1949年8月12日华北高等教育委员会常务委员会会议第3次会议决定，将辩证唯物论与历史唯物论、新民主主义论和政治经济学列为大学的公共必修课，从此政治科目进入大学，开始了马克思主义作为新中

---

① 孟照海：《有选择的卓越：世界一流大学的学科布局调整策略——以美国哥伦比亚大学为例》，载《高等教育研究》2018年第3期。

国大学学科的历史。[①]

二、"双一流"建设背景下的大学学科调整

在中华人民共和国成立以来的大学学科发展过程中，政府始终发挥着主要的指导与影响作用。众所周知，中华人民共和国成立之后，为了适应计划经济体制的需要，建立起了高度集中的高等教育管理体制。这一体制的主要特征在1950年政务院颁布的《关于高等学校领导关系的决定》中就有明确的规定："全国高等学校以由中央人民政府教育部统一领导为原则。""凡中央教育部所颁发的关于全国高等教育方针、政策与制度，高等学校法规，关于教育原则方面的指示，以及对于高等学校的设置变更或停办，大学校长、专门学院院长及专科学校校长的任免，教师学生的待遇，经费开支的标准等决定，全国高等学校均应执行。"[②]1961年教育部制定的《中华人民共和国教育部直属高等学校暂行工作条例（草案）》将高度集中的高等教育管理体制内容进一步渗透到高校办学的方方面面。譬如，"专业的设置、变更和取消，必须经过教育部批准。……学校必须按照教育部制订或者批准的教学方案、教学计划组织教学工作。……专业设置、教学方案、教学计划、教学大纲和教材要求稳定，不得轻易变动。课程和学科体系的重大改变，必须经过教育部批准"[③]。从1949年中华人民共和国成立到1978年改革开放政策出台的30年间，政府一直严格地管理着包括学科发展在内的大学办学活动，政府下达的各项文件与规定是大学办学的主要依

---

① 胡建华：《现代中国大学制度的原点：50年代初期的大学改革》，南京师范大学出版社2001年版，第128页。

② 中央人民政府政务院：《关于修订高等学校领导关系的决定》，见上海市高等教育局研究室、华东师范大学高校干部进修班、华东师范大学教育科学研究所合编：《中华人民共和国建国以来高等教育重要文献选编（上）》，第2-3页。

③ 《中华人民共和国教育部直属高等学校暂行工作条例（草案）》，见上海市高等教育局研究室、华东师范大学高校干部进修班、华东师范大学教育科学研究所合编：《中华人民共和国建国以来高等教育重要文献选编（上）》，第265页。

据，政府管理与指导大学办学采取的方式主要是行政指挥，大学是国家行政体系中的一个层级，大学与政府是下级与上级的关系。

1978年改革开放的方针确定之后，改革成为高等教育发展的主旋律。1985年颁布的《中共中央关于教育体制改革的决定》将"扩大高校办学自主权"作为我国高等教育管理体制改革的关键。《国家中长期教育改革和发展规划纲要（2010—2020）》明确指出："落实和扩大学校办学自主权。""高等学校按照国家法律法规和宏观政策，自主开展教学活动、科学研究、技术开发和社会服务，自主设置和调整学科、专业，自主制订学校规划并组织实施，自主设置教学、科研、行政管理机构，自主确定内部收入分配，自主管理和使用人才，自主管理和使用学校财产和经费。"扩大高校办学自主权的实质是调整大学与政府之间的关系，部分改变政府与大学的行政性上下级关系的现状，使大学在面向市场开展教学、科研、社会服务活动时具有更大的独立性。虽然以扩大高校办学自主权为主要内容的高等教育管理体制改革进行了30余年，取得了明显的成效，高校的若干办学自主权已为法律条文所规定，但是大学与政府的关系并没有发生多少实质性的改变，在大学的办学过程中政府的指导与影响作用仍然是十分强大的。如果说中华人民共和国成立后的前30年政府管理与指导大学依靠的是行政手段，那么后40年则在行政手段之外更加多地采用了经济（经费）手段。

学科建设作为改革开放以来我国大学发展的重要领域，受到政府的指导与影响是不言而喻的。"双一流"建设项目的实施就是最好的例证。教育部在有关"双一流"建设的文件中对于大学的学科发展与调整作出了较为具体的指示。"构建协调可持续发展的学科体系。立足学校办学定位和学科发展规律，打破传统学科之间的壁垒，以'双一流'建设学科为核心，以优势特色学科为主体，以相关学科为支撑，整合相关传统学科资源，促进基础学科、应用学科交叉融合，在前沿和交叉学科领域培植新的学科生长点。与国家和区域发展战略需求紧密衔接，加快建设对接区域传统优势产业，以及先进制造、生态环保等战略性新兴产业发展的学科。加强马克思主义学科建设，加快完善具有支撑作用的学科，突出优势、拓展领域、补齐短板，努力构建全方位、全领域、全要素的中国特色哲学社会科学体系。优化学术学位和专业学位类别授权点布局，处理好交叉学科与传统学科的关系，完善学科新增与退出机制，学科的调整或撤销不应违背学校和学科发展规律，力戒盲目跟风简单化。"[①]教育部在文件中要求相关大学整合传统学科资源，发展新的学科生长点；适应国家经济发展需要，加快发展与战略性新兴产业相关的学科；加强马克思主义学科建设，构建中国特色的哲学社会科学体系；调整与撤销学科时应充分考虑学校办学的实际和学科发展的规律等。在教育部的指导与安排下，获得"双一流"建设项目的大学各自制订了一流大学和一流学科建设方案，启动了在"双一流"建设背景下的学科建设与调整工作。从"双一流"建设大学所制订的学科建设方案中，可以看到各大学根据教育部的要求，立足于建设世界一流学科的高度对各自学校的学科发展与调整的目标、思路等作出了明确的规划。其中，学科发展与调整的方式可以从以下几个方面加以归纳。

1. **集群组合**。将有关联或相近的几个学科组合成学科群来促进学科的调整与发展是多数"双一流"建设大学所采用的主要方式。例如，清华大学发布的《一流大学建设高校建设方案》中写道："随着知识的增加，学科划分越来越细，现代社会出现的复杂问题往往需要多个学科的协同与合作才能解决。学科间的交叉融合，也能为学科自身的发展提供可持续的动力，保持学科的活力。学校根据已有学科的基础和国际学科发展趋势，集成学科领域内相近的学科，突出学科优势，形成20个相互支撑、协同发展的学科群，共涉及48个学科。""建设的20个学科群包括：建筑学科群，土木水利学科群，核科学技术与安全学科群，环境学科群，计算机学科群，机械、制造与航空学科群，仪器与光学学科群，材料与化工学科群，电子

①《教育部　财政部　国家发展和改革委员会　关于高等学校加快"双一流"建设的指导意见》［2019-03-20］，http://www.moe.gov.cn/srcsite/A22/moe_843/201808/t20180823_345987.html。

信息科学与技术学科群，数学与统计学学科群，艺术与设计学科群，公共政策与管理学科群，政治、社会与国际关系学科群，马克思主义理论与哲学学科群，管理科学与工程学科群，工商管理学科群，经济与金融学科群，现代语言学与文学学科群，出土文献与历史学学科群和健康科学与工程学科群。"①一流大学建设高校通常在规划学科调整与发展时，从建设一流大学的整体出发，规划的学科群涵盖了学校的部分或大部分学科。一流学科建设高校由于建设项目大都只限于个别学科，因此学科发展规划围绕立项学科，突出了单个学科群的调整与建设。如北京协和医学院的"医学基础学科群"，东北农业大学的"畜产品生产与加工学科群"，对外经济贸易大学的"开放型经济学科群"，福州大学的"化学科学与工程学科群"，哈尔滨工程大学的"船舶与海洋学科群"，湖南师范大学的"语言与文化学科群"，宁波大学的"海洋生物技术与海洋工程学科群"，首都师范大学的"数学学科群"，四川农业大学的"农业科学学科群"，太原理工大学的"煤炭绿色清洁高效开发利用学科群"，西南财经大学的"经济与管理学科群"，北京工业大学的"现代城市建设与环境工程学科群"，内蒙古大学的"草原资源利用与北方生态安全学科群"，南京邮电大学的"电子信息科学与工程学科群"，南昌大学的"新材料技术学科群"，海南大学的"热带农业学科群"等。从各大学组合的学科群来看，大致存在这样几种形态：一是围绕某一主干学科并以其命名的学科群，如"数学学科群""化学科学与工程学科群"等；二是两个主要学科联合而成并以它们命名的学科群，如"经济与管理学科群""现代语言学与文学学科群""数学与统计学学科群"等；三是以某一研究领域为主要对象的学科群，如"现代城市建设与环境工程学科群""煤炭绿色清洁高效开发利用学科群""草原资源利用与北方生态安全学科群""船舶与海洋学科群"等。应该说，学科群的组合在一定意义上弥补了我国现有学科分类过细的不足，适应了综合、交叉、协同的科

---

① 清华大学：《一流大学建设高校建设方案》［2019－03－20］，http：//www.tsinghua.edu.cn/publish/newthu/openness/jbxx/2017syljsfa.htm#_Toc500145649。

学发展趋势。不过，如何将学科群的理念由规划转为制度，并落实于学科调整与发展的实践中，这是"双一流"建设大学需要认真面对的课题。

2. **领域构建。**大学中学科的发展在相当长的时间内以科学知识体系自身的逻辑为出发点，每一个学科基本上都有着区别于其他学科的研究对象、理论体系、研究方法，因此学科间的界限分明。这种"画地为牢"的学科发展方式随着人类社会的日益进步面临着愈来愈多的挑战。社会问题的日趋复杂要求科学研究突破原有的学科边界，跨学科、多学科、"知识生产模式二"应运而生，问题导向成为学科发展的新的出发点。所谓领域构建即指突破现有的学科分类，围绕着一些"问题域"调整学科布局，组合新的学科（群）。北京大学在《一流大学建设高校建设方案》中将"优化提升学科水平"作为主要建设内容之一，如何优化提升学科水平，其中的第3点是"以2个重大领域为导向，推进学校的学科布局整体调整"。一个重大领域是"临床医学+X"，"充分发挥临床、基础学科双重优势，对临床医学发展中的难题进行联合攻关，探索与创新基础科研成果向临床应用转化的路径和解决方案。重点支持新体制中心建设、人才集群聘任与交叉研究专项。其中，交叉研究专项重点支持临床医学'高峰工程'学科与研究方向、新兴学科或方向，支持推动创新性前沿技术的临床应用与转化，重点支持前期已有良好基础的交叉项目与方向"。另一个重大领域是"区域与国别研究"，"围绕国家'一带一路'倡议与建设的重大问题和重点攻关项目，打造高水准的研究队伍，取得高水平的研究成果，形成高水平的人才培养体系。以'中东研究''俄罗斯和中亚研究'为建设重点，引领相关领域的基础研究和智库成果转化，使之成为中国乃至世界相关领域研究的中心和样板。充分发挥区域与国别研究委员会的作用，协调学校各方面资源和需求，逐步带动学科结构、机构的调整与新设"。[1]不难看出，北京大学这两个学科发展重大领域的确定至少考虑了两个主要因素。首先是解决

---

① 北京大学：《北京大学一流大学建设高校建设方案》［2019-03-20］，https：//www.pku.edu.cn/tzgg/tzggxx/index.htm？id=292394。

社会重大问题的需求，"临床医学+X"关乎治病救命、健康生存，"区域与国别研究"聚焦"一带一路"国家重大发展战略；其次是学校已有的学科基础，这两个重大领域所依托的相关学科都是北京大学重点建设的国内领先、国际一流的优势学科。领域构建的学科发展与调整方式进一步拉近了大学学科发展与社会需求之间的距离，也将更加凸显大学作为社会"轴心机构"的地位，加强与拓展大学服务社会的职能。

3. 生态布局。学科调整与发展通常有宏观与微观两个层面。宏观层面主要指一个国家大学学科的整体，微观层面则指一所大学。每所大学的学科种类与数量通常是不一样的，即使有些大学的学科种类与数量相同，但是学科的水平与质量也是有差别的。可以说大学的学科是千校千面。每所大学的学科种类、数量和水平都是建立在学校长期发展的基础之上，由学校的发展历史使然。就一所大学内部而言，学科的发展与调整不是个别学科的事，涉及大学内的所有学科，因此如何形成一个适合不同学科生存、有利不同学科发展、不同学科相互关联的学科体系是各大学在学科调整与发展时需要认真考虑的问题。所谓生态布局即指在现有学科的基础上，通过调整、整合构建新的学科集群，形成有利于各学科发展的良性学科生态系统。南京大学在《一流大学建设高校建设方案》中给我们展示了南京大学构建的学科生态布局。"根据文理工医特色发展的总体战略，南京大学按照三层次构建学科生态布局。第一层次：以达到教育部专家委员会认定标准的15个学科为建设基础，建设23个学科。第二层次：在第一层次基础之上，重点组建9个特色发展的学科群，分别为：理论创新与社会治理、文化传承与创新、数据服务与经济管理、物质科学与量子调控、数天基础与空间科学、地球系统与资源环境、生命科学与医药技术、环境科学与工程、计算机科学技术。第三层次：依托9个学科群，在物质科学和新一代信息技术、地球科学和宇宙探索、哲学和文化传承创新、银色发展和生命健康、国家治理现代化5个领域形成一批国际一流、国内领先的学科高峰。"①南京大学这一学科生态布局所形成的学科体系为一金字塔形结构，底部是涵盖文、理、工的23个优势学科；中部是通过23个底部学科交叉、协同、融合形成的9个学科群；上部是在9个学科群的基础上通过进一步交叉、协同、融通形成的5个新的学科领域。这一学科生态布局发展学科思路的主要特点是突破传统学科分类的框架，不是简单地将现有学科按照性质相近组合成若干相互独立的部分并以此形成体系，而是强调学科交叉、协同、融通，构建以"问题域"或领域为导向的新的学科（群）体系。

总之，"双一流"建设项目的实施对我国大学学科调整与发展的影响是重大的，且这种影响将持续相当长的一段时间。"双一流"建设大学落实建设方案的学科调整与发展恐怕才刚刚起步，其效果不仅取决于建设方案的合理性，更依赖于在建设方案落实过程中的决心和执行力。

---

① 南京大学：《一流大学建设高校建设方案》［2019-03-20］，https：//xxgk.nju.edu.cn/8f/d9/c159a233433/page.htm。

第七章

日本高等教育发展的时代写真

　　日本与我国一样是近代高等教育后发国家，1877年第一所近代大学——东京大学成立至今已有近150年历史。20世纪50年代之后，日本高等教育伴随着和平年代的社会安定、经济增长步入了发展的正常轨道。20世纪90年代以来的高等教育改革在政府政策的影响下，给日本高等教育的诸多领域——本科教育、研究生教育、科学研究、质量保障、内部治理等——带来了深刻的变化，形塑着日本高等教育新的体制与新的特点。

第一节 世纪之交的战后第三次大学改革

如果对战后70余年日本大学发展的历史作一简要概括的话，可以这么认为，改革是贯穿其始终的一条主线。20世纪40年代末、50年代初的第一次大学改革以美国模式为蓝本，废除了旧的高等教育制度，建立起以"新制大学"为主体的战后大学体制。60年代末、70年代初的第二次大学改革以"校园纷争"为契机，对战后大学体制进行了深刻的反思，创建了"新构想"的筑波大学。90年代初开始的第三次大学改革以大学内部体制改革和教育教学改革为中心，探索建立适应21世纪的新的大学制度。

一、第三次大学改革的启动

早在1987年，日本政府的咨询机构临时教育审议会就在其最终报告中提出了面向21世纪全面改革高等教育的计划与设想。临时教育审议会解散之后随即成立的大学审议会成为日本政府制定第三次大学改革政策的"智囊机构"。大学审议会成立之后不久，文部大臣就向审议会提出了关于研讨大学改革方向与政策的咨询要求。文部大臣在阐述咨询要求的理由时认为："我国以大学为中心的高等教育虽然已经取得了显著的进展，但是随着近年来社会经济的变化和我国的国际地位的提高，社会、国民对于高等教育的期待与要求愈来愈高、愈来愈多样化。为了我国今后的进一步发展和作出更多的国际贡献，不断推进承担人才培养与学术研究任务的大学的改革与充实显得尤为重要。这一观点也反映在临时教育审议会关于大学改革与充实的咨询报告之中。因此，有必要就大学教育、研究的高度化、个性化、多样化，组织运营的活性化，大学与社会的协作，大学的国际化以及大学制度改革等的具体方针政策问题展开研究讨论。"①

以文部大臣的咨询要求为基本出发点，大学审议会展开了关于大学改革的全面研究与探讨，并于1991年上半年相继提出了《关于改善大学教育》《关于改善短期大学教育》《关于改善高等专门学校教育》《关于研究生教育的调整充实》《关于修订大学设置基准及学位规则》《关于修订高等专门学校设置基准》等9份咨询报告。特别是在《关于修订大学设置基准及学位规则》的咨询报告中，大学审议会就修改《大学设置基准》《研究生院设置基准》《短期大学设置基准》《大学函授教育设置基准》《学位规则》等规定日本大学制度基本性质的主要法规提出了具体、详细的方案。以大学审议会的这些咨询报告为基础，文部省对上述法规做了较大幅度的修改。这些法规的修改拉开了战后日本第三次大学改革之序幕。其中，对《大学设置基准》(此为上述法规中最基本的)的修改体现了第三次大学改革的主要方向与内容。

《大学设置基准》的修改内容可以归纳为以下几个方面。(1)设置基准的大纲化。所谓"大纲化"就是将设置基准的条文删繁就简，将有关大学办学的规定改细为粗。设置基准大纲化的最突出之处是关于大学课程设置规定的修改。如原设置基准规定，大学的课程由一般教育课程、外语课程、保健体育课程、专门教育课程4部分组成。一般教育课程又包括人文科学、社会科学、自然科学3个系列。本科学生必须修满124个学分方可毕业，其中一般教育课程36学分，外语课程8学分，保健体育课程4学分，专门教育课程76学分。修改后的设置基准将这些关于课程种类的具体区分全部取消，代之以大学课程设置的方针。即"入学为了实现学校、学部及学

---

① ［日］文部大臣：《大学審議会への諮問・諮問理由説明等》，见［日］高等教育研究会：《大学審議会答申・報告総覧——高等教育の多様な発展を目指して》，株式会社ぎょうせい1998年版，第289页。

科或课程的教育目的开设必要的课程，并使之体系化。在编制课程时，必须考虑到在向学生传授所在学部的专门知识的同时，培养他们具有广泛的教养、综合的判断能力和丰富的个性"①。设置基准的大纲化为大学课程设置的自由化以及随之而来的大学办学的个性化开辟了道路。（2）大学自我评价制度之导入。修改后的设置基准第二条规定："为了提高教育与研究水平，实现大学的办学目的和社会使命，大学必须就学校的教育、研究状况实行自我检查与自我评价。为了开展自我检查与自我评价，大学应该制订相应的评价项目，建立必要的评价体制。"②大学设置基准中列入自我评价，意味着日本高等教育的发展进入以提高质量为核心的时代，导入自我评价制度是促进大学教育质量提高的重要手段。此外，由于大学设置基准的大纲化，课程设置限定条件之撤销，文部省将难以再用行政手段对高等教育质量加以控制。在这种情况下，为了保证与提高大学教育质量，自我检查与自我评价就成为一种新的方法。自我评价的实施还为建立完全意义上的大学评价制度奠定了基础。（3）对终身教育发展之适应。修改后的设置基准增加了一系列关于适应终身教育发展的条文，对正规高等教育之外的各种非正规高等教育形式作了更加灵活、更富有弹性的规定。例如，各类进修生（包括单科进修生）只要学习成绩符合规定，就可以获得与正规学生等同的学分。大学实行夜间开课制，给社会人提供更多的接受高等教育的机会。在大学以外的机构（如研究机构等）获得的学分，只要符合大学的有关要求，均可以得到承认。学生进入大学之前，在其他大学或短期大学修得的学分，入大学后在其他大学（包括国外留学）修得的学分，只要符合学校要求，也可以得到认可。这些规定促使日本高等教育体制进一

---

①［日］文部省：《大学設置基準》，见［日］高等教育研究会：《大学の多様な発展を目指して（Ⅲ）——設置基準の解説とQ&A》，株式会社ぎょうせい1992年版，第22-23页。

②［日］文部省：《大学設置基準》，见［日］高等教育研究会：《大学の多様な発展を目指して（Ⅲ）——設置基準の解説とQ&A》，株式会社ぎょうせい1992年版，第20页。

步面向21世纪，向终身教育体系过渡。

《大学设置基准》等法规修改之后，第三次大学改革正式启动。各大学纷纷展开以"四年一贯"模式替代"二·二分段"模式的课程改革为中心的教育改革①和以建立大学自我评价体制为主要内容的大学内部管理机制改革。根据文部省的有关统计，到1997年为止共有94所国立大学（本科，以下同）、37所公立大学、364所私立大学实施了课程改革，实施课程改革的大学总数达到495所。1997年日本有大学586所，如果除去5所研究生院大学和70所1992年以后设置的新大学（因为研究生院大学没有本科教育，新大学则是按照1991年修改后的设置基准成立的），那么已实施课程改革的大学占总数（511所）的97%。同时，开展自我评价、建立自我评价制度的大学在1997年也达到了总数的83.7%。

为了将大学改革不断推向深入，文部省在20世纪90年代中期和后期又接连出台了一些新的改革措施。例如大学审议会于1994年和1996年分别提出了《关于改善教师录用问题》和《关于大学教师的任期制——以实现大学教育、研究的活性化为目的》的咨询报告。在咨询报告中大学审议会提出了为促进以教师流动为目的的人事制度改革，实行大学教师任期制的建议。以大学审议会的这一建议为基础，1997年6月国会通过了《关于大学教师等的任期的法律》。此后，大学教师任期制改革在各大学逐渐展开。根据大学审议会在1998年10月发表的《关于21世纪的大学像与今后的改革方策》咨询报告中提出的关于建立多元评价体系的建议，文部省于1999年4月成立了大学评价机构创设准备委员会。经过该创设准备委员会一年的准备，2000年4月日本高等教育史上的第一所大学评价机构正式成立。大学评价机构的出现标志着由大学自我评价与评价机构外部评价相结合的日本大学评价体制朝着日益完善的方向迈出了重要的一步。

通过以上对日本战后第三次大学改革过程的简要评述，我们可以看到

---

① 胡建华：《面向21世纪的日本大学课程改革》，载《高等教育研究》1998年第2期。

这样一条较为清晰的展开路线：咨询机构（大学审议会）提出咨询报告→政府修改法律、法规，制定政策→各大学自主实施改革。这一改革的展开路线反映了"审议会行政"的基本特征，即日本政府在制定重要的法律、法规与政策时，必先经过咨询机构（审议会）的充分讨论研究，这一方面是日本实现行政决策公开化、民主化之必要，另一方面也是使其行政决策失误最小化的有效措施。

以大学审议会的咨询报告为基础，以有关大学的法律、法规的制定与修改为先导的战后日本第三次大学改革在具体的展开过程中，体现出高度化、个性化、活性化这三个基本特点。

二、第三次大学改革的特点之一：高度化

高度化是指提高高层次教育在大学中的比例，主要体现为加强研究生教育的发展与提高研究生教育的质量。重视与改革研究生教育是日本战后第三次大学改革的重点之一，大学审议会成立之后提出的第一份咨询报告就是关于研究生教育的，且关于研究生教育的咨询报告数量占咨询报告总数的三分之一。

扩大研究生教育规模是改革研究生教育、实现大学教育、研究高度化首先要采取的措施。日本的研究生教育从数量上看自20世纪60年代中期之后一直持续增长。1966年的硕士研究生与博士研究生在学人数分别为20355人和12430人，1991年发展到68739人和29911人，前者增长了2.38倍，后者增长了1.41倍。[①]尽管如此，与美国等国家相比，日本研究生教育在规模与数量上的差距还是很大的。例如，从研究生占本科生的比例和每千人口研究生在校生数这两个统计数字来看，美国分别为15.6%、7.1人（1987年）；英国分别为33.5%、2.2人（1987年）；法国分别为20.7%、2.9人（1988

---

① ［日］大学审议会：《大学院の量的整备について》，见［日］高等教育研究会：《大学審議会答申·報告総覧——高等教育の多様な発展を目指して》，株式会社ぎょうせい1998年版，第38页。

年）；日本只有4.4%、0.7人（1989年）。①因此大学审议会提出了在10年内使研究生数量增长1倍的设想。为此所采取的主要措施有：（1）改革研究生招生制度，具体为放宽对研究生入学资格的要求，如允许本科毕业以后从事过两年以上的研究工作且取得一定研究成果的人直接参加博士研究生的入学考试；（2）改革研究生教育形式，发展非全日制的研究生教育；（3）改革研究生教育年限，放宽对研究生学习年限的规定，允许一些优秀的硕士研究生在一年时间内修完课程，取得硕士学位；（4）改革研究生教育机构，设立独立于学部之外的专事研究生教育的机构（独立研究科）和没有本科教育的研究生院大学。

改革研究生教育、实现大学教育、研究高度化的另一项措施是改革学位制度，积极授予课程博士，特别是文科课程博士。日本的博士学位通常有课程博士与论文博士之分。所谓课程博士是指在研究生课程完成之后的短时间内（许多大学规定自博士研究生入学起的6年之内）获得博士学位者；论文博士则指超出课程博士规定时间获得博士学位者。长期以来课程博士制度并没有得到很好的贯彻落实，特别是文科课程博士授予数量甚少。如有人区分学科领域对1975—1979年间日本各大学授予的课程博士学位人数做过统计，在这5年间授予的9653个博士学位中，理学、工学、农学5408，占总数的56.0%；保健医学4052，占42.0%；人文科学、社会科学仅187，占2.0%。②人文、社会科学领域获得博士学位难还表现在博士学位获得者的平均年龄偏高这一点上。

---

① ［日］大学审议会：《大学院の整備充実についての概要》，见［日］高等教育研究会：《大学の多様な発展を目指して（Ⅱ）》，株式会社ぎょうせい1991年版，第52页。

② ［日］山内干史：《学位授与数の構造》，载《現代の高等教育》1992年第11期。

表7-1　人文、社会科学分学科领域博士学位获得者平均年龄（1984—1991）

学科领域	课程博士	论文博士
文学博士	34.9	51.1
教育学博士	32.0	44.7
神学博士		58.5
社会学博士	30.7	48.4
法学博士	31.9	46.5
政治学博士		49.6
经济学博士	35.9	47.5
商学博士	38.8	49.3
经营学博士	36.0	47.4
全体平均	34.4	48.7

资料来源：［日］山崎博敏：《人文社会科学分野における博士号の取得年龄》，载《现代の高等教育》1992年第11期。

表7-1告诉我们，1984至1991年间日本人文、社会科学博士学位获得者平均年龄课程博士为34.4岁，论文博士为48.7岁。如果按照正常的入学年龄计算，从18岁进入大学到获得课程博士学位之间的时间相差16年之多。而论文博士获得者的平均年龄已接近50岁，其中许多人是升了教授再取学位的。

影响人文、社会科学授予课程博士学位的传统观念在20世纪90年代的大学改革中开始发生变化，博士学位不是学术研究成功的象征，而只意味着研究者的基础研究能力的获得。这一观点逐渐为人们所认可。许多大学着手修改有关课程博士的规定，并为研究生获得博士学位制订严格的培养计划。过去，博士研究生的学习与研究基本上处于一种"放羊"状态，很少有人将获取博士学位作为学习目标，因为不轻易授予课程博士学位已成为一种惯例，特别是在那些一流大学里。这种状况从90年代初开始得到改变。一些大学自博士研究生入学开始就为他们获取博士学位制订了具体的步骤与方法。因此人文、社会科学课程博士授予数量90年代比80年代明显增长。如有统计显示，课程博士获得者数量占当年博士研究生入学者的比例有明显变化，人文科学领域由1987年的1.4%上升到1993年的9.7%，社会科学领域由7.6%上升到13.7%，全体合计由1987年的61.4%增加到1993年的68.3%。[①]

三、第三次大学改革的特点之二：个性化

大学教育的个性化是指大学如何办出各自的特色，而大学办出特色的前提条件是政府必须简化有关大学办学的具体规定。在高等教育行政管理具有较强的政府集中指导特性的高等教育体制内，大学办学的划一化和缺乏个性似乎是一种普遍现象，日本也不例外。50年代中期文部省制定的大学设置基准对大学的设立及办学作了详细的规定，使得大学的办学模式化。日本高等教育体制内实际上存在的等级序列，处在下位等级的大学在升格心理的驱动下，仿效上位等级大学的办学方式，这又使得大学办学的模式化倾向更加突出。战后日本大学的设置大都采取一种"同型繁殖"的方式。此外，日本的大多数大学在高等教育大众化的过程中，大学办学自身也随之而大众化。因此，每一所大学在独立地分析社会要求、评价大学办学现状、制订长期发展目标并实施目标的过程中，形成作为一独立组织必备的自立、自律能力是日本第三次大学改革的又一重要课题。

围绕着大学办学个性化及大学教育、教学改革，大学审议会于1991年集中提出了5份咨询报告。在《关于改善大学教育》的咨询报告中，大学审议会认为制订具有特色的课程体系是各大学改革的主要方向。"每所大学应该根据各自的教育理念与目的，并且适应学术、社会发展的要求，制订并实施具有特色的课程，充实大学教育，为社会培养各种优秀人才。"[②]

---

① ［日］高等教育研究会：《大学の多様な発展を目指して（Ⅴ）》，株式会社ぎょうせい1997年版，第195页。

② ［日］大学審議会：《大学教育の改善について》，见［日］高等教育研究会：《大学審議会答申・報告総覧——高等教育の多様な発展を目指して》，株式会社ぎょうせい1998年版，第75页。

《大学设置基准》等法规的修改为大学办学"松了绑"，课程设置的自由化促使大学教育向着个性化的方向发展。在实现大学教育个性化方面，各大学所采取的改革措施主要有以下几个方面。（1）实施课程改革，包括改革课程模式，修改课程分类，重新确定必修课与选修课，修改学分计算方法和修改毕业所需学分规定等。（2）制订教学大纲。在日本的大学中普遍制订教学大纲，应该说是第三次大学改革实施以来的事。这说明日本大学正在努力纠正传统的"重研究、轻教学"倾向。（3）注意大学教育与高中教育的衔接，根据各类学生的高中学习情况安排教学。日本高中由于所在地区、学校类型的不同，特别是普通高中与专门高中（如工业高中、商业高中等）的区别，在课程设置上存在着较大的差异，因此大学新生的知识面、某一门知识的掌握程度是不一样的。根据这种情况，一些大学开始考虑如何采用区别对待的方法安排对新生的教学。（4）实施小班教育（一般在20人以内），特别是对于那些特殊学科课程。如许多大学在课程改革中都积极推行外语课、实验课、课堂研讨这类特殊课程的小班教育形式。（5）加强外语教育，重视信息处理教育（计算机应用教育）。加强外语教育主要体现在实施按教学目的、学生能力的分班教学和广泛运用语言实验室等现代化视听教学手段上。1997年采用语言实验室进行外语教育的大学占总数的90%以上。适应信息化社会的需要开设信息处理课程当然是现代大学课程改革的主要内容之一。日本大学中有60%左右的学校将信息处理课程列为必修课，而绝大多数大学（96%）都设立了信息处理教育的专用教室。（6）组织开展以提高教师教学水平为目的的有关活动。其中包括组织新任教师研修会，开展教师互相听课活动，定期召开有关教学问题的研讨会，成立以提高教学质量为主要任务的研究机构等。（7）组织学生对教师的教学状况进行评价。学生对教师教学的评价方式主要是采取问卷调查的方式。有些学校还规定，如果教师本人同意，可以向学生公布评价结果。各大学在采取上述改革措施时，其具体内容、实施方法等完全由各校自行决定。由此反映出改革的多样化和个性化特征。

四、第三次大学改革的特点之三：活性化

活性化是指在大学管理运营中改变过去的僵硬模式，采取比较灵活的方式。大学管理运营在战后日本的大学改革与发展中始终是一个较为敏感且难以处理的问题。这里涉及如何理解由宪法所保障的大学自治与社会参与、行政管理之间的关系。大学审议会的基本观点是："从总体上讲，大学必须在批判闭锁、僵硬、不积极回应社会要求的现状之基础上，认真地响应当今学术研究与社会发展的要求，而不是把自己封闭在传统的大学自治之中。在学部自治之名下，不应产生阻碍适应学术进步和社会变化之改革的不利因素，而必须形成一种超越学部范围的自由议论空间，以圆满达到意见的统一。"①根据这一基本观点，以法律及法规的制定与修改为先导实施的大学办学活性化主要体现在教师人事制度改革、大学内部管理体制改革和建立大学评价体制这3个方面。

1. 大学教师人事制度改革。如前所述，在大学审议会分别于1994年、1996年提出的《关于改善教师录用问题》和《关于大学教师的任期制——以实现大学教育、研究的活性化为目的》这两份咨询报告之基础上，日本政府在1997年制定了有关大学教师任期制的法律。法律规定实施教师任期制的权限在各大学，各大学可以根据具体情况决定何时实施教师任期制，在哪些学科、部门实施教师任期制和各级教师任职的期限等。据有关统计，到2000年8月为止，有38所国立大学、4所公立大学制订了关于教师任期的规则，开始在少数系科对新聘教师实施任期制。其中包括东京大学、京都大学、东北大学、筑波大学、大阪大学、广岛大学、东京工业大学、东京艺术大学、东京医科齿科大学等。尽管教师任期制的改革刚刚开始，涉及面还不广，但是它的逐渐展开将对促进教师流动、改变"近亲繁殖"

---

① ［日］高等教育研究会：《大学審議会答申・報告総覧——高等教育の多様な発展を目指して》，株式会社ぎょうせい1998年版，第5页。

现象，进而对提高大学教育与研究的活力产生深远的影响。

2. **大学内部管理体制改革。**大学内部管理体制改革的主要内容有两个方面：一是协调大学内部各组织机构之间的关系，理顺大学决策的制定与贯彻过程；二是协调大学与社会、校方与学生之间的关系，增加大学办学的透明度。改革的目的在于部分改变日本大学管理中"学部自治"倾向过强、教授会权限过于集中的传统弊端，增强大学在迅速变化的社会环境中的适应能力。具体采取的措施包括：通过发挥校长的作用、设立副校长等适当增加校一级的领导权限；通过精选审议事项、简化审议手续等提高大学评议会的效率与功能；通过明确区分学部长与教授会的权限、充分发挥事务机构的作用等实现学部管理运营的顺畅化；通过定期向社会公布大学的改革与发展状况、积极听取来自校外的反映意见等加强大学与社会的联系；通过定期调查等方法积极听取学生意见，并将学生意见反映在学校的教育、研究、服务学生等工作的改进上。

3. **建立大学评价体制。**在实现大学办学活性化的过程中，为了保证完成大学的既定目标、提高大学的教育与研究质量，建立与完善适当的大学评价体制是必要的。日本的大学评价体制包括各大学自我评价与专门评价机构外部评价两个部分。90年代初《大学设置基准》修改之后，各大学就普遍开展了自我评价，并建立起自我评价的组织与制度。2000年4月，大学评价机构的成立则标志着完整的大学评价体制的基本确立。

第二节 "科学技术创造立国"与大学发展

20世纪80年代末、90年代初开始的日本战后第三次大学改革正在以"国立大学法人化"为新的中心课题向前推进着。影响这次改革的因素除90年代初"泡沫破灭"之后经济发展的长期低迷状况和90年代初开始的高等教育适龄人口的持续减少之外，日本政府制定的以科学技术作为国家经济与社会未来发展的重要基础与先导——"科学技术创造立国"的政策也是主要原因之一。

一、"科学技术创造立国"政策出台的背景

"科学技术创造立国"政策出台的主要背景因素可以归纳为以下4个方面。

1. 对科学技术在现代社会发展与进步中发挥重要作用、同时也存在着诸多问题的充分认识。这些认识反映在日本政府及有关组织机构的相关文件、出版物中。例如，日本政府2001年3月制定的《科学技术基本计划》中写道："在被称作科学技术世纪的20世纪中，科学技术的惊人进步给世界带来了前所未有的变化。在以量子力学、分子生物学等为代表的物理、化学、生命科学等学科的迅速发展和技术的飞跃进步之基础上，发达国家的人们享受到了富足的生活，并延长了寿命。但同时科学技术的负面影响，

即可能威胁人类社会与地球环境的问题也日益显现出来。"①曾经作为文部省咨询机构存在的学术审议会在1999年提出的咨询报告《以科学技术创造立国为目标整体推进我国的学术研究》中这样认为："在20世纪以发达国家为中心的人类社会生活获得飞跃发展这一点上，对科学技术作为文明的支柱所发挥的作用应该给予高度的评价。但是，追求效率、大量生产、大量消费、大量废弃这样的词汇也让人想到'20世纪式的科学技术'所带来的负面影响和产生的种种问题。……21世纪的学术研究以及作为学术研究之核心与基础的科学技术必须克服'20世纪式的科学技术'给人类文明带来的困境，在新的价值观指导下为我国及世界、人类的发展，为新的文明的建设作出贡献。"②关于科学技术在战后日本社会经济发展中的作用也是为许多政府文件及出版物所肯定的。"战后我国实现了在废墟之上的奇迹般的复兴，其主要原因首先是教育的普及与提高，其次是科学技术的质与量两方面的发展。其中不用说以学术研究为基础培养高级人才的大学发挥了重要的作用。"③

2. 战后形成的科学技术发展模式面临着转型的必要。"迄今为止我国的技术革新主要是通过支付不太高的专利使用费引进欧美发达国家的基础性、创造性技术，在技术的应用及产品化上下功夫，可以说是一种以追赶为特点的发展。因此在世界范围内专利等知识产权保护日益加强的今天，随着追赶的基本结束，如何解决我国基础性、独创性研究开发能力的薄弱的问题就成为一个重大的课题"④。依赖或利用外国的基础性、创造性技术发展促进本国的技术革新，这确实是战后相当长的一段时间内日本科学

---

① ［日］文部科学省：《科学技術白書》，大藏省印刷局2002年版，第325页。

② ［日］学术审议会：《科学技術創造立国を目指す我が国の学術研究の総合的な推進について—「知の存在感のある国」を目指して—》［2003-10-08］，https://warp.ndl.go.jp/info：ndljp/pid/11293659/www.mext.go.jp/b_menu/shingi/old_gijyutu/gakujyutu_index/toushin/1314989.htm。

③ ［日］文部省：《我が国の文教施策》，大藏省印刷局1997年版，第7页。

④ ［日］文部省：《我が国の文教施策》，大藏省印刷局1997年版，第7页。

技术发展的基本模式。日本与欧美主要发达国家特别是美国在技术贸易额的输出与输入比上的差距可以从一个侧面说明这一点。例如，1971年，技术贸易额的输出与输入比美国为10.52，英国为1.07，德国为0.39，法国为0.30，日本为0.13（输出与输入比大于1，表明技术贸易额的收入多于支出；小于1，则支出多于收入）。1990年时，上述几个国家技术贸易额的输入与输出比虽发生了较大的变化，但日本仍然是输出与输入比最低的国家（美国为5.31，英国为0.85，法国为0.67，德国为0.52，日本为0.41）。[1]由主要是技术的引进、应用向重视基础性、独创性研究转变，这是最近10多年来日本政府科学技术政策的主导方向之一。

3. 由于经济发展的长期低迷等原因造成的研究经费不足、研究设施老化等状况可能给科学技术发展带来不利影响。日本政府制定的《科学技术基本计划》中有这样一段分析："20世纪90年代前期，占我国研究开发经费总额80%的企业研究开发经费减少了。不仅如此，大学、国立研究机构等的研究条件趋于恶化，企业、大学与政府在研究开发方面也未能很好地相互结合，由此产生出对科学技术发展的现状和产业竞争力下降的担心。"[2]从日本与其他一些发达国家在科研经费上的比较来看，虽然日本的科研经费占国内生产总值的比例较高，但是政府支出的科研经费所占比例较低。例如，1990年日本政府支出的科研经费占研究经费总额和国内生产总值的比例分别为17.9%、0.52%，而美国为41.5%、1.09%，德国为33.8%、0.93%，法国为47.5%、1.13%，英国为34.1%、0.72%。[3]受政府投入不足影响的止是在日本科学技术特别是基础研究的发展中举足轻重的国立大学和研究机构。因此，这也成为"科学技术创造立国"政策所要解决的主要问题之一。

4. 已经具有的科学技术水平成为"科学技术创造立国"政策制定的基

---

[1]［日］文部科学省：《科学技術白書》，大藏省印刷局2002年版，第379页。
[2]［日］文部科学省：《科学技術白書》，大藏省印刷局2002年版，第324页。
[3]［日］文部科学省：《科学技術白書》，大藏省印刷局2002年版，第351-353页。

本依据。一般来说，政府制定政策时总要以政策能够实施所必须具备的客观条件为基础。日本政府制定"科学技术创造立国"政策所依据的主要客观条件之一是日本科学技术已经达到的水平。衡量一个国家的科学技术水平可以有多种指标、多样方法，这里仅从自然科学论文的发表数量和被引用次数的比较来窥其一斑。根据物理学领域的INSPEC、化学领域的CHEMICAL ABSTRACTS、工学领域的COMPENDEX和医学领域的EMBASE这4个有权威性的论文数据库的统计，1993年日本学者发表的论文数量在物理学领域、化学领域、工学领域均为第2位，在医学领域为第3位。另根据SCI的统计，1990年至1994年的论文被引用次数，日本的农学、化学、材料科学排第2位，生物学、临床医学、物理学、药理学排第3位，工学、微生物学排第4位，免疫学、分子生物学、神经科学、动植物科学排第5位。[①]这些数据表明日本学者发表的论文的数量与质量虽然还远不及美国，但是已经赶上甚至超过了欧洲诸国。由此，日本政府或许得出了日本的科学技术已经达到了以其作为立国之本的水平这一结论。

二、"科学技术创造立国"政策的主要内容

在上述背景因素影响下日本政府制定的"科学技术创造立国"政策的主要内容是什么呢？我们可以就有关法律、计划、报告等做些归纳整理。

1. 法律

用法律体现政府的政策，或者说以法律作为政府政策的主要依据，这是日本国家行政制度的特征之一。"科学技术创造立国"的政策也不例外，体现这一政策的法律主要是1995年制定的《科学技术基本法》和1998年制定的《关于促进大学等机构的技术研究成果向民间企业、事业单位（个人）转移的法律》。

《科学技术基本法》由5章组成，具体为第1章总则，第2章科学技术基

---

①［日］文部省：《我が国の文教施策》，大藏省印刷局1997年版，第147-150页。

本计划，第3章研究开发的推进等，第4章国际交流等的推进，第5章关于科学技术学习的振兴。在第1章总则中明确规定了振兴科学技术的基本方针。"科学技术是我国及人类社会未来发展的基础、有关科学技术的知识的积累是人类智慧的财产，振兴科学技术必须重视充分发挥研究者及技术人员的创造性，并以协调人们的生活与社会及自然的关系为目的。在振兴科学技术的过程中，必须充分注意各研究领域研究开发能力的均衡发展、基础研究、应用研究和开发研究三者的协调以及国家研究机构、大学、民间机构之间的有机结合。此外，鉴于自然科学与人文科学的相互结合对于科学技术进步的重要性，必须充分注意两者的协调发展。"①《科学技术基本法》的主要精神与内容是强调、规定国家及政府在发展科学技术中的责任与作用。如第三条规定"国家有责任制定有关振兴科学技术的整体性政策并付诸实施"；第六条规定国家及地方政府在制定和实施与大学有关的振兴科学技术的政策时，"必须尊重研究人员的自主性和充分考虑大学开展研究的特点"；第九条规定"为了综合地、有计划地推进振兴科学技术政策的实施，政府必须制定振兴科学技术的基本计划"；第十一条规定"为了推进适应科学技术进步的研究开发，国家必须制定有关充实研究生教育、确保研究人员的数量、提高研究人员的水平所必要的政策"。

《关于促进大学等机构的技术研究成果向民间企、事业单位（个人）转移的法律》的立法目的在该法律的第一条作了明确的表述："本法律的目的在于通过采取必要的措施促进大学、高等专门学校、大学共同利用机构以及国家研究机构的技术研究成果向民间企、事业单位（个人）转移，开拓新的生产领域，提高产业的技术水平，同时使大学、高等专门学校、大学共同利用机构以及国家研究机构的研究更加具有活力，以此实现我国产业结构的顺利调整、国民经济的健全发展和学术的进步。"②这一法律中有

①［日］文部科学省：《科学技術白書》，大藏省印刷局2002年版，第321页。
②《大学等における技術に関する研究成果の民間事業者への移転の促進に関する法律》［2003-10-08］，http：//www.ron.gr.jp。

关大学的技术研究成果向企业转移的诸多规定为"产学结合"提供了更为广阔的可能性。文部科学省在2001年6月提出的"大学（国立大学）构造改革的方针"（又称"远山计划"）中将加速大学研究成果的产业化作为改革的主要方向之一，并列出了具体的数字目标，如大学专利的企业化要在5年内从70项提高到700项，在10年内建成10个以上"硅谷"式的高新技术产业园区等。[①]

2. 计划

日本也许是发达国家中比较多地利用计划的手段宏观调控社会经济发展的国家之一。20世纪60年代日本政府制定并实施的"国民收入倍增计划"至今让人们记忆犹新，正是在那一计划的背景下日本经济实现了长期高速增长，成为仅次于美国的世界经济大国。90年代"科学技术创造立国"政策以及1995年《科学技术基本法》出台之后，计划再次成为日本政府调控科学技术发展的重要手段。1996年与2001年，日本政府相继制定了两个科学技术基本计划，且第2个计划比第1个计划更为详细。以下主要就2001年3月日本政府发表的第2个科学技术基本计划的主要精神与内容作些概略的分析。

科学技术基本计划由基本理念、重要政策、综合科学技术会议的使命三大部分构成。在基本理念部分，计划提出了建设"依据知识的创造与应用为世界作贡献的国家""具有国际竞争力可持续发展的国家""安心、安全具有高质量生活的国家"的科学技术发展目标。要建设"依据知识的创造与应用为世界作贡献的国家"，必须重视新知识、新理论的发现与创造，计划提出了在未来50年内诺贝尔奖获得者达到30人的具体目标；要建设"具有国际竞争力可持续发展的国家"，必须重视科学技术的应用与产业化，提高产业的技术水平；要建设"安心、安全具有高质量生活的国家"，必须重视发展与人们的健康、生活以及预防自然灾害等有关的科学技术。

---

① ［日］文部科学省：《大学（国立大学）の構造改革の方針》［2003－10－08］，http：//www5.cao.go.jp。

"重要政策"是科学技术基本计划的主要部分。在这一部分中计划详述了日本政府发展科学技术的具体设想与措施。归纳起来为三大方面,即科学技术的重点发展战略、科学技术体制改革和促进科学技术活动的国际化。关于科学技术的重点发展战略,计划在强调促进基础研究的同时,列出了与经济、社会发展紧密相关的若干重点研究领域,如生命科学、信息通信、环境科学、纳米材料、能源、制造技术、宇宙开发等。关于科学技术体制改革,计划分别就研究开发体制改革、"产官学"结合的机制、科学技术的伦理、社会责任、振兴科学技术所必要的基础条件的充实等问题做了具体的论述。

关于综合科学技术会议的使命是科学技术基本计划的最后部分。综合科学技术会议是2001年1月成立的日本政府有关科学技术问题的最高决策机构,首相担任会议主席,成员14人,包括政府相关部门的负责人、学者等。"综合科学技术会议在内阁总理大臣的领导下,以切实贯彻综合战略和在其基础上制定的反映在科学技术基本计划中的重点政策为目标,作为政策实施的指挥塔,克服政府各部门之间的条状分割,有预见性、灵活地开展活动。"①

3. 报告

政府重要政策的制定必须以政府咨询机构的咨询意见为基础,这是日本国家行政制度的又一显著特征。因此政府咨询机构的咨询报告就成为理解政策的重要文本。在"科学技术创造立国"的政策文件中,学术审议会1999年6月完成的咨询报告《以科学技术创造立国为目标整体推进我国的学术研究》值得关注。

该咨询报告由两个部分构成,第一部分论述学术研究的意义与发展方向,第二部分讨论振兴学术研究的具体政策与措施。关于学术研究的方向,咨询报告指出了三个方面。一是开展世界最高水平的研究,所谓世界最高水

---

① [日] 文部科学省:《科学技術白書》,大藏省印刷局2002年版,第349页。

平的研究即开创新领域、新学问的具有先导性、独创性的研究；二是为进行新学问的创造与研究实施体制革新；三是学术研究要为社会发展作出贡献，通过促进学术研究达到建设"具有智慧存在感的国家"之目标。

在咨询报告的第二部分，学术审议会从8个方面详述了振兴学术研究应该采取的政策与措施。这8个方面是：培养优秀的研究人员；充实研究组织、调整研究体制；形成竞争的研究环境；建设具有世界水平的研究基础；振兴人文、社会科学研究和促进跨学科研究；促进学术国际交流；促进学术研究与社会的联系、结合；协调学术与科学技术的关系。

如果将上述科学技术基本计划与学术审议会的咨询报告作一比较，可以清楚地看到两者侧重点的不同：科学技术基本计划主要给出了国家发展科学技术的目标和内容，而咨询报告则重点讨论了为达到目标所必须采取的政策与措施。

三、实施高水平研究中心建设项目

在科学技术创造立国政策的实施过程中，大学的作用是毋庸赘言的。"从培养优秀人才、创造开拓未来的新知识、继承人类的知识遗产、利用知识资源开展国际合作等多方面来看，大学应该在科学技术体系中发挥中心的作用。"[①]但同时，大学在教育、研究、组织管理中存在的种种问题影响了大学作用的发挥，因此日本政府认为为实现科学技术创造立国的目标必须进行大学改革。近些年来日本大学在科学技术创造立国政策之背景下实施的改革涉及许多方面，这里主要分析与科学技术发展关系最为密切的在大学的学术研究与人才培养方面所进行的改革与发生的变化。

在大学的学术研究方面具有较大影响意义的改革是日本政府推行的建立高水平研究中心的计划。早在1995年学术审议会就向政府提出了建立高水平研究中心（简称COE）的建议。建议认为："为了推进富有创造性的

---

① ［日］文部科学省：《科学技術白書》，大藏省印刷局2002年版，第339页。

世界尖端水平的学术研究，在高水平的研究环境中汇集处于研究前沿的研究者与青年研究人员、交流科学最前沿的研究信息，触发具有独创性的思想是非常重要的，为此有必要建设高水平的研究中心。"①2001年文部科学省为推进大学改革提出了"大学（国立大学）构造改革的方针"（又称"远山计划"），"远山计划"的核心内容是在竞争的环境下重点投资建设30所世界高水平大学。高水平大学的主要特征是拥有高水平的研究队伍与研究成果，因此"远山计划"后具体化为"21世纪COE计划"。2002年，"重点支持建立具有世界水平的教育、研究基地——21世纪COE计划"正式启动。

"21世纪COE计划"的目的非常明确，就是"重点支持在大学的各学术领域内形成具有世界最高水平的教育、研究基地，以提高研究水平，培养处于世界领先地位的创造性人才，推进具有国际竞争力、凸显个性色彩的大学的建设"②。"21世纪COE计划"的具体内容和实施状况如下：

1. 大学的学术领域被分为①生命科学；②医学；③化学、材料科学；④数学、物理学、地球科学；⑤信息、电气、电子；⑥机械、土木、建筑及其他工学；⑦人文科学；⑧社会科学；⑨交叉、综合、新学科（环境科学、生活科学、能源科学、地区研究、国际关系等）；⑩交叉、综合、新学科10个部分，这10个部分分为两组，分别于2002年、2003年进行高水平研究中心（COE）的申请与审查工作。每个部分的COE名额在10到30个之间。

2. COE的申请资格是研究生院的博士专业和大学附属研究所等研究机构。以日本学术振兴会为中心，大学评价·学位授予机构、日本私立学校振兴·共济事业团、大学基准协会共同组成"21世纪COE计划委员会"，负责COE的申请审查工作。文部科学省根据委员会的审查结果向获准立项的COE下拨研究经费。COE的建设计划一般为5年，研究经费按年度下拨。立项2年后进行中期评估，评估结果作为后3年下拨研究经费的参考依据，5年

①［日］永井宪一：《日本の学術行政と大学》，东京教学社2002年版，第219页。

②［日］文部科学省：《21世纪COEプログラム公募要領》［2003-10-18］，https：//warp.ndl.go.jp/info：ndljp/pid/12367425/www.jsps.go.jp/j-21coe/01_koubo/index.html。

后进行结果评估。

3. 2002年与2003年批准立项的COE共246个（分属85所大学），医学部分最多，为35个；人文科学部分最少，为20个；其余为20～30个。国立大学批准立项的COE有181个（分属47所大学），占总数的73.5%；公立大学批准立项的COE有9个（分属7所大学），占总数的3.7%；私立大学批准立项的COE有56个（分属31所大学），占总数的22.7%。虽然日本的私立大学占大学总数的3/4以上，但是立项的COE却不足总数的1/4，国立大学在日本学术研究中的优越地位是不言而喻的。此外在国立大学中，处在上位的几所大学的COE数量远远超过了其他大学。COE数量最多的大学为东京大学，有26个，其次为京都大学有22个，这两所大学加上其他5所（北海道大学、东北大学、名古屋大学、大阪大学、九州大学），即所谓的"七帝大"获得的COE达到105个，占总数的42.2%。[①]

4. 2002年与2003年立项的246个COE两年共获得政府投资475.02亿日元。其中国立大学的COE经费为369.09亿日元，占总数的77.7%；公立大学的COE经费为14.01亿日元，占总数的2.9%；私立大学的COE经费为91.92亿日元，占总数的19.4%。东京大学与京都大学获得的COE经费分别为55.18亿日元、52.06亿日元，名列第一、第二。这两所大学加上上述5所国立大学获得的COE经费达223.08亿日元，占总数的47%。[②]

重点投资建立高水平的研究中心，以此推动世界高水平大学的建设，从而实现以科学技术创造立国的目标，这是日本政府实施"21世纪COE计划"的根本目的。

---

① ［日］21世纪COE项目委员会：《平成15年度「21世纪COEプログラム」審查结果について（報告）》［2003-10-18］，https：//warp.ndl.go.jp/info：ndljp/pid/12367425/www.jsps.go.jp/j-21coe/04_shinsa/index.html。

② 《平成14年度21世纪COEプログラムこうふ决定状况一覧》《〈21世纪COEプログラム〉平成15年度補助金交付决定状况一覧（平成14年度採択拠点）》《〈21世纪COEプログラム＞平成15年度補助金交付决定状况一覧（平成15年度採択拠点）》［2003-10-18］，https：//warp.ndl.go.jp/info：ndljp/pid/12367425/www.jsps.go.jp/j-21coe/index.html。

四、培养高水平科技研究人才

人才培养对于科学技术发展的重要性是众所周知的。"培养优秀的研究者、技术人员，这是科学技术体制改革中极为重要的课题。由于大学是培养研究者、技术人员的中心组织，因此进一步推进大学改革非常必要。"[①]在科学技术创造立国政策的背景下展开的大学人才培养方面的改革主要体现在研究生教育的发展、变化以及资助青年研究人员制度的完善上。

大力发展与改革研究生教育是20世纪90年代以来日本高等教育改革的主要内容之一。大学审议会在《关于21世纪的大学与今后的改革方针政策》咨询报告中充分强调了承担研究生教育的研究生院的重要性。"研究生院作为所有学术领域基础研究的中心在推进学术研究的同时，担负着培养研究者和具有高度专门能力人才的任务，因此研究生院在提高我国学术研究水平与发展社会经济、文化方面承担着极为重要的使命。"90年代以来日本研究生教育的变化首先体现在数量的增长上。90年代之前，日本的研究生教育与欧美主要发达国家相比，规模之小是非常突出的。如从在校研究生占本科生的比例和每千人口研究生数这两个统计数字来看，美国分别为15.6%、7.1人（1987年）；英国分别为33.5%、2.2人（1987年）；法国分别为20.7%、2.9人（1988年）；日本只有4.4%、0.7人（1989年）。因此数量的增长是日本研究生教育发展的首要课题。通过采取研究生入学资格的弹性化、教育年限的弹性化、教育形式的多样化等措施，研究生数量获得了显著的增长。据统计，1990年硕士生与博士生的招生数分别为30733人、7813人，2002年两者分别增加到73636人、17234人，分别增长了139%、120%；1990年硕士研究生与博士研究生的在校生数分别为61684人、28354人，2002年两者分别增加到155267人、68245人，分别增长了152%、141%。[②]

①［日］文部科学省：《科学技術白書》，大藏省印刷局2002年版，第343页。
②［日］文部科学省，《文部科学統計要覧》，大藏省印刷局2003年版，第31、86页。

　　研究生教育的变化还体现在研究生教育机构的多样化和研究生院重点化方面。所谓研究生教育机构的多样化，主要指除传统的研究生教育与本科教育一体的组织形式之外（在日本，大学本科教育的学部与研究生教育的研究科一体），出现了独立的不含本科教育的研究生教育机构。这类机构主要有以下几种：（1）包括硕士阶段与博士阶段研究生教育的研究生院大学，如综合研究研究生院大学、北陆先端科学技术研究生院大学、奈良先端科学技术研究生院大学、政策研究研究生院大学等；（2）设于本科大学内包括硕士阶段与博士阶段研究生教育的研究科，这种研究科已经比较普遍；（3）以数所大学的若干相关学部为基础设立的联合研究科。这类独立的不含本科教育的研究生教育机构的共同特点是综合性、前沿性，即适应科学技术发展的综合化趋势，在科学的前沿不断开拓新的领域，培养具有综合能力与创造能力的人才。

　　"研究生院重点化"从思路上讲与重点投资建设高水平研究中心如出一辙。大学审议会在1998年的一份咨询报告中这样认为："从积极开展具有世界前沿水平的教育与研究，培养能够适应我国社会与国际社会发展的活跃于诸多领域的优秀人才这一观点出发，有必要支持形成一批作为高水平教育与研究基地的研究生院。为此，应该采取这样的措施，即根据对专攻领域（或研究科）的客观、公正的评价，在一定时间内，集中、重点分配研究费、设备费等资源。"所谓"研究生院重点化"的主要含义与内容在于：（1）研究生院实施重点化后，教师由过去隶属于本科教育组织——学部改为隶属于研究生教育组织——研究科，这样一来研究科就由"虚"转为"实"，传统的研究科附属于学部的体制也转为学部附属于研究科的体制；（2）隶属关系的改变导致教师工作重心的转移，研究生教育、学术研究被置于更加重要的地位；（3）研究生院重点化之后，政府按照研究科计算、下拨经费，经费可增加25%左右。研究生院重点化的改革开始于20世纪90年代中期，实施这一改革的主要是处于国立大学上位的少数几所大学。到2000年左右，东京大学、京都大学、东北大学、北海道大学、名古屋大

学、大阪大学、九州大学、东京工业大学、东京医科齿科大学、一桥大学
这10所大学实现了完全的研究生院重点化，广岛大学和神户大学实现了部
分研究生院重点化。①研究生院重点化与前面所提到的"21世纪COE计划"
是有紧密联系的，这12所大学所获得的COE经费占了总经费的56.1%。此
外，在其他一些国立大学，虽然不伴随更多的经费投入，但也在按照研究
生院重点化的精神实施着改革。

　　研究生教育的改革与研究生教育机构的变化之主要目的是促进学术研
究的发展与高级专门人才的培养。而在高级专门人才培养方面，所谓"万
人博士后支持计划"也是引人注目的。"万人博士后支持计划"始于1996
年，在那年开始的第一次科学技术基本计划中提出了政府每年资助招收1万
名博士后的目标，当年招收博士后6224人，1999年达到1万人。从2002年与
2003年的情况来看，两年招收的博士后分别为11127人、10598人，政府用
于博士后的经费（博士后的工资与研究费等）分别为478.59亿日元、444.66
亿日元。其中文部科学省的相关或下属机构（包括大学、研究所等）招收
的博士后占总数的90%左右，其余为厚生劳动省、农林水产省、经济产业省
的相关或下属机构所招收。在招收的博士后中还包括外国青年研究人员，
2002年有1653人，2003年为1775人。②日本政府加强资助青年研究人员制度
的主要精神是试图创造一个竞争、流动的环境，以培养出优秀的具有世界
竞争力的科学技术人才。

　　①［日］有本章：《大学改革の現在》，东信堂2003年版，第247页。
　　②《ポストドクターの種類》［2003-10-08］，http：//f14.aaacafe.ne.jp；《「ポス
トドクター等一万人支援計画」対象事業の支援対象人数・予算額》［2003-10-08］，
http；//www.keinet.ne.jp。

第三节 大学自治与政府统制

20世纪90年代之后，世界高等教育的发展进入一个新的变革时代。知识经济、全球化，以及随之而来的社会、经济格局的变化构成了高等教育变革的主要背景。由于高等教育，特别是大学的发展在不同的国家有着不同的历史、文化、传统，面对着不同的环境、问题、挑战，因此高等教育变革的方向、内容、形式等存在着许多差异。日本高等教育自20世纪90年代开始进入所谓的第三次改革时期，20多年来的改革使日本的大学发生了深刻而广泛的变化，有些领域的变革甚至可以说是日本近代大学制度成立以来前所未有的。在这样一场持续多年的变革中，哪些因素影响着变革的运行轨迹，变革的过程是否遵循着什么内在逻辑，这些问题是在研究90年代以来的日本高等教育变革时值得认真关注的。

一、自治的力量

在中世纪大学产生以来的大学历史发展过程中，"学术自由"与"大学自治"作为两条基本原则在大学办学中发挥着重要的作用。"学术自由"是大学的精神所在，"大学自治"是实现"学术自由"的制度保障。诚如一些学者所认为的那样，"自治是高深学问的最悠久的传统之一"，

"失去了自治，高等教育就失去了精华"。①在学习德国大学模式基础上建
立起来的近代日本大学，经历了二战之后的制度重建，同样将自治作为大
学办学的基本信条。自治在现代日本大学的办学实践中具体体现为大学具
有如下的权力："① 推荐及任免教师的权力；② 选举校长、院长等管理者
的权力；③编制学科课程、制订学校规则的权力；④ 审查、认定、授予学
位的权力；⑤ 管理大学校舍设备的权力；⑥ 财政自主权；⑦ 选拔、录取
学生的权力等。"②

在现代社会，当大学所赖以生存的社会环境发生巨大变化时，大学自
治面临着来自政府、公众、社会舆论等多方面的挑战，尤其是在高等教育
变革的过程中。众所周知，自20世纪90年代初以来，日本高等教育的改革
与发展始终面临着经济增长乏力、适龄人口减少等不利的社会环境。90年
代高等教育改革开始之初，恰逢日本经济经过长期的发展出现了"泡沫破
灭"，从此日本经济步入漫长的不景气通道，造成日本经济经历"失去的
20年"。经济增长乏力对于日本高等教育的直接影响就是大学的办学经费
短缺。例如，国立大学来自政府的经常性经费2004年为11654亿日元，之后
年年减少，2009年为11061亿日元，比2004年减少了5.4%。相应地，政府经
常性经费占国立大学总经费的比例也是逐年下降，2004年为47.7%，2009
年降到了40.4%。③又如，占日本大学数量四分之三左右的私立大学中，有
相当数量的大学入不敷出，赤字运行，而且这种状况呈不断增加的趋势。
据调查，1998年636所私立大学（包括本科大学与短期大学）中，入不敷出
的大学有97所，占总数的15.3%；而2007年663所私立大学中入不敷出的大

①［美］约翰·S·布鲁贝克著，王承绪、郑继伟、张维平等译：《高等教育哲
学》，浙江教育出版社1987年版，第28页。

②［日］细谷俊夫等：《新教育学大事典（5）》，第一法规出版株式会社1990年
版，第47页。

③［日］文部科学省：《国立大学法人化後の現状と課題について（資料）》［2013-
03-23］，http：//www.mext.go.jp/a_menu/koutou/houjin/__icsFiles/afieldfile/2010/07/21/1295896_3.
pdf。

学数量增加到246所，占总数的比例达37%。[①]高等教育适龄人口减少是另一个长期影响日本高等教育的不利因素。据统计，日本的高等教育适龄人口——18岁人口恰好是在第三次高等教育改革开始的90年代初达到了一个高峰，1992年为205万人。自那以后，18岁人口呈逐年减少的态势，2011年降到了120万，而且这一趋势随着日本人口生育率的持续低迷还将继续下去。[②]适龄人口减少对高等教育的直接影响就是大学生源不足，尤其是私立大学。根据日本私立学校振兴·互助事业团2011年的调查，在被调查的572所私立本科大学中，当年招生人数不足的大学有223所，占被调查总数的39.0%，其中有16所大学实际招生数不足计划数的一半；在被调查的338所私立短期大学中，当年招生人数不足的学校达225所，占被调查总数的66.6%，其中有16所学校实际招生数不足计划数的一半，私立短期大学的整体招生人数充足率（实际招生数占计划数的比例）只有89.6%。[③]

正是在上述经济增长乏力、适龄人口减少等日本社会内部因素的影响下，再加上高等教育国际化、全球化等外部因素的作用，日本高等教育自20世纪90年代初开始了延续至今的全面而深刻的变革。变革的范围涉及高等教育的诸多领域，从外部的制度环境到内部的管理运营，从国家的政策、法律到学校的规章、规定，从大学内部管理到教育教学实践，从本科教育到研究生教育，从教师人事制度到教师能力发展等。在这场变革中，大学、政府、社会带着各自不同的利益诉求与期待目标，使得变革的过程充满了矛盾。其中如何在适应社会变化、实施变革的过程中坚守大学自治的底线，这不仅关乎大学的基本原则，也是政府在推动高等教育变革时所必须加以考虑的。

---

① ［日］文部科学省：《帰属収入で消費支出を賄えない学校法人の推移》［2013-03-23］，http：//www.mext.go.jp/a_menu/koutou/shinkou/07021403/005/001.htm。

② ［日］文部科学省：《文部科学白書：東日本大震災からの復旧·復興》（平成23年度），佐伯印刷株式会社2011年版，第167页。

③ ［日］永井憲一等：《憲法から大学の現在を問う》，勁草書房2011年版，第110页。

从20多年来日本高等教育变革的过程中，我们可以看到大学自治这一基本原则在政府制定高等教育政策、推动高等教育改革时发挥着重要的影响作用。1991年文部省（2001年改为文部科学省）修订《大学设置基准》开启了第三次高等教育改革的大幕。《大学设置基准》是规定大学设立条件、规范大学办学行为的基本文件。《大学设置基准》修订的内容虽然很多，但主要特征可以归结为"大纲化"。所谓"大纲化"就是将设置基准的条文删繁就简，将有关大学办学的规定改细为粗。例如，修订前的设置基准规定，大学课程由通识教育课程、外语课程、保健体育课程、专业教育课程4部分组成。通识教育课程又包括人文科学、社会科学、自然科学3个系列。学生必须修满124个学分方可毕业，其中通识教育课程36学分，外语课程8学分，保健体育课程4学分，专业课程76学分。修订后的设置基准则将这些关于课程种类及其学分的具体规定全部取消，代之以有关大学课程设置方针的阐述，即"各大学为了实现大学、学部及专业、课程的教育目的开设必要的课程，并使之体系化。在编制课程时，必须考虑到在向学生传授所在学部的专业知识的同时，培养他们具有广泛的教养、综合的判断能力和丰富的个性"。那么，为什么要将《大学设置基准》"大纲化"呢？《大学设置基准》"大纲化"的目的是什么？在日本第三次高等教育改革中发挥重要作用的大学审议会在《改善大学教育》的咨询报告中作出了如下的解释："为了促进改善大学教育，有必要尽可能地使规定我国大学教育框架体系的大学设置基准大纲化，让各个大学依据各自的理念、目的，实施自由且多样化的教育。"[①]不难看出，以《大学设置基准》大纲化为开端的日本第三次高等教育改革从一开始就是以缓和行政规制、让大学具有更充分的自治权为主要内容的。

　　仕免教师的权力被认为是中世纪大学产生之初大学人经过斗争而获取

①［日］大学审议会：《大学教育の改善について》，见［日］高等教育研究会：《大学審議会答申·報告総覧——高等教育の多様な発展を目指して》，株式会社ぎょうせい1998年版，第77页。

的三项基本自治权之一（其他两个权力是选举校长和制订学校规则）①，在现代大学，包括任免教师在内的大学教师人事制度的确立同样仍然是大学自治的一项主要内容。日本大学教师人事制度，尤其是国立、公立大学教师人事制度的主要特征与内容在法律上有明确的规定。例如，《教育公务员特例法》第四条规定："校长、部局长的选任和教师的录用及职务晋升由大学管理机构运用选举、考核的方法实施。"②这里所说的大学管理机构，在选任校长时主要指大学的评议会，在录用教师时则主要指学部的教授会。"有关大学教师录用的审查权限属于教授会，审查必须基于教授会的自主性，必须排除其他机构的干涉或影响"③。《教育公务员特例法》这一关于校长选任和教师录用的规定被日本学界认为是确立了自治的教师人事制度，成为大学自治的根基。由于长期以来存在着大学教师流动不足、"近亲繁殖"等问题，日本政府1997年4月提出法案，6月由国会通过了《关于大学教师等的任期的法律》，试图推动大学教师人事制度的改革。该法律第一条规定："鉴于创设一种使大学中具有多样知识与经验背景的教师能不断相互交流学术的环境是大学教育与研究活动富有活力的重要条件，本法律特以导入任期制、制订有关教师任期的重要事项，使大学能够吸收多种人才，推动大学教育与研究进展为目的。"④不过，基于教师人事制度为大学自治的根基这一理念，法律所规定的大学教师任期制的基本性质是所谓的"选择任期制"。即法律将实行教师任期制的决定权授予了各大学，各大学自主决定是否实行教师任期制，哪些部门、哪些岗位实行任期制以及任期的时间长短。而且，为了保障大学实施教师任期制的自主权，国会在通过法律时还通过了一项《附带决议》。其中规定："鉴于学问自由及大学自治

---

①［法］Jacques Verger著，［日］大高顺雄译：《中世の大学》，みすず书房1979年版，第31-32页。

②［日］新井隆一等：《解说教育六法》，三省堂1986年版，第503页。

③［日］新井隆一等：《解说教育六法》，三省堂1986年版，第504页。

④［日］高等教育研究会：《大学の教员等の任期に関する法律》，见《大学の多样な発展を目指して（Ⅵ）》，株式会社ぎょうせい1997年版，第15页。

的制度保障是大学开展教育、研究的根本基础，政府在实施这一法律时，必须特别注意下列事项。在导入任期制时，必须充分注意不损害保障教师身份的精神，这种精神是学问自由及大学自治得以尊重的基本保证。同时，杜绝一切诸如以导入任期制为对大学教育、研究活动提供支持的条件这样的干涉大学自主办学的行为。"①实际上，日本政府推动的这场以导入教师任期制为主要内容的大学教师人事制度改革，赋予了大学在录用教师方面更多的灵活性，而大学教师人事制度的自治性质没有发生任何改变。

二、政府的作用

大学与政府，这是自中世纪大学产生以来人们在大学办学实践中经常遇到的一对矛盾关系。"从大约800年前的波隆那大学和巴黎大学起，欧洲的高等教育就面临着受国家和教会控制的问题。随着民族国家在过去几个世纪中的逐渐强大，它已成了占统治地位的机构，在今天世界上的大部分地区，高等教育都已成为国家政府中的一个重要组成部分，受到了立法、行政和司法三个部门性质的制约，并且受到了各国政府实施其政治权力的影响。"尤其是在现代，当大学的发展由于其规模的巨大愈来愈需要政府的更多投入，大学在社会、经济的发展中发挥愈来愈重要的作用，大学已经成为现代社会的"轴心机构"之时，政府愈来愈倾向于运用政策、经费等手段影响大学的发展。当然，由于高等教育管理体制的不同，大学与政府的关系、政府对大学的影响作用存在着差异。国外有学者提出了国家政府影响大学的两种模式，即"国家控制的模式"和"国家监督的模式"。前者是指，"政府试图控制高等教育系统的动力的一切方面：入学机会、课程学位要求、考试制度、教学人员的聘任和报酬等等"。后者则指，"国家所施加的影响是微弱的，很多有关诸如课程、学位、人员的吸收和财政的基本决

---

① ［日］高等教育研究会：《附带决議》，见《大学の多様な発展を目指して（Ⅵ）》，株式会社ぎょうせい1997年版，第17页。

策都留给院校自己。国家提出高等教育运作的宽阔的参数，但是有关使命和目标的基本决策乃是系统及其各院校的职权。"①

日本在近代大学产生之后，建立了中央集权的高等教育管理体制。这一体制在战后美国民主教育管理理念的影响下得到了根本的改造，政府的高等教育管理职能被严格限制在1949年颁布的《文部省设置法》的相关规定中。在20世纪90年代以来的高等教育变革中，日本政府如何在法律规定的框架内发挥作用呢？归纳起来，或许可以概括为如下3个方面：启动改革、推动立法和制订计划。

纵观大学改革的历史，可以发现改革的启动者主要有两个：或是大学或是政府。由大学启动的改革多发生在高等教育的精英时代，大学规模小，且改革基本上是局部的，内容较为单一。当高等教育进入大众化时代之后，由于高等教育及大学规模的庞大，大学所面临的环境与问题的复杂性使得大学改革趋于综合性、全面化，政府往往成为改革的启动者。我们从20世纪下半叶以来发生在许多国家的大学改革中都可以看到这一点。90年代以来的日本大学改革同样如此。如上所述，人们普遍认为1991年文部省修订《大学设置基准》启动了日本近代大学产生以来的第三次改革。不仅如此，在改革的发展过程中，许多具体的改革也是由政府推动的。其中，大学审议会作为政府的重要咨询机构在政府改革政策的制定过程中发挥了不可或缺的作用。大学审议会成立于1988年，在成立之后的10年间围绕着政府所提出的"大学教育与研究的高度化、个性化、活性化"目标开展咨询活动，提出了21份咨询报告，范围涉及大学本专科教育改革、研究生教育改革、大学管理改革、教师人事制度改革、大学入学考试改革等，几乎覆盖了高等教育的各个领域。正是在大学审议会咨询报告的基础上，政府制定了具体的改革政策，推动大学改革的全面展开。

立法制定重要的大学改革政策是许多国家政府经常采用的方式。立法

---

① ［荷兰］弗兰斯·F·范富格特主编，王承绪等译：《国际高等教育政策比较研究》，浙江教育出版社2001年版，第414页。

的程序具有公开、透明、民主的特征，可以比较好地降低政策失误的风险。在20世纪90年代以来的日本大学改革中，我们同样可以看到日本政府推动立法实施改革的举动。如前所述，日本政府通过制定有关大学教师任期制的法律，为大学教师人事制度改革提供了重要的法律依据。而在被称作"使日本国立大学迎来了其130余年历史发展上最大变革期"的国立大学法人化改革过程中，政府推动立法这一作用则显得更加明显。国立大学法人化改革缘起于1996年日本政府推动的包括行政改革、经济结构改革、金融体制改革、社会保障结构改革和财政结构改革等在内的"五大改革"。实施独立行政法人制度是行政改革的一项重要内容。1999年4月，国立大学的独立行政法人化问题被正式纳入政府政策的考虑范围，4月出台的《关于国家行政组织削减、效率化的基本计划》明确提出："关于国立大学的独立行政法人化，在尊重大学自主性的同时作为大学改革的一环加以讨论研究，到2003年做出结论。"①1999年9月、2000年5月文部省先后两次召开国立大学校长会议，就国立大学独立行政法人化的具体内容、组织、时间进程等阐述政府的意见。2000年7月，文部省设立了咨询机构"国立大学独立行政法人化调查研究会议"，专事研究讨论国立大学独立行政法人化制度问题。该咨询机构经过近两年的工作，于2002年3月提交了一份题为"关于新'国立大学法人'"的咨询报告。依据这一咨询报告，文部科学省制定了"国立大学法人法案"，2003年7月该法案在国会通过为《国立大学法人法》。依据《国立大学法人法》，2004年4月国立大学法人制度开始正式实施，国立大学全部法人化了。在国立大学法人化改革的过程中，国立大学协会、日本全国大学高专教职员工会中央执行委员会等团体以及大学界不断发表意见、看法，对《国立大学法人法》的制定产生了不可低估的影响。日本国会在通过《国立大学法人法》的同时还通过了一项对政府具有法律层面制约作用、在一定程度上反映大学界意见的"附带决议"。其中写道："在

---

①《国の行政組織等の減量、効率化等に関する基本的計画》［2013-11-18］，http：//www.kantei.go.jp。

实施国立大学法人化时，应基于被宪法所保障的学问自由、大学自治的理念，充分考虑国立大学教育与研究活动的特殊性，为使教育与研究活动更加具有活力而确保大学自主、自律地运营。"①

在现代高等教育的改革与发展过程中，计划成为许多国家政府调控的一个手段。这是因为现代高等教育规模庞大，耗资巨多，与经济、社会发展息息相关。制订计划同样成为90年代以来日本政府影响大学改革与发展的重要手段。1991年5月，大学审议会就向政府提出了一份有关1993年到2000年高等教育发展与改革计划的咨询报告，就高等教育质量、规模、结构、经费等问题提出了改革与发展的方向和具体措施。②1997年1月，大学审议会又向政府提交了一份关于2000年之后高等教育发展与改革设想的咨询报告，提出"加强培养适应创新型社会变化的能力之教育"和"推进能为世界作出积极贡献的具有国际水平的教育与研究"为提高高等教育质量的两个重点发展方向。③当改革经过了20年之后，面对新的形势与环境，2012年6月，文部科学省出台了新的《大学改革实施计划》，试图以"打造成为社会变革发动机的大学"作为改革与发展的重要目标。该《实施计划》提出了今后日本大学改革的两个重点方向：一是面对急剧变化的社会重新调整大学的功能，二是为了调整大学的功能必须充实和加强大学管理。在调整大学的功能方面，《实施计划》列出了四个要点：（1）大学教育质的转变与高考改革；（2）适应全球化的人才培养；（3）打造能成为地区

①《国立大学法人法案、独立行政法人国立高等専門学校机构法案、独立行政法人大学評価・学位授予機構法案、独立行政法人国立大学财务・経営センター法案、独立行政法人メディア教育開発センター法案及び国立大学法人法等の施行に伴う関係法律の整備等に関する法律案に対する附帯决議》[2013-11-18]，http://zendaikyo.or.jp。

②［日］大学审议会：《平成5年度以降の高等教育の计画的整備について（答申）》，见［日］高等教育研究会：《大学審議会答申・報告総覧——高等教育の多様な発展を目指して》，株式会社ぎょうせい1998年版，第182-199页。

③［日］大学审议会：《平成12年度以降の高等教育の将来構想について（答申）》，见［日］高等教育研究会：《大学審議会答申・報告総覧——高等教育の多様な発展を目指して》，株式会社ぎょうせい1998年版，第201页。

中心的大学；（4）强化研究能力，创造具有世界水平的研究成果。在充实和加强大学管理方面，《实施计划》同样给出了四个要点：（1）国立大学改革；（2）完善促进大学改革的系统与基础；（3）确立财政基础和实施有效的经费分配；（4）完善大学质量保障体系。同时，《实施计划》还提出了诸如10年内要使具有国际竞争力的研究型大学数量翻一番等具体的发展目标。[①]这一计划的制订将会对今后一段时间日本大学改革的走向产生深远的影响。

第四节　《大学改革实施计划》与大学改革

我们如果以阶段的角度来认识20世纪90年代以来的日本大学改革，将20世纪90年代初到21世纪初视为第一阶段，将2004年开始的国立大学法人化视为第二阶段的话，那么2012年日本政府出台《大学改革实施计划》或许意味着第三阶段的开始。

一、《大学改革实施计划》出台的背景

20世纪90年代初开始的日本第三次高等教育改革给日本高等教育带来了深刻的变化。90年代初的日本高等教育改革发轫于1991年文部省（现为文部科学省）对《大学设置基准》的修改。《大学设置基准》修改的主要内

---

① 胡建华：《日本大学改革的新走向——〈大学改革实施计划〉的出台》，载《江苏高教》2013年第3期。

容是"大纲化",其目的是让大学在办学方面具有更多的灵活性,以适应社会变化的需要。同时,《大学设置基准》的"大纲化"也要求政府改变对大学的指导与管理方式,因此建立评价制度成为保证大学办学水平与教育质量之必需,这也成为90年代初以来日本高等教育改革的另一重要方面。日本的大学评价制度以各大学的自我评价和专门评价机构的外部评价相结合为基本特征。

90年代末开始启动、2004年正式实施的"国立大学法人化"将第三次高等教育改革推向了一个新的阶段。如果说90年代进行的改革主要是在教育领域,围绕着办学水平、教育质量展开,那么21世纪初实施的"法人化"改革则是在管理领域,聚焦于管理体制。有人将"国立大学法人化"称为"改变国立大学设置形态",这是19世纪末叶日本近代大学制度诞生以来的第一次。①所谓"国立大学法人化",首先就是改变了国立大学的性质,使其从政府直接下属的机构转变成具有法人资格的独立机构。"迄今为止的国立大学虽然政府对其有着各种各样依据大学特性的特别对待,但是本质上被定位于行政组织的一部分。因此,国立大学开展教育与研究活动的能力受到国家预算制度和公务员法律的约束。""为了脱离这种国家组织的框架,使国立大学在更大的自主性、自律性与自我负责的基础上更有创意地开展高水平教育与研究活动,造就富有个性色彩的大学,国立大学法人化十分必要。"②其次,就是建立了一个基于国立大学法人,由理事会、经营协议会、教育与研究评议会三者构成的新的大学内部管理体制。同时,政府的拨款机制、大学内部的管理运营等都发生了一些重要的改变。

20多年的改革尽管开出了一些促进大学发展的"处方",但是日本大学仍然面临着各种各样的,尤其是由社会深层结构矛盾所导致的严峻问题。

---

① [日] 早川信夫:《あすを読む:国立大学が変わる》[2003-10-13],http://ha5.seikyou.ne.jp./。

② [日] 文部科学省:《文部科学白書:創造の活力に富んだ知識基盤社会を支える高等教育》(平成15年度),国立印刷局2004年版,第29页。

首先是高等教育适龄人口（18岁）的不断减少。根据统计，日本的18岁人口恰好是在第三次高等教育改革开始的90年代初达到了一个高峰，1992年为205万人。自那以后，18岁人口呈逐年减少的态势，2011年降到了120万，而且这一趋势随着日本人口生育率的持续低迷还将继续下去。虽然日本大学与短期大学的招生人数在这20年中也是不断减少，1992年大学与短期大学招生79万，2011年的招生人数则降到67万，但是大学与短期大学的入学率却从1992年的32.7%上升到2011年的56.7%。尽管2011年大学与短期大学的招生人数减少到67万，可是这已经是占了报考大学与短期大学考生总数的92.1%。[1]也就是说，几乎已经到了只要报考就可以进入大学或短期大学的地步，进入所谓"大学全员入学时代"。[2]

18岁人口的减少给日本高等教育带来的影响是深远的。首当其冲的就是私立大学。众所周知，日本的高等教育体系中私立大学占大多数。例如，2011年780所本科大学中私立大学599所，占总数的76.8%，387所短期大学中私立短期大学363所，占总数的93.8%；本科大学289.3万在校生（包括本科生与研究生）中私立大学在校生212.6万，占总数的73.5%，短期大学15.0万在校生中私立短期大学在校生14.2万，占总数的94.3%。[3]18岁人口减少对私立大学的直接影响之一就是招生不足。根据日本私立学校振兴·互助事业团2011年的调查，在被调查的572所私立本科大学中，当年招生人数不足的大学有223所，占被调查总数的39.0%，其中有16所大学实际招生数不足定额数的一半；在被调查的338所私立短期大学中，当年招生人数不足的学校达225所，占被调查总数的66.6%，其中有16所学校实际招生数不足定额数的一半，私立短期大学的整体招生人数充足率（实际招生数占定额

---

① ［日］文部科学省：《文部科学白書：東日本大震災からの復旧·復興》，佐伯印刷株式会社2011年版，第167页。

② ［日］永井憲一等：《憲法から大学の現在を問う》，勁草書房2011年版，第110页。

③ ［日］文部科学省：《文部科学統計要覧》，日経印刷株式会社2012年版，第85-87页。

数的比例）只有89.6%。①生源不足使得许多私立大学改变招生方式，变相放宽了入学标准，其结果是学力低下、不想学习的学生人数不断增加。东京大学教育学部2010年对全国大学教师实施的一项调查表明，被调查的大学教师中有72.3%的人认为学生的学习时间不足，有50.4%的人认为学生的日语读写能力不够，有67.7%的人认为学生对专业的基本认识不充分。②

其次，经费不足，尤其是国家对高等教育财政支出的减少是日本高等教育发展面临的另一重要问题。20世纪90年代初日本第三次高等教育改革开始之时，恰逢日本经济发展的"泡沫"破灭、社会经济进入所谓"平成不景气"（1989年日本新天皇即位，年号为平成，1989年即为平成元年）的漫长通道，这种不景气一直持续至今，成为日本经济"失去的20年"。也就是说，90年代初以来的日本高等教育改革始终伴随着不景气的经济状况，因此经济因素影响日本高等教育的改革与发展似乎成为一种必然，尤其是到了90年代后期，经济长期萎靡不振对高等教育改革的影响愈发明显。例如，"国立大学法人化"的主要起因就是日本政府为了削减财政支出而实施的行政改革。行政改革是90年代后期日本政府实施的"六大改革"之一，其主要目的是减少数额巨大的财政赤字，行政改革的主要内容包括精简政府机构和精简人员、提高效率。精简政府机构人员所采取的主要途径是：削减政府各机构的人员编制；通过缩小政府所管事业或事务的范围使一部分政府所属机构民营化；让一些政府所属机构成为独立行政法人，"国立大学法人化"改革正是由此而来。所以，有日本学者认为，国立大学法人化的"制度设计从一开始就包含了效率化系数、经营改善系数等内容，最近又增加了削减人员费用的要求，这些可以充分说明法人化作为政府行政、

---

① ［日］永井宪一等：《憲法から大学の現在を問う》，劲草书房2011年版，第110页。
② ［日］永井宪一等：《憲法から大学の現在を問う》，劲草书房2011年版，第121页。

财政改革一环的基本性质"①。

确实，国立大学法人化之后，日本政府对于国立大学的财政支出呈逐年减少的态势。据统计，国立大学来自政府的经常性经费2004年为11654亿日元，之后年年减少，2009年为11061亿日元，比2004年减少了5.4%。相应地，政府经常性经费占国立大学总经费的比例也是逐年下降，2004年为47.7%，2009年降到了40.4%。②政府经常性经费的减少给国立大学办学带来了不少影响。例如，国立大学的人员经费总体上呈逐渐减少的趋势。2004年国立大学的人员总经费为10001亿日元，2010年减少到9523亿日元，减少了5.0%。其中常任教职员的人员经费减少得最多，由2004年的9308亿日元减少到2010年的8407亿日元，减少了10.7%。③与国立大学相比，私立大学的办学经费问题更加严峻。有相当数量的私立大学入不敷出，赤字运行，而且这些大学的数量在不断增加。据调查，1998年636所私立大学（包括本科大学与短期大学）中，入不敷出的大学有97所，占总数的15.3%；而2007年663所私立大学中入不敷出的大学数量增加到246所，占总数的比例达37%。④

20世纪90年代初以来的高等教育改革和当前日本大学发展所面临的诸多问题成为新的大学改革的基本出发点。

---

① ［日］天野郁夫：《国立大学·法人化の行方：自立と格差のはざまで》，东信堂2008年版，第186页。

② ［日］文部科学省：《国立大学法人化後の現状と課題について（資料）》［2013–03–23］，http://www.mext.go.jp/a_menu/koutou/houjin/__icsFiles/afieldfile/2010/07/21/1295896_3.pdf。

③ ［日］文部科学省：《国立大学法人等の平成22事業年度決算等について》［2013–03–23］，http://www.mext.go.jp/a_menu/koutou/houjin/detail/__icsFiles/afieldfile/2012/03/29/1319048_01.pdf。

④ ［日］文部科学省：《帰属収入で消費支出を賄えない学校法人の推移》［2013–03–23］，http://www.mext.go.jp/a_menu/koutou/shinkou/07021403/005/001.htm。

二、《大学改革实施计划》的主要内容

2012年6月，日本文部科学省提出了《大学改革实施计划》① （以下简称《实施计划》）。从这一《实施计划》的副标题"打造成为社会变革发动机的大学"可以看出，日本政府是试图将大学改革与社会变革联系起来，并试图以大学改革来推动社会变革。

《实施计划》中首先列举了日本社会现在或将来所面临的主要问题：社会少子化、高龄化的迅速发展与人口减少；劳动人口减少与经济规模缩小；财政状况恶化；新兴国家的发展所带来的国际竞争加剧；大城市的人口过密化与小城镇的人口过疏化；产业结构与就业结构的变化；阶层之间社会、经济差别的扩大等。应对这些问题，日本社会的发展目标被定为：有活力、可持续发展的社会，以个性发展为基础，富有多样性、与自然共生的社会，进一步扩大高龄人、女性参与的社会，终身学习进一步发展、提高人才流动性的社会。面对上述各种各样的问题，要实现社会的发展目标，大学培养的人才必须具有善于终身学习的能力，独立思考和行动的能力，适应全球化社会发展的创新能力，跨语言、跨文化的交流能力。同时，大学自身也必须有所改变，不仅能够培养出具有开拓能力的人才，而且要彰显在全球化世界中的存在感，要能创造出具有世界水平的研究成果，要成为地区发展的核心、终身学习的基地，发挥作为社会知识中心的作用。

其次，《实施计划》提出了今后日本大学改革的两个重点方向：一是面对急剧变化的社会重新调整大学的功能，二是为了调整大学的功能必须充实和加强大学管理。在调整大学的功能方面，《实施计划》列出了四个要点：（1）大学教育质量的转变与高考改革；（2）适应全球化的人才培养；

---

① 本文有关《大学改革实施计划》的内容均出自：［日］文部科学省：《大学改革実行プラン——社会の変化のエンジンとなる大学づくり》［2013-03-23］，http：//www.mext.go.jp/b_menu/houdou/24/06/__icsFiles/afieldfile/2012/06/25/1312798_01.pdf、http：//www.mext.go.jp/b_menu/houdou/24/06/__icsFiles/afieldfile/2012/06/05/1312798_02_2.pdf。

（3）打造能成为地区中心的大学；（4）强化研究能力，创造具有世界水平的研究成果。在充实和加强大学管理方面，《实施计划》同样给出了四个要点：（1）国立大学改革；（2）完善促进大学改革的系统与基础；（3）确立财政基础和实施有效的经费划拨；（4）完善大学质量保障体系。针对上述的每一个要点，《实施计划》提出了不少具体的改革措施。

1. 大学教育质的转变。大学归根到底首先是培养人的机构，社会对大学的最大期待也是人才的培养。因此《实施计划》首先对大学教育改革提出了具体的设想。所谓大学教育的质的转变首先体现在大学教育的目标应突出培养学生主体性的学习、思考与行动能力。为此，大学教育必须向以在教师与学生、学生与学生的互动过程中解决问题为学习中心的方向转变。实现这样的转变，需要采取以下一些措施：（1）课程的体系化。从整体上进一步明确所要培养的知识、能力、技能与各门课程的关系。（2）有组织教学的实施。在全体教师积极主动参与的基础上加强教师之间在教学上的协调与配合。（3）教学大纲的充实。在各门课程相互关联的基础上，进一步发挥教学大纲在教学过程中的指导作用。此外，《实施计划》还列举了这样一些具体的举措，如增加学生的学习时间，为实现学生的主体性学习改革教学方法，为提高教师的教学能力发展全国性的教师发展中心，探讨课程与教学制度的弹性化等。

2. 大学研究能力的强化。《实施计划》在评价日本大学的研究现状之基础上，提出了强化大学研究能力的必要性。从国际比较的视角来看，日本大学的研究活动存在着以下几个主要问题：（1）研究能力有所下降。以国际上高被引率论文所占比重为例，在1998到2000年间，日本的高被引率论文数占世界高被引率论文总数的7.5%，列第4位（中国只占2.1%，列13位）；而10年后的2008到2010年间，该统计表明日本所占比重下降到5.9%，列第7位，中国的比重则上升到9.2%，位列第4。（2）能够在国际上具有竞争力的研究型大学数量较少。（3）大学的研究体制方面有许多不足。如以研究者人均统计研究助手的数量较少，去国外访学、合作尤其是长期访学、合作的研究人员数量不断减少，国际合作的研究论文比例较低，来自社会的研究资金逐年减少等。（4）校长在组织全校性研究项目方面的权限与经费不足。因此，《实施计划》提出了强化大学研究能力的若干举措。其中包括：发挥校长在推进全校性研究能力强化上的领导作用，促进研究体制与研究环境的改善，支持产学官结合的发展，重点资助高水平研究基地的形成与发展，增加研究经费等。以此来提高大学的研究能力，加速创新活动的开展，形成具有世界竞争力的研究型大学群。

3. 大学地区中心作用的发挥。长期以来，日本大学在为所在地区发展服务方面一直存在着一些问题，如大学的研究不能充分应对社会需要、解决社会问题；学生在大学里学习的知识当步入社会之后不能发挥作用；教师个人虽然与地区有着这样那样的联系，但是作为组织的大学却未能充分面向地区。在现代社会，强调大学要直接为地区服务，这不仅有利于促进地区发展，其实对大学自身也有着重要意义。大学可以通过为地区发展服务，使大学的研究更能直面社会问题。学生可以在社会调查和参与社会问题的研究过程中培养社会实践能力，激发学习动机。大学有组织地面向地区可以进一步整合资源，使大学的教育与研究活动更加富有活力。《实施计划》就大学如何服务地区发展、发挥地区中心的作用提出了若干思路，如加强大学与地区社会、企业及政府的联系，充分发挥大学在继续教育、终身教育方面的重要作用，为地区培养各种类型的创新人才，为地区增加就业岗位、振兴产业、解决地区发展问题作出贡献等。

4. 大学经费的有效划拨。如前所述，日本政府对于高等教育财政支出的减少是日本高等教育发展所面临的难点之一。因此，《实施计划》将如何有效地划拨政府经费作为加强大学管理改革的要点之一。所谓有效地划拨经费主要就是提高经费划拨的重点性和选择性。例如，在国立大学的经费划拨方面，《实施计划》提出要重点支持一流水平学科领域的人才培养。具体做法是首先依据科研项目数、高被引率论文数、毕业生就业去向等指标确定支持的学科专业，对这些学科专业予以重点经费资助，同时要求受资助学科专业所在大学的校长领导制订如何达到世界一流水平的行动计划并付诸实施，政府定期对这些学科专业的发展状况进行评估检查。日本政府财政支出的对象不仅是国立大学，而且还包括私立大学。近年来，日本政府下拨给私立大学的经常性经费占私立大学经常性总经费的比例基本维持在11%～12%。例如，2007年日本政府下拨给私立大学的经常性经费为3280.5亿日元，占当年私立大学经常性总经费29426亿日元的11.1%。^①日本政府下拨给私立大学的经费一直以来基本上是根据各大学生师比、教学与研究经费占学费的比例、收入状况、招生情况等来实施的。《实施计划》提出为了促进私立大学水平的提高，有必要改变经费下拨的方法，增加经费分配的选择性。具体来说，在促进教学与研究的活力方面，重点支持那些适应社会经济发展新变化而实施的人才培养项目和发挥私立大学特色的教育改革项目；在加强大学管理方面，重点支持那些促进信息公开、实施先进的管理改革等的项目。

5. 大学评价制度改革。在90年代初以来的日本大学改革中，建立由大学自我评价与专门机构外部评价相结合构成的大学评价制度是主要内容之一。21世纪初实施的国立大学法人化改革也以国立大学法人评价作为政府对国立大学财政拨款的基本依据。《实施计划》提出了大学评价制度进一步改革的发展方向。（1）建立适应大学多样化发展的评价制度。为此，要简化以保证基本质量为目的的一揽子认证型评价，将重点转为专项评价（这些专项如教养教育、国际化、地区服务等）。（2）重视学习成果评价。大学评价的重心由"入口"向"过程""出口"转变，由以对教育目标、教师数等教育与研究的条件为中心的评价向以对教育与研究活动的状况和成果为中心的评价转变。（3）建立能够反映大学特色、能够进行大学间与学科间比较的客观评价指标体系。评价指标体系应该涵盖科学研究、人才培养、

① ［日］文部科学省：《私立大学等における経常的経費と経常費補助金額の推移》［2013-03-23］，http：//www.mext.go.jp/a_menu/koutou/shinkou/07021403/002/001/002.htm。

国际化、多样化、地区服务等方面。同时评价指标体系还要考虑大学的发展性。

《实施计划》在列举上述改革要点的同时，还制订了改革的时间表。2012年为改革初始期，对改革的计划、措施进行充分的酝酿讨论；2013—2014年为改革的集中实施期，出台改革政策，落实改革措施；2015—2017年为深化发展期，评价大学改革的实施状况，进一步深化改革。此外，《实施计划》也为此次改革提出了一些可测量的具体目标，如完善学生主体性学习的环境，使学生的学习时间能够达到欧美国家大学的水平；培养全球化时代的人才，使有海外留学经验的比例在20～25岁的年龄组中达到10%；具有国际竞争力的研究型大学的数量10年内翻一番等。

总之，日本政府的主导能否使改革按计划实施，改革的措施能否如计划安排顺利出台，改革能给日本大学带来什么样的变化，大学改革又能在多大程度上影响日本社会的发展，这些需要时间来说明。

第五节 "全球顶尖大学项目"
与世界一流大学建设

日本是近代高等教育的后发国家，1877年成立的东京大学是日本"近代大学史上的划时代事件，可以看作最早出现的欧美型大学"[①]。二战结束之后的20世纪40年代后期，在美国的影响下，日本高等教育经历了自近代大学

---

① ［日］大久保利谦：《日本の大学》，玉川大学出版部1997年版，第229页。

产生以来规模最大的制度变革，新制大学的成立标志着日本大学发展进入一个新的时期。20世纪90年代初，受国内经济状况变化、人口结构改变以及世界高等教育发展趋势等多重因素的影响，日本高等教育开始了新一轮的改革。完善大学教育质量保障制度、改革大学教师人事制度、国立大学法人化等一系列改革的实施彰显着新一轮高等教育改革的广泛性和深刻性，给国立大学乃至日本大学制度的未来发展带来了深远的历史影响。

作为后发国家，赶超先进国家始终是其发展的一个重要目标。经济领域如此，高等教育亦然。20世纪80年代之后的高等教育国际化浪潮不仅推动着与高等教育相关的人、财、物在各国之间的流动，而且各种全球大学排行榜的涌现促使大学间、国家间的竞争日趋显著与激烈。因此，提升高等教育的整体水平、建设世界一流大学成为许多国家，尤其是后发国家政府和大学的重要课题。

20世纪90年代，日本政府在推动实施新一轮高等教育改革的同时，也开始出台相关政策致力于提升大学水平、建设高水平大学。1995年，日本学术审议会就向政府提出了建立卓越中心的建议，指出："为了推进富有创造性的世界尖端水平的学术研究，在高水平的研究环境中汇集处于研究前沿的研究者与青年研究人员、交流科学最前沿的研究信息、触发具有独创性的思想是非常重要的，为此有必要建设高水平的研究中心。"[1]2001年，文部科学省提出了在竞争的环境下重点投资建设30所世界高水平大学的"远山计划"，这一"远山计划"后具体化为2002年正式启动的"重点支持建立具有世界水平的教育、研究基地——21世纪COE计划"。"21世纪COE计划"的目的非常明确，就是"重点支持在大学的各学术领域内形成具有世界最高水平的教育与研究基地，以提高研究水平，培养处于世界领先地

---

① ［日］永井宪一：《日本の学術行政と大学》，东京教学社2002年版，第219页。

位的创造性人才，推进具有国际竞争力、凸显个性色彩的大学的建设"①。
2002年到2006年该计划的政府预算共投入1634亿日元，2002到2004年的3年
期间有93所大学获准立项设立了274个COE。②2007年，日本政府进一步推
出了"全球COE计划"，2007年到2009年的3年期间有41所大学的140个研究
基地获得立项，每个项目年资助经费为5000万～5亿日元。"全球COE计划"
的实施要点除提高研究生教育水平和研究水平之外，更强调国际化与国际
合作研究。项目实施5年后，进入"全球COE计划"的140个研究基地的国
际合作研究课题数由立项前的3711项增加到4964项，增加了33.8%；外籍教
师数由立项前的1295人增加到1775人，增加了37.1%。③

　　在两个"COE计划"以及其他多个有关提升大学教育质量和研究水平
项目实施的基础上，2014年以建设世界一流大学为直接目标的新计划——
"全球顶尖大学项目"出台了。如果说"COE计划"是以学科领域为单位
组织建设（"21世纪COE计划"设置了10个学科领域，各大学在这10个学科
领域内申报项目），政府按照学科领域实施经费资助的话，那么"全球顶尖
大学项目"则是以大学整体为单位组织实施，政府对获得立项的大学拨款
资助。

　　日本政府为实施"全球顶尖大学项目"制定了明确的目标。即"以提
高我国高等教育的国际竞争力为目的，与制度改革相结合，重点支持与世
界一流大学开展合作、实施大学改革、深入推进国际化的教育与研究达到

---

　　①［日］文部科学省、独立行政法人日本学术振兴会：《21世纪COEプログラム
の概要》［2016-02-04］，http：//www.jsps.go.jp/j-21coe/06_gaiyou/data/gaiyou2008-09.
pdf。
　　②［日］文部科学省《21世纪COEプログラムの成果》［2016-02-04］，https：//
warp.ndl.go.jp/info：ndljp/pid/12367425/www.jsps.go.jp/j-21coe/07_sonota/index.html。
　　③［日］文部科学省、独立行政法人日本学术振兴会：《平成26年度グローバル
COEプログラム》［2016-02-04］，https：//warp.ndl.go.jp/info：ndljp/pid/12367425/www.
jsps.go.jp/j-globalcoe/data/H26_phanphlet.pdf。

世界水平的顶尖大学和引领国际化的全球大学"①。"全球顶尖大学项目"
于2014年正式启动。这一项目的制度设计内容主要包括：（1）重点支持的
大学分为两类，A类为教育与研究达到世界水平的顶尖大学，现在或者将来
能够进入世界大学排行榜前100名，B类为引领社会全球化的大学；（2）重
点支持的大学数量为A类10所左右，B类20所左右；（3）重点支持的经费数
量为A类大学每所每年5亿日元，B类大学招生规模1000人以上的每所每年3
亿日元，招生规模1000人以下的每所每年2亿日元；（4）重点支持的期限为
最长10年；（5）为了保证项目实施的效果，除了项目完成之后的评价，分
别于2017年、2020年实施两次中期评价，中期评价的结果将影响后续经费
的投入以及项目本身的持续与否。

2014年进行了"全球顶尖大学项目"的申报与评审工作。申报A类项
目的大学有16所，其中国立大学13所，私立大学2所，公立大学1所；申报
B类项目的大学有93所，其中国立大学44所，私立大学38所，公立大学11
所。②从申报大学的构成来看，在私立大学占四分之三的日本，国立大学的
申报数量却超过了总数的一半，尤其是申报A类项目的大学中国立大学占了
80%以上，这充分说明了日本大学结构的一个重要特点，即私立大学以数量
见长，国立大学以水平占优。文部科学省设立了"全球顶尖大学项目"委
员会及评审委员会，负责申报项目的评审工作。评审包括书面评审与会议
评审，评审的关注点主要在于项目是否具有创造性、是否有明确的目标、
是否构建了实现目标的相应体制、是否有提升国际评价水平的举措、是否
具有在国际评价中进入前列的教育与研究水平等。经过约半年的申报、评
审，2014年9月26日"全球顶尖大学项目"的评审结果正式公布。A类项

①［日］独立行政法人日本学术振兴会：《スーパーグローバル大学創成支援事業》
［2016-02-04］，https：//warp.ndl.go.jp/info：ndljp/pid/12367425/www.jsps.go.jp/j-sgu/
index.html。
②《平成26年度スーパーグローバル大学等事業「スーパーグローバル大学創成
支援」申請状況》［2016-02-04］，http：//www.jsps.go.jp/j-sgu/data/download/h26_sgu_
shinseijoukyou.pdf。

目13所大学入选，其中国立大学11所，私立大学2所；B类项目24所大学入选，其中国立大学10所，私立大学12所，公立大学2所。[①]入选A类顶尖大学项目的大学是：东京大学、京都大学、东北大学、大阪大学、名古屋大学、北海道大学、九州大学、东京工业大学、东京医科齿科大学、筑波大学、广岛大学、早稻田大学、庆应义塾大学。

入选"全球顶尖大学项目"的大学为申报与实施制订了详细的规划，这些规划不仅是项目实施的依据，而且也是政府评价项目实施状况的指标。例如，东京大学制订的项目规划题目为《东京大学全球校园模本的构建》。规划中提出的东京大学项目建设目标是《全球化时代世界最高水平的研究型综合大学》。这一总目标具体化为：（1）在各学术领域推进具有世界最高水平的尖端研究；（2）构建适应全球化时代的教育体系和富有流动性与多样性、以培养具有全球视野的知识精英为目的的课程体系；（3）加强英语学位项目和系统的英语教学与课程；（4）在用本国语言开展高水平的教育与研究的同时，加强多种语言的教学；（5）在师生构成日益多样化的校园实施平等且富有多样性的教育、研究及管理活动；（6）构建能有力推进全球校园规划的组织体系。规划中不仅有这些定性的目标，而且还制订了定量目标。例如，到项目结束的2023年，外籍教师比例要从2013年的8.5%提高到20%；外国留学生数的比例从2013年的11%提高到24.7%；用外语教学的课程数比例从2013年的8%提高到18.6%；国际交流英语考试成绩800分以上的职员人数比例从2013年的5.2%提高到25%；国际合作发表论文数从2013年的2652篇增加到6500篇等。[②]为了实现在尖端领域开展研究、在最高水平实施教育的目标，规划中还列出了包括与世界一流大学开

---

① 《平成26年度スーパーグローバル大学等事業「スーパーグローバル大学創成支援」申請・採択状況一覧》［2016-02-04］，http：//www.jsps.go.jp/j-sgu/data/shinsa/h26/h26_sgu_kekka.pdf。

② 《平成26年度スーパーグローバル大学等事業「スーパーグローバル大学創成支援」構想調書・（タイプA）東京大学》［2016-02-04］，http：//www.jsps.go.jp/j-sgu/data/shinsa/h26/sgu_chousho_a04.pdf。

展战略合作、通过推进综合教育改革构建新的教育体系、实施大学治理改
革等诸多具体的举措。

日本的大学经过百余年的发展，已经在世界大学之林中占有了一席
之地，一批大学进入世界一流大学的行列。在最新的QS世界大学排名
（2015/2016）中，京都大学排名第38，东京大学第39，东京工业大学第
56，大阪大学第58，东北大学第74，名古屋大学第120，北海道大学第
139，九州大学第142，早稻田大学第212，筑波大学第219，庆应义塾大学
第219，广岛大学第348，神户大学第361，东京医科齿科大学第391，入选
"全球顶尖大学项目"A类的13所大学全部进入QS世界大学排名的前400
名。①不过，进入前100名的只有5所大学。可以认为，日本政府2014年推出
"全球顶尖大学项目"，一方面是基于日本大学发展的现实基础，另一方面
更是为了在激烈竞争的世界高等教育环境中进一步提升日本大学的地位与
水平。

第六节　《大学设置基准》与高等教育质量保障

20世纪70年代以来，一些国家的高等教育相继进入大众化、普及化阶
段，高等教育质量成为社会、政府、高校持续关注的重要课题。社会关注
高等教育质量主要因为高等教育人口日益庞大，高等教育质量高低关乎众

---

① 《QS World University Rankings®2015/16》［2016-02-04］，http://www.topuniversities.
com/university-rankings/world-university-rankings/2015#sorting=rank+region=+country=+faculty=
+stars=false+search=。

多受益者的权益。政府关注高等教育质量主要因为高等学校为社会培养了大批人才，其质量如何关乎国家发展、经济繁荣、社会进步。高校关注高等教育质量主要因为培养的人才水平高低直接影响到高校的社会声誉、资源获取乃至生存发展。因此，政府不断出台有关保障和提高高等教育质量的政策，高校采取多种措施完善高等教育质量保障制度、建立高等教育质量保障体系，社会组建诸多中介机构评价、监督高等教育质量，形成了一个多向联结的高等教育质量保障"网络"。各个国家的高等教育质量保障由于高等教育历史传统、发展环境、体制制度不同存在着不少差异，比较分析不同体制制度下的高等教育质量保障的特点与异同，既可以丰富有关高等教育质量保障的理论研究，又可以为高等教育质量保障实践提供一些可资参考的视角和经验。

一、《大学设置基准》之于日本高等教育质量保障的意义

日本是近代高等教育的后发国家，1877年第一所近代大学——东京大学的成立开启了日本近代高等教育的发展历程。二战之后，以美国高等教育制度和大学模式为蓝本，日本实施了历史上规模最大、影响最为深远的高等教育改革，建立了新的高等教育制度。为了体现民主化的改革理念，二战前的双轨、多层级高等教育机构合并、改组为"新制大学"（四年制的本科大学）。至1952年，战前的507所旧制高等教育机构（包括大学、专门学校、师范学校等）组成了226所新制大学。[①]在新制大学的组建过程中，如何保障大学的水准与质量是当时日本高等教育界面临的一个紧要课题。二战前，日本政府对大学设立、运行握有相当大的管辖权。这种高度中央集权的管理方式显然不符合战后的高等教育改革理念。战后高等教育改革理念中关于大学设立及管理运行的主要观点是："1. 在大学设立认可制度中排除行政官僚的统制或使其流于形式；2. 由专家制定大学基准；3. 依靠大

[①]［日］海後宗臣等：《戦後日本の教育改革（9）：大学教育》，东京大学出版会1969年版，第112页。

学自主努力和群体约束保障与提高大学水平。"①在改革理念的指导下，以美国大学认证机构为蓝本，四十六所大学为团体会员的"大学基准协会"于1947年成立。大学基准协会以"依靠会员单位自主努力和相互支持，提升日本大学的质量"②，制定了《大学基准》，依据《大学基准》开展了会员资格审查等认证活动，在战后大学改革中发挥了一定的作用。

1.《大学设置基准》法令化

成立民间机构对大学实施认证，这在日本近现代高等教育发展历史上是第一次，"尽管大学基准协会与加入其中的大学具有很高的期待，付出了很多努力，但其最终未能扎根于日本的'土壤'"③，成为大学办学水平的主要保障方式。1956年10月22日，文部省依照《学校教育法》的有关条文规定颁布《大学设置基准》，将其列入法令序列，实现了"《大学设置基准》的法令化"，在法律意义上确定了政府对于大学设置和保障大学办学水平所负有的权限与责任。《大学设置基准》共十二章、四十六条，全面规定了大学设立与办学的基本要求和条件。十二章的具体内容为：第一章 总则；第二章 学部；第三章 学科目制、讲座制及教师组织；第四章 教师资格；第五章 学生定额；第六章 课程；第七章 学分；第八章 教学；第九章 毕业条件及学位；第十章 校园、校舍等设施；第十一章 设备及附属设施；第十二章 杂则。从内容与性质上来看，《大学设置基准》至少具有以下几个特点：

（1）明确了《大学设置基准》在保障高等教育质量上的定位与制定的目的。《大学设置基准》开宗明义写道："① 大学设置基准依据本省令制定。② 本省令制定的大学基准是设立大学所必要的最低标准。③ 大学在办学过程中不应出现低于本设置基准的状况，应努力提高办学水平。"④

①［日］天城勲等：《大学設置基準の研究》，东京大学出版会1977年版，第103页。
②［日］大学基准协会：《大学基準協会の概要》［2023-03-02］，https://www.juaa.or.jp/outline/。
③［日］天城勲等：《大学設置基準の研究》，东京大学出版会1977年版，第121页。
④［日］田畑茂二郎等：《大学問題総資料集Ⅰ・戦後の歴史と基本法規》，有信堂1970年版，第195页。

（2）《大学设置基准》面向本科教育，从课程设置、教学方法、毕业条件等方面对大学实施本科教学作出了具体、细致的规定。例如，《大学设置基准》规定大学开设的课程一般应包括通识教育课程、外语课程、保健体育课程和专业教育课程4类。通识教育课程根据内容分为人文科学（哲学、伦理学、历史、文学、音乐、美术）、社会科学（法学、社会学、政治学、经济学）、自然科学（数学、物理学、化学、生物学、地学）3个系列，各大学开设的通识教育课程门数，每个系列至少3门，3个系列合计至少12门。又如，《大学设置基准》规定本科生须在学4年、取得124个学分以上方能毕业。124个学分包括通识教育课程每个系列至少3门课9学分，合计至少9门课36学分，外语课程8学分，保健体育课程4学分，专业课程76学分。再如，《大学设置基准》规定教学方法包括讲授、实验、实习、练习、技能训练等。[①]

（3）为保障教育质量，《大学设置基准》对教师组织、教师资格、学生定额、校舍设备等作出了明确的规定。《大学设置基准》依据《学校教育法》规定学部是大学下设的教育与研究组织，学部内实行讲座制（或学科目制），讲座是大学中的基层教师组织，讲座成员一般包括教授、副教授和助教，教授为讲座的负责人。《大学设置基准》对教授、副教授、助教的任职资格也作了明确的说明。如："作为教授，应符合下列条件中的一条。① 具有博士学位；② 具有与博士学位获得者相当的研究业绩；③ 具有在大学任职教授的经历；④ 具有大学副教授的任职经历，教育和研究的业绩得到认可；⑤ 具有在旧制高等学校与旧制专门学校等任职教授5年以上的经历，教育和研究的业绩得到认可；⑥ 具有艺术、体育方面的特殊才能和从事教育工作的经历。"[②]

[①]［日］田畑茂二郎等：《大学問題総資料集Ⅰ・戦後の歴史と基本法規》，有信堂1970年版，第197—199页。

[②]［日］田畑茂二郎等：《大学問題総資料集Ⅰ・戦後の歴史と基本法規》，有信堂1970年版，第196页。

从上面关于《大学设置基准》若干特点的概括可以看出，《大学设置基准》为大学的设立制定了明确、具体且有可操作性的标准条件，成为日本新设大学申请开办和质量保障的基本依据。当然，《大学设置基准》对战后日本高等教育制度发展的影响不止于此。日本有学者认为："大学设置基准不仅有整体上的烦琐规定，而且包含了战后大学制度质变的内容。依据这些法治化的规定，国家基准优于大学自主，打开了加强文部省权力的大门。大学设置基准的法令化在很大程度上改变了政府与大学的关系，恢复了官僚体制对大学的统制，意味着战后大学制度的又一次改革。"[1]因此，《大学设置基准》公布并实施之后，大学及学术界多有一些不同的声音和修改条文的要求。例如，1966年2月国立大学协会发表了《关于改善大学设置基准的意见书》。《意见书》指出："大学的教育教学方法与内容本应由各大学、学部充分发挥各自的特色。在大学及学部十分多样化的情况下，制定详细且划一的基准是不可能的，尤其以法令的形式规定基准是不合适的。如若修订《大学设置基准》，应简化条文内容，相关细节由各大学自主决定，促进各大学相互支持、自主充实教育教学内容、发挥各自的特色。"[2]

2.《大学设置基准》弹性化

《大学设置基准》自产生以来，随着日本高等教育的不断发展，其修订与完善似乎一直在进行之中。而《大学设置基准》的法令地位使得其内容的变动影响广泛，左右着日本高等教育改革的走向。20世纪60年代是战后日本高等教育发展的一个重要时期，这一时期的高等教育发展以日本经济高速增长为主要背景，表现出两个显著特征。一是数量的迅速增长，在1961年至1970年的十年间，日本高等教育机构（大学、短期大学、高等专门学校）的总数由540所增加到921所，增加了70.6%；高等教育在校生数由76.4万人增加

---

①［日］细井克彦：《设置基準改訂と大学改革》，株式会社つむぎ1994年版，第177页。

②［日］文部省：《新しい大学设置基準：一般教育》，大日本印刷株式会社1970年版，第137页。

到171.4万人，增加了124.3%；高等教育入学率由11.8%提高到23.6%，进入了高等教育大众化阶段。[①]二是高等教育发展中的问题日益显现，尤其是60年代中后期遍及各大学的"学园纷争"促使日本政府、学界、社会进一步反思大学问题，许多大学提出了应对社会变化的改革方案。

在这样的背景下，1970年《大学设置基准》进行了一次较大的修订。文部省在下发的《大学设置基准》修订通知中就修订的目的作了如下的阐释："本次修订旨在为各大学依据各自的教育理念有弹性地编制课程尤其是通识教育课程，对通识教育课程的开设方法、毕业要求和大学学分计算等做出必要的调整修改。"[②]其修订的主要内容包括：（1）去掉了原《大学设置基准》中关于通识教育课程三系列人文科学、社会科学、自然科学课程门数的具体规定；（2）将原《大学设置基准》中通识教育课程人文科学、社会科学、自然科学每个系列至少3门课9学分、合计至少9门课36学分的毕业要求规定简化为人文科学、社会科学、自然科学36学分；（3）原《大学设置基准》规定大学课程的学分数统一制定，修订后的《大学设置基准》则将课程学分数的制定权交由各大学。[③]1970年的《大学设置基准》修订集中在大学的通识教育课程方面，修订的实质是通过简化条文规定给予大学在实施通识教育过程中更多的决定权，实现"《大学设置基准》的弹性化"。

3.《大学设置基准》大纲化

20世纪90年代初期，日本迎来了战后又一次影响较为深远的高等教育改革。改革的主要背景一是日本经济运行面临"泡沫"破灭的局面，这将给包括高等教育在内的社会诸多领域带来长期的负面影响；二是全球高等

---

① ［日］文部科学省：《文部科学统计要览》（平成17年版），国立印刷局2005年版，第22-23、26-27、38-39页。

② ［日］文部省：《新しい大学設置基準：一般教育》，大日本印刷株式会社1970年版，第51页。

③ ［日］文部省：《新しい大学設置基準：一般教育》，大日本印刷株式会社1970年版，第4-5页。

教育质量保障时代的来临，质量问题成为政府、大学、社会关注的焦点，日本也同样如此。例如，20世纪80年代末、90年代初日本的有关调查表明，大学生的学习状况堪忧，上课出勤率不高，基本出勤的仅占被调查大学生总数的45.1%；对讲课内容理解程度不足50%的占被调查大学生总数的60%以上；被调查大学生每周的学习时间（包括上课与自习）平均只有26.1小时。[①]在这样的背景下，日本政府明确指出了高等教育改革的方向："我国以大学为中心的高等教育虽然已经取得了显著的进展，但是随着近年来社会经济的变化和我国国际作用的增大，社会、国民对于高等教育的期待与要求愈来愈高、愈来愈多样化。为了我国今后的进一步发展和作出更多的国际贡献，不断推进承担人才培养与学术研究任务的大学的改革与充实显得尤为重要。因此，有必要就大学教育和研究的高度化、个性化、多样化，组织运营的活性化，促进大学与社会的协同，推进大学国际化以及大学制度改革等方面的具体政策与方法问题展开研究探讨。"[②]

日本政府关于高等教育改革的政策意图又一次体现在《大学设置基准》的修订中，1991年《大学设置基准》的再修订启动了新的高等教育改革。《大学设置基准》修订的主要内容可以概括为两个方面，即"《大学设置基准》的大纲化"和建立大学自我评价制度。所谓《大学设置基准》的大纲化，主要指减少条文，简化内容。例如，《大学设置基准》的条文由过去的十三章四十六条缩减为修改后的十章四十四条。又如，《大学设置基准》第二章的名称由原来的"学部"改为"教育、研究的基本组织"，相应的原条文中所列大学各学部的具体名称全部略去，这一改变为各大学自主设立内部学术组织提供了更多的灵活性。再如，关于大学课程设置的规定内容做了大幅度的简化。如前所述，原《大学设置基准》对大学设置的课程类别、学分要求等作出了明确、具体的规定，修订后的《大学设置

---

① 胡建华：《战后日本大学史》，南京大学出版社2001年版，第237页。

② ［日］高等教育研究会：《大学審議会答申・報告総覧——高等教育の多様な発展を目指して》，株式会社ぎょうせい1998年版，第289页。

基准》则将这些具体规定内容全部取消，代之以大学课程的编制方针。"第
十九条 大学为了实现学校、学部及学科或课程的教育目标开设必要的课
程，并使之体系化。在编制课程时，必须适当考虑到在向学生传授所在学
部、专业的专门知识的同时，培养他们具有广泛且深厚的素养、综合的判
断能力和丰富的个性"①。《大学设置基准》的大纲化从法律上为大学办学
提供了更多的自主性和自由度，促使大学办出特色、办出个性。

建立大学自我评价制度是1991年《大学设置基准》修订的另一主要内
容。日本政府的咨询机构大学审议会在咨询报告《改善大学教育》（1991年）
中指出："大学为了使教育与研究活动富有活力、提高质量、履行社会责任，
不断地进行自我检查、努力改善工作是十分必要的。大学自我检查与自我评
价是大学评价的基础。从我国的现状出发，首先需要考虑的是确立大学自我
检查与自我评价体系。"②该咨询报告还就大学自我评价的实施方法、实施体
制、评价内容等提出了具体的意见与建议。以此为基础，新修订的《大学设
置基准》将大学自我评价列入规定之中。"第2条 为了提高教育与研究水平，
实现办学目标和社会使命，大学必须就教育、研究状况实行自我检查与自我
评价。为了开展自我检查与自我评价，大学应该制订相应的评价项目，建立
适当的评价体制"③。《大学设置基准》将自我评价列入条款，标志着日本高
等教育发展进入以保障与提高质量为核心内容的时代，大学自我评价的实施
也为日本高等教育质量保障体系的建设奠定了基础。

二、基于《大学设置基准》构建的日本高等教育质量保障体系

日本20世纪90年代初启动的新一轮高等教育改革围绕着高等教育发展

---

① ［日］高等教育研究会：《大学の多様な発展を目指して：設置基準の解説と
Q&A》，株式会社ぎょうせい1992年版，第22-23页。
② ［日］高等教育研究会：《大学審議会答申・報告総覧——高等教育の多様な発
展を目指して》，株式会社ぎょうせい1998年版，第78页。
③ ［日］高等教育研究会：《大学の多様な発展を目指して：設置基準の解説と
Q&A》，株式会社ぎょうせい1992年版，第20页。

高度化、个性化、多样化和大学组织治理、运营活性化等目标持续不断地推出新的举措与策略，影响着近30年日本高等教育的发展走向。譬如，在大学教学改革方面，1991年《大学设置基准》修订之后，有关大学课程设置、毕业条件、教学方法等规定的简化与大纲化为各大学自主制订课程体系、开展教学活动彻底"松了绑"，由此推动着日本大学教学改革的不断深入，改"二·二分段"的课程体系为"四年一贯"课程体系，更新通识教育理念及课程内容，组织教师发展机构及活动，提升教师的教学能力，各大学完善了有特点、有个性的教学与人才培养体系。又如，在大学教师人事制度改革方面，针对日本大学教师队伍"近亲繁殖"、缺乏活力等长期存在的问题，大学审议会指出："提高大学教师的流动性是很有必要的，而导入大学教师任期制是提高大学教师流动性的一项重要措施。导入大学教师任期制将进一步促进大学、研究机构之间的人才交流，在提高教师自身能力和实现大学教育、研究的活性化方面具有极其重要的意义。"①在大学审议会咨询报告的基础上，1997年6月《关于大学教师等的任期的法律》颁布，据此大学获得了法律意义上自主决定教师任职期限的权力。这一改革使得日本长期形成的、事实上的大学教师"终身雇佣制"发生了部分改变，教师人事制度具有了灵活、多样的新特性。再如，在大学组织治理、运营改革方面，2004年正式实施的"国立大学法人化"开启了日本国立大学发展新的一页，诚如日本学者天野郁夫所言："法人化的实施，使日本国立大学迎来了其130余年历史发展上最大的变革期。""国立大学法人化"改变了国立大学的性质，"在国立大学法人法的规定之下，国立大学从迄今为止的国家行政组织的一部分转变为一种具有独立法人资格的机构"。②"国立大学法人化"改革建立了新的国立大学内部治理结构，构建了大学校长

---

① ［日］高等教育研究会：《大学審議会答申・報告総覧——高等教育の多様な発展を目指して》，株式会社ぎょうせい1998年版，第249页。

② ［日］国立大学协会：《国立大学法人制度の適切な運用について（要請）》［2023-03-20］，https：//www.janu.jp/active/txt5/h15_7_18.html。

领导下的"三会"（理事会、经营协议会、教育与研究评议会）体制和"自上而下"的决策机制。"国立大学法人化"改革形成了新的政府与国立大学之间的关系，政府运用阶段性的"目标-计划-实施-评价"机制对国立大学办学施加影响与控制。

完善高等教育质量保障制度、建立高等教育质量保障体系是20世纪90年代以来日本高等教育改革、发展的另一场"重头戏"。1956年《大学设置基准》颁布之后，《学校教育法》规定政府依据《大学设置基准》，在大学设置·学校法人审议会审查的基础上批准新设大学，因此可以说政府通过把好"入口"关在一定程度上为高等教育质量提供了保障。据统计，从1999年到2020年，日本开办大学的申请共有327件，其中获得批准的是278件，获批率为85.0%；开设大学内二级教育机构（学院、研究科等）的申请共有2688件，其中获得批准的是2534件，获批率为94.2%。[①]获得批准的大学开办之后如何保障与提高质量呢？除政府会检查大学是否达到设置申请时所制订的目标和计划之外，调动大学的积极性，建立与完善大学内部质量保障机制十分重要。因此，1991年修订的《大学设置基准》将建立大学自我评价制度作为高等教育改革的一项重要内容。有调查显示，《大学设置基准》修订之后，日本各大学纷纷建立自我评价机构，开展自我评价活动。1994年实施自我评价的大学开始超过半数，1997年达到83.7%，且有半数以上的大学实施过2次以上的自我评价。[②]

严格大学设置准入制度、构建大学内部评价机制对于完整的现代高等教育质量保障体系来说还是不够的，从20世纪90年代以来世界高等教育质量保障发展的潮流来看，第三方评价机构的介入不可或缺，它是构成现代高等教育质量保障体系的重要一环。关于这一点，日本中央教育审议会在

---

① ［日］中央教育審議会大学分科会質保証システム部会：《基礎資料（令和2年7月）》［2023-03-23］，https：//www.mext.go.jp/content/20200704-mxt_koutou01-000008494_07.pdf。

② 胡建华：《战后日本大学史》，南京大学出版社2001年版，第291页。

2002年提交的《构建大学质量保障新体系》的咨询报告中有明确的认识。该报告指出："现行的设置认可制度对于大学质量保障来说发挥了一定的作用。虽然在设置认可过程中需要审查申请大学的课程设置、教师组织、校舍设备等，这些是开展教育和研究活动的必要前提条件，但是仅靠这些条件对实际的教育活动实施保障是困难的。再者，自我评价是大学中教育与研究活动当事者的自身判断，从社会的视角来看，这种自我评价是否具有充分的透明度、客观性也是存疑的。"基于此，中央教育审议会认为必须引入与建立第三方评价制度，"考虑到社会对于推进第三方评价的强烈要求，大学负有在自我评价之基础上，接受具有更高透明度和客观性的认证评价机构的第三方评价，努力提高教育与研究质量的责任。虽然大学应该自觉接受第三方评价，但也有必要建立为提高教育与研究质量定期接受第三方评价的制度"①。在中央教育审议会咨询报告的基础上，日本政府着手构建由第三方评价机构实施的大学认证评价制度，并将其列入法律条文。2003年日本新修订的《学校教育法》对第三方的认证评价作出了明确规定："第六十九条之三　依据文部科学大臣所定，大学为提高教育与研究水平，对教育及研究、组织及运营、设施及设备（以下简称教育与研究等）的状况开展自我检查与评价，并将评价结果公之于众。在此基础上，大学的教育与研究等总体状况依据政令所规定的时间周期接受由文部科学大臣认定的认证评价机构的认证评价"②。修订后的《学校教育法》还明确了认证评价的定义与内容，规定了文部科学大臣认定认证评价机构的标准以及认证评价机构的组织、运营等。依据《学校教育法》建立的日本第三方大学认证评价制度具有以下几个突出的特点：第一，定期接受第三方认证评价机构的

①「日」中央教育审议会：《大学の質の保証に係る新たなシステムの構築について（答申）（平成14年8月5日）》[2023-03-24]，https：//www.mext.go.jp/b_menu/shingi/chukyo/chukyo0/toushin/020801.htm#1。

②《学校教育法の一部を改正する法律》[2023-03-24]，https：//warp.ndl.go.jp/info：ndljp/pid/11293659/www.mext.go.jp/component/b_menu/other/__icsFiles/afieldfile/2017/06/08/1237980_018.pdf。

评价是法律所规定的大学义务。第二，政府规定7年为一个周期，所有大学须在每一个周期内接受一次第三方认证评价。第三，由政府依法认定第三方认证评价机构的资格。2004年第三方大学认证评价制度确立，开始了对大学的认证评价。大学基准协会2004年8月31日通过政府认定，成为第一个认证评价机构。目前日本经政府批准的主要认证评价机构有公益财团法人大学基准协会、独立行政法人大学改革支援·学位授予机构、公益财团法人日本高等教育评价机构、一般财团法人大学教育质量保证·评价中心、一般财团法人大学·短期大学基准协会等。在2004—2010年的第一个评价周期中，接受上述认证评价机构认证评价的高校（大学、短期大学、高等专门学校）共1138所，其中评价结果为合格的有1084所，需要二次评价的有51所，不合格的有3所。在2011—2017年的第二个评价周期中，接受认证评价的高校共1166所，其中评价结果为合格的有1123所，需要二次评价的有29所，不合格的有14所。①如此，政府依据《大学设置基准》审定新设大学，大学在办学过程中自主进行自我评价，第三方认证评价机构定期对大学办学质量开展认证评价，在这样多主体的协同共振中，日本高等教育质量保障体系得以不断完善。

三、2022年《大学设置基准》修订及其对高等教育质量保障的影响

日本高等教育在经济增长、社会需求增加等因素的影响下几十年来保持着持续发展的态势。1963年高等教育入学率达到15.5%，高等教育进入大众化阶段；1987年开始高等教育入学率稳定保持在50%以上，高等教育进入普及化阶段；2021年高等教育入学率达到83.8%。②高入学率所带来的高等教育入学者的大量增加以及入学者类型的多样化，给大学办学、质量保障

---

① ［日］中央教育審議会大学分科会質保証システム部会：《基礎資料（令和2年7月）》［2023-03-23］，https://www.mext.go.jp/content/20200704-mxt_koutou01-000008494_07.pdf.
② ［日］文部科学省：《文部科学統計要覧·学校教育総括（令和4年版）》［2023-03-25］，https://www.mext.go.jp/b_menu/toukei/002/002b/1417059_00007.htm.

等提出了新的课题。近年来，为适应社会变化和高等教育入学者不同需求的不断增加，"以学生为中心"成为诸多国家高等教育改革的指导理念，日本也不例外。中央教育审议会在2018年的咨询报告《面向2040年的高等教育大构想》中提出日本高等教育发展应向"学习者本位"转变。面对着不断变化的社会发展，高等教育培养的人才"不仅需要具有专业性，而且需要拥有在思考力、判断力、俯瞰力、表现力之基础上宽广的素养和高度的公共性与伦理性，能够适应时代需要支持社会发展、理性地改造社会"①。为了培养这样的人才，大学必须实施让"每个人的可能性得到最大限度发展的教育"，从"应该教什么"向"应该学什么"转变。

在"以学生为中心"理念的指导下，实现高等教育向"学习者本位"转变，需要高等教育质量保障体制机制作相应的改变与调整。为此，日本中央教育审议会大学分科会在2020年专门成立了质量保障体系组会。质量保障体系组会成立后自2020年7月至2022年3月一共召开了14次会议，完成了《面向新时代充实与完善质量保障体系》的审议报告。该报告在分析日本高等教育质量保障体系现状及其面对的问题之基础上，明确提出面向新时代充实与完善高等教育质量保障体系的方向，即"实现学习者本位的大学教育"和"实现面向社会开放的质量保障"。朝向这"两个实现"完善高等教育质量保障体系必须关注以下四个要点：（1）确保客观性。"在质量保障体系中，为了使各大学能够富有创意地实施办学，有必要客观地确定其可能的范围和制约的事项，应构建一个学生、家长、社会等利益相关方易于理解、具有客观性的质量保障体系。"（2）提高透明度。"为了使学习者能够获得必要的信息、大学负起向社会说明教育和研究状况的责任，各大学有必要向外部公开更多的相关信息，便于学习者和社会查询。"（3）确保先导性和先进性。"为了实现学习者本位的大学教育，大学作为促进社会变

---

① ［日］中央教育审议会：《2040年に向けた高等教育のグランドデザイン（答申）（概説）》［2023-03-25］，https://www.mext.go.jp/component/b_menu/shingi/toushin/__icsFiles/afieldfile/2018/12/17/1411360_9_1_1.pdf。

革的知识与人才的集聚地，人们期待其不断做出具有先导性、先进性的努力。这种先导性、先进性的努力需要质量保障体系灵活地适应不断变化的社会。"（4）保证严格性。"从保证学习者学习和确保质量保障体系的实效性出发，在大学所负责任不足、规定标准未达的情况下应严格对待。"①审议报告以上述完善高等质量教育保障体系的方向、要点为指针，分别就日本高等教育质量保障体系各重要组成部分——《大学设置基准》及设置认可审查、第三方认证评价、大学自我评价与认证评价的信息公开等——的改革与制度完善提出了具体的方法和措施。

大学审议会的关于完善高等教育质量保障体系的报告为政府制定有关政策提供了依据，文部科学省再次修订了《大学设置基准》，并于2022年9月30日颁布。文部科学省在颁布通知中对修订的目的、意义等作了如下的说明："基于《面向新时代充实与完善质量保障体系》审议报告中提出的在质量保障体系中体现'学习者本位的大学教育'理念和构建信息公开、加强与社会联系的'面向社会开放的质量保障'方针，从确保客观性、提高透明度、确保先导性和先进性、保证严格性的有关大学设置基准的修订建议出发，本次主要就教育与研究实施组织、基干教师、校舍设备、与教育和课程相关的特例制度等事项作了调整与修订。"②此次《大学设置基准》修订以实现学习者本位的大学教育为指导思想，将质量保障理念贯穿于从招生到毕业的大学教育全过程。在招生阶段，进一步明确大学入学的学力要求；在学习阶段，为了更好地实施有体系的教育，进一步明确课程结构、教学方法和学习成果的评价方法；在毕业阶段，进一步明确学生应该

---

① ［日］中央教育审议会大学分科会质量保障体系组会：《新たな時代を見据えた質保証システムの改善・充実について（審議まとめ）》［2023-03-26］，https：//www.mext.go.jp/content/20220525-mxt_koutou01-000021600_0014.pdf。

② ［日］文部科学省：《大学設置基準等の一部を改正する省令等の公布について（通知）》［2023-04-02］，https：//www.mext.go.jp/content/20220930-mxt_daigakuc01-000025195_01.pdf。

具备的资质和能力。[①]在上述指导思想与基本理念的指导下，2022年《大学设置基准》修订的主要内容可以概括为以下3个方面。

1. **完善有利于质量保障的组织结构。**高等教育质量保障是一个系统工程。在宏观层面，需要政府政策、社会支持、大学组织的协同合力；在中观与微观层面，需要大学内各种机构、各类成员的凝心聚力。尤其是在质量保障过程中协调教师组织与管理组织之间的关系，形成教师与管理人员的合力十分必要。2022年《大学设置基准》在这方面作出了重要的调整与规定。修订前的《大学设置基准》将"教师组织"与"事务管理组织"的有关规定安排在不同的章目里，修订后的《大学设置基准》则将二者合一，代之以"教育与研究实施组织"之名。"第七条 为了实现教育与研究的目标，各大学设立与其规模及授予学位种类和领域相适应、由必要的教师和事务管理人员组成的教育与研究实施组织。在教育与研究实施组织中，为了能组织化、有效地开展教育与研究活动，必须形成在恰当的作用分工前提下教师与事务管理人员之间的协同联动机制，明确各自责任所在"[②]。《大学设置基准》的这一规定并不是要求大学建立新的基层组织，而是在现有组织中加强教师与事务管理人员之间的协作，所谓"教（教师）职（职员）一体化"，重在形成"教职联动"的有效机制，这是大学质量保障体系的关键所在。

2. **加强教师发展与职员发展的制度化。**高等教育质量保障不仅需要不断改革与完善组织体制、机制，而且更需要持续提升在高等教育质量保障中发挥重要作用的教师、管理人员的水平和能力。因此，20世纪90年代以来，教师发展和职员（管理人员）发展受到许多国家大学的重视，日本也是同样如此。日本的大学一般都设有负责教师发展的机构，有组织地开展提升教师

①［日］文部科学省：《令和4年度大学設置基準等の改正について～学修者本位の大学教育の実現に向けて～》［2023-04-02］，https://www.mext.go.jp/content/20220930-mxt_daigakuc01-000025195_05.pdf。

②［日］文部科学省：《大学設置基準等の一部を改正する省令》［2023-04-02］，https://www.mext.go.jp/content/20220930-mxt_daigakuc01-000025195_02.pdf。

教学能力的活动。为了进一步加强、重视教师发展与职员发展，2022年修订的《大学设置基准》将教师发展与职员发展的有关内容合并规定，明确要求各大学有组织地开展相关研修活动。"第十一条 为了恰当有效地实施教育与研究活动，大学要为教师与事务管理人员提供学习必要的知识与技能、提升能力和资质的研修机会以及采取其他必要的措施。为了充实面向学生的教育、教学，大学要有组织地进行有关改善教学内容与方法的研修和研究活动。"①有组织地开展研修活动是教师发展、职员发展的主要内容与形式，《大学设置基准》的上述规定具有法令意义上的强制性，对促进大学重视提升教师的教学能力和职员的管理能力具有重要意义。

3. 促进基于"学习者本位"的课程设置多样化与教学管理弹性化。如前所述，《大学设置基准》自颁布以来，随着社会变化与高等教育自身的发展其修订与完善不断，修订与完善的主要趋向之一是标准规定的弹性化、大纲化，目的在于更好地调动大学自主办学的积极性，办出特色，办出个性。2022年的《大学设置基准》修订在"实现学习者本位的大学教育"理念指导下，同样以多样化、弹性化为主要内容与方向。譬如，修订前的《大学设置基准》规定一门课的授课时间一般为10~15周，修订后的《大学设置基准》则规定在充分取得教育效果的前提下，一门课的授课时间可以是8周、10周、15周，或者各大学规定的恰当周数。又如，修订前的《大学设置基准》在规定1个学分的标准一般为45教学课时的基础上，对不同性质课程（如讲授、讨论、实验、实习等）1个学分的教学时数作了具体的说明；修订后的《大学设置基准》保留了1学分教学时数的一般规定，取消了不同性质课程1学分教学时数的具体说明，代之以"1个学分的教学时数可以在大约15~45课时，由各大学根据教学效果等自行决定"。再如，修订前的《大学设置基准》规定本科毕业的基本条件是在学4年以上、取得124学分以上，修订后的《大学设置基准》则将本科毕业的基本条件改为取得

① ［日］文部科学省：《大学设置基准等の一部を改正する省令》［2023-04-02］，
https：//www.mext.go.jp/content/20220930-mxt_daigakuc01-000025195_02.pdf。

124学分以上，略去了学习年限。上述这些修订在为各大学设置多样化的课程和灵活地实施教学管理提供更宽阔自主空间的同时，也为体现"学生本位"、给学生提供更多的学习自由度打开了通道。为了鼓励大学教育创新，2022年修订的《大学设置基准》还专门增加了第十四章"关于采取与改善教育、课程事项相关的先导性举措的特例"，明确规定经文部科学省认可，大学可以不受《大学设置基准》有关条文的约束，自主开展具有先导性的教育与课程改革，并对教育改革的效果等进行自我评价。

《大学设置基准》颁布至今已近70年，其在日本高等教育改革与发展中的作用是毋庸置疑的。《大学设置基准》（在日本，设置基准已经形成系列，《大学设置基准》面向本科大学，还有《大学函授教育设置基准》《专门职大学设置基准》《研究生院设置基准》《短期大学设置基准》《高等专门学校设置基准》等）不仅规范着大学的设立及办学行为，而且是政府影响高等教育发展方向、启动高等教育改革的重要方式，近些年来又成为日本高等教育质量保障体系的主要组成部分。研究《大学设置基准》的制订与修订过程以及条文内容的变化，可以从一个侧面加深对日本高等教育体系及大学办学的模式与特点的理解，把握日本高等教育的未来的发展走向。

第七节　建立高等教育第三方评价制度

在近几十年来的世界高等教育改革与发展中，如何保障与提高教育、教学质量和学校办学质量一直是政府、大学、社会所关注的焦点问题。高等教育质量保障虽然离不开作为教育主体的大学所必须承担的责任与提高教育质量的实践努力，来自大学外部的质量监督、质量评价也是必不可少的。我国政府2020年出台的《深化新时代教育评价改革总体方案》明确提出，要"构建政府、学校、社会等多元参与的评价体系"，"到2035年，基本形成富有时代特征、彰显中国特色、体现世界水平的教育评价体系"。在近年来许多国家的高等教育评价实践中，可以看到第三方评价机构（一般指政府、大学之外的社会评价机构）比较活跃，第三方评价机构的评价报告在影响政府政策和大学办学方面发挥着不可忽视的作用。第三方评价机构的性质是什么，第三方评价机构与政府和大学具有什么样的关系，第三方评价在高等教育评价体系中居于什么样的地位，第三方评价活动在大学办学水平提升、高等教育质量保障中发挥什么样的作用，这些问题是构建高等教育评价体系时必须深入研究和认真对待的。为此，在构建我国"富有时代特征、彰显中国特色、体现世界水平"的高等教育评价体系时，有必要进一步深入分析与比较其他国家尤其是高等教育发达国家构建高等教育评价体系及建立第三方评价制度的实践和特点，以资参考。

一、日本高等教育第三方评价制度的演进路径及影响因素

在日本近现代约150年的高等教育发展历史上，20世纪90年代初以来的新一轮改革以其内容多、范围广、程度深、影响大，而具有十分重要的意义。这次改革的影响因素有许多，其中社会因素与政策因素可能是最为主要和直接的。众所周知，日本社会经济经过20世纪50年代到80年代的长期持续发展之后，90年代初终致"泡沫"破灭，进入了所谓失去的"十年""二十年""三十年"时期。在这一时期内，"经济萎缩使得国家面临着经济衰退、频繁的通货紧缩、高失业率以及政府预算赤字持续增加等一系列困境"。[①]这些经济因素给高等教育发展、大学办学带来了很大的压力，也直接影响着日本政府有关高等教育发展与改革的决策。据统计，日本政府对高等教育的公共财政支出占GDP的比例2016年仅为0.6%，远低于OECD国家1.2%的平均水平，日本是OECD各国中该比例最低的国家之一。[②]对这一时期日本高等教育具有重要影响作用的社会因素，除经济状况之外，另一则是18岁人口的减少趋势。日本与我国一样，实施的是"6·3·3·4"学制，6岁小学入学，18岁高中毕业，高等教育以招收应届高中毕业生为主，18岁人口是高等教育的适龄人口。在高等教育进入普及化，高等教育入学率持续提升的背景下，18岁人口对日本高等教育发展的突出影响不言而喻。据统计，日本的18岁人口在1992年达到205万人之后，即步入了持续减少的通道，2002年、2012年、2022年18岁人口分别减少到150万、119万、112万，2022年比1992年减少了45.4%。[③]另一方面，日本的高等教育入

① ［日］早川操著，胡建华、蒋惠玲译：《"第三经济大国"时期日本高等教育在构建全球大学中的作用》，载《高等教育研究》2010年第12期。

② ［日］中央教育审议会大学分科会质量保障体系组会：《基础资料（令和2年7月）》［2023-3-23］，https：//www.mext.go.jp/content/20200704-mxt_koutou01-000008494_07.pdf。

③ ［日］中央教育审议会大学分科会：《学修者本位の大学教育の実现に向けた今后の振兴方策に係る基础资料集》［2023-8-26］，https：//www.mext.go.jp/content/230301-mxt_koutou01-000027826_4r.pdf。

学率不断上升，1992年为57.2%，2022年上升到83.8%。^①这一降一升，使得日本高等教育进入了所谓"大学全员入学时代"^②，给大学教育、管理等带来了许多新的挑战与冲击。18岁人口的减少趋势对占日本大学数与学生数四分之三的私立大学的影响更为深远。根据日本私立学校振兴·互助事业团2011年的调查，在被调查的572所私立本科大学中，当年招生人数不足的大学有223所，占被调查总数的39.0%，其中有16所大学实际招生数不足定额数的一半；在被调查的338所私立短期大学中，当年招生人数不足的学校达225所，占被调查总数的66.6%，其中有16所学校实际招生数不足定额数的一半，私立短期大学的整体招生人数充足率（实际招生数占定额数的比例）只有89.6%。^③

政府政策是影响20世纪90年代初以来日本高等教育改革的另一重要因素。政府的政策在高等教育改革与发展中能否发挥作用，与国家高等教育管理体制的类型和性质有很大的关系。在高等教育集中管理的国家体制中，政府政策对高等教育的影响作用要远大于分散管理的体制。日本自近代高等教育产生之初就逐渐形成了政府主导的高等教育集中管理体制。1871年日本政府设立管理全国教育行政的文部省，开始制定近代学校制度。1886年，第一个大学法令《帝国大学令》颁布，国立大学制度发端。《帝国大学令》规定："帝国大学以传授适应国家需要之学术技艺并研究其奥蕴为目的。"^④1918年，第二个大学法令《大学令》公布，《大学令》规定"大学所指除帝国大学及其他国立大学外，还包括依照本令规定设立的公立与私立大学"，由此建立了包括国立、公立、私立大学在内的日本近代大学制度。《大学令》还进一步明确了政府在大学发展中的重要作用，"公

① ［日］文部科学省：《文部科学統計要覧·学校教育総括（令和5年版）》［2023-8-26］，https://www.mext.go.jp/b_menu/toukei/002/002b/1417059_00008.htm。
② ［日］永井宪一：《憲法から大学の現在を問う》，劲草书房2011年版，第110页。
③ ［日］永井宪一：《憲法から大学の現在を問う》，劲草书房2011年版，第110页。
④ ［日］细谷俊夫等：《新教育学大事典（7）》，第一法规出版株式会社1990年版，第89页。

立及私立大学的设立与停办必须经文部大臣批准，学部的设立与停办同样如此"。①20世纪40年代中后期，随着二战的结束，在美国大学制度的影响下，日本高等教育进行了比较大的改革。虽然改革使日本政府的教育行政机构——文部省的管理权限得到一定程度的限制，但由于传统的惯性，政府政策在高等教育的改革与发展中仍然发挥着不可或缺的作用。1956年，文部省依照《学校教育法》的有关条文规定制定了《大学设置基准》，将其列入法令序列，在法律意义上确定了政府对大学设置和保障大学办学水平所负有的权限与责任。"大学设置基准不仅有整体上的繁琐规定，而且包含了战后大学制度质变的内容。依据这些法治化的规定，国家基准优位于大学自主，打开了加强文部省权力的大门。大学设置基准的法令化在很大程度上改变了政府与大学的关系，恢复了官僚体制对大学的统制，意味着战后大学制度的又一次改革。"②

《大学设置基准》出台之后，随着时代的发展与变化，历经多次修订，在日本高等教育改革与发展中持续发挥导向作用。20世纪90年代初，《大学设置基准》再次修订，成为日本高等教育进入新的改革时期的关键影响因素。此次《大学设置基准》的修订有两大主要内容。一是"《大学设置基准》的大纲化"，二是建立大学自我评价制度。这两个方面的改革是互相联系，相辅相成的。诚如日本学者新崛通也所说："大学设置基准修订的两个重点是，大学设置基准的大纲化和导入自我评价体制。……为了防止由于设置基准大纲化可能产生的大学教育水平降低，要求各大学实施自我评价。因此，可以认为设置基准大纲化和自我评价体制的导入就好比是大学改革这辆'马车'上的两个'车轮'，缺一不可。"③《大学设置基准》的大

---

① ［日］细谷俊夫等：《新教育学大事典（7）》，第一法规出版株式会社1990年版，第92-93页。

② ［日］细井克彦：《設置基準改訂と大学改革》，株式会社つむぎ1994年版，第177页。

③ ［日］新崛通也：《大学評価——理論的考察と事例》，玉川大学出版社1993年版，第14页。

纲化，主要指减少条文，简化内容，从法律上为大学办学提供更多的自主性、自由度，促使大学办出特色、办出个性。关于建立大学自我评价制度，《大学设置基准》明确规定："为了提高教育与研究水平，实现办学目标和社会使命，大学必须就教育、研究状况实行自我检查与自我评价。为了开展自我检查与自我评价，大学应该制订相应的评价项目，建立适当的评价体制。"[①]《大学设置基准》的这一规定不仅确定了建立自我评价制度在保障大学办学和教育质量中的地位与作用，而且为建立大学评价体系奠定了必要的基础。《大学设置基准》修订之后，日本各大学纷纷建立自我评价机构，开展自我评价活动。1994年实施自我评价的大学开始超过半数，1997年达到83.7%，且有半数以上的大学实施过2次以上的自我评价。[②]

　　自我评价虽然从大学内部构建了质量保障体制，但是在高等教育规模日益扩大，且对社会各领域的发展具有愈来愈重要作用的当代，高等教育质量保障已经不只是大学内部的事情了。从20世纪80、90年代开始，质量问题日益受到许多国家政府及社会的关注，建立高等教育质量的外部监督与保障体系成为一种国际潮流。美国有着实施大学外部评价的长期实践，许多独立的外部评价机构对大学或某一学科（专业）领域开展定期的评价活动，90年代初为了保证评价机构的质量进而促进大学办学、教育水平的提升，美国政府建立了外部评价机构的认定制度。英国1986年开始实施对大学研究活动的评价，1993年增加了大学教育评价。法国1984年成立了大学评价委员会。德国1998年修订高等教育大纲法，规定大学在新设学士、硕士学位的同时，必须就学士、硕士学位的课程设置及培养方式等接受第三方评价并公开评价结果。[③]鉴于大学自我评价的广泛实施和欧美诸国开展

　　① ［日］高等教育研究会：《大学の多様な発展を目指して：設置基準の解説とQ&A》，株式会社ぎょうせい1992年版，第20页。
　　② 胡建华：《战后日本大学史》，南京大学出版社2001年版，第290–291页。
　　③ ［日］中央教育審議会：《大学の質の保証に係る新たなシステムの構築について（答申）（平成14年8月5日）》［2023–11–24］，https：//www.mext.go.jp/b_menu/shingi/chukyo/chukyo0/toushin/020801.htm#1。

大学外部评价的实践经验，日本政府在20世纪末将建立大学外部评价机构及评价制度作为21世纪大学改革与发展的重点方向。文部省咨询机构大学审议会在1998年10月发表咨询报告《关于21世纪的大学形象与今后的改革方针政策》，明确建议建立多元的评价体系，指出"为了让社会更加清楚地了解作为社会机构的大学的活动状况，有必要设置专门的评价机构实施高透明度的大学评价，收集与提供大学评价信息，开展有关评价有效性等问题的调查研究。"①依据大学审议会的建议，文部省于1999年4月成立了大学评价机构创设准备委员会。该委员会在1999年11月与2000年2月分别提出了关于创设大学评价机构的阶段性报告与最终报告。接着，日本国会通过了为设立大学评价机构的《国立学校设置法》修正案，文部省也修订了《国立学校设置法施行规则》。在做了上述这些准备工作之后，2000年4月学位授予机构（成立于1991年7月）改名为大学评价·学位授予机构。新机构制订了关于大学评价目的、内容、方法、过程、组织等的具体方案，着手开展大学外部评价活动。大学评价·学位授予机构的成立拉开了日本高等教育第三方评价制度构建的序幕，为稍后这一制度的正式确立打下了基础。

2002年8月，日本文部省常设咨询机构中央教育审议会发表《构建大学质量保障新体系》的咨询报告，将在2000年新的大学外部评价机构——大学评价·学位授予机构成立之基础上，建立新的大学质量保障体系提上议事日程。中央教育审议会的咨询报告指出，20世纪90年代初以来的大学评价改革虽然取得了不少进展，但也存在着一些问题。"现行的设置认可制度对于大学质量保障来说发挥了一定的作用。虽然在设置认可过程中需要审查申请大学的课程设置、教师组织、校舍设备等，这些是开展教育和研究活动的必要前提条件，但是仅靠这些条件对实际的教育活动实施保障是困难的。再者，自我评价是入学中教育与研究活动当事者的自身判断，从社会的视角来看，这种自我评价是否具有充分的透明度、客观性也是存疑

---

① 胡建华：《90年代以来日本大学评价制度的形成与发展》，载《外国教育研究》2001年第1期。

的。"解决这些问题需要完善大学质量保障体系，其中关键是使大学第三方评价制度化，充分发挥第三方评价在保障大学质量上的重要作用。"考虑到社会对于推进第三方评价的强烈要求，大学负有在自我评价之基础上，接受具有更高透明度和客观性的认证评价机构的第三方评价，努力提高教育与研究质量的责任。虽然大学应该自觉接受第三方评价，但也有必要建立为提高教育与研究质量定期接受第三方评价的制度。"①以中央教育审议会的上述咨询报告为基础，日本政府开始构建由第三方评价机构实施的大学认证评价制度。2003年日本国会修订《学校教育法》，新增法律条文对大学第三方评价作出明确规定。《学校教育法》第六十九条写道："依据文部科学大臣所定，大学为提高教育与研究水平，对教育及研究、组织及运营、设施及设备（以下简称教育与研究等）的状况开展自我检查与评价，并将评价结果公之于众。在此基础上，大学的教育与研究等总体状况依据政令所规定的时间周期接受由文部科学大臣认定的认证评价机构（即第三方评价机构——笔者注）的认证评价。"②修订后的《学校教育法》还明确了大学第三方认证评价的定义与内容，规定了文部科学大臣认定认证评价机构的标准以及认证评价机构的组织、运营等。2004年，日本第三方大学评价制度正式确立，开始了对大学的认证评价。2004年恰好也是日本国立大学法人化改革实施的元年。建立第三方大学评价制度和国立大学法人化这两个同时实施的重要改革都具有制度革新的意义，给日本高等教育发展带来了长期、深远的影响。

---

① ［日］中央教育审议会：《大学の質の保証に係る新たなシステムの構築について（答申）（平成14年8月5日）》［2023-11-24］，https：//www.mext.go.jp/b_menu/shingi/chukyo/chukyo0/toushin/020801.htm#1。

②《学校教育法の一部を改正する法律》［2023-11-24］，https：//warp.ndl.go.jp/info：ndljp/pid/11293659/www.mext.go.jp/component/b_menu/other/__icsFiles/afieldfile/2017/06/08/1237980_018.pdf。

二、日本高等教育第三方评价制度的现实图景及实践推进

日本高等教育第三方评价制度自2004年确立至今已20年。日本高等教育第三方评价制度的核心内容之一是所谓的"定期"评价，即政府规定以7年为一个周期，所有大学须在每一个周期内接受1次第三方评价。2005—2011年为第一个评价周期，2012—2018年为第二个评价周期，2019—2025年为第三个评价周期。在第三个评价周期接近尾声之时，回溯这一第三方评价制度的成立与发展历程，分析日本政府有关第三方评价政策的制定与变化，研究第三方评价制度的实践与影响，或许可以更加深入、准确地理解与认识日本高等教育第三方评价制度的内容实质、作用功能和演进趋势。

1. 政府职责：第三方评价机构的认定与监督

如前所述，高等教育第三方评价，一般是指由政府与大学之外的机构（简称第三方机构）对高等教育的状况水平与质量所实施的评价。评价机构的独立性是第三方评价的本质特征之一。评价机构的独立性主要体现在独立设置、独立确定评价目的、评价内容、评价标准、评价方法，独立开展评价活动等方面。在政府愈来愈多介入的现代高等教育体系中，政府与第三方评价机构的关系，总体上说与高等教育管理体制的性质有着一定的关联，即在分权的高等教育管理体制中政府与第三方评价机构基本上不发生关系，在集中的高等教育管理体制中政府则在一定程度上与第三方评价机构保有必要的联系。

日本高等教育管理体制的集中性质前已有述，自近代大学产生之后日本政府在高等教育发展与改革的重要时间节点、重大变化事项上一直扮演着不可或缺的角色，发挥着无可替代的作用。就高等教育评价而言，日本政府不仅是高等教育第三方评价制度构建的发起者，而且在第三方评价的实践中也起着某种"保驾护航"的作用，其关键之处就是高等教育第三方评价机构的成立必须得到政府的认定、许可。2003年修订的《学校教育法》对文部科学省认定高等教育第三方评价机构的相关事宜作出了明确的

法律规定。第一，第三方评价机构的成立必须经由文部科学大臣批准。"认证评价机构在成立之前须依照文部科学大臣的有关规定提出申请，接受文部科学大臣的认定"①。第二，第三方评价机构申请认定需要具备若干条件。这些条件主要包括：第三方评价机构须为法人实体，且拥有正确开展评价所必要的评价标准和评价方法，确保评价公正、准确实施的组织体制，被评价大学有权对评价结果提出异议的制度设计，保证评价活动顺利开展所必要的财务基础等。第三，第三方评价机构对大学进行评价之后必须将结果及时通知大学，上报文部科学大臣，并依据有关规则向社会公开。第四，第三方评价机构在修订评价标准、评价方法等事项以及停止开展评价活动之前必须向文部科学大臣汇报。如果第三方评价机构出现提供虚假报告和资料以及没有公正、正确开展评价活动的情况，文部科学大臣有责任要求该评价机构进行整改，整改不力的则可以取消其实施评价的资格。第五，在对第三方评价机构进行认定和取消第三方评价机构的评价资格时，文部科学大臣应该事先征询审议会等咨询机构的意见。上述这些法律规定不仅赋予文部科学省认定第三方评价机构的权力，明确了第三方评价机构认定的具体内容，而且将监督评价活动、撤销不合格评价机构的责任也归于文部科学省，在法律意义上为高等教育第三方评价的公正、有序开展提供了保障。

表7-2 日本主要高等教育第三方评价机构一览表②

机构名称	评价对象	获得评价资格时间
公益财团法人大学基准协会	大学　职业大学	2004年8月31日
	短期大学 短期职业大学	2007年1月25日

①《学校教育法の一部を改正する法律》［2023-11-24］，https：//warp.ndl.go.jp/info：ndljp/pid/11293659/www.mext.go.jp/component/b_menu/other/__icsFiles/afieldfile/2017/06/08/1237980_018.pdf。

②［日］文部科学省：《認証評価機関一覧（機関別）》［2024-2-4］，https：//www.mext.go.jp/a_menu/koutou/daigaku/04052801/index_00002-01.htm。

续表

机构名称	评价对象	获得评价资格时间
独立行政法人大学改革支援·学位授予机构	大学	2005年1月14日
	高等专门学校	2005年7月12日
一般财团法人大学·短期大学基准协会	大学　职业大学	2020年3月30日
	短期大学　短期职业大学	2005年1月14日
公益财团法人日本高等教育评价机构	大学	2005年7月12日
	短期大学	2009年9月4日
一般财团法人大学教育质量保障·评价中心	大学	2019年8月21日

2004年8月31日，大学基准协会通过文部科学省认定，成为日本第一个高等教育第三方评价机构。表7-2列出了到目前为止的5个主要第三方评价机构获得评价资格的时间与获准的评价对象范围。表7-2中的评价对象单位是学校整体。随着研究生专业学位教育在日本各大学的发展，其培养质量日益受到关注，专业学位教育的质量评价也逐渐被纳入第三方评价的范围，"设有研究生专业学位的大学，其专业学位的课程设置、教师组织等教育和研究活动状况必须每5年接受1次认证评价"。[1]实施研究生专业学位评价的资格同样需要得到文部科学省的认定，认定程序与上相同，即评价机构向文部科学大臣提出申请，中央教育审议会进行审核，通过审核的由文部科学大臣认定其资格。到2022年5月为止，文部科学大臣共认定了法律、工商、会计、公共卫生、公共政策、教育、临床心理等20种研究生专业学位教育质量评价的第三方评价机构。[2]评价研究生专业学位教育的第三方机构有两种类型：一是大学基准协会、大学改革支援·学位授予机构等综合性

①［日］文部科学省：《専門職大学院の認証評価の概要》［2024-2-4］，https：//www.mext.go.jp/a_menu/koutou/senmonshoku/ninshou.htm。

②［日］文部科学省：《専門職大学院の認証評価の概要》［2024-2-4］，https：//www.mext.go.jp/a_menu/koutou/senmonshoku/ninshou.htm。

评价机构，二是国际会计教育协会、日本律师联合会法务研究财团、日本临床心理士资格认定协会、教师培养评价机构等专业性组织。

2. 评价实践：第三方评价机构的评价与运行

日本现代高等教育体系在发展历史、人口数量、入学率、社会成熟度等多种因素的作用下体现出规模较大、水平较高的基本特征。规模较大的主要指标之一是拥有数以千计的高等学校。据文部科学省的统计，2022年日本高等学校总数为1173所，其中大学（本科）807所，占总数的68.8%；短期大学（专科）309所，高等专门学校（五年制，前三年为高中，后两年为专科）57所，短期大学与高等专门学校的数量合计占总数的31.2%。1173所高等学校按照所属分类，国立高等学校（国家政府举办）137所，占总数的11.7%，公立高等学校（地方政府举办）118所，占总数的10.1%，私立高等学校918所，占总数的78.2%。①上述的5个第三方评价机构分别承担了这1173所高等学校的评价工作。虽然各高等学校有权选择第三方评价机构，但从各评价机构获得的评价资格（见表7-2）以及20年来的评价实践来看，5个第三方评价机构的评价对象还是有着类型上的明显区别。

表7-3中呈现的是2022年文部科学省有关各高校最近一次接受第三方评价的状态调查数据，时间跨度为2016年至2022年。如表中数据所示，各评价机构评价高校类型的不同显而易见。大学改革支援·学位授予机构（该机构的前身为大学评价·学位授予机构，2016年与国立大学财务·经营中心合并，改为现名）的评价对象主要是大学与高等专门学校，高等专门学校全部由该机构评价，86所国立大学的绝大多数（84所）选择该机构作为第三方评价。大学基准协会以评价大学为主，评价的大学中私立大学249所，占其评价大学总数288所的86.5%。大学·短期大学基准协会的评价对象为私立短期大学，其评价的259所私立短期大学占被评价私立短期大学总

① ［日］文部科学省：《文部科学统计要览·学校教育总括（令和5年版）》［2023-8-26］，https：//www.mext.go.jp/b_menu/toukei/002/002b/1417059_00008.htm。

数284所的91.2%，占被评价短期大学总数298所的87.0%。日本高等教育评价机构的评价对象与大学基准协会相似，以评价大学为主，评价的331所私立大学占其评价大学总数336所的98.5%。大学教育质量保障·评价中心2019年才成立，评价大学的数量少，且都为公立大学。根据上述各评价机构评价对象的数量统计分析，不同类型高等学校的第三方评价机构选择可以作如下概括：国立大学与高等专门学校选择大学改革支援·学位授予机构，私立大学选择大学基准协会和日本高等教育评价机构，大多数短期大学选择大学·短期大学基准协会，公立大学选择的评价机构比较分散。评价机构的法人性质、获得的评价资格以及评价实践取向等或许是影响高等学校选择的主要因素。

表7-3　5个评价机构分类型评价高校数统计[①]

单位：所

		大学改革支援·学位授予机构	大学基准协会	大学·短期大学基准协会	日本高等教育评价机构	大学教育质量保障·评价中心	合计
大学	国立	84	2				86
	公立	20	37		5	31	93
	私立	4	249	1	331		585
短期大学	国立						
	公立	1	13				14
	私立		5	259	20		284
高等专门学校	国立	51					51
	公立	3					3
	私立	3					3

①［日］文部科学省：《機関別認証評価及び設置計画履行状況等調査結果》［2024-2-5］，https：//www.mext.go.jp/content/20230609-mxt_daigaku01-000028107_1.pdf.

如前所述，评价机构独立性的表现之一是独立确定评价目的、评价内容、评价标准、评价方法，这些实施评价的具体内容与方法不仅是评价机构申请认定时必须具备的，而且也是开展评价活动所必要的基础条件。各评价机构由于评价大学类型的不同，所制定的评价目的、内容、标准等存在着一定的差异。下面主要以大学改革支援·学位授予机构为例（如表7-3所示，该机构评价了日本97.7%的国立大学，国立大学是日本高等教育体系中水平最高的部分），一窥日本高等教育第三方评价的内容实质与运行方式。

大学改革支援·学位授予机构为顺利开展第三方评价制定了《大学认证评价实施大纲》，内容包括评价目的、方针、内容与标准、方法、组织体制、结果发表、信息公开、实施步骤等。《实施大纲》中明确的大学改革支援·学位授予机构开展第三方大学评价的目的主要有三点：保障大学教育与研究活动的质量；促进各大学依据各自的办学目标提高教育与研究活动质量，发展个性特色；帮助大学的教育与研究活动获得社会理解和支持。为了实现上述目的，《实施大纲》确定了开展第三方评价的七条方针。（1）在广泛征求大学与社会各方面意见、深刻理解大学教育与研究活动特点的基础上，确定评价内容与标准。（2）以最能体现大学社会功能的教育活动为中心，实施大学综合评价。（3）实施有利于大学个性特点发展与质量提升的评价，通过评价发现优点，指出不足，提出改进建议，并跟踪改进建议的落实情况。（4）重视大学内部质量保障体系的建设，将内部质量保障体系的完善与作用发挥情况作为第三方评价的重点内容。（5）鉴于学生掌握知识能力的水平在质量保障中的重要性，通过调查在校生、毕业生、用人单位等途径加强对学生学习成果的评价。（6）对具有高度专业性的大学教育与研究活动实施评价必须以有经验的专业人员为中心，同时需要社会经济、文化各界有识之士的理解与支持，保证评价的公正性。（7）制定评价标准、实施评价的过程中有必要整合国际高等教育质量保障的相关标准、方法等，使评价具有国际参照意义。①

---

① ［日］大学改革支援·学位授予机构：《大学機関別認証評価実施大綱》［2024-2-6］，https：//www.niad.ac.jp/storage/006/202311/no6_1_1_daigakutaikouR2.pdf。

表7-4 大学改革支援・学位授予机构第三评价周期的评价标准[1]

评价领域	评价标准	评价领域	评价标准
领域1：教育与研究基本组织	1-1 依照大学办学目的恰当构成教育与研究基本组织	领域4：校舍设备与学生支持	4-1 与教育、研究组织及课程教学相适应的校舍设备完善，且有效运用
	1-2 恰当配置开展教育与研究活动必要的教师队伍		4-2 面向学生生活、课外活动、经济援助等开展咨询与支持服务
	1-3 开展教育与研究活动必要的运营体制完善，且有效发挥作用	领域5：学生招收	5-1 明确规定学生招收的方针
领域2：内部质量保障	*2-1 有明确规定的内部质量保障体制		5-2 恰当实施学生招收工作
	*2-2 有明确规定的内部质量保障程序		5-3 实际招生人数与招生指标之间保持恰当的比例
	*2-3 内部质量保障体制有效发挥作用	领域6：课程与学习成果	6-1 有明确、具体的学位授予方针
	2-4 有组织新设、变更等重要事项的决策程序		6-2 课程设置方针与学位授予方针一致
	2-5 有组织地保障与提升教师及教辅人员的质量和水平。		6-3 依据学位授予方针与课程设置方针编制课程体系和相应水平的教学内容
领域3：财务运营、管理运营及信息公开	3-1 依照大学目的恰当的财务运营		6-4 依据学位授予方针与课程设置方针采用恰当的教学形式和学习指导方法
	3-2 管理运营体制有明确规定，且有效发挥作用		6-5 依据学位授予方针进行恰当的选课指导和学习支持
	3-3 管理运营组织规模恰当，且有效发挥作用		6-6 依据课程设置方针严格、客观地进行公正的学习成绩评价

---

[1] ［日］大学改革支援・学位授予机构：《大学機関別認証評価大学評価基準》［2024-2-7］，https：//www.niad.ac.jp/storage/006/202311/no6_1_1_daigakukijunR2.pdf。

评价领域	评价标准	评价领域	评价标准
	3-4 教师与管理人员角色分担恰当，两者的合作体制健全		6-7 依据大学目的与学位授予方针公正地进行毕业认定工作
	3-5 财务与管理运营的内部控制与监督体制有效发挥作用		6-8 依据大学目的与学位授予方针，取得了恰当的学习成果
	3-6 大学教育与研究活动等的信息公开恰当		

注：表中带有"*"的为评价重点。

确定了评价目的与方针之后，制定评价标准就成为开展评价活动比较重要的一环。评价目的与方针是制定评价标准的基本依据，评价标准则是评价目的与方针的具体体现。如表7-4所示，大学改革支援·学位授予机构2020年修订的大学评价标准共6个领域27项标准。6个领域如果作归类的话，大致可以分为两大类：一是对质量起基础与保障作用的组织管理体制以及人（教师和管理人员）、财、物（校舍设备），领域1到领域4属于这一类；二是直接体现大学教育质量的学生培养，包括领域5和领域6，涵盖了招生→培养（课程与教学）→毕业整个过程。这一评价标准体现了以培养人的教育活动为中心的评价方针，而且评价方针中将内部质量保障体系建设列为重点的精神也具体落实在评价标准上。大学改革支援·学位授予机构在《大学评价基准》中不仅列出评价领域与评价标准，而且对每一项标准在评价过程中如何评判给出了具有操作性的说明。例如，关于评价标准"1-3 开展教育与研究活动必要的运营体制完善，且有效发挥作用"，《大学评价基准》给出的说明是："对以使各教育与研究组织有效发挥作用和开展教育、研究活动为目的，依据学校教育法规定成立的教授会、教务委员会等各种委员会以及其他运营体制是否完备并正常运转进行确认与评判。"又如，关于评价标准"2-3 内部质量保障体制有效发挥作用"的具体说明是："通过检查自我评价中发现的问题是否得到改善、应该发扬的优点特色如何得到进一步发展，对内部质量保障体制是否运行正常作出评判。"①

大学改革支援·学位授予机构实施大学第三方评价已经20年，其间依据需求变化不断调整评价内容，改进评价方法，完善评价体系，使评价日臻正常化、规范化、合理化。表7-5列出了实施一次大学评价的具体步骤与时间表。总体上讲，一所大学接受大学改革支援·学位授予机构的第三方评价过程从申请前的准备开始到评价后的改进为止大约历时两年（各个评价机构实施评价的步骤、程序、过程等大致相同），可分为3个主要阶段。第一阶段为申请评价与自我评价报告书形成阶段。被评价大学申请前（实施评价的前一学年5—6月）参加大学改革支援·学位授予机构组织的相关会议，学习与理解有关评价的各项规则内容；被评价大学提出评价申请，缴纳评价费用（评价费用由各评价机构自定，2024年大学改革支援·学位授予机构规定一所大学的评价基本费用为376.2万日元②）；申请后被评价大学开始准备自我评价报告书及相关材料，于实施评价的当学年6月提交自我评价报告书与相关材料。第二阶段为评价阶段。大学改革支援·学位授予机构在收到被评价大学提交的自我评价报告书及相关材料后，组织评价委员会和评价小组审读报告，去被评价大学开展相关调查，历时半年完成评价结果报告初稿，将评价结果报告初稿发给被评价大学听取有无异议，最终在实施评价的当学年度结束之前完成评价结果报告并予以公布。第三阶段为改进阶段。评价结果报告公布之后，被评价大学针对评价结果报告中提出的问题进行整改，3个月后将整改情况报给大学改革支援·学位授予机构的评价委员会，评价委员会对整改情况进行调查、公布。

---

① ［日］大学改革支援·学位授予机构：《大学機関別認証評価大学評価基準》［2024-2-7］，https：//www.niad.ac.jp/storage/006/202311/no6_1_1_daigakukijunR2.pdf。
② ［日］大学改革支援·学位授予机构：《大学機関別認証評価の申請手続き等について》［2024-2-11］，https：//www.niad.ac.jp/storage/006/202305/R5kenshukai03.pdf。

表7-5　大学改革支援·学位授予机构评价实施时间表①

日期（1）		评价机构工作内容	大学工作内容
实施评价的前学年度	5—6月	评价机构面向大学召开评价说明会，自我评价研讨会	参加评价机构的有关会议
	9月底前	接受次学年度评价大学的评价申请	提交次学年度参加评价的申请，开始实施自我评价
实施评价的当学年度	6月底前	召开评价委员会研讨会	提交自我评价报告书
	7月—12月	评价委员审读自我评价报告书，到学校进行调查	
	1月底	评价委员会完成评价报告初稿，通知被评价大学	
	2月中旬前		被评价大学对评价报告初稿提出异议（如果有）
	3月下旬	评价委员会正式完成评价报告，公开发表	
实施评价的后学年度	6月底前		向评价委员会汇报评价报告所提问题的解决情况
	7月—	评价委员会对问题解决状况实施调查，公布调查结果	

注（1）：日本大学的学年度为每年的4月至次年的3月。

从上述大学改革支援·学位授予机构的大学评价实施步骤中可以看到，审读自评报告书及相关材料和学校访问调查是两种主要的评价方法。大学改革支援·学位授予机构制定的《访问调查实施要项》对学校访问调查目的作了如下的说明："访问调查主要是以自评报告等书面材料审读过

①［日］大学改革支援·学位授予机构：《大学機関別認証評価評価実施手引》［2024-2-11］，https：//www.niad.ac.jp/storage/001/202311/no6_1_1_daigakutebikiR6.pdf。

程中不能确定的事项为中心到被评价大学进行现场调查。"①一般访问调查
的时间为两天。从访问调查的目的规定与时间、内容来看，可以认为学校
访问调查是审读自评报告等书面材料的一种补充。被评价大学的自评报告
及相关材料是评价的主要依据，自评报告在第三方大学评价中的重要性不
言而喻。鉴于此，大学改革支援·学位授予机构制定了《自我评价实施要
项》，以指导被评价大学开展自我评价工作。《自我评价实施要项》指出：
"在大学认证评价中，被评价大学的自我评价占有重要的位置。"②自我评
价不仅是大学内部质量保障体系建设的重要组成部分，而且是第三方评价
机构开展评价的主要内容和依据。《自我评价实施要项》规定被评价大学向
大学改革支援·学位授予机构提交的大学自我评价报告书主要包括两部分
内容，一是大学的办学目标、现状与特点，二是对照《大学评价基准》中
的6个领域27项标准逐一进行自我评价的结果。《自我评价实施要项》认为：
"本机构实施的评价以大学自我评价为前提，以大学的自我评价报告书为
基础。大学自我评价的内容中首先应该明确大学办学目标、现状与特点。
所谓大学的办学目标，主要指大学整体、各学部、研究科、专业的人才培
养目标以及其他教育、研究活动的目标。大学的自我评价和本机构的大学
评价都是对照这一目标去进行。"在自我评价报告书的第二部分对照评价标
准的内容中，《自我评价实施要项》按标准逐个列出三级指标，进一步具体
说明评价要点。例如，在评价标准"1-2 恰当配置开展教育与研究活动必要
的教师队伍"（见表7-4）下，规定的三级指标是："1-2-1 按照大学设置基
准等规定，配备必要数量的教师"，"1 2 2 教师的年龄与性别结构基本平
衡"。

---

① ［日］大学改革支援·学位授予机构：《大学機関別認証評価訪問調査
実施要項》［2024-2-11］，https：//www.niad.ac.jp/storage/001/202311/no6_1_1_
houmonntyousajissiyoukouR6.pdf。

② ［日］大学改革支援·学位授予机构：《大学機関別認証評価自己評価
実施要項》［2024-2-12］，https：//www.niad.ac.jp/storage/006/202311/no6_1_1_
jikohyoukajissiyoukouR6.pdf。

总之，大学改革支援·学位授予机构制定的《大学认证评价实施大纲》《大学评价基准》《自我评价实施要项》《评价实施手册》《访问调查实施要项》等体系化的评价规则及实施要领内容具体，操作性强，不仅充分体现了第三方评价机构的服务意识，即评价服务于大学办学；而且保障了第三方评价的规范与质量。

三、日本高等教育第三方评价的结果影响与反思讨论

1. 日本高等教育第三方评价的结果影响

第三方评价机构评价结束之后，评价结果告知被评价大学并向社会公布，这是日本高等教育第三方评价制度中的重要一环，评价报告书即是呈现评价结果的载体。在此我们以2023年大学改革支援·学位授予机构给出的东京大学评价报告书为例，分析日本第三方评价机构所作评价结论（结果）的表达方式及评价报告书的基本内容。大学改革支援·学位授予机构的大学评价报告书主要包括3部分内容：第一部分是概述当年度大学改革支援·学位授予机构实施大学评价的目的、内容、方法、步骤、组织，以及评价委员会构成与成员名单，当年接受评价的大学名单等；第二部分是重点，即对被评价大学的评价结论，包括整体结论和分项结论（逐条对照《大学评价基准》中的27项标准），以及评价结论的依据和理由说明；第三部分是附录，包括被评价大学的自我评价报告书，评价结论所依据的相关资料等。大学改革支援·学位授予机构对东京大学的整体评价结论是："东京大学的教育、研究等总体情况符合大学改革支援·学位授予机构所定大学评价标准。"[①]比照27项标准逐一评价东京大学的结论是有两项没有满足大学评价标准。没有满足标准3-6（见表7-4）的理由是：从法令对教育、研究信息公开要求的规定来看，"教师的学位以及业绩情况"公开不充

---

① ［日］大学改革支援·学位授予机构：《令和4年度実施大学機関別認証評価評価報告書·東京大学（令和5年3月）》［2024-2-13］，https：//www.niad.ac.jp/storage/006/202303/no6_1_1_u-tokyo_d202303.pdf。

分。没有满足标准5-3（见表7-4）的理由是：工学类与信息理工学类的硕士研究生实际入学人数超过定额数太多；人文社会类硕士研究生与博士研究生，法学政治学、经济学、公共政策学、药学类博士研究生的入学人数大幅低于定额数。从上述简略分析中可以看出日本大学第三方评价结论的两个明显的特点。一是第三方评价机构制定了详细且具有可操作性的评价标准，被评价大学按照评价标准进行自我评价，评价机构按照评价标准对大学自我评价报告书进行对照评价，所得评价结论即为"符合"或"不符合"评价标准。也可以这样认为，符合评价标准的即为"合格"，不符合评价标准的为"不合格"。二是第三方评价机构制定的评价标准为定性标准（见表7-4），不是量化的指标体系。如果按照一套数量指标对多样化的大学进行评价，这就从根本上违背了促进大学个性特色发展的评价方针。

大学基准协会、大学改革支援·学位授予机构等5个第三方评价机构虽然拥有各自制定的大学评价目的与标准，各自独立开展评价活动，但是它们之间也有不少共性特点，其最大的共同之处是依照法律规定进行评价活动。这些评价机构还组织成立了"认证评价机构联络协议会"，旨在加强联系，共享信息，开展有关提高评价者水平、促进大学积极参加第三方评价、探索大学评价新方向等的研讨活动。[1]据统计，2004年至2020年，参加第三方评价的大学共有2616所次（因为第三评价周期尚未结束，故部分大学参加了两个评价周期的评价，部分大学参加了三个评价周期的评价），其中获得"符合大学评价标准"结论的有2511所次，占全体的96.0%，参加评价未获结论需要在1—3年间接受第二次评价的有82所，获得"不符合大学评价标准"结论的有21所。82所接受第二次评价的大学中，二次评价获得"符合大学评价标准"结论的有67所，获得"不符合大学评价标准"结论的12所，3所大学尚未接受二次评价。一次评价与二次评价获得"不符合大学评价标准"结论的大学合计33所（其中有一所大学是两次获得此评价结

---

① ［日］认证评价机构联络协议会：《協議会の趣旨》［2024-2-14］，https：//jnceaa.jp/meaning/。

论），不符合的原因主要有大学管理体制不健全、学生招收不足、自我评价活动不畅、财政赤字、教师数量不足等，其中3所大学已经停办。①

表7-6　大学改革支援·学位授予机构
第二评价周期评价报告书所列优缺点的大学数统计②

单位：所

评价标准	优点	进一步提升之点	缺点
标准1 大学目标	14		
标准2 教育、研究组织	43	8	
标准3 教师及管理人员	78	16	8
标准4 学生招收	35	3	63
标准5 教育内容及方法 I *	86	21	38
标准5 教育内容与方法 II *	88	22	1
标准6 学习成果	40	1	6
标准7 校舍设备及学生支持	86	10	15
标准8 内部教育质量保障	61	10	24
标准9 财务及管理运营	44	2	11
标准10 教育信息公开	19	1	3

*："标准5 教育内容及方法 I "为文部科学省项目以外的教育活动；"标准5 教育内容与方法 II "为文部科学省项目的教育活动。

通过审读自我评价报告书和访问调查作出被评价大学是否符合大学评价标准的结论，这固然是第三方评价的主要目的，但不仅于此。为了体现促进大学提高教育与研究质量的评价方针，第三方评价机构在评价报告书

---

① ［日］中央教育审议会大学分科会质量保障体系组会：《新たな時代を見据えた質保証システムの改善·充実について（審議まとめ）（基礎資料1/7）》［2023-3-26］，https：//www.mext.go.jp/content/20220525-mxt_koutou01-000021600_0005.pdf。

② ［日］大学改革支援·学位授予机构：《大学機関別認証評価の2巡目（平成24～平成30年度）における「優れた点」「改善を要する点」等一覧》［2024-2-15］，https：//www.niad.ac.jp/evaluation/re_verification/1246001_989.html。

中还进一步按照评价标准的领域划分指出各大学办学的突出优点和需要改进的缺点。例如，大学改革支援·学位授予机构将第二评价周期（2012—2018年）接受该机构评价的各大学评价报告书中所载优点与缺点列成一览表，予以公开（见表7-6）。第二评价周期大学改革支援·学位授予机构的大学评价标准为10个方面。从表7-6中可以看出，评价报告书列出优点比较多的是标准5 教育内容与方法、标准7 校舍设备及学生支持、标准3 教师及管理人员、标准8 内部教育质量保障等，说明各大学在这几个方面比较下功夫，取得了能够彰显学校特色的成果。缺点比较多的是标准4 学生招收，主要问题是各大学中部分学科（多为研究生）的入学人数与定额数之间不平衡，或者招生过多，或者招生不足。评价报告书中所列优缺点不仅直接对被评价大学产生影响，促使各大学发扬长处，弥补不足，而且公开发布被评价大学的优缺点，有利于大学间的相互学习、借鉴和社会的审视监督。

　　日本高等教育第三方评价制度由政府发起建立，是"具有行政性的举措"[①]，第三方评价机构的评价结果在促进大学更好地保障与提高质量的同时，也逐渐开始对政府的政策行为产生影响。根据法律规定，文部科学大臣有责任要求评价结论为"不符合大学评价标准"的大学向政府提出有关报告与资料，如果发现这些大学办学有违法情况，可以采取督促改进、甚至停止招生等措施。如前所述，日本是实行高等教育集中管理体制的国家，政府在高等教育改革与发展中发挥重要作用，政府发挥作用的主要方式一是制定政策，二是设立项目。各种高等教育改革与发展项目的设立体现了政府政策的关注重点和高等教育的发展导向。除一些有特定范围的项目（如2014年设立的"全球顶尖大学项目"等）之外，大多数项目都面向所有大学。从2015年开始，获得第三方评价机构"符合大学评价标准"的结论成为大学申请政府各类高等教育项目的基本要求。2004年国立大学法

---

　　① ［日］天野郁夫：《大学改革を問い直す》，庆应义塾大学出版会株式会社2013年版，第163页。

人化之后，依据《国立大学法人法》的规定每一个建设周期（六年）各国立大学都要接受国立大学法人评价委员会的中期评价和期末评价。2020年《国立大学法人法》进行了修订，允许国立大学法人评价委员会在进行国立大学法人评价时可以使用大学改革支援・学位授予机构的相关评价内容与结果。这样，在相近领域和内容的评价上打通了国立大学法人评价和大学第三方评价，减轻了学校的负担。①

2.日本高等教育第三方评价的反思讨论

依据以上有关日本高等教育第三方评价制度的成立发展、规则框架、实践推进等内容的分析，可以将日本高等教育第三方评价制度的主要特征归纳为以下四个方面。（1）以法律制定作为第三方评价制度建设的基础。重大的高等教育改革举措的实施、新的高等教育制度的建立以立法作为前提，以法律作为依据，这是日本现代高等教育制度的基本性质，高等教育第三方评价制度的新建同样如此。以法律作为高等教育第三方评价制度建设的基础，不仅表现在该制度的性质、目的、框架、内容等明确规定在有关法律条文中，而且政府、第三方评价机构、大学各自在第三方评价制度中的责任分担、行为方式、作用发挥等也都以法律规定作为基本依据。（2）以程序规范保障大学评价的顺利开展。程序规范对制度实践运行具有重要意义。日本高等教育第三方评价制度的规范性体现在制度实践全过程。首先，政府按照一定的规则认定第三方评价机构，并监督评价活动的正常开展；其次，第三方评价机构为保证评价活动顺利实施，制定了包括评价目的、内容、标准、方法、过程等的详细且操作性强的系列规则；再次，第三方评价机构编制了明确的评价实施时间表，按照规定的步骤开展评价活动。这种规范性促使高等教育第三方评价的"日常化"。（3）以定性标准助推大学发展的多样化、个性化。第三方评价是来自大学外部的评价，

---

① ［日］中央教育审议会大学分科会质量保障体系组会：《新たな时代を见据えた質保証システムの改善・充実について（審議まとめ）（基礎資料4/7）》［2023-3-26］，https://www.mext.go.jp/content/20220525-mxt_koutou01-000021600_0008.pdf。

其主要功能是服务于大学的质量保障，其评价标准的制定应以不违背大学发展规律、不影响大学正常工作秩序为基本原则。日本第三方评价机构制定的定性评价标准避免了量化指标可能给大学办学带来的数量规制、盲目攀比等影响，促使各大学更加注重自身特点，实现个性发展。（4）以信息公开促进社会监督，保证评价结果的公正性。高等教育信息公开是近年来日本大学积极响应社会需求的重要举措，法律也对大学的信息公开有着明确规定。第三方评价机构对评价信息的公开是比较全面的，从评价的规则、标准到评价的组织、成员，从评价的对象资料到评价的判定结果等，均可以在评价机构的官网上查阅。评价机构的信息公开使得评价活动处在大学、政府、社会公众的监督之下，信息公开为结果公正提供了保障。

　　第三方评价制度的建立与运行从观念到方式给日本高等教育质量保障带来了具有根本意义的变化。大约70年前的1956年，日本政府依照《学校教育法》的有关条文规定颁布《大学设置基准》，在法律意义上确定了政府对大学设置和保障大学办学水平所负有的权限与责任。政府依照《大学设置基准》审查、批准大学的设立，《大学设置基准》关于教师组织、教师资格、学生定额、校舍设备等的规定约束着大学的办学行为，以保证教育质量和水平。这样的质量保障方式被称为"事前规制"，即标准在前，办学在后，大学获得达标批准方可开办。这种"事前规制"的质量保障方式在日本持续了近半个世纪，直到2004年高等教育第三方评价制度建立。第三方评价制度是由独立的第三方评价机构依据法律有关规定及各自制定的标准对在办大学的教育、办学质量进行评价，所谓"事后检查"。日本学界有学者认为第三方评价制度的建立意味着日本高等教育质量保障由"文部省的事前规制时代"进入了第三方评价机构的"事后检查时代"。[1]不过，虽然第三方评价制度建立了，但由于长期"事前规制"的惯性思维和影响，日

---

　　① ［日］天野郁夫：《大学改革を問い直す》，庆应义塾大学出版会株式会社2013年版，第163页。

中国高教研究名家论丛
改革时代的高等教育发展

本大学与学界缺少"评价文化"①，或者说"评价文化"在日本大学界还没有生根，因而在第三方评价制度的实施过程中出现了这样或那样值得深思的问题。譬如，第三方机构自定的大学评价标准和文部科学省制定的《大学设置基准》之间是什么样的关系？一般来说，《大学设置基准》是政府批准大学设立时依据的标准，大学评价标准是第三方机构评价大学时的根据，两者的用途分明，具体内容也有不小的差别。可是在现实中出现了政府依据《大学设置基准》批准设立不久的大学在第三方评价中却得到"不符合大学评价标准"结论的情况（2004年至2020年间获得"不符合大学评价标准"结论的32所大学中有5所是新建大学②），由此引发了人们对《大学设置基准》和大学评价标准两者关系的疑问与思考。又如，中央教育审议会大学分科会在2016年提出的《充实认证评价制度》报告中指出第三方大学评价存在着以下几个方面的问题：一是第三方评价的内容中关注外在条件的项目比较多，还没有真正做到以提升大学教育与研究质量为中心；二是第三方机构的评价结果如何在促进大学提升教育与研究质量方面发挥作用，其机制尚不完善；三是有些大学接受的评价种类比较多，如大学评价、专业学位研究生教育评价，国立大学还要接受国立大学法人评价等，由此产生了"评价疲劳"现象；四是第三方评价制度虽然已经运行了10多年，但是社会对其地位与重要性的认知尚不到位。③

日本高等教育第三方评价制度实施20年来，政府、学界、第三方评价机构也在总结经验，分析问题，促进评价内容、方法等的不断改进。正确

①［日］天野郁夫：《大学改革を問い直す》，庆应义塾大学出版会株式会社2013年版，第162页。
②［日］中央教育审议会大学分科会质量保障体系组会：《新たな時代を見据えた質保証システムの改善・充実について（審議まとめ）》［2023-3-26］，https://www.mext.go.jp/content/20220525-mxt_koutou01-000021600_0014.pdf。
③［日］中央教育审议会大学分科会：《認証評価制度の充実に向けて（審議まとめ）》［2024-2-19］，https://www.mext.go.jp/b_menu/shingi/chukyo/chukyo4/houkoku/__icsFiles/afieldfile/2016/03/25/1368868_01.pdf。

认识第三方评价制度的内容实质、作用功能，必须将其置于高等教育质量保障体系的整体框架中，第三方评价制度的改进完善也必须以高等教育质量保障体系的总体理念与方针为指导。日本中央教育审议会大学分科会在2020年专门成立了质量保障体系组会，该组会经过十多次的调查研讨，于2022年完成了《面向新时代充实与完善质量保障体系》的审议报告，报告中提出了面向新时代充实与完善高等教育质量保障体系的两个方向与四个要点。两个方向是"实现学习者本位的大学教育"和"实现面向社会开放的质量保障"。四个要点为确保客观性，提高透明度，确保先导性和先进性（提高灵活性），保证严格性。①第三方评价制度作为高等教育质量保障体系的重要组成部分，其改进与完善如何体现高等教育质量保障体系发展的方向要点呢?《面向新时代充实与完善质量保障体系》报告中列出了若干具体举措。譬如，在"实现学习者本位的大学教育"方向上，第三方评价机构不仅要看被评价大学的内部质量保障体制是否完善，而且要对各大学根据自我评价结果如何改进教育质量进行评价；在"实现面向社会开放的质量保障"方向上，第三方评价机构的评价结果可以发表在政府的有关网站上，便于公众查用；在确保先导性和先进性（提高灵活性）方面，对于前次第三方评价中被认为内部质量保障体制完备且富有成效的大学，可以在下一次评价时确认内部质量保障体制保持完好的前提下减少评价项目，简化评价方法；在保证严格性方面，可以缩短获得"不符合大学评价标准"结论大学再次接受评价的时间等。总之，在由《大学设置基准》、设置认可制度、第三方评价制度、信息公开作为基本要素构成的日本高等教育质量保障体系中，如何更好地发挥第三方评价保障与提升高等教育质量的作用，将是未来一段时间日本高等教育改革与发展的重要课题。

---

① ［日］中央教育审议会大学分科会质量保障体系组会:《新たな時代を見据えた質保証システムの改善・充実について（審議まとめ）》［2023-3-26］, https://www.mext.go.jp/content/20220525-mxt_koutou01-000021600_0014.pdf。

参考文献

一、中文文献

［1］阿什比. 科技发达时代的大学教育［M］. 滕大春，滕大生译. 北京：教育人民教育出版社，1983.

［2］艾伦·麦克法兰. 启蒙之所　智识之源——一位剑桥教授看剑桥［M］. 管可秾，译. 北京：商务印书馆，2011.

［3］安琪楼·夸特罗其，等. 法国1968：终结的开始［M］. 赵刚，译. 北京：生活·读书·新知三联书店，2001.

［4］北京师范大学教育改革与发展研究中心. 2000年中国教育发展报告——教育体制的变革与创新［M］. 北京：北京师范大学出版社，2000.

［5］伯顿·克拉克主编. 高等教育新论——多学科的研究［M］. 王承绪，徐辉，郑继伟等编译. 杭州：浙江教育出版社，1988.

［6］伯顿·克拉克. 高等教育系统［M］. 王承绪，译. 杭州：杭州大学出版社，1994.

［7］伯顿·克拉克. 探究的场所——现代大学的科研与研究生教育［M］. 王承绪，译. 杭州：浙江教育出版社，2001.

［8］陈列. 市场经济与高等教育［M］. 北京：人民教育出版社，1996.

［9］陈学飞. 美国、德国、法国、日本当代高等教育思想研究［M］. 上海：上海教育出版社，1998.

［10］C. W. 克劳利编. 新编剑桥世界近代史（第九卷）［M］.中国社会科学院世界历史编写组，译. 北京：中国社会科学出版社，1992.

［11］当代中国丛书教育卷编辑室.当代中国高等师范教育资料选（上）［M］.上海：华东师范大学出版社，1986.

［12］菲利浦·G·阿特巴赫. 比较高等教育［M］.符明娟、陈树清，译. 北京：文化教育出版社，1985.

［13］弗兰斯·F·范富格特. 国际高等教育政策比较研究［M］.王承绪，等译. 杭州：浙江教育出版社，2001.

［14］符娟明:比较高等教育［M］.北京：北京师范大学出版社，1987.

［15］国家教育发展研究中心.2000年中国教育绿皮书［M］.北京：教育科学出版社，2000.

［16］国家教育发展与政策研究中心. 发达国家教育改革的动向和趋势（第二集）［M］.北京：人民教育出版社，1987.

［17］国家教育委员会. 新的里程碑：全国教育工作会议文件汇编［M］.北京：教育科学出版社，1994.

［18］国家教委政策法规司法规处. 中华人民共和国教育法适用大全［M］.广州：广东教育出版社，1995.

［19］郝克明，等. 中国高等教育结构研究［M］.北京：人民教育出版社，1987.

［20］贺国庆. 德国和美国大学发达史［M］.北京：人民教育出版社，1998.

［21］胡建华. 现代中国大学制度的原点：50年代初期的大学改革［M］.南京：南京师范大学出版社，2001.

［22］胡建华.战后日本大学史［M］.南京：南京大学出版社，2001.

［23］胡建华，等.高等教育学新论［M］.南京：江苏教育出版社，2006.

［24］劳伦斯·维赛著.美国现代大学的崛起［M］.栾鸾，译.北京：北京大学出版社，2011.

［25］理查德·诺顿·史密斯. 哈佛世纪——锻造一所国家大学［M］. 程方平，译. 贵阳：贵州教育出版社，2004.

［26］厉以宁. 经济学的伦理问题［M］. 北京：生活·读书·新知三联书店，1995.

［27］刘海峰. 高考改革论［M］. 杭州：浙江教育出版社，2013.

［28］刘海峰. 高校招生考试制度改革研究［M］. 北京：经济科学出版社，2009.

［29］刘念才、程莹，等. 大学排名：国际化与多元化［M］. 上海：上海交通大学出版社，2009.

［30］刘英杰. 中国教育大事典（上）［M］. 杭州：浙江教育出版社，1993.

［31］刘英杰. 中国教育大事典（下）［M］. 杭州：浙江教育出版社，1993.

［32］罗伯特·伯恩鲍姆. 大学运行模式——大学组织与领导的控制系统［M］. 别敦荣，等译. 青岛：中国海洋大学出版社，2003.

［33］吕达，等. 当代外国教育改革著名文献（美国卷·第一册）［M］. 北京：人民教育出版社，2004.

［34］吕达，等. 当代外国教育改革著名文献（美国卷·第三册）［M］. 北京：人民教育出版社，2004.

［35］潘懋元. 高等教育学［M］. 福州：福建教育出版社，1995.

［36］潘懋元. 多学科观点的高等教育研究［M］. 上海：上海教育出版社，2001.

［37］上海市高等教育局研究室等编. 中华人民共和国建国以来高等教育重要文献汇编（上）［M］.

［38］上海市高等教育局研究室等编. 中华人民共和国建国以来高等教育重要文献汇编（下）［M］.

［39］施晓光. 美国大学思想论纲［M］. 北京：北京师范大学出版社，2001.

［40］瓦尔特·吕埃格. 欧洲大学史（第三卷）·19世纪和20世纪早期的

大学（1800—1945）［M］.张斌贤，等译.保定：河北大学出版社，2014.

［41］万力维.控制与分等：大学学科制度的权力逻辑［M］.南京：南京师范大学出版社，2005.

［42］王英杰.美国高等教育的发展与改革［M］.北京：人民教育出版社，2002.

［43］W. C. 丹皮尔.科学史及其与哲学和宗教的关系［M］.李珩，译.北京：商务印书馆，1975.

［44］威廉·克拉克.象牙塔的变迁——学术卡利斯马与研究性大学的起源［M］.徐震宇，译.北京：商务印书馆，2013.

［45］希尔德·德·里德–西蒙斯.欧洲大学史（第一卷）·中世纪大学［M］.张斌贤，等译.保定：河北大学出版社，2008.

［46］希尔德·德·里德–西蒙斯.欧洲大学史（第二卷）·近代早期的欧洲大学（1500—1800）［M］.贺国庆，等译.保定：河北大学出版社，2008.

［47］谢桂华.高等学校学科建设论［M］.北京：高等教育出版社，2011.

［48］亚瑟·科恩.美国高等教育通史［M］.李子江，译.北京：北京大学出版社，2010.

［49］阎凤桥.大学组织与治理［M］.北京：同心出版社，2006.

［50］俞可平.治理与善治［M］.北京：社会科学文献出版社，2000.

［51］余源培、荆忠.寻找新的学苑——经济哲学成为新的学科生长点［M］.上海：上海社会科学院出版社，2001.

［52］袁振国.中国当代教育思潮［M］.上海：生活·读书·新知三联书店上海分店，1991.

［53］袁振国.中国教育政策评论［M］.北京：教育科学出版社，2000.

［54］约翰·范德格拉夫，等.学术权力——七国高等教育管理体制比较［M］.张维平，等译.杭州：浙江教育出版社，1989.

［55］约翰·S·布鲁贝克. 高等教育哲学［M］. 郑继伟，等译. 杭州：浙江教育出版社，1987.

［56］曾满超，等. 教育政策的经济分析［M］. 北京：人民教育出版社，2000.

［57］张德祥. 高等学校的学术权力与行政权力［M］. 南京：南京师范大学出版社，2002.

［58］赵中建. 全球教育发展的研究热点——90年代来自联合国教科文组织的报告［M］. 北京：教育科学出版社，1999.

［59］中国高等教育学会. 改革开放30年中国高等教育发展经验专题研究［M］. 北京：教育科学出版社，2008.

［60］中国教育大系编纂出版委员会. 历代教育制度考（下）［M］. 武汉：湖北教育出版社，1994.

［61］中国科学院可持续发展研究组. 2000中国可持续发展战略报告［M］. 北京：科学出版社，2000.

［62］中华人民共和国教育部计划财务司. 中国教育成就　统计资料（1949—1983）［M］. 北京：人民教育出版社，1984.

二、外文文献

［1］Burton Clark. 高等教育システム——大学組織の比較社会学［M］. 有本章，译. 东京：东信堂，1994.

［2］Ellen Hazelkorn. グローバル・ランキングと高等教育の再構築——世界クラスの大学をめざす熾烈な競争［M］. 永田雅启，等译. 东京：学文社，2018.

［3］F. Schleiermacher. 国家権力と教育［M］. 梅根悟，译. 东京：明治图书出版株式会社，1970.

［4］F. W. Schelling. 学問論［M］. 胜田守一，译. 东京：岩波书店，1957.

［5］Hansgert Peisert，等.ドイツの高等教育システム［M］.小松亲次郎，等译.东京：玉川大学出版部，1997.

［6］Hans W.Prahl.大学制度の社会史［M］.山本尤，译.东京：法政大学出版局，1988.

［7］H. H. Green. イギリスの大学—その歴史と生態［M］.安原义仁，等译.东京：法政大学出版局，1994.

［8］I. Kant. 教育学講義［M］.胜田守一，等译. 东京：明治图书出版株式会社，1971.

［9］Jacques Verger. 中世の大学［M］.大高順雄，译.东京：みすず书房，1979.

［10］J. G. Fichte等. 大学の理念と構想［M］.梅根悟，译.东京：明治图书出版株式会社，1970.

［11］Martin Trow. 高学歴社会の大学——エリートからマスへ——［M］.天野郁夫、喜多村和之，译.东京：东京大学出版会，1976.

［12］M. Sanderson. イギリスの大学改革（1809—1914）［M］.安原义仁，译.东京：玉川大学出版社，2003.

［13］Stephen d'Irsay. 大学史（下）［M］.池端次郎，译.东京：东洋馆出版社，1988.

［14］大久保利谦.日本の大学［M］.东京：玉川大学出版部，1997.

［15］児玉善仁，等.大学事典［M］.东京：株式会社平凡社，2018.

［16］高等教育研究会. 大学の多様な発展を目指して（Ⅱ）［M］.东京：株式会社ぎょうせい，1991.

［17］高等教育研究会. 大学の多様な発展を目指して（Ⅲ）——設置基準の解説とQ&A［M］.东京：株式会社ぎょうせい，1992.

［18］高等教育研究会. 大学の多様な発展を目指して（Ⅵ）［M］.东京：株式会社ぎょうせい，1997.

［19］高等教育研究会. 大学の多様な発展を目指して（Ⅴ）［M］.东

京：株式会社ぎょうせい，1997.

　　［20］高等教育研究会. 大学審議会答申・報告総覧——高等教育の多
様な発展を目指して［M］. 东京：株式会社ぎょうせい，1998.

　　［21］高木英明. 大学の法的地位と自治機関に関する研究［M］. 东
京：多賀出版株式会社，1998.

　　［22］海后宗臣. 戦後日本の教育改革1—教育改革［M］. 东京：东京大
学出版会，1975.

　　［23］海后宗臣，等. 戦後日本の教育改革9—大学教育［M］. 东京：东
京大学出版会，1969.

　　［24］梅根悟. 世界教育史大系・大学史 I［M］. 东京：株式会社讲谈
社，1974.

　　［25］全国教育调查研究协会编. 戦後30年学校教育統計総覧［M］. 东
京：行政株式会社，1980.

　　［26］杉本和弘. 戦後オーストラリアの高等教育改革研究［M］. 东
京：东信堂，2003.

　　［27］天城勲. 大学から高等教育へ—動きはじめた大学改革［M］. 东
京：サイマル出版会，1979.

　　［28］天诚勲，庆伊富长. 大学設置基準の研究［M］. 东京：东京大学
出版会，1983.

　　［29］天野郁夫. 高等教育の日本の構造［M］. 东京：玉川大学出版
部，1986.

　　［30］天野郁夫. 国立大学・法人化の行方：自立と格差のはざまで
［M］. 东京：东信堂，2008.

　　［31］天野郁夫. 大学改革を問い直す［M］. 东京：庆应义塾大学出版
会，2015.

　　［32］田畑茂二郎，等. 政府機関および各団体の見解［M］. 东京：有
信堂，1970.

［33］田畑茂二郎，等．大学問題総資料集Ⅰ・戦後の歴史と基本法規［M］．東京：有信堂，1970．

［34］文部省．新しい大学設置基準：一般教育［M］．東京：大日本印刷株式会社，1970．

［35］文部省．我が国の文教施策［M］．東京：大蔵省印刷局，1997．

［36］文部省．文部統計要覧［M］．東京：大蔵省印刷局，2000．

［37］文部科学省．科学技術白書［M］．東京：大蔵省印刷局，2002．

［38］文部科学省．文部科学白書：創造的活力に富んだ知識基盤社会を支える高等教育（平成15年度）［M］．東京：国立印刷局，2004．

［39］文部科学省．文部科学白書：東日本大震災からの復旧・復興（平成23年度）［M］．東京：佐伯印刷株式会社，2011．

［40］文部科学省．文部科学統計要覧（2003）［M］．東京：大蔵省印刷局，2003．

［41］文部科学省．文部科学統計要覧（2005）［M］．東京：国立印刷局，2005．

［42］文部科学省．文部科学統計要覧（2012）［M］．日経印刷株式会社，2012．

［43］細谷俊夫，等．新教育学大事典（5）［M］．東京：第一法規出版株式会社．1990．

［44］細谷俊夫，等．新教育学大事典（7）［M］．東京：第一法規出版株式会社．1990．

［45］細井克彦．設置基準改訂と大学改革［M］．東京：株式会社つむぎ，1994．

［46］新井隆一，等．解説教育六法［M］．東京：三省堂．1992．

［47］新崛通也．大学評価——理論的考察と事例［M］．東京：玉川大学出版社，1993．

［48］野村平尔，等．大学政策・大学問題——資料と解説［M］．東

京：劳动旬报社，1969.

　　［49］永井宪一. 日本の学術行政と大学［M］. 东京：东京教学社，2002.

　　［50］永井宪一，等. 憲法から大学の現在を問う［M］. 东京：劲草书房，2011.

　　［51］有本章. 学問中心地の研究［M］. 东京：东信堂，1994.

　　［52］有本章. 大学改革の現在［M］. 东京：东信堂，2003.

后　记

2022年11月22日，收到韩延明教授的短信，他邀请我参加一套丛书的编写工作。随后收到山东教育出版社和山东师范大学高等教育研究院联署的《中国高教研究名家论丛》征稿邀请函。函中写道："《论丛》将站在高等教育学科前沿，以专题探索与体系构建为根基，以传承、改革、发展为主线，以国内外高等教育理论研究和实践经验探索为主题，整合汇集国内高等教育学界领航专家和全国知名高校教授的高水平、有影响力、有代表性的学术成果。"我从事高等教育研究40余年，不敢称"领航""知名"，只是比较认真地做了一些高等教育理论研究的工作，有延明教授的盛情邀请，也就应允加入《论丛》的作者行列。

几个月来，我拟定《改革时代的高等教育发展》为书名，归纳、整理了近20年来的相关研究成果，并力图使之体系化，形成了目前的框架和内容。感谢韩延明教授、山东教育出版社和山东师范大学高等教育研究院提供的宝贵机会，感谢编辑的辛勤付出。书中不当.之处，敬请各位同仁与读者批评指正！

2023年5月